MINSHANGFA
LUNCONG

民 商 法 论 丛

MINFA
民法物权论
WUQUANLUN

郑云瑞 ⊙著

北京大学出版社
PEKING UNIVERSITY PRESS

图书在版编目(CIP)数据

民法物权论/郑云瑞著．—北京：北京大学出版社，2006.3
（民商法论丛）
ISBN 978 – 7 – 301 – 10490 – 3

Ⅰ.民… Ⅱ.郑… Ⅲ.①物权法 – 法的理论 ②物权法 – 研究 – 中国 Ⅳ.①D913.01 ②D923.24

中国版本图书馆CIP数据核字(2006)第002602号

书　　　名：	民法物权论
著作责任者：	郑云瑞　著
责 任 编 辑：	孙丽伟　杨莹颖　王业龙
标 准 书 号：	ISBN 978 – 7 – 301 – 10490 – 3/D·1434
出 版 发 行：	北京大学出版社
地　　　址：	北京市海淀区成府路205号　100871
网　　　址：	http://www.pup.cn
电　　　话：	邮购部 62752015　发行部 62750672　编辑部 62752027
	出版部 62754962
电 子 邮 箱：	law@pup.pku.edu.cn
印 　刷 　者：	三河市新世纪印务有限公司
经 　销 　者：	新华书店
	650毫米×980毫米　16开本　28.25印张　444千字
	2006年3月第1版　2009年1月第2次印刷
定　　　价：	38.00元

未经许可，不得以任何方式复制或抄袭本书之部分或全部内容。
版权所有，侵权必究
举报电话：010 – 62752024　电子邮箱：fd@pup.pku.edu.cn

序

从20世纪90年代后期开始,我国物权法教科书、著作及译著如雨后春笋般地涌现,物权法研究呈现出欣欣向荣的景象。这均与我国物权法的制定密切相关,1999年10月,中国社会科学院法学研究所研究员梁慧星先生主持完成了《中国物权法草案建议稿》的编纂以及2000年12月中国人民大学法学院教授王利明先生主持完成了《中国物权法草案建议稿》的编纂,标志着中国物权法的研究进入高潮。两大物权法草案建议稿体现了我国学术机构和高等院校最高研究成果。[①]本人自知才疏学浅,无力驾驭物权法理论,《民法物权论》是我在完成《民法总论》之后给自己布置的一个作业,无意构建一个新的物权法体系,只是希望在整理、论述前人物权法理论的基础上,加入自己对物权法浅拙的理解,全面、系统论述物权法理论,以传统物权整合、构建中国的物权体系,力求做到概念清晰、内容全面、结构完整、逻辑严密、文字通俗、行文流畅。《民法物权论》并未对物权法问题提供终极的答案,实际上,制度的构建也不可能有一个终极的答案,而是在物权法问题的论述中,对相关理论和观点作出分析,让读者自己思考并作出判断。

20世纪末,我从北京大学毕业来到上海,进入市政府机关工作,世纪之交又在何勤华教授的帮助下进入华东政法学院,从事民商法教学。虽然教授民法学课程,但博大精深的民法学理论使我却步,无意于从事该领域的研究,于是开始涉足保险法领域的研究,并取得了一点成果,出版了《21世纪保险法专题丛书》。一个偶然的机会,为完成学校安排的任务,开始涉足民法领域的研究,于2004年6月份完成《民法总论》的写作并于同年10月出

[①] 2002年12月,全国人大常委会第一次审议物权法草案;2004年10月15日,进行了第二次物权法草案的审议;2005年6月26日,又进行了第三次物权法草案的审议;同年7月10日,该草案向社会公布并征求全民意见。

版。在完成《民法总论》之后,我已经疲惫不堪。但值得欣慰的是,《民法总论》得到了北京大学出版社和读者的肯定,因此,便萌发了物权法的写作计划。物权法写作的另一个动因是2004年下半年曾去上海市房屋土地管理局参加一个研讨会,在交流过程中,发现实务部门也无法理清我国混乱的土地权利状况,对土地权利性质的理解也存在偏差,因此,责任感和使命感便油然而生。同时,作为民法学教师,我试图通过《民法物权论》的写作,深入研究物权法理论,加深对我国物权法现状的了解。这促使我决心系统整理、分析我国的物权状况,并与大陆法系国家物权法进行比较,发现差距,找出问题,提出可行的建议和措施。实际上,我在债法领域的知识可能远远多于民法总论和物权领域,我的博士论文是《西方近现代契约理论研究》,2002年10月翻译了一本介绍评价当代美国合同法理论的书即《合同法的丰富性》,在债法领域应该还是有一点积累,当时也有意从事这方面的研究。如果当初没有接受《民法总论》的任务,当然就不会有现在的《民法物权论》,我可能会沿着自己的研究路径,继续完成我自己的研究计划,那么,今天又是另外一番景象。

2001年,为讲授物权法曾写过一个简单的物权法讲稿,自己觉得非常不满意,因此就弃之不用。去年在讲物权法的时候,又找出了讲稿,发现一些与其他教科书不同的地方,觉得还是有点新意,这构筑了我物权法写作的信心。《民法物权论》结合了以前的物权法的讲稿,并未局限于我国现行的立法体系、概念、术语,而是以传统民法物权的制度、概念、术语为出发点,[①]论述我国物权制度。虽然学界同仁已经做了大量研究,取得了丰硕成果,但要将这些成果系统化,运用于自己的著述之中,仍非易事。特别是用益物权论述,把我弄得疲惫不堪,常常是两眼充血,睡眠不足,甚至产生了放弃的念头。但同时又有一股力量在支持我、鼓励我。

《民法物权论》对罗马法和日耳曼法的物权制度一般理论以及担保物权的论述,可能是目前国内物权法教科书中最全面、最详尽的,力图使读者能

[①] 在永佃权的问题上,我国学界认为,虽然有其存在的价值,有利于改造我国的农地使用权制度,保护农民种地的积极性和合法权益,但由于其植根于封建土地私有制关系,本质上是地主对农民进行剥削的法权表现,因而认为重建永佃权制度似有动摇公有制之嫌,难以为社会所接受。其实这种观点有失偏颇,大陆法系的民法制度,发源于古代罗马社会,即奴隶制社会,反映了奴隶制社会的法权关系。因此,这种观点的出发点是好的,但担心是不必要的。

够全面理解大陆法系物权法发展的脉络及制度和理论的演变，从而准确地把握物权制度和理论，对我国现行混乱、繁杂的物权制度和理论形成自己的观点，对物权制度和理论的取舍作出准确的判断。

《民法物权论》论述了日耳曼法对现代物权法的贡献，指出罗马法直接影响了大陆法系的形成和发展，而日耳曼法在整体上对大陆法系民法的影响较小，但在物权法领域，对大陆法系物权法制度和理论产生了重大影响。由于物权法的固有性，日耳曼法直接影响了德国民法典的物权制度。日耳曼法和中国古代法同属农业社会的法律，两种法律制度有许多相通之处，例如，我国古代的典权制度，与日耳曼法的古质，均属于单纯的物上责任，因而日耳曼法的研究有助于理解我国传统的法律制度。特别是日耳曼法学者以现代法律观念整理固有法律制度的方法和态度，值得我国物权立法借鉴和参考。

《民法物权论》遵循《民法总论》的写作体例和原则，是《民法总论》的延续。《民法物权论》吸纳了我国学界物权法理论研究的最新成果，在此对兢兢业业从事物权法理论研究的学界同仁表示崇高的敬意和谢意。在《民法物权论》完稿之际，物权法草案第三次审议稿在7月10日公开征求全民意见，因而得以将最新的立法成果反映到本书中，但是由于时间关系，未能对相关的物权法条文作出评价。我的研究生李剑伟、张长棉和吕明磊收集了部分物权法资料，在此表示感谢。感谢华东政法学院法律学院院长刘宪权教授、民法教研室主任沈幼伦教授对我工作的关心和支持。

由于本人浅薄的民法物权理论功底，书中难免存在纰漏，敬请学界同仁批评指正。

郑云瑞
上海芙蓉苑
2005年7月26日

法律法规及司法解释缩略语

《宪法》——《中华人民共和国宪法》
《民法通则》——《中华人民共和国民法通则》
《物权法草案》——《中华人民共和国物权法(草案)》(第三次审议稿)(2005年6月26日审议,7月10日正式对外公布)
《合同法》——《中华人民共和国合同法》
《公司法》——《中华人民共和国公司法》
《票据法》——《中华人民共和国票据法》
《海商法》——《中华人民共和国海商法》
《企业破产法(试行)》——《中华人民共和国企业破产法(试行)》
《农业法》——《中华人民共和国农业法》
《担保法》——《中华人民共和国担保法》
《婚姻法》——《中华人民共和国婚姻法》
《继承法》——《中华人民共和国继承法》
《保险法》——《中华人民共和国保险法》
《破产法》——《中华人民共和国破产法》
《民事诉讼法》——《中华人民共和国民事诉讼法》
《民用航空法》——《中华人民共和国民用航空法》
《土地管理法》——《中华人民共和国土地管理法》
《农村土地承包法》——《中华人民共和国农村土地承包法》
《城市房地产管理法》——《中华人民共和国城市房地产管理法》
《城镇国有土地使用权出让和转让暂行条例》——《中华人民共和国城镇国有土地使用权出让和转让暂行条例》
《民法通则司法解释》——《关于贯彻执行〈中华人民共和国民法通则〉若干问题的意见(试行)》
《担保法司法解释》——《最高人民法院关于适用〈中华人民共和国担保法〉若干问题的解释》

目 录

第一编 总 论

第一章 物权法的历史沿革……………………………………(3)
　　第一节　古代物权法………………………………………(3)
　　第二节　近现代物权法……………………………………(20)
　　第三节　中国物权法………………………………………(28)
第二章 物权总论………………………………………………(33)
　　第一节　物权的意义………………………………………(34)
　　第二节　物权的客体………………………………………(44)
　　第三节　物权的类型………………………………………(49)
　　第四节　物权的效力………………………………………(63)
第三章 物权变动………………………………………………(81)
　　第一节　物权变动的意义…………………………………(81)
　　第二节　物权变动的原则…………………………………(85)
　　第三节　物权行为…………………………………………(95)

第二编 所 有 权

第四章 所有权通则……………………………………………(111)
　　第一节　所有权制度的演变………………………………(111)
　　第二节　所有权的意义……………………………………(116)
　　第三节　所有权的权能……………………………………(121)
　　第四节　所有权的保护……………………………………(124)

第五节　取得时效 ……………………………………… (131)
第五章　不动产所有权 …………………………………………… (139)
　　第一节　土地所有权 …………………………………… (139)
　　第二节　房屋所有权与土地权利 ……………………… (146)
　　第三节　建筑物的区分所有权 ………………………… (149)
　　第四节　不动产相邻关系 ……………………………… (161)
第六章　动产所有权 ……………………………………………… (167)
　　第一节　善意取得制度 ………………………………… (167)
　　第二节　先占制度 ……………………………………… (181)
　　第三节　拾得遗失物 …………………………………… (184)
　　第四节　发现埋藏物 …………………………………… (192)
　　第五节　添附 …………………………………………… (194)
第七章　共有 ……………………………………………………… (200)
　　第一节　共有的历史形态 ……………………………… (200)
　　第二节　按份共有 ……………………………………… (202)
　　第三节　共同共有 ……………………………………… (212)
　　第四节　准共有 ………………………………………… (216)

第三编　用益物权

第八章　用益物权 ………………………………………………… (221)
　　第一节　用益物权的历史沿革 ………………………… (221)
　　第二节　用益物权的概念及性质 ……………………… (223)
　　第三节　中国的用益物权制度 ………………………… (226)
第九章　地上权与土地使用权 …………………………………… (228)
　　第一节　地上权 ………………………………………… (228)
　　第二节　土地使用权 …………………………………… (234)
　　第三节　地上权与土地使用权 ………………………… (236)
第十章　永佃权与土地承包经营权 ……………………………… (240)
　　第一节　永佃权 ………………………………………… (240)
　　第二节　土地承包经营权 ……………………………… (245)

目 录

第三节　永佃权与土地承包经营权……………………………(251)
第十一章　地役权……………………………………………(254)
第一节　地役权的概念………………………………………(254)
第二节　地役权的内容………………………………………(259)
第三节　地役权与相邻关系…………………………………(261)
第十二章　典权………………………………………………(265)
第一节　典权制度的历史沿革………………………………(265)
第二节　典权的概念…………………………………………(268)
第三节　典权的效力…………………………………………(274)
第四节　典权的消灭…………………………………………(279)

第四编　担保物权

第十三章　担保物权…………………………………………(283)
第一节　担保物权的历史沿革………………………………(283)
第二节　担保物权的概念及性质……………………………(288)
第三节　担保物权的种类……………………………………(293)
第四节　担保物权的竞存……………………………………(296)
第十四章　抵押权（一）
　　　　——普通抵押权……………………………………(301)
第一节　抵押权的概念………………………………………(301)
第二节　抵押权的设定………………………………………(308)
第三节　抵押权的效力………………………………………(314)
第四节　抵押权顺位…………………………………………(323)
第五节　抵押权的消灭………………………………………(326)
第十五章　抵押权（二）
　　　　——特殊抵押权……………………………………(331)
第一节　动产抵押权…………………………………………(331)
第二节　权利抵押权…………………………………………(335)
第三节　财团抵押权…………………………………………(339)
第四节　所有人抵押权………………………………………(342)

第五节　最高额抵押权 ………………………………… (345)
第六节　法定抵押权 …………………………………… (351)
第七节　共同抵押权 …………………………………… (355)

第十六章　质权 …………………………………………… (357)
第一节　质权的概念 …………………………………… (357)
第二节　动产质权 ……………………………………… (360)
第三节　权利质权 ……………………………………… (367)

第十七章　留置权 ………………………………………… (380)
第一节　留置权的概念 ………………………………… (380)
第二节　留置权的发生 ………………………………… (384)
第三节　留置权的效力 ………………………………… (387)
第四节　留置权的消灭 ………………………………… (391)
第五节　留置权与同时履行抗辩权 …………………… (393)

第十八章　优先权与让与担保 …………………………… (394)
第一节　优先权 ………………………………………… (394)
第二节　让与担保 ……………………………………… (400)

第五编　占　有

第十九章　占有 …………………………………………… (417)
第一节　占有的概念 …………………………………… (417)
第二节　占有的取得 …………………………………… (426)
第三节　占有的效力 …………………………………… (428)
第四节　占有的保护 …………………………………… (434)
第五节　占有的消灭 …………………………………… (437)
第六节　准占有 ………………………………………… (437)

主要参考书目 ……………………………………………… (439)

第一编

总 论

第一章 物权法的历史沿革

人类社会财产观念的产生与维持人类生存的物质资料密切相关,①物权最初起源于当时人类对自己生活地区周围的无主物的先占,②因此,物权制度是人类社会最早产生的法律制度,③现代世界各国物权法主要承继了罗马法的物权法观念,同时又受到日耳曼法物权法的一定影响,从而在其所依存的历史传统和现实社会关系的基础上形成了具有本国特色的物权法。④物权在法律观念上的变迁,反映了人类社会的精神及其物质基础的变迁。

第一节 古代物权法

物权法既决定于一定社会的客观经济基础,反过来又确认、维护一定社会的经济基础。在原始社会,个人作为社会的肢体,人们对物的占有、利用

---

① "对财产的最早观念是与获得生存资料紧密相连的,生存资料是基本的需要。在每个顺序相承的文化阶段中,人所掌握的物品将随着生活方式所依靠的技术的增加而增加……财产种类的增加,必然促进有关它的所有权和继承权的某些规则的发展。这些占有财产和继承财产的法则所依据的习惯,是由社会组织的状况和进步确定和限制的。"〔美〕路易斯·亨利·摩尔根:《古代社会》(下册),杨东莼、马雍、马巨译,商务印书馆1977年版,第533页。

② 英国法学家梅因指出:"'先占'是蓄意占有在当时为无主的财产,目的(这是在专门定义中加上去的)在取得财产作为己有。罗马法律学称为无主物(res nullius)的物件——即现在没有或过去从来没有过一个所有人的物件……如野兽、鱼、野鸡……""所以认为'先占'饶有兴味者,主要由于它对纯理论法律学所作出的贡献,即它提供了一个关于私有财产起源的假说。"〔英〕亨利·梅因:《古代法》,沈景一译,商务印书馆1959年版,第139、142页。

"人类社会之初,生产力低下,人们关心的只是对财产的占有和对这种占有的保护。"王家福主编:《民法债权》,法律出版社1991年版,第2页。

③ 参见郑玉波:《民法物权》,三民书局1992年修订第15版,第8页。

④ 参见史尚宽:《物权法论》,中国政法大学出版社2000年版,第1—7页。

处于自然的无权利意识的状态。自进入私有社会,产生私有观念以来,为使已经取得的财产或利益得到法律的认可和保障,消除社会的混乱状态,最初确认权利主体对财产的归属和支配的物权法律制度便应运而生。

人类社会早期的发展经历了石器时代、青铜时代和铁器时代,①"财产观念在人类的心灵中是慢慢形成的,它在漫长的岁月中一直处于初萌的薄弱状态。……对财产的欲望超乎其他一切欲望之上,这就是文明伊始的标志"②。财产观念的产生和发展取决于人类的生存技术,"人类能不能征服地球,完全取决于他们生存技术之巧拙"③。人类社会的每个重大进步,均与生活资源的扩大密切相关。在人类诞生之初,人类以大地上天然的果实来维持自身生存,当时人口稀少,生活资源简单,为了抵御猛兽的袭击,人类可能栖息在树上。在这个阶段,人类不可能形成财产的观念。人类在采用鱼类食物之后,开始摆脱了地域和气候的限制。由于鱼类分布广泛,可以不受季节的限制无限量地供应,因而成为人类最早的一种人工食物。后来,人类开始种植淀粉类的食用植物。淀粉类食物的出现,标志着食物的品种和数量均极大地增加。④这时人类才开始逐步形成财产观念,财产观念是形成物权制度的基础。⑤

---

① 这种以生存技术为基础对人类社会的划分,最早是丹麦考古学者提出的,现已为人们所广泛接受。美国学者摩尔根从另外一个角度提出,人类社会的发展经过蒙昧阶段、野蛮阶段和文明阶段。参见〔美〕路易斯·亨利·摩尔根:《古代社会》(上册),杨东莼、马雍、马巨译,商务印书馆1977年版,第9—11页。
② 前揭〔美〕路易斯·亨利·摩尔根:《古代社会》(上册),第6页。
③ 同上书,第18页。
④ 同上书,第18—22页。
⑤ 洛克认为,根据自然理性,人享有生存权,土地及其土地上的一切是供给人们用以维持其生存所必需的。土地所自然产生的果实及自然繁衍的各种野兽,应归全体人类所有,而没有人能够对这种处于自然状态中的东西享有排他的私人所有权。"只要他使任何东西脱离自然所提供的和那个东西所处的状态,他就已经掺进他的劳动,在这上面掺加他自己所有的某些东西,因而使它成为他的财产。""劳动使它们同公共的东西有所区别,劳动在万物之母的自然所已完成的作业上面加上一些东西,这样它们就成为他的私有的权利了。"〔英〕洛克:《政府论》(下册),叶启芳、瞿菊农译,商务印书馆1995年版,第18—19页。

一、古代罗马物权法①

由于农牧业是古罗马社会的经济基础,土地成为罗马社会财富的象征,因此,法律必须对土地的占有加以保护。此外,由于土地的不可替代性和不能再生性,对土地处分权的保护成为罗马私法的核心使命。②罗马私法旨在向个人提供以诉讼方式实现其诉讼请求的可能性,因而作为救济手段的诉讼行为在实体法中具有重要地位。罗马私法把诉讼分为对人诉讼(actiones in personam)和对物诉讼(actiones in rem)。对人诉讼是指为保护债权,仅可对特定债务人提起的诉讼;对物诉讼则是为保护物权或者对物的权利而提起的诉讼。③基于对物诉讼,物权法最初的设计目标为调整人与物之间的关系,因而先产生了所有权的概念。只是后来随着对物的利用和收益的保护,他物权也可通过物权诉讼予以保护。从罗马私法理论的形成看,这与法学家及其信奉的自然法观念有密切关系。"从整体来讲,罗马人在法律改进方面,当受到'自然法'理论的刺激时,就发生了惊人迅速的进步。"④罗马法学家西塞罗(Cicero,公元前106—43年)深受希腊斯多葛学派自然法理论的影响,⑤在古罗马时期(公元前1世纪到3世纪中期),许多罗马法学家同样也受到希腊斯多葛学派自然法理论的影响。⑥西塞罗倡导的保护自由公民的权利、建立合乎自然精神的法律秩序等思想,为抽象的物权制度奠定了理论基础。

---

① 在罗马法之前,产生了体现早期朴素财产观点的古希腊物权法。古希腊物权法既没有描述"财产法"的一般术语,也没有相当于"所有"的抽象术语。法律术语"ουσία"并不意味着抽象的"所有",而是为某人所拥有的具体意义上的某物或者物的集合。因此,未能抽象出对物的权利的绝对性。这些早期朴素的物权观念是大陆法系理念化的物权体系的最初表现形态。古希腊物权法实现了人类由氏族公有到奴隶制私有的转化,而且在产权观念形成的过程中,萌芽了以所有权为核心的物权思想,并重视财产取得方式上的具体规则。这种财产观念的萌芽,成了大陆法系发展的一个重要方向。

② 参见马俊驹、梅夏英:《财产权制度的历史评析和现实思考》,载《中国社会科学》1999年第1期。

③ 参见周枏:《罗马法原论》(上册),商务印书馆1994年版,第884页;〔意〕彼德罗·彭梵得:《罗马法教科书》,黄风译,中国政法大学出版1992年版,第86—87页。

④ 前揭〔英〕亨利·梅因:《古代法》,第33页。

⑤ 参见〔美〕埃德加·博登海默:《法理学——法哲学及其方法》,邓正来、姬敬武译,华夏出版社1987年版,第14页。

⑥ 同上书,第16页。

罗马法上的物(res),"是指外部世界的某一有限部分,它在社会意识中是孤立的并被视为一个自在的经济实体"①。由于受到希腊自然法理论的影响,罗马法将一切权利的客体均归纳为物的概念。②罗马法上物的概念泛指财物,包括现代民法的物权、继承权和债权。③罗马法对物的分类方式种类繁多,④主要有三种:

(1) 不可动物(res immobiles)与可动物(res mobiles)。这种分类方式在现代法中表现为不动产与动产的分类,土地和建筑物为不可动物,其他物则为可动物。根据《十二表法》(Twelve Decemviral Tables)的规定,不可动物的取得时效为2年,而可动物的取得时效则为1年。

(2) 要式物(res mancipi)与略式物(res nec mancipi)。这是罗马早期市民法所特有的物的分类,以物的重要性以及所有权的转移是否需要履行法定形式为标准。要式物是指根据法律规定,所有权的转移应采取法定形式的物,否则,不产生转移所有权的效力;略式物是指所有权的转移无须履行一定法律形式的物。对于要式物的买卖,只能以要式买卖(mancipatio)或者拟诉弃权(in iure cessio)的方式进行转让,简单的交付不能产生所有权转移的法律效果,这种市民法规则体现了早期罗马法的法律行为的形式主义特点。

(3) 有体物(res corporals)与无体物(res incorporales)。这是罗马法上非常重要的物的分类。盖尤斯将物划分为有体物与无体物,前者是具有实体的存在,且可通过感觉而认知的物体,如土地、奴隶等;后者是指没有实体的存在而由人们拟制的物,即权利,如债权、地役权、用益权等。在罗马法上,这种物的分类意义在于无体物不能以占有的方式取得,因为占有的实质性条件是对物的实际持有,换言之,无体物既不能以时效方式取得,也不能以让渡(traditio)方式来转让。⑤

罗马法上的物权(jus in re),是指权利人可以直接对物行使并排除他人

---

① 前揭〔意〕彼德罗·彭梵得:《罗马法教科书》,第185页。
② 参见李宜琛:《日耳曼法概说》,中国政法大学出版社2003年版,第49页。
③ 参见前揭周枏:《罗马法原论》(上册),第277页。
④ 周枏先生列举了罗马法上关于物的14种分类。参见前揭周枏:《罗马法原论》(上册),第277—296页。
⑤ 参见〔英〕巴里·尼古拉斯:《罗马法概论》,黄风译,法律出版社2000年版,第110页。

干涉的权利。物权有自物权(jus in re propria)和他物权(jus in re aliena)之分,自物权是指物权标的物属于权利人本人的物权,即所有权;他物权是指物权标的物属于他人的物权。由于他物权从自物权中派生出来,并依附于自物权,因此,自物权与他物权之间是完全物权与不完全物权的关系。罗马法上的物权有所有权、役权、地上权、永佃权、质权和抵押权共 6 种。

所有权是物权的一种,而且是物权最重要的部分,是权利人可行使其物上的最完整的权利。罗马法上的所有权是指以所有人的资格支配自己物的权利。[1]在罗马法中,所有权的概念在公元前 2 世纪被正式确立,[2]但是,在各个历史时期,所有权有不同的称谓。所有权最早的称谓是"dominium ex jure quiritum",即"宗联成员的支配权"。[3]"dominium"有"统治、管辖、控制和支配"的含意。所有权第二个称谓是"mancipium"。"所有权在罗马法中是从家父权(mancipium)演化而来的,或者说是对家父权的扬弃,它使家父对家子的权利转化为对财产的权利。"[4]到了帝国晚期,所有权的称谓是"proprietas",与"ususfructus"用益权相对,是具有最高权利的技术性术语。[5]

罗马法上的所有权制度经历了一个历史发展过程。从所有权的主体看,最初只有贵族享有市民法所有权,平民仅有事实上的占有而不能享有法律上的所有权。《十二表法》正式承认平民与贵族享有平等的所有权,但外国人仍然不能享有市民法上的所有权。然而随着罗马的对外扩张,罗马境内的外国人日渐增多,大法官开始承认外国人享有万民法上的所有权。到公元 212 年,卡拉卡拉将市民权授予罗马帝国境内的一般居民,所有权主体方面的差异基本被消灭。从所有权的客体看,最初并非所有的东西均可作

---

[1] 在罗马法文献中没有所有权的定义,仅有所谓的"对所有物的完全支配权"(plena in re potestas)。参见前揭周枏:《罗马法原论》(上册),第 299 页。

[2] 参见王泽鉴:《民法物权(通则·所有权)》,中国政法大学出版社 2001 年版,第 149—150 页。

[3] 参见前揭周枏:《罗马法原论》(上册),第 304 页。

[4] 李仁玉、陈敦:《论所有权观念的历史演进及其启示》,载杨振山主编:《罗马法·中国法与民法法典化》,中国政法大学出版社 2001 年版,第 124 页。

[5] "在罗马人中,所有权的早期称谓是'mancipium'。'proprietas(所有权)'作为对物的最高权利的技术性术语,在帝国晚期开始主要相对于'ususfructus(用益权)'被加以使用(见§103)。另一个称谓'dominium'则更为古老,但不那么具有技术性,而且它也被用来指'家父'的一般权利或对任何主体权利的拥有。"前揭[意]彼德罗·彭梵得:《罗马法教科书》,第 196 页。

为市民法所有权的标的,只有被人们视为重要的财产,如妻子、子女、奴隶、牲畜以及世袭住宅等,可以作为所有权的客体,受到市民法的保护。随着商品经济的发展,所有权客体的范围不断扩大,而且家属不再成为所有权的客体。从所有权的转移方式看,最初要式物的转移必须采取"要式买卖"或者"拟诉弃权"方式转移,仅有双方当事人之间的合意和物的交付,在法律上不能产生所有权转移的效果。由于这种方式妨碍了商品流转,阻碍了经济发展,大法官对没有履行法定转移方式的要式物的受让人加以保护,从而形成了事实上的所有权。后来,要式买卖和拟诉弃权逐渐被双方当事人之间的合意和交付所取代。所有权转移方式的历史发展,涉及罗马法上所有权的类型有市民法所有权(dominium ex jure quiritium)、大法官所有权(dominium bonitarium)、万民法所有权(domimium ex jure gentium)和行省土地所有权。

罗马法所有权的权能仅包括使用权(jus utendi)、收益权(jus fruendi)和处分权(jus abutendi)三种,①占有权并非所有权的一种权能。在物权法中,所有权与占有存在本质的区别,罗马法学家乌尔比安认为,"所有权与占有毫无共同之处"②。罗马法认为占有(possessio)是一种事实而不是一种权利,是对物的实际控制,③因此,并未将占有视为所有权的一种权能,而是独立于所有权之外的一种法律制度。占有制度的目的不是为了保护权利,而是为了制止暴力行为,维护社会和平。在罗马法中,占有是指占有人可以自由处分物,与物之间所建立的一种事实关系,而且要求占有人有处分物的实际意图。由于占有是对物的事实上的控制,可以理解为占有关系所体现的是所有权的一般内容,因此,确切地说,占有是所有权的外部形象。④换言之,所有权是真正具备法律保护要件的占有,而有些形式的占有则实际上变成了所有权的形式。⑤在罗马法中,占有的构成要件有两个:一是体素(corpus),即对物的控制,有管领物的事实存在;二是心素(anmus),有将物占为己有的意思。即使直接控制物,如果没有占为己有的意思,不会产生法律上的占有效果。"为了维护公共秩序和社会安定,罗马法安排了一种通过令状

---

① 参见前揭周枏:《罗马法原论》(上册),第300页。
② 前揭〔英〕巴里·尼古拉斯:《罗马法概论》,第110页。
③ 参见前揭周枏:《罗马法原论》(上册),第407页。
④ 参见前揭〔意〕彼德罗·彭梵得:《罗马法教科书》,第269页。
⑤ 同上。

诉讼程序维护占有的事实状态不受任何侵扰或使它排除某些侵害(如剥夺)重新恢复原状的特殊保护制度,一种对占有的行政保护。"① 罗马法通过大法官颁布占有令状来保护被侵害的占有,主要有占有保持令和占有回复令。②

罗马法的所有权取得方式主要有以下两大分类:

(1) 市民法取得方式、万民法取得方式和大法官取得方式。这是罗马法最早的所有权取得方式的分类。市民法取得方式仅适用于罗马市民之间要式物的所有权取得,具有严格的形式主义特点,如要式买卖、拟诉弃权③和时效取得。万民法取得方式,适用于罗马市民和外国人之间以及外国人之间的要式物和略式物的所有权取得,这种方式不仅反映了罗马法物权观念的演进,而且也是对古老的市民法规范的发展和补充,如先占、交付、添附和加工等。大法官取得方式,则是为了弥补市民法的形式主义的缺陷而产生的所有权取得方式。在罗马法逐渐废除形式主义后,要式买卖和拟诉弃权相继废除,要式物和略式物之间的区别逐渐消失,最后,市民法所有权取得方式和大法官所有权取得方式趋于一致。

(2) 原始取得和传来取得。这是罗马法复兴时期的评论法学派对罗马法所有权取得所经常采取的分类方式。④原始取得方式有时效取得与自然方式取得之分。时效取得是一种极为古老的市民法制度。时效制度的产生有两方面的原因:一是物尽其用。罗马法所有权的产生是为了适应经济发展的需要,使人们生活更便利。如果土地所有权人抛荒,让奴隶、牲畜游散而不用,那么,法律就没有必要去保护那些因财物过多而废弃不用的人,没有必要禁止另外一些人因生产和生活上的需要而利用这些物。如果所有权人没有抛弃这些物的意思,则可以在一定期限内提出异议,收回原物。时效制度最初是在公有制向私有制过渡时期,为调整财产所有权人和需要人之间的矛盾而产生的。二是弥补市民法严格形式主义对所有权取得方面的缺陷

---

① 前揭〔意〕彼德罗·彭梵得:《罗马法教科书》,第271页。
② 参见前揭周枏:《罗马法原论》(上册),第422—428页。
③ 在实践中,拟诉弃权仅适用于无体物的转让。参见前揭〔英〕巴里·尼古拉斯:《罗马法概论》,第122页。
④ 参见前揭〔英〕巴里·尼古拉斯:《罗马法概论》,第121页。

和不足。①由于要式买卖方式存在瑕疵,根据市民法的规定不能产生所有权转移的效果,但可因持续不间断地占有标的物而使受让人的权利受到法律保护。特别是到了共和国后期,随着商品经济的发展,交易和迁徙的频繁,取证问题凸现,取得时效又发展成为一种非常便利的证明所有权的方法。②《十二表法》第6表第3条规定:"对土地占有的取得时效为两年,其他物占有的取得时效为一年。"自然方式有先占、添附、加工、孳息、发现埋藏物。

传来取得方式又称为继受取得方式,有要式买卖、拟诉弃权和让渡三种。在查士丁尼法中前两种方式已经消失,唯一保留的转让方式是简单的让渡(tradizione),让渡是自愿转让所有权的一般方式。让渡的实际行为是对占有的单纯实现,要求受让人在心素和体素上均取得对物的占有,体素使让渡区别于基于单纯合意的转让。③在古典法和查士丁尼法中,对占有的转让可以通过某些隐蔽的或者准精神的方式完成,通过双方当事人之间的合意完成所有权的转让,会出现所谓的拟制让渡(traditio ficta),④即长手让渡、短手让渡和占有协议。长手让渡是指买卖的物并不实际交付而仅向受让人指示并由其支配;⑤短手让渡是指受让人在受让标的物之前已经占有受让物,例如,承租人或者借用人受让所承租的不动产或者借用物;⑥占有协议,恰好与短手让渡的情形相反,让与人并不进行实际的让渡,受让人不能实际占有受让物,而是让与人与受让人之间达成一个协议,允许让与人继续以租赁、使用借贷、用益方式继续占有受让物。⑦

自物权与他物权,是罗马法物权两个不可或缺的组成部分。在罗马法中,他物权包括役权、永佃权、地上权以及担保物权。罗马法的役权,是指为

---

① "'时效取得'实在是一种最有用的保障,以防止过于繁杂的一种让与制度所有的各种害处。"前揭〔英〕亨利·梅因:《古代法》,第162页。
② 参见前揭周枏:《罗马法原论》,第319页。
③ 参见前揭〔英〕巴里·尼古拉斯:《罗马法概论》,第124页。
④ 罗马法的所有权取得方式逐渐发展成为近现代所有权的取得方式。在现代物权法中,所有权取得方式有现实交付和观念交付两种。罗马法中的简单让渡发展成为现代物权法的现实交付,拟制让渡发展成为现代物权法中的观念交付。长手让渡成为现代物权法中的指示交付,短手让渡成为现代物权法中的简易交付,占有协议成为现代物权法中的占有改定。
⑤ 参见前揭〔英〕巴里·尼古拉斯:《罗马法概论》,第124页。
⑥ 同上。
⑦ 同上书,第125页。

特定的土地或者特定的人的便利和收益而使用他人物的权利。役权包括地役权和人役权两种,是最古老的他物权。地役权是以他人土地供自己土地使用便利的权利。地役权分为乡村地役权和城市地役权。乡村地役权是最古老的役权,在罗马农业经济中具有非常重要的地位,主要有通行权和用水权;城市地役权有通水权、立墙权和采光权。人役权是以他人之物供自己使用和收益的权利,这种权利是为特定人的利益而设立的。罗马法中的人役权主要有用益权、使用权、居住权和对奴隶和他人牲畜的使用权。[①]罗马法的永佃权,又称为永租权,是通过支付租金从而永久获得土地使用权,并可由其继承人继承的物权。罗马法的地上权,是指通过支付租金使用他人土地建造房屋的权利。罗马法担保物权的发展经历了信托、质权和抵押权三个阶段。信托担保物权,是指当事人一方按照市民法的规定将其物的所有权转移给另一方当事人,约定出让人在履行债务后,受让人应将受让物返还给出让人。由于债权人占有信托担保物,一旦债权人违背信义,债务人的利益将得不到保障。质权,是指将担保物的占有转移给债权人,作为履行债务的担保。质权不涉及所有权的转移,仅将物的占有转移而已,因此,对债务人利益的保护比信托担保更为有利。继信托担保之后,质权成为一种流行的担保方式。在质权之后,又产生了抵押权。抵押权,是指债务人或者第三人对其提供的担保物不转移占有,在债务到期未受清偿时,债权人享有出卖担保物而优先受偿的权利。质权与抵押权的区别在于债权人是否占有担保物,债权人占有担保物的,则是质权;债权人不占有担保物的,则是抵押权。在罗马法上,质权和抵押权的对象与担保物是否为动产还是不动产没有关系。

虽然罗马法上存在各种具体的物权,但最终未能形成一个抽象的"物权"概念,"Jus in rem"一词具有物权的含义,却是中世纪法学家所创设的,而不是当时罗马法学家创造的法律术语。

罗马法的物权结构如下:

---

① 参见前揭〔意〕彼德罗·彭梵得:《罗马法教科书》,第257—260页。

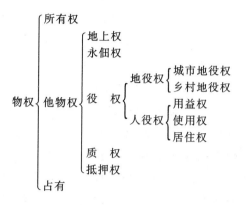

二、日耳曼物权法

日耳曼民族作为欧洲古代民族之一,是从公元前 5 世纪起,分布在斯堪的那维亚半岛、日德兰半岛、波罗的海和北海南岸的一些部落的总称,被希腊人和罗马人称为"蛮族"①。日耳曼民族最初为游牧部落,公元前 1 世纪中叶起转为定居农业,并产生阶级分化。在青铜器时代,日耳曼民族分裂为南北两支,北日耳曼人仍然盘踞在北欧②,南日耳曼人则向南欧和中欧大迁徙,在公元前 2 世纪又分裂为东日耳曼人③和西日耳曼人④。在公元前 1 世纪,强大的罗马帝国与南下的日耳曼人发生了接触。罗马人和日耳曼人以莱茵河和多瑙河为界。日耳曼民族日益强大,不断骚扰罗马民族,威胁罗马帝国的安宁。公元 4 世纪,由于受到匈奴人西迁压力,日耳曼人大举向罗马帝国境内迁移。在公元 4 世纪中叶,两个民族之间的冲突日益加剧。从公

---

① "日耳曼云者,意为'军人',为罗马所命名,盖谓其文智未开,而剽悍善斗也。"前揭李宜琛:《日耳曼法概说》,第 1 页。
② 他们是现代瑞典人、挪威人和丹麦人的祖先。
③ 东日耳曼人包括哥特人、汪达尔人以及勃艮第人,在漫长的历史长河中,其族体和语言都融化在地中海沿岸各民族中。
④ 西日耳曼人分为三个区域性集团:(1) 北海沿岸集团,包括巴塔维人、弗里斯人、考肯人、盎格鲁人和朱特人等,前两个部族是现代荷兰人的祖先,后三个部族则融合成盎格鲁—撒克逊人。(2) 莱茵—威悉河集团,其中的卡狄人为黑森人的祖先,另外的部落在公元 3 世纪融合成法兰克人。(3) 易北河集团,其主体是斯维比人。奥地利的哈布斯堡家族和霍亨索伦家族发源于这个部族。巴伐利亚人来源于这个部族的马科曼尼人和夸迪人。到公元 8 世纪,除了不列颠各岛的盎格鲁—撒克逊人之外,整个西日耳曼人都统一于法兰克王国之中,以后逐渐形成德意志民族。

元5世纪初到中叶,西罗马帝国各省,相继被日耳曼民族占领并建成了许多日耳曼封建化王国,如法兰克、伦巴德、奥多亚克、勃艮第、汪达尔—阿兰、东哥特、西哥特、盎格鲁·萨克逊等日耳曼王国。①这些日耳曼王国大多直接从原始社会转向封建制国家,保留着大量的习惯法。而在西罗马帝国灭亡前的数百年时间中,直接与罗马帝国发生关系的日耳曼民族,已经或多或少地受到罗马帝国法律制度和思想的影响。日耳曼人仍然根据自身部落的习惯生活,即在日耳曼人中适用日耳曼法;而罗马人仍然根据罗马法生活,即对罗马人适用罗马法。②日耳曼征服者让罗马自由人"仍保持其自由,相互间仍得自由生活在其罗马法之下"③。如果日耳曼法与罗马法发生冲突,则适用日耳曼法。换言之,在公元476年西罗马帝国灭亡后,罗马法的效力并未丧失,而是继续在日耳曼人建立的王国内适用,特别是在西哥特和勃艮第王国,作为适用于王国内非日耳曼人的属人法而保存下来。④公元506年,西哥特国王阿拉利克二世(Alaricus Ⅱ,公元484—507年在位)颁布了《西哥特罗马法》(Lex Romana Wisigothorum),并以《阿拉利克罗马法辑要》(Breviarium Alaricianum)而闻名于世,辑要巧妙地摘编了盖尤斯、保罗等罗马法学家的学说,并附以通俗的拉丁语解释。⑤从公元5世纪末到6世纪初,日耳曼习惯法经罗马法学家和基督教僧侣改造后,在欧洲大陆出现了众多"蛮族法典",如《尤列克法典》、《耿多伯德法典》、《萨克森法典》、《巴伐利亚法典》

---

① 在这些日耳曼王国中,盎格鲁·萨克逊、法兰克王国存在的时间较长。作为日耳曼人的一支,法兰克人在486年打败高卢军队,由克洛维建立了墨洛温王朝。克洛维通过和罗马梵蒂冈的联合,占领了罗马帝国在高卢的全部领土。随着不断扩张,到6世纪中叶,法兰克王国征服了勃艮第、图林根、巴伐利亚和萨可逊的一些部落,成为当时西欧最强大的国家,并建立了封建采邑制。751年,宫相矮子丕平成为法兰克国王,建立了加洛林王朝。在查理大帝统治期间国力达到最盛,吞并了伦巴德王国,夺取西班牙边区,占领东巴伐利亚,并征服了阿瓦尔汗国,西欧的大部分土地都成了法兰克王国的领土。查理大帝死后,法兰克王国发生兄弟战争而分裂,在843年8月签订《凡尔登条约》,国家分为西法兰克王国、东法兰克王国和意大利王国,现代的法国、德国和意大利的疆域就是以这个条约为基础的。
② 参见〔美〕孟罗·斯密:《欧陆法律发达史》,姚梅镇译,中国政法大学出版社1999年版,第2页。
③ 同上书,第86页。
④ 参见〔德〕K.茨威格特、H.克茨:《比较法总论》,潘汉典、米健、高鸿钧、贺卫方译,贵州人民出版社1992年版,第145页。
⑤ 参见〔日〕大木雅夫:《比较法》,范愉译,法律出版社1999年版,第158页。

和《撒利克法典》①,这标志着日耳曼法的形成。日耳曼王国以农业为主,农村社会是以家族、氏族或者部族为中心的共同生活团体,因此,其法律建立在团体主义基础之上,而不是个人主义基础之上。日耳曼人注重习惯,其法律起源于世代相传的伦常习俗。日耳曼法基本上属于地方性的、部落的和封建性的法律。日耳曼物权法与中世纪欧洲的庄园制经济制度②和领主分封制政治制度③密切相关。庄园首先在加洛林时代清晰地出现,大约在13世纪以前一直是欧洲西北部地区的主导性农村社会经济组织。

由于日耳曼以庄园经济为主,并未产生商品经济,因此,日耳曼法以对物的利用为中心,并未形成物权法的概念和体系,而是从各种具体的事实关系出发,基于物的利用的具体形态,承认各种具体的对物的权利,并未从这些具体权利中抽象出一个物权。对动产所有权和不动产所有权的支配形态、效力及其保护方法,均存在差异。双重所有权或者分割所有权是日耳曼所有权的一个特点,④即由上级所有权(dominium directum)与下级所有权

---

① 《撒利克法典》(Lex Salica)是法兰克王国的习惯法和国王法令的汇编,也是流传至今、影响最大的"蛮族法典"。关于撒利克法典的年代,存有争议,但通说认为是公元481—511年之间。

② 西欧庄园是随着西欧封建制确立而形成的经济实体。封建主用劳役地租剥削农奴,在经济上实行独立经营和核算,内部能自给自足,既是西欧封建社会的基层经济单位,也是农业生产的基本组织单位。庄园的耕地分为春耕地、秋耕地和休耕地三部分,实行轮作制,每年总有2/3的土地在耕种。同时,耕地被分为领主自营地和农奴份地两部分。领主自营地由服劳役的农奴耕种,他们通常每周要为主人劳动3—4天,剩余的时间在自己的份地上生产。后来,领主取消了自营地,把耕地全部分给农奴,坐收实物地租。由于中世纪前期商业活动和城市人口有限,庄园的经济在没有外部刺激的情况下,形成一个自给自足的经济单位。庄园的一切生产都主要是为领主及其家人等提供生活资料,同时,也为生产者及其家属提供生活必需品,只有极少量的市场买卖活动存在。

③ 西欧封建主内部以土地关系为纽带,通过层层分封而形成的封建等级差别,其基本特征是封主和与附庸的臣属关系的建立。由于国王在形式上是封建国家的首脑,所以也是封建等级中最高的封主。国王把土地分给大封建主公爵和伯爵、大主教和主教等;他们留下一部分土地后,将其余土地分给中等封建主男爵和子爵;男爵和子爵在留下一部分土地后,再将剩余土地分给最低一级的骑士,由此便结成了封建的主从关系。整个等级制度呈现出金字塔式的特点,其中每个封授土地的人都是其下级的封主,每个接受封地的人都是其上级的封臣,金字塔的底部是在等级制度重压之下的农奴。

④ "封建时代概念的主要特点,是它承认一个双重所有权,即封建地主所有的高级所有权以及同时存在的佃农的低级财产权或地权。"前揭〔英〕亨利·梅因:《古代法》,第167页。

(dominium utile)构成,①分别代表领主对土地的管领权、处分权和耕作人对土地的使用权、收益权。②因此,这种分割所有权带有较强的地域性。日耳曼物权法的这种地域性,是为强调社会秩序的稳定以及对交易安全的关注;这种价值目标导致了财产的转让注重形式主义。财产的转移必须遵守一套严格的程式,否则便不发生法律效力。在这种思想的指导下,所有权人的追及权,因是否履行"一定的程式"而具有不同的效力。如果基于所有权人的意志按一定程式转移了对财产的占有,如委托保管、借用和出租等行为,而占有人又将财产经过一定的程式转让给了第三人,那么,所有权人则丧失了对财产的追及权,只能对占有人请求损害赔偿。通过这种程式,就割裂了原所有权人对其财产的绝对权利。这种"以手易手"的程式,就是现代意义上的公示制度。这在一定程度上打破了继罗马法以来确立的"所有权绝对"观念,开始保护善意第三人的利益和交易安全,为现代物权法善意取得制度的建立奠定了基础。

日耳曼法的物权制度贯彻团体本位思想,法律以具体的事实关系为基础,并未形成抽象的所有权概念。主体的身份和地位决定其所享有的所有权的性质和范围。③土地所有权形式有马尔克公社土地所有制、大土地所有制(上级土地所有权)、采邑制、农奴份地。日耳曼法的物权制度除所有权外,还有地上负担和占有。

在日耳曼法中,有两种区分动产与不动产的标准:一是以标的物是否可以转移为标准;二是以标的物是否容易灭失为标准。④由于日耳曼法是法律习惯的集合,一切法律观念基于具体的事实关系而产生,各个规范相互之间

---

① 参见前揭李宜琛:《日耳曼法概论》,第71—73页。"下级所有权",又称为"用益所有权"。

② "以勃兰登堡邦的一个中等村庄为例,该村的人被区分为:1.上级所有权人,即领主,其多半不住在村里,且仅为土地的上级所有人。2.下级所有权人,这些人或世袭或终生地享有用益所有权。(注:[德]赖纳·施罗德:《市民继承法之功能丧失》,载《从政治角度看亲属法与继承法的历史》,法兰克福1987年版,第281—294页。)3.第三类的用益权人,直接自上级所有人或自第一级的下级所有权人以世袭租赁权或短期租赁权方式获得使用权。4.完全受限制的土地租赁权人,这些人为数不少。5.位于最底层的则是那些无任何土地权利的人。"〔德〕赖纳·施罗德:《德国物权法的沿革与功能》,张双根译,载《法学家》2000年第2期。

③ 参见由嵘:《日耳曼法简介》,法律出版社1987年版,第48页。

④ 参见前揭李宜琛:《日耳曼法概说》,第50页。

并没有形成抽象概念的统一,因而造成了动产与不动产的支配形态不同,其效力及保护方式也存在差异。①

占有(Gewere)是日耳曼法的核心概念。②但是,对于占有(Gewere)的词源,有两种学说:一是认为对物的法律保护,即对物的占有(Gewere)者,就取得对物的法律保护权利;二是认为占有(Gewere)并不是对物的法律保护,而是对物的事实支配。③占有是物权的一种表现形式。④在日耳曼法中,占有(Gewere)与所有权并不存在明确区别。⑤与罗马法中的占有(Possessio)不同,日耳曼法中的占有(Gewere)不是一种单纯的事实而是一种权利,⑥是对财产的一种总的拥有的事实状态。这显然与罗马法中占有仅为一种事实不同。日耳曼法的占有(Gewere)是物权外部表现形式,以占有(Gewere)推定某种物权的存在,因此,占有(Gewere)具有物权的公示性质,物权包含在占有(Gewere)之中,并通过占有(Gewere)得以体现。

占有(Gewere)制度是日耳曼物权法的基础。⑦在日耳曼法中,物权只有通过占有(Gewere)才能把握,物权全部通过占有(Gewere)的外观得以表现;而只有采取占有(Gewere)形式所表现出的权利才被视为物权,并作为物权受到保护。因此,占有(Gewere)不是从本权分离出来独立的、与本权对立的占有,而是在其背后设定了本权、表现本权的占有(Gewere)。占有(Gewere)的效力表现在如下三方面:⑧一是权利防御的效力。占有(Gewere)受法律保护,一旦有效成立,非经法院判决不得推翻。因此,占有人被推定为合法的物权人。二是权利实现的效力。一旦占有(Gewere)被侵害或者妨碍,占

---

① 参见前揭李宜琛:《日耳曼法概说》,第49页。
② 占有,古代日耳曼语为"Giweri, Giwerida",拉丁语为"vestitura",罗马法为"possessio",英文为"Seisin"或者"Seizin",法文为"Saisin",德文为"Gewere"。
③ 参见前揭李宜琛:《日耳曼法概说》,第53—54页。
④ "Gewere之保护,亦即权利之保护。有Gewere者,即受权利之推定……现今学者,殆皆一致主张Gewere为物权表现之外形……"前揭李宜琛:《日耳曼法概说》,第56页。
⑤ "所有与占有无明确之区别,对于物有事实之支配者,有Gewere(占有),因而受保护。持有动产者,对其动产有Gewere,事实上耕作利用土地者,对于其土地取得Gewere。"前揭史尚宽:《物权法论》,第2页。
⑥ "日耳曼法之占有(Gewere)系认为分类上人对于物的支配权之外表,即为事实上物之支配关系。"前揭史尚宽:《物权法论》,第526页。
⑦ 参见前揭郑玉波:《民法物权》,第369页。
⑧ 参见前揭李宜琛:《日耳曼法概说》,第60—63页。

有人可以通过诉讼方式请求除去侵害或者妨碍。三是权利移转的效力。物权的移转只有通过占有(Gewere)移转的方式完成,在不动产转让的情况下,最早是需要进行占有(Gewere)的现实转移来实现,后来只需象征性地移转观念上的占有(Gewere)即可;而动产的转让一直要求进行现实占有(Gewere)的移转。

动产所有权人基于自己的意思,如租赁、借贷、寄托或者质权等,将动产的占有交付给相对人,相对人因此取得对动产的占有。一旦合同关系终止,相对人负有返还占有物的义务。但是,根据日耳曼法的规定,所有权人只能向相对人请求返还占有物。如果相对人将占有物转让给第三人,或者为第三人所侵占,所有权人不得向第三人请求返还,仅能请求相对人进行损害赔偿。其物的受让人或者侵占人因其占有而取得物的所有权。这就是日耳曼法上的"Hand muss Hand wahren"原则,或者简称为"Hand wahre Hand"。[①]日耳曼法的占有制度对后世物权法产生了一定的影响。[②]

日耳曼物权法对近代西方国家物权法的形成产生了重大影响,"近代的《法国民法典》和《德国民法典》的物权制度,尤其是不动产物权,受到了日耳曼法的较大影响。比较而言,英国的财产法受日耳曼法的影响更大一些"[③]。可见,日耳曼物权法对后世的物权法产生了深远的影响。

三、罗马物权法与日耳曼物权法之比较

罗马法以简单的商品经济为基础,以个人本位为主导思想,以保护个人利益(尤其是所有权)为私法制度的中心,承认个人所有权的绝对性、排他性和永续性,形成了以所有权为中心并由抽象概念构成的物权法。日耳曼法则建立在以土地为中心的农业经济基础之上,以物的利用为中心,强调团体主义本位,体现了所有权相对性,确立了以物的利用关系为中心而没有形成由抽象概念构成的物权法。在日耳曼法中,没有抽象的"物"的概念,也不存在罗马法上的"有体物"和"无体物"的区分。罗马法以人为中心,所有的权

[①] 参见前揭李宜琛:《日耳曼法概论》,第91—92页。
[②] "日耳曼法上的关于占有之思想,在近代占有制度中,间亦继受,例如占有之权利推定力、间接占有、即时取得(公信力)等均是,又不动产登记制度,亦可谓将自然的公示方法之Gewere,予以技术化矣。"前揭郑玉波:《民法物权》,第370页。
[③] 钱明星:《物权法原理》,北京大学出版社1994年版,第102页。

利归属于人;①而日耳曼法则以财产为中心,所有的权利归属于财产本身,而人只不过是财产管理人而已。罗马物权法与日耳曼物权法主要区别如下:

第一,日耳曼法是以"利用"为中心,基于物的各种利用的具体形态,承认其各种具体的物权。换言之,日耳曼法从各种具体的事实关系出发,通过各种对物利用的具体形态,确认各种对物的权利。物的形态不同,对物的支配形态也不同,例如,动产与不动产属于性质完全不同的权利,其效力和保护方法在法律上也不同。②日耳曼法上各种具体的利用权,均为独立的物权,不存在所有权派生出他物权的概念。因此,日耳曼法不存在统一的所有权概念。

罗马法则以"所有"为中心,物权是对物抽象的支配权利、对物的利用,重视对物抽象的支配权。③所有权是支配力最为完整的物权,所有人能够按照自己的意思对其物行使占有、使用、收益和处分等权利。他物权是在所有权基础上产生的、对物有特定方面支配权的物权,他物权在特定方面的支配力是所有权全面支配力的体现。因此,罗马法形成了统一、完整的所有权概念。

第二,日耳曼法认为所有权不是对物抽象的支配权,而是具体的利用权,所有权是相对性的权利。④虽然所有权包含归属和全面支配力的意义,但其主要表明对物的实际占有和利用关系,而且所有与占有没有明显的区别。对特定物的全面支配是全部利用权的集合而已,对物的全面支配与对物的部分支配,仅存在量上的差异。在同一物上可以有两个所有权,典型的形式是在同一土地上同时存在"上级所有权"和"下级所有权"。

罗马法则认为对物的全面支配是"所有权",所有权具有绝对性、排他性和永续性。法律对所有权的限制,不是对所有权本身的限制,而是对所有权行使的限制。在一定条件下,所有权的部分权能可以与所有权分离,形成他物权,他物权只是在一定期限内和在某些方面对所有权进行限制,他物权一旦消灭,对所有权的限制就立即消除,与所有权相分离的权能自动回复到所

---

① 由于受到自然法的影响,"个人所有权是正常状态的所有权,而人的集团所共有的所有权只是通则的一个例外"。前揭〔英〕亨利·梅因:《古代法》,第147页。
② 参见前揭李宜琛:《日耳曼法概论》,第49页。
③ 参见前揭史尚宽:《物权法论》,第1页。
④ 参见前揭李宜琛:《日耳曼法概论》,第69页。

有权,所有权恢复其全面支配力。

第三,日耳曼法对所有权的分割是质的分割,即对所有权内容中的管理、处理、使用收益等各项权能进行分割,分别由不同的权利主体享有。例如,甲取得管理权能和处分权能,乙取得使用收益权能。①所有权权能分割前与所有权分割后各部分的内容和价值存在差异,即所有权在分割前与分割后性质完全不同。例如,日耳曼法的总有权,其对土地的收益权属于特定的村民,而对土地的管理、处分权则属于全体村民。在封地分割所有权关系中,土地的使用收益权归属于封臣,管理、处分权归属于领主。

罗马法所有权的分割是量的分割,即为共有。罗马法上的共有人并不是对共有物的全部享有所有权,而仅对共有物享有部分的所有权。共有人可以自由处分其共有部分并可随时请求共有物的分割。分割前的所有权与分割后的所有权,性质相同,仅范围不同而已。

第四,日耳曼法将社会的、身份的支配关系反映在物权中,②物权的概念包含了公法的支配和公法的义务。例如,土地所有权包括公法上的权能和私法上的权能。③日耳曼法的土地所有权,兼有财产权和领土主权的双重性质。土地名义上归国王所有,国王按照社会地位分封给领主,领主实际上享有土地所有权。不同的土地所有权表明不同权利人的不同社会身份。

罗马法认为物权是纯粹的支配权,是个人主义的权利。建立在个人主义基础上的罗马法的所有权关系是由个人的自由意志决定而不受身份的影响,个人对其所有权享有绝对的无限制的支配权。

虽然罗马法与日耳曼法的物权制度存在较大差异,但均对后世的物权产生了深远的影响。罗马帝国灭亡后,日耳曼法的物权制度一直影响着中世纪欧洲大陆各国。而罗马法以习惯的方式保存下来,直到罗马法复兴,欧洲大陆各国才逐渐继受罗马法的物权制度。近现代大陆法系国家的物权制度深受罗马法物权制度的影响。20世纪后,随着法律从个人本位向团体本位转变,物权制度从抽象的支配向具体的利用转化,日耳曼法的物权制度对大陆法系国家的物权制度产生了重要的影响。

---

① 参见前揭史尚宽:《物权法论》,第3页。
② 参见前揭李宜琛:《日耳曼法概论》,第70页。
③ "其土地所有权,为财产权兼领主主权(近代土地所有权,则仅有私有的权能,公法的权能为领主主权而独立)。"前揭史尚宽:《物权法论》,第3页。

第二节　近现代物权法

一、近代物权法

古代物权法是物权法的起源阶段,而近现代物权法则是物权法的形成和发展阶段。虽然罗马物权法和日耳曼物权法在各领域内表现出鲜明的对比,但这两种不同的物权观念在不同的历史阶段对物权法的形成和发展,都发挥了重要的作用。物权法的基本特质是在 19 世纪近代大陆法系国家的民法典中形成的,大陆法系国家的物权制度是在承继罗马法的基础上形成的。但是,罗马法以个人本位为特征的物权思想,在漫长而黑暗的中世纪时期的欧洲大陆各国一直处于湮没状态。例如,中世纪的德国物权制度并不受罗马法上所有权观念的支配,而是受到采邑制度与封建领主土地所有权制度的支配。领主是土地的上级所有人,集私法意义上的物权性权能与公法意义上的主权于一身。领主是(下级)司法审判权拥有者,在其土地上是准绝对管理者,如同所有人一样对其土地予以支配。这种封建领主制与分割所有权制度是中世纪政治关系的产物,贯穿于整个近代社会。然而,在 15、16 世纪随着罗马法在德意志帝国的继受,法学研究开始试图从罗马法中提取清晰的法学概念,来描述已存在的法律现实。如果全盘接受罗马法上的所有权概念,那么,与当时德国的社会现实则不相吻合。罗马法上的所有权是一项对物的完全性的物权,且是绝对的,包含支配权与占有权。与此相对,他物权则与所有权有着本质的差别,是由所有人转让部分所有权权能而形成的,在他人物之上所享有的权利。

在 18、19 世纪个人主义法律思想发达时期,罗马法物权观念风靡一时。为巩固资产阶级革命成果,适应自由竞争资本主义的需要,近代资本主义物权法观念和法律主张所有权神圣不可侵犯,所有权成为宪法所保障的中心权利。1789 年法国发布的《人权宣言》第 17 条规定:"所有权为神圣不可侵犯之权利,非显然基于法律,为公共之必要,并在给付正当补偿之条件下,任何人均不得侵夺之。"1804 年法国颁布的《法国民法典》,作为直接肯定资产阶级反封建革命成果的民法典,贯彻了《人权宣言》的所有权思想。《法国民法典》第 544 条规定:"所有权是对于物有绝对无限制地使用、收益及处分的权利,但法令所禁止的使用不在此限。"近代的法律对所有权的限制是极为罕见的。"'所有权的绝对性'乃与所有权之'绝对不可侵'及'自由的所有权'理论相为连结。前者乃所有权之绝对不能侵害;后者乃所有权人对自己所有物之使用、收益、处分有绝对的自由。所有权人得以契约为媒介,将物让与他人使用,但立于所有权之绝对不可侵或绝对自由原则,表现出所有权之优越性(强大性)与利用权之劣弱性。"①显然,《法国民法典》的所有权思想是受到罗马法个人本位的所有权思想的影响,并以自然法学派和功利主义者的理论为基础的。②资本主义初期为扫除发展道路上的封建残余,启蒙思想家强调主体人格的独立和自由,尊重个人的权利,把人的财产与人格尊严相联系,认为财产权是人格权的延伸和拓展,侵犯了主体的财产权,也构成了对主体人格尊严的侵害。理性主义、个人主义、自由主义成了近代资本主义社会的普遍思潮,在法律上表现为所有权绝对、契约自由等民法基本原则的确立。传统的物权理论是以所有权的绝对性为基点构建的,满足了自由资本主义契约自由、自由竞争、自由贸易的要求,进一步促进了近代资本主义经济的繁荣和主体人格独立化。物权法的核心始终围绕所有权存在状态及行使的规范,着眼于最有效地保护财产的静态归属,保护财产所有权本体的完整性,在效力上则表现为所有权被彻底优化。

以《法国民法典》为代表的近代物权法,强调所有权的绝对效力并认为所有权为物权的核心,对促进自由竞争资本主义的发展,起了极大的促进作用。这种物权观念和制度成为近现代大陆法系国家物权法的共同观念。以所有权为核心的近代物权法,以确认各种物权的产生、变更、消灭为内容,其中"所有权乃对于物之使用价值交换价值全面的支配;用益物权乃对于使用价值部分的支配,担保物权则对交换价值全部或一部之支配"③。物权法确认了各种物权对物的不同方面(使用价值、交换价值)、不同程度(全面的、

---

① 刘得宽:《民法诸问题与新展望》,三民书局 1980 年版,第 50 页。
② 参见〔英〕彼得·斯坦、约翰·香德:《西方社会的法律价值》,王献平译,中国人民公安大学出版社 1990 年版,第 252—257 页。
③ 前揭刘得宽:《民法诸问题与新展望》,第 76 页。

部分的)的支配力。①《法国民法典》规定了较为完备的物权法体系,在立法技术和内容方面也有很大的进步,是自由资本主义时期最为完整的物权法体系。

但是,《法国民法典》并未在立法上形成物权概念,物权概念是《德国民法典》在立法上创设的。《法国民法典》除规定物权之外,增加了物权的种类:权利上的用益权、权利质权,并将先买权、土地债权等债权也视为物权。在担保物权中,区分了抵押权和质权,形成了逻辑严谨、周密的物权法体系,反映了自由资本主义经济发展的需要。

近代物权法理论以维护所有权的绝对性和优势地位为自己的核心使命,在法律上赋予所有权神圣不可侵犯的至高无上地位,人们对所有权概念推崇备至,从而形成了对所有权概念的崇拜心理。因此,近代物权法注重物的归属关系,维护权利主体对所有物的占有和支配,而忽视了物的动态实现方式。这种物权理论以所有权的绝对性为基点而构建,符合自由资本主义经济发展的要求,促进了自由资本主义经济的繁荣。但由于近代物权理论的核心在于强调所有权静态的保护,因而出现了利用权被相对弱化的现象。随着市场经济的大规模发展,近代物权法理论和制度制约了社会物质和自然资源的优化配置和充分、合理、高效利用,出现了致命的缺陷。②

二、现代物权法

现代物权法是20世纪的物权法,是近代物权法在20世纪的延续和发展,涵盖了对近代立法原则的修正、物权法体系的调整、物权理论的再构建以及法律解释适用方法的反省等,③因此,现代物权法是在近代物权法的观念、体系基础上进一步修正、发展的结果。19世纪末、20世纪初,资本主义发展到垄断阶段,"不可侵的"、"自由的"近代所有权观念已不能适应现代社会需要。团体的、社会的所有权观念应运而生,正如19世纪继承罗马法

---

① 参见钱明星:《近现代物权法的发展趋势和我国物权法的制定》,载《中外法学》1999年第3期。

② 参见马俊驹、尹梅:《论物权法的发展与我国物权法体系的完善》,载《武汉大学学报》(哲学社会科学版)1996年第5期。

③ 参见王泽鉴:《民法学说与判例研究》第7册,中国政法大学出版社1998年版,第18页。

思想的自由法学派学者耶林(Jhering)指出:"法律家及外行人均会认为,所有权的本质乃所有者对于物之无限制的支配力,若对之加以限制,则会与所有权的本质无法两立。然,斯乃根本错误的观念,所有人不仅是为自己的利益,同时还须适合于社会的利益,行使权利方能达成所有权之本色。唯有在这种范围内,社会对于个人不予干涉。若对于广阔的原野,因所有人之怠慢不予开垦的把它放置,能够结谷物的场所让之生长茂密的杂草,或为享乐而用之为狩猎地时,社会对此,怎能安闲视之。因此,可耕作使用而不为耕作时,社会须使更有益于土地之利用者来代替之。"①耶林进一步主张以"社会性的所有权"代替个人的所有权。所有权观念,使个人与社会相调和,即所有权受法律的保障,并在法律规定的范围内行使。1919年德国《魏玛宪法》充分体现了所有权社会化思想,该法第153条第3款规定:"所有权附有义务,对其行使应同时有益于公共福利。"社会资源的优化配置和利用成为现代物权理论的基础。现代物权法的变化主要表现在以下几个方面:

(一) 法律本位的社会化

物权法法律本位的社会化,是指物权法从传统的强调物权为排他的不受干涉、不受限制、完全由个人支配的权利,演变为强调物权是负担一定义务、受到社会公益限制并由国家法律进行干预的注重社会利用的权利。物权法法律本位的社会化具体表现在以下两方面:

第一,所有权的限制。这是物权法法律本位社会化的核心。19世纪末20世纪初,社会经济生活发生了急剧变化,与近代所有权观念形成巨大反差,理论和立法均对所有权进行限制。理论上,德国法学家耶林首倡"社会性的所有权"思想②,同时代的另一位德国学者基尔克(O. V. Gierke)则主张"禁止权利滥用"③,他们强调私人所有权须与社会利益相协调、私人所有权的行使必须有一定限度,这种所有权观念逐渐为各国所接受。"迄今为止,一直存在着一种不可动摇的趋势,这就是对所有人随心所欲处分其财产的自由,加强法律上的限制。"④立法上,各国法律加强了对所有权的限制,

---

① 转引自前揭刘得宽:《民法诸问题与新展望》,第60页。
② 同上。
③ 同上书,第61页。
④ 〔德〕罗伯特·霍恩等:《德国民商法导论》,楚建译,中国大百科全书出版社1996年版,第189页。

表现在对所有权本身的限制和权利滥用禁止两方面。关于所有权的限制，《德国民法典》第905条规定："所有人对于他人在高空或地下所为之干涉，无任何利益者，不得禁止。"《日本民法典》第207条规定："土地所有权于法令限制的范围内，及于土地的上下。"关于权利滥用禁止，《德国民法典》第226条规定："权利的行使不得专以加害他人为目的。"《日本民法典》第1条第1款增加"不许权利滥用"的规定。

第二，他物权的强化。近代以来，在所有权与利用权的关系中所有权处于优势地位，法律注重保护所有权利益，整个物权法也以所有为中心。20世纪以来，与所有权的绝对性受到法律限制相一致，他物权对所有权的限制也日益加强，他物权人的利益更加受到法律的重视，出现了他物权强化与所有权虚化的倾向，物权法也由"以所有为中心"转变为"以利用为中心"。①"物权理论从所有为中心向利用为中心转变，是生产社会化和资源利用高效化发展的结果，也是物权社会化发展趋势的体现。"②他物权强化的表现为：一是他物权的排他性不断增强。他物权虽是从所有权的占有、使用、收益、处分等权能分离出来，但它本身是一种独立的物权，他物权人则可排除包括所有权人在内的其他任何人的干涉。二是用益物权成为他物权乃至整个物权法的重心。在对物的利用方面，除了部分消耗性生活资料是由个人所有、个人使用外，其他消耗性生活资料和大量非消耗性生活资料都可以从所有人那里租用，而几乎全部生产资料也都是由所有人之外的人来使用。三是担保物权日益注重发挥物的经济效用。现代担保物权中地位最突出、实务中使用最多的是不移转物的占有的抵押权，抵押权使抵押人仍然保留对物的用益。

（二）物权法的公法化

由于物权法调整财产支配关系，明确物在法律上对于主体的归属，对一

---

① 在简单商品生产者社会，所有人利用自己的财产进行生产经营活动，是物的利用的基本形式，因而在物权法上特别重视物的所有，所有权成为物权立法的重点。但是，从近代社会以来，随着生产社会化程序的日益增强，所有人利用自己的财产进行生产经营活动已不是生产的主要方式。如何调整物的所有人与使用人之间的关系，保障使用人利用他人之物经营的权利，增强资源利用的效益，已成为物权法立法的重点。因此，在现代世界各国中，所有权不再是物权法的重心，而是以他物权为重心，强化和扩大他物权，从法律上充分保护各类物权人的权利，均衡各方面的利益，达到充分利用物的使用价值和价值的目的。

② 前揭马俊驹、尹梅：《论物权法的发展与我国物权法体系的完善》。

个社会的稳定、公平和发展有着深远的影响。物权法是调整私人之间基于对物的支配而发生的社会关系的法律,根据大陆法系传统的公、私法划分观念,物权法属于私法范畴,应贯彻私法自治原则。在20世纪以前,西方国家在经济上奉行自由放任政策,社会注重对个人的尊重,国家较少干预私人财产权。20世纪以来,社会经济发生显著变化,自由放任主义的弊端日益显现,整个私法领域面临着前所未有的挑战,出现了对所有权绝对的修正、对契约自由的限制以及创设无过错责任原则等现象,法律的基本精神是注重社会公益、强化国家干预,使民法从纯粹的私法变为兼具某些公法内容与特征的法律部门,这就是所谓"私法公法化"的趋势。物权的公法化是私法公法化的重要内容与体现,是由物的稀缺性及物权在社会经济生活中的重要性决定的,是为适应生产社会化和资源利用高效化的要求而产生的。

涉及物权的公法规范大量增加,是私法公法化的一种表现。各国民法典物权编本身规定的公法规范以及对公法的适用规范越来越多,如涉及物权登记、征收及国有化等事项。此外,民法典之外的其他法律规定涉及物权的公法规范,一是在宪法中大量存在物权法律规范,通常是确认物权特别是所有权为基本权利,并确立所有权的法律保护与限制的基本原则。[①] 二是在行政法等公法中物权法规范也不断增加。例如,土地、建设、公用事业、环境保护、自然资源等法律,包含对物权的行使作出若干限制、设定某些负担。

所有权人违反公法上的限制行使所有权,在法律上除了应认定为无效外,也可以取消其行为,还可以违反公法上的限制为理由,剥夺所有人的所有权、停止其权利的行使。[②] 对所有权及他物权予以公法上的限制,这也是私法公法化的重要表现。

(三)物权法的国际化

随着世界各国、各地区之间经济文化的交流日益普遍化,特别是冷战结束后出现的世界经济一体化和区域经济集团化的趋势,为物权法的国际化

---

① 例如,《德国基本法》第14条规定:"所有权和继承权受保护。其内容和限制由法律规定。所有权承担义务。它的行使应当同时为公共利益服务。剥夺所有权只有为公共福利的目的才能被允许。剥夺所有权只有依照法律或者根据法律的原因进行,而且该法律对损害赔偿的方式和措施有所规定。该损害赔偿必须在对公共利益和当事人的利益进行公平地衡量之后确定。对损害赔偿额的高低有争议时可以向地方法院提起诉讼。"

② 参见王利明:《物权法论》(修订本),中国政法大学出版社2003年版,第269页。

提供了良好的外部环境。物权法本身作为人类开发、利用大自然的产物,在许多方面是相通的,例如,确定物的范围、物的归属(所有权)、物主与他人之间对物的分享(用益物权、担保物权)、物上权利的设定及变更程序等,特别是作为物的重要组成部分的自然资源的稀缺性,使人类日益重视对自然资源的合理开发利用,因而开始了在相关领域的合作,如公害防治、海底开发、外空利用、濒危物种保护等,①这就为物权法的趋同乃至在某些方面的国际统一奠定了基础。

对于现代物权法的国际化问题,学界存在两种截然对立的观点:一种观点认为,"随着国际贸易发达,世界交通之便利,使国内市场与国际市场相沟通,遂造成物权的国际化趋势。现今大陆法系各国的物权制度已是大同小异。……就是两大法系物权制度之差异,也正在缩小"②。另一种观点认为,物权法具有国际化趋势的说法"显然是不妥当的。物权法难以国际化的特点,也是它与债权法的重要区别"③。实际上,由于物权法的固有法特性,在国际化问题上,物权法不像债权法表现得那样全面、强烈。但是,随着国际贸易、国际交往的发展,各国物权法的确存在着相互交融、相互借鉴的现象。例如,关于物权的基本原则、所有权的内容及行使、物权的变动、担保物权的种类和内容等,各国物权法都有很多相当一致性的规定。然而,在物权法的不同领域内,这种国际化的现象并非同一的。例如,在用益物权的种类和内容上,各国物权法表现出较大的差异。在担保物权的种类和内容上,各国的物权法甚至是大陆法系与英美法系国家之间,也呈现出较大的一致性,如英美法中的附条件买卖(所有权保留)制度、浮动担保、让与担保等,或多或少地为大陆法系各国民法立法判例、学说所吸收。④这些现象确实说明在一定程度上现代物权法存在着国际化的趋势。现代物权法的国际化发展趋势,不是对近代物权法的否定而仅仅是一种修正。在物权法的核心上,以个人

---

① 1959年《南极条约》、1972年《保护南极海豹公约》、1980年《保护南极海洋生物资源公约》、1970年《关于各国管辖范围以外海床、洋底及其底土的原则条约》、1972年《保护世界文化和自然遗产公约》、1973年《濒危物种国际贸易公约》、1980年《世界自然资源保护大纲》等。此外,在冲突法方面,有1958年《国际有体动产买卖所有权移转法律适用公约》、1984年《关于信托的法律适用及其承认的公约(草案)》等。
② 梁慧星主编:《中国物权法研究》(上),法律出版社1998年版,第7页。
③ 王利明:《物权法论》,中国政法大学出版社1998年版,第76页。
④ 参见谢在全:《民法物权论》(上册),中国政法大学出版社1999年版,第12页。

与社会相结合的所有权观念取代近代物权法个人主义的所有权观念;在物权法规范形式上,近代物权法以其私法性、强行法性、固有法性为特征,现代物权法则呈现公法性、强行法性的弱化和国际化的趋势,但这种变化不是本质上的变化,它并没有改变物权法的固有属性。

(四)物权与债权关系的模糊化

在传统民法上,物权与债权性质完全不同,物权具有绝对性,是对世权;而债权具有相对性,是对人权,因而两者之间的界限非常清晰。但在现代社会,随着经济生活的多样化,物权法从以所有为中心演变为以利用为中心,债权法在市场经济中的作用增强,为维护社会经济的稳定发展,最大限度地发挥财产的社会经济效益,法律确认了某些债权具有对抗第三人的效力,最为典型的是"买卖不破租赁",租赁权本是债权,但法律赋予其具有物权效力。由于民法上权利关系的复杂化,物权、债权逐渐相互渗透、相互融合,"物权与债权的分界也不是绝对的,在现代法上二者之间有一定的模糊区域"①。物权与债权关系的模糊,主要表现为物权的债权化与债权的物权化。

物权债权化,是指物权逐渐具有了债权的某些特征,如意定性、相对性等。物权债权化表现为:一是担保物权具有债权性,其内容主要是价值权、优先受偿权而支配的成分较弱,效力附从于其所担保的债权的效力,而且担保物权的转让也受制于债权;二是物权的证券化,如仓单、提单、商品券、抵押证券等的出现,淡化了这些证券所代表的物权绝对权的性质;三是分期付款买卖、融资租赁、租买及让渡担保中受让人所享有的物权,是基于合同关系而产生的,其内容、效力由合同决定,而不是基于法律的直接规定,这是物权债权化的又一表现。

债权物权化,是指债权逐渐具有了物权的某些特征,如法定性、排他性等。债权物权化表现为:一是租赁权的物权化,这是债权物权化的典型。租赁原是基于租赁合同而发生的债权,根据传统法上物权优于债权的理论,租赁物的所有权应优于租赁权。换言之,所有人对租赁物的任何处分可以对抗承租人,即"买卖破租赁"规则。然而,这对租赁关系中本就处于弱者地位的承租人来说是极不公平的,也与现代物权法"以利用为中心"的主旨不符,特别是在农地及住房等租赁关系中由于农地、住房是承租人必需的生存条

---

① 郭明瑞、杨立新:《担保法新论》,吉林人民出版社 1996 年版,第 17 页。

件之一,如果仍然坚持所有人的绝对优先地位,就会危及承租人的生存权这一基本人权。因此,现代各国物权法均不断强化租赁权,这体现在赋予租赁权以对抗第三人的效力、延长租赁权的存续期间,①其中最重要的是在租赁与买卖的关系上确认原租赁合同对于新的所有人即买受人仍然有效,从而在承租人与新的所有人之间基于法律直接规定而当然形成新的租赁关系,即"买卖不破租赁"规则②。二是在所有权保留买卖、让渡担保等情形下,受让人——所有权保留买卖中的买方及让渡担保中的债权人——对标的物的权利即具有物权的特性,在所有权完全移转前受让人所享有的权利也并非完全没有排他的效力。三是无记名债权的证券券面并不记载债权人的姓名,证券的成立、存续以及行使,均以证券的持有为必要,因而是一种证券化的债权,证券交易必须按照证券法的规定进行,因此,有些国家的民法将证券视为一种特殊的动产,即证券的物权化。

第三节　中国物权法

一、古代物权法制度

在我国古代社会,自然经济始终占主导地位,历代封建王朝采取重农抑商政策。商品经济不发达,在我国历代封建王朝中,既没有出现物权概念,也没有形式意义上的物权法,但有实质意义上的物权法,其内容散见于历代王朝的法律、典籍之中,以对土地及其附着物(如住宅、山林、农作物等)的权利为基本形态的用益物权有永佃权、地基权、地役权、典权等形式,担保物权有质权、抵押权等形式,从而形成了一个以所有权为核心,由用益物权、担保物权和占有共同构建的物权体系。③

我国古代从传说中的黄帝时代,经尧、舜、禹到夏朝前期,是由原始社会向奴隶社会过渡的时期,奴隶主阶级以法律的形式对私有财产给予确认,形

---

① 参见前揭刘得宽:《民法诸问题与新展望》,第60页。
② 《日本民法典》第605条规定:"不动产租赁实行登记后,对以后就该不动产取得物权者,亦发生效力。"
③ 参见前揭钱明星:《物权法原理》,第67页。

成了确认奴隶主阶级私有权的所有权制度。土地所有权是我国古代私法的核心,我国奴隶社会是由氏族社会公有制转化而来的奴隶主所有权,土地作为最主要的生产资料采取了国家所有的形式,国王拥有对全国土地的所有权。夏、商、周是我国古代奴隶社会的三个王朝,土地制度是建立在井田制上的土地国家所有制。①国王代表整个奴隶主阶级,拥有全国的土地和奴隶的最高所有权,即"溥天之下,莫非王土;率土之滨,莫非王臣"②。国王拥有最高所有权表现为,由国王将土地分封给奴隶主占有,受封的奴隶主仅享有土地的占有权和使用权,而不是所有权,国王可以随时收回封地,即所谓"削地"。封地可以由嫡长子继承,但不能买卖。西周中叶以后,地方经济的发展与诸侯的逐渐强大,使得王权衰落,宗法制度松弛,土地所有权关系也发生了明显变化,以井田制为主的土地国有制向贵族土地私有权过渡,在贵族之间出现了以土地作为抵押、交换、赔偿、租赁和赠予等一系列新的行为。③到了春秋战国时期,随着生产力的发展,井田制遭到了破坏,逐步出现了土地私有制,产生了土地交换、抵押、租赁等现象。在商鞅变法前,秦已经有了土地私有化的萌芽。在商鞅变法后,井田制被彻底废除,土地私有权在法律上才得到最终的确认。④秦始皇三十一年,在全国范围内普遍承认土地所有权,土地可以自由交易。西汉时期,土地私有制已经确立,出现了大土地国有制、大土地私有制和小土地私有制并存的现象,土地所有权形态表现为国家所有权和私人所有权两种。⑤秦以后的西汉实行名田⑥,东汉、西晋实行占田⑦,隋唐实行均田制,表明这个时期国家对土地私有权的调整和对土地的管理已经趋于制度化和法律化。

均田制起源于北魏,即将土地分为桑田和露田。桑田是种植桑树之田

---

① 参见张晋藩主编:《中国民法通史》,福建人民出版社2003年版,第50页。
② 《诗经·小雅·北山》。
③ 公元前594年,鲁宣公实行"初税亩",承认土地的私有权而一律收税,标志着土地国有制已经被打破。前揭张晋藩主编:《中国民法通史》,第6页。
④ "除井田,民得买卖。"前揭张晋藩主编:《中国民法通史》,第52页。
⑤ 参见前揭张晋藩主编:《中国民法通史》,第163—170页。
⑥ 汉朝实行名田制,贵族高官凭借政治特权取得对土地的所有权。但是,汉朝官有土地以"出假"的形式,不断转化为民间私有。
⑦ 晋代的占田制,确认了贵族官僚按照等级差别占田、受田的制度,从而使政治特权和经济特权一体化。

地,其所有权归私人所有。露田是种植粮食之田地,又称为粮田。露田根据法律规定的条件取得,并根据法律规定的条件归还国家,其所有权归国家所有,耕种者仅享有占有权。唐朝沿袭了前朝的均田制,在制度上则更为完善,但是均田制到了唐朝已经衰落了,土地私有制进一步发展并得以完全确立。唐朝的土地可以分为官田和私田,官田属于国家所有,有职分田、公解田、屯田、营田。私田有口分田和永业田之分,在性质上认识不一,有人认为"永业田是一种受到限制的私人土地所有权"①,可以继承;口分田属于国家所有,私人享有使用权,但不能继承。

宋明清是封建经济发展时期的三个王朝,地方豪强占有大量庄园,土地私有制在农民起义的打击下不断瓦解,中小地主与自耕农随着封建经济的发展而显著增多。由于土地买卖合法化,土地流转加快。宋朝的土地仍然分为官田和私田,官田是国家所有的土地,而私田绝大多数为官僚地主所有。明朝土地所有制的基本形式为官田和民田。②国有土地有三种形式,即屯田、官田和庄田(官庄和皇庄)。清朝的国家所有土地称为官地,包括各种官庄、被充公的土地、八旗官兵随缺地以及马场地。清朝初期通过圈占土地形成的大量国有土地,随着私有经济的发展逐渐转化为私有,并在法律上得到确认 总之,随着封建经济的发展,土地商品化程度日益加深,土地的国家所有权逐渐萎缩而私人土地所有权相应扩张。

我国古代他物权包括用益物权和担保物权,用益物权有永佃权、地基权、地役权和典权,担保物权有质权和抵押权。

永佃权是我国固有的制度,起源于宋朝,③流行于明清,主要存在于我国南方地区。土地分为两层,上层称为田面,下层称为田底。永佃权人必须向业主交纳地租,但地租较低。永佃权是一种强有力的物权,永佃权人可以永久耕种土地,即使业主变更,永佃权人可以对抗新的业主,即"倒东不倒佃"或者"换东不换佃"。地基权是使用他人的土地建造房舍的权利。我国古代法并无"地基权"的术语,但有"租地造屋,拆屋还基"的民间习惯,具有地基权的性质。典权是我国特有的制度,起源于汉朝,到宋朝逐渐发展并完善。④

---

① 前揭钱明星:《物权法原理》,第78页。
② 参见前揭张晋藩主编:《中国民法通史》,第812页。
③ 同上书,第468页。
④ 同上书,第15页。

典制不规定于律但入于令,其效力与律相同。明清之时,典制不仅入于令或者例,而且正式入于律。①

我国古代的质起源于人质,例如,在春秋战国时,诸侯国通常以王子或者太子为质,这种政治意义上的质,后来扩大到财产关系上。我国古代的抵押称为"指产"、"指地借钱",起源较早,六朝时就有记录,唐宋时非常流行。不过,我国古代转移占有的担保物权比不转移占有的担保物权要发达。

我国古代占有是指因国有土地的授予而占有的状态,并未形成现代意义上的占有制度。在夏、商、周时期,分封的奴隶主贵族对国有土地享有占有权。秦汉之后,国有土地占有权的作用和意义明显下降,仅在实行均田制时期存在对国有土地的占有权。此外,我国古代承认取得时效制度,长期占有土地,占有人即可以取得所有权。②

二、近现代物权法制度

鸦片战争后,我国进入半封建半殖民地时期,西方法律制度和观念逐渐传入我国,到20世纪初,完成了《大清民律草案》,其中第三编是物权,规定了所有权、地上权、永佃权、地役权、抵押权、质权以及占有。北洋政府在1925年完成了民法典草案的编纂,在物权编中增加了典权。国民党政府在20年代开始民法典的编纂,在1929年11月30日颁布了物权编,形成了完整的物权体系,内容有所有权、地上权、永佃权、地役权、抵押权、质权、典权、留置权以及占有。新中国成立后,我国废除了国民党政府时期的民法典,其后的物权立法发展大致经历了以下几个阶段:第一,1949年至1952年的起步阶段,我国政府废除了封建土地关系,建立了新民主主义的土地和房屋所有权制度。第二,1952年至1956年的发展阶段,我国承认多种所有制形体的并存,逐渐引导、鼓励甚至强制实行合作化、集体化、公有化。随着1956年生产资料私有制社会主义改造的完成,建立了社会主义公有制,消灭了私人土地所有权。第三,1956年至1978年的停滞阶段,以国家所有权和集体

---

① 参见前揭张晋藩主编:《中国民法通史》,第835页。
② 参见前揭钱明星:《物权法原理》,第82页。
南北朝时期是我国历史上割据动乱时期,北方流徙之民还乡之后,发生了大量的土地所有权纠纷,为此,朝臣李安提出:"所争之田,宜限年断,事久难明,悉属今主。"孝文帝采纳了李安的建议。参见前揭张晋藩主编:《中国民法通史》,第9页。

所有权为核心,个人所有权仅限于基本日常生活资料的所有权。第四,1978年之后的创新阶段,我国开始了物权制度的建立,先后颁布了《民法通则》、《土地管理法》、《城市房地产管理法》、《担保法》、《矿产资源法》等法律,初步形成了具有中国特色的物权制度。

由于认识上存在禁区与误区,物权是我国法学界长期忌讳并予以回避的法律术语。[①]随着我国经济的发展,对外开放和交流的扩大,认识上模糊观念的澄清,物权概念才得以恢复其本来面目,在法学研究及司法实践中逐步使用。在颁布《民法通则》前,我国主要通过国家政策及风俗习惯调整财产关系,物权立法基本处于空白状态。《民法通则》是我国物权立法发展史上的里程碑。《民法通则》颁布后,我国相继制定颁布的法律有:1986年颁布的《土地管理法》、1993年颁布的《农业法》(2002年修订)、1994年颁布的《城市房地产管理法》、1995年颁布的《担保法》、2002年颁布的《农村土地承包法》;制定颁布的行政法律和规章有:1990年颁布的《城镇国有土地使用权出让和转让暂行条例》、1991年颁布的《城市房屋拆迁管理条例》(2001年废止)、1992年发布的《划拨土地使用权管理暂行办法》、1997年发布的《城市房地产抵押管理办法》、1995年发布的《确定土地所有权和使用权的若干规定》、1995年发布的《土地登记规则》、1998年颁布的《中华人民共和国土地管理法实施条例》、1999年发布的《闲置土地处理办法》、2001年重新颁布的《城市房屋拆迁管理条例》。

这些法律法规的颁布,初步确立了物权法体系,但由于缺乏统一的物权立法,我国物权法仍存在缺陷和不足,有待进一步完善。对于我国物权体系的构建,不能完全脱离历史和社会现实,而应在充分考虑我国历史和现实的基础上,运用传统物权法制度和理论来改造、完善我国的物权体系。换言之,既不能因强调物权法的固有性而不加改造地全盘接受现行的物权制度,也不能因追求理论上的完整而全盘继受传统物权法理论。

---

① 《物权法草案》明确肯定了"物权",并对物权的概念进行了界定。虽然物权概念本身还存在缺陷与不足,但这是我国物权制度的重大发展。

第二章 物权总论

人类社会的存在和发展依赖于外界物质,物质有限而人类的欲望却无穷尽。因此,任何社会必须有一种制度确立人类对外界物质的权利,使人类能够安全有序地利用物质。物权制度的目的就在于"定分止争"[①]。物权在法律上的形成因时代和国家的不同而存在差异,在封建时代末期,主要注重物的利用,物权在法律上的观念以"利用"为中心;在资本主义发达时期,[②]主要注重物的交换价值,物权在法律上的观念,以实现物的交换价值安全为目标,以"所有"为中心,[③]物权在法律上经历了从"利用"到"所有"的发展过程。现代社会在法律上的观念又以"利用"为中心[④],物权在法律上经历从"所有"回归到"利用"的变迁[⑤]。因此,物权的形成和发展经历了"利用"——"所有"——"利用"的变迁过程。

[①] 荀子曰:"礼起于何也?曰:人生而有欲,欲而不得,则不能无求,求而无度量分界,则不能不争;争则乱,乱则穷。先王恶其乱也,故制礼义以分之,以养人之欲,给人之求,使欲必不穷乎物,物必不屈于欲,两者相持而长,是礼之所起也。"(《荀子·礼论篇十九》)商鞅则进一步指出:"一兔走,百人逐之,非以兔也,夫卖兔者满市,而盗不敢取,由名分已定也,故名分未定,尧舜禹汤,且皆如鹜焉而逐之;名分已定,贫盗不取。"(《商君书》第二十六篇定分)

[②] 在18、19世纪个人主义法律思想极为发达,罗马法的物权观念非常盛行,产生了"所有权神圣不可侵犯"的理论,所有权成为宪法所保护的中心权利。

[③] 参见前揭郑玉波:《民法物权》,第8页。

[④] 由于社会经济状况的变迁,自由资本主义时期的物权观念已经不能适应已经发生变化的社会经济发展的需要,新的物权法理论吸收了日耳曼法的物权观念,强调物权的社会性以及所有权绝对性的缓和等。

[⑤] 参见前揭郑玉波:《民法物权》,第9页。

第一节　物权的意义

一、物权法的概念与性质

（一）物权法的概念

物权法是调整人们在对物的支配过程中所形成的法律关系。换言之，物权法是人们在社会生产、交换、分配、消费过程中所产生的对物的占有、使用、收益或者处分的关系。物权法以确认各种物权的产生、变更、消灭为主要内容，其中"所有权乃对于物之使用价值交换价值全面的支配；用益物权乃对于使用价值部分的支配，担保物权则对交换价值全部或一部之支配"[①]。物权法所确认的是各种物权对物的使用价值或者交换价值以及对物的全面或者部分的支配力。由于物权这种对物的支配性，会与任何第三人直接发生利害关系，因而物权法的规定与债权法不同，多为强制性规定，禁止当事人任意变更而必须绝对适用。由于物权法所调整的财产支配关系的特性，决定了物权法以物权法定主义、一物一权主义、公示公信原则为其体系结构的核心。总之，物权法是建立在上述基本原则之上，体现着这些基本原则的精神。

物权法分为实质意义上和形式意义上的两种。实质意义上的物权法，是指以调整物权关系为内容的法律规范的总称。凡是调整物权关系的所有法律规范，不论其名称如何，是调整普通物权关系，还是调整特别物权关系，均包含在内。因此，实质意义上的物权法既包括民法典的物权编，又包含各种单行法律、法规，如土地管理法、森林法、草原法、渔业法、矿产资源法等。形式意义上的物权法，是指民法典物权编。形式意义上物权法的主要内容有物权的一般性规定、所有权、用益物权、担保物权和占有等。大陆法系国家民法典中的物权编是形式意义上的物权法。由于我国现在还没有民法典，也没有单行的物权法，因此，我国现在缺乏严格意义的形式上的物权法，但在不久的将来随着我国物权法的颁布，将诞生形式意义上的物

---

① 前揭刘得宽：《民法诸问题与新展望》，第 76 页。

权法。

自罗马法以来,大陆法系国家传统物权法的核心价值主要体现在确定物的静态归属上,从而实现定分止争、界定产权的功能。随着社会经济的发展,物权法的价值发生相应的变化,从传统的注重对静态财产的保护转向对动态交易安全的维护。物权法的意义和作用主要体现在以下三个方面:

(1)确定权利归属,保护权利行使。物权法首要的功能在于确定物的归属,定分止争。物权的本质就在于将特定物归属于权利主体,由权利主体任意直接支配,享受其利益,并排除他人对此支配领域的侵害或干预。由于资源的稀缺性和人类欲望的无穷尽,如果不能界定财产控制的界限,则人类对财产的争夺将永无休止,人们不能安居乐业。因此,应将一定的财产归属于特定权利主体,使该权利主体能对归属于他的财产有权进行排他性的支配,于是物权制度应运而生。

法律制度本身虽然不能直接创造财富,但可以通过现有财产的确认和保护,来鼓励人们创造财富的进取心。物权法实现了法律的这一功能。"有恒产才能有恒心",如果社会缺乏完备的物权法,不能形成完整、有效的确认和保护财产的规则,那么,人们对财产权利的实现和利益的享有,均处于不确定状态,因而就不可能形成所谓的恒产,人们对投资、置业和创业就缺乏动力和信心。因此,物权法对物权的确认和保护,造就了一种激励机制,调动人们创造和积累财产的积极性,从而促进社会经济的发展,最终走上共同富裕的道路。

(2)保障交易安全,鼓励交易行为。物权法是规范市场经济秩序的基本法律。物权法通过保障并促进交易顺利进行,为市场经济健康、有序发展提供强有力的保护,主要表现在以下三个方面:

一是确认物权的具体形态,为交易奠定基础。物与物或者物与货币之间的交易,其实质是物或者货币上权利的交易,即物权在市场主体之间的移转,而交易得以发生的基础是交易主体拥有交易对象的物权。物权法通过确认各种物权具体的形态并予以切实的保障,从而为交易的顺利进行奠定基础。物的归属是物流转的前提,没有稳定的物的归属秩序,物的流转秩序也难以维持。物权法属于财产归属法,以调整财产归属关系为宗旨,意在规范财产归属秩序;而债权法属于财产流转法,以调整财产流转关系为宗旨,意在规范财产流转秩序。因此,以财产归属秩序为内容的物权法,为规范财产流转秩序提供可靠的法律基础。

二是确认物权变动规则,规范物权变动秩序。物的交易过程是物权变动过程。任何交易均以某一交易主体享有某一物权为起点,到另一交易主体取得该物权为终点。在交易过程中,物权法和债权法各自发挥不同的作用。物权法通过确立物权变动的规则,规范交易过程。交易主体双方利用买卖、借贷、互易等合同形式进行交易,而这些合同仅产生债上的法律关系,并不会产生物权变动的效果——即交易主体取得物权从而实现交易目的。如果要产生物权变动的效果,交易主体还应根据物权法的规定,践行一定的公示方法:动产的交易应进行交付,不动产的交易应进行登记。因此,物权法不仅通过确立物权变动的规则,从而确立交易的起点和终点,而且还通过确立完成交易的条件,从而影响交易的过程和结果。①一个完整的交易过程要受到合同法与物权法的共同调整,合同法仅在交易双方当事人之间产生债权债务关系,而不能直接产生物权变动的效果。②

三是确立交易原则,保护交易安全。物在法律上的安全有静态安全与动态安全之分。物的静态安全,是指法律保护权利主体已经享有的既定利益,使其免受他人任意侵夺和侵害;物的动态安全,是指法律保护权利主体取得利益的行为,使其能够实现法律上的合理期待。法律对交易安全的保护,通常通过对善意且无过失的交易者的保护来实现,旨在维护财产流转顺畅、实现社会整体效益。物权法通过公示公信原则与善意取得制度维护交

---

① 在采纳物权形式主义的物权变动模式国家中,物权法对交易过程的干预表现得更为明显。根据德国国物权法的规定,实现交易目的即发生物权变动的直接依据并不是合同法所规定的买卖、借贷、互易等合同,而是物权法所规定的物权行为。

② 在我国司法实践中,存在大量将登记作为不动产买卖合同生效要件的做法。换言之,在以不动产为标的物的买卖合同签订后,如果双方当事人未能办理登记,则法院可宣告买卖合同无效。法院的这种做法混淆了债权行为与物权行为,作为债权行为的买卖合同已经成立并且生效,办理登记则属于物权行为。因此,物权法明确物权变动的规则,将交付、登记等公示方法作为物权变动的生效要件而不是作为其原因的买卖、借贷、互易等合同的生效要件,具有鼓励交易的功能,可以维护正常的交易秩序。

《物权法草案》第 14 条和第 15 条明确了不动产物权的转移效力与不动产买卖合同效力之间的区别,登记为不动产物权转移效力,而不是不动产买卖合同生效条件。

《物权法草案》第 14 条规定:"不动产物权的设立、变更、转让和消灭,应当登记的,自记载于不动产登记簿时发生效力。"

第 15 条规定:"当事人之间订立有关设立、变更、转让和消灭不动产物权的合同,除法律另有规定或者合同另有约定外,自合同成立时生效;未办理物权登记的,不影响合同效力。"

易秩序、保护交易安全。公示公信原则与善意取得制度有助于消除交易风险、减少交易纠纷、降低交易成本,从而维护了交易秩序与交易安全。

(3) 增进物的利用效益,实现物尽其用的目标。通过法律手段促进资源的优化配置,实现帕累托最优效益,是现代物权法的重要目标。物权法作为一种解决因资源有限性与需求无限性而引发的紧张关系的法律手段,不仅仅旨在界定物的归属、明晰产权,从而达到定分止争的目的,还以充分发挥资源的经济社会效益作为其追求的目标。

在自由资本主义时期,财产权以意志理论为基础,财产被认为是个人自由意志的体现。所有权作为一种重要的财产权,完全由个人享有,受个人意志支配,不仅不应受到任何干预和限制,而且应给予绝对保护。这种绝对性所有权观念虽然能促进资本主义市场经济的形成与发展,但是当资本主义发展到一定程度之后,它必然会引发个人利益与他人利益及社会利益的冲突,导致资源闲置、阻碍大规模经济建设,甚至会引发个人滥用所有权损害他人及社会利益的现象。因此,世界各国均采取私法或公法上的措施予以修正,即强调所有权的行使应兼顾他人或者社会公共利益,甚至所有人应承担一定的社会义务,从而使所有权的绝对性受到限制,出现了所谓的"所有权的社会化"。

早期资本主义经济发展需要物权法保护所有权本体的完整性,强调对所有人享有的各项权能进行全面保护。物由所有人进行现实的支配并归自己利用,从而导致权利主体对物的所有关系和利用关系趋于一致。所有权仅意味着权利主体对财产的支配、控制状态获得了法律的确认和保障,但这并不意味着一定能物尽其用、促进社会财富的增长。在财产只能由所有人利用的情形下,由于所有人可能并非财产的最佳利用人,从而并不一定能够物尽其用。因此产生了所有权各项权能分离的必要性,即所有人在保留所有权的前提下,将所有权的部分权能分离给他人。在这种情形下,所有权获得了一种观念的存在,变成了对物抽象的支配,但所有人却通过权能的分离使自身利益最大化,而非所有人则可以利用所有人的财产组织生产经营,从而使物的效益最大化。物权法完成了从"所有到利用"的演变。因此,现代物权法的价值表现为最大限度地发挥资源的效用以获得最佳的经济社会效益。①

(二) 物权法的性质

人类的社会生活由伦理生活和经济生活两部分构成。调整家庭伦理生活,规范身份秩序的法律,是身份法;调整经济生活,规范财产和交易秩序的法律,是财产法。身份法和财产法是民法的两个组成部分。物权法是以调整人对物的支配关系为内容的法律,属于财产法的范畴。财产法分为两大类:一是财产归属法,即以保护财产归属秩序为目的的法律。财产归属秩序是指财产均归属于特定的权利主体,权利主体对归属于其的财产,可以直接支配,并享有该财产所产生的任何利益,同时在法律规定的范围内,不仅享有排除他人支配权,而且他人负有不作为的义务。物权法属于财产归属法,以财产的享有为内容,旨在保护财产的静态安全。二是财产流转法,即以保护财产流转秩序为目的的法律。财产流转法使归属于特定权利主体的财产,经该权利主体的意思表示而完成流转。债权法属于财产流转法,以财产的流转为内容,旨在保护财产的动态安全。②因此,财产归属法反映了静态的财产关系,而财产流转法则反映了动态的财产关系。物的归属关系与物的流转关系联系密切,物的归属关系是物的流转关系的前提,而物的流转关系又是物的归属关系的实现方法,从而决定了物权法与债权法以不同的法律手段调整财产关系,形成了各自独特的内容。物权法的性质主要表现在以下三个方面:

(1) 物权法是私法。法律有公法与私法之分,但存在多种分类标准。③民法是私法的基本法律,物权法是民法的基本组成部分,因此,物权法是私法。但是,物权法中存在大量关于公共利益的规定,如果以"利益说"作为区分公法与私法的标准,则物权法并非纯粹的私法。由于公法与私法的划分是相对的,特别是 20 世纪出现"公法私法化"、"私法公法化"的趋势后,公法和私法出现了"你中有我,我中有你"的现象,判断一部法律是公法还是私法,应从其主流作出判断。从这个意义上说,物权法是私法。

(2) 物权法是固有法。物权法因国家、民族、历史传统的不同而存在巨

---

① 参见前揭马俊驹、尹梅:《论物权法的发展与我国物权法体系的完善》。
② 参见前揭谢在全:《民法物权论》(上册),第 2—4 页。
③ 参见郑云瑞:《民法总论》,北京大学出版社 2004 年版,第 41—43 页。

大差异,这是物权法区别于债权法的一个显著特征,世界各国的债权法已日益趋同。物权法与各国固有的民族习惯密切相关,因此具有较强的国家性、民族性和地域性。中国法家的慎子认为:"法非徒天下,非从地出,发于人间,合乎人心而已。"德国的历史法学派认为,法律是民族精神的体现。德国的物权法具有较多的日耳曼因素,体现了民族性,反映了固有法的特性。在中国民法的立法史上,设立典权制度,也体现了对我国独有习惯的尊重,这也充分说明了物权法是固有法。

(3) 物权法是强行法。私法规范有强制性规范和任意性规范之分,强制性规范必须强制适用,不管当事人意思如何;而任意性规范是否适用,取决于当事人的意思,即当事人可以排除任意性规范的适用。由于物权法与社会公共利益有重大关系,物权法的规定大多数为强制性规定,禁止当事人任意变更,应当强制适用。与物权法不同,债权法大多数属于任意性规范,当事人既可以选择适用,也可排除任意性规范的适用。物权法的强制性具体表现为物权的种类、内容、物权的取得、变更、终止、物权的公示方式等均由法律直接规定,禁止当事人自行创设物权或者改变物权的内容或者效力。

二、物权的概念和性质

(一) 物权的概念

物权的概念是物权法理论必须回答的首要问题。如果物权概念缺乏清晰的内涵,那么,物权法理论体系将因缺乏最基础的理论而无法建立。理论界将因物权缺乏最基本的共识而无法对话,而实务界将因物权法缺乏最基本的认同而难以适用。

物权概念是由中世纪注释法学始祖伊尔内留斯(Irnerius,1055—约1133年)和阿佐(Azo Portius,1150—1230年)等人在对《民法大全》进行注释、研究时提出的。物权概念提出后,学者就这个问题一直争论不休,仁者见仁,智者见智。谢在全先生在《民法物权论》中详细列举了我国台湾地区和日本学者所提出的21种物权定义[1],这表明了学者对物权概念的理解存在严重分歧。从立法上看,创设完整物权体系的《德国民法典》并未对物权作出解释性的规定,后来陆续制定的其他国家的民法典也并未明确物权的定义,而

---

[1] 参见前揭谢在全:《民法物权论》(上册),第13—14页。

只有1811年《奥地利民法典》明确了物权的定义,该法典第307条规定:"物权是属于个人财产上的权利,可以对抗任何人。"① 由于物权在民法典中没有适当的定义,于是学说纷纭,见解不一,主要有以下三种学说:

(1) 对物关系说。人类对于物权的最初认识表现为"对物关系说"。这种学说是由中世纪注释法学派提出的,后来德国学者又进一步完善。邓伯格(Dernburg)、耶林等采纳该说,认为"物权乃吾人直接就物享有其利益之财产权"②。债权反映人与人的关系,而物权则反映人与物的关系。

(2) 对人关系说。无论债权关系还是物权关系,均属于人与人之间的关系,两者不同之处在于,债权只能对抗特定的人,而物权则可以对抗任何人。"对人关系说"是由德国学者萨维尼(Savigny)与温特夏德(Windscheid)提出的,认为法律所明确规定的各种权利,无论其性质如何,所涉及的均为人与人之间的关系。

(3) 折衷说。折衷说折衷了对人关系说和对物关系说,认为物权包括对物和对人两方面的关系:物权人对物的支配不仅为事实问题,而且还有法律关系。然而,仅有对物的关系,还难以确保权利的安全,因而需使他人对物承担一种不作为的消极义务,只有两者结合,才能确保物权的效用。③ "盖物权之成立,具有两种要素,一为权利人对于物上具有之支配力(学者谓之积极要素),一为权利人对于社会对抗一切之权能(学者谓之消极要素),甲乙两派因之观点不同,甲说遂偏重于物权之积极要素,乙说则反是,然在余辈观之,两者同为物权之内容,固毋庸取舍于其间。"④ 换言之,"物权乃对物得直接支配,且得对抗一般人之财产权"⑤。现在折衷说是通说。⑥

---

① 《物权法草案》第2条第3款规定:"本法所称物权,指权利人直接支配特定的物的权利,包括所有权、用益物权和担保物权。"该定义存在严重缺陷,未能揭示物权概念的内涵,不利于保护物权人的权利。
② 前揭郑玉波:《民法物权》,第11页。
③ 同上。
④ 刘志敫:《民法物权》(上卷),1948年版,第2章第1节。转引自前揭郑玉波:《民法物权》,第11页。
⑤ 前揭谢在全:《民法物权论》(上册),第13页。
⑥ 同上。20世纪80年代至90年代初,由于我国法学理论被视为某种政治理念的附庸,西方法学理论均被判定为虚伪地掩盖资产阶级法律的阶级本质的工具。我国学者对于物权的本质的认识,肯定"对人关系说"而否定"对物关系说"。90年代中叶后,物权法理论研究趋于正常,近年来学者的观点大多采纳了"折衷说"。

以上三种学说均具有一定的合理性,从各个侧面揭示了物权本质的表现,可以使我们更深入理解物权的特性。"对物关系说"是针对物权为对物的直接支配权而作出的客观、具体的描述,是以具体权利为中心,为区分物权与债权而作的形象化表述:债权为对人的请求权,而物权为对物的支配权。这种学说的贡献在于确定了物权的支配权性质,确立了物权与债权间的基本界限。"对人关系说"则是对物权作为一种法律关系而作出的主观、抽象的表述,将物权置于社会的广泛背景下进行考察,透过物权人对物的"独立的、自主的、静态的"直接支配过程以及人与物的关系,观察到物权人之外的任何人所承担的消极不作为义务以及物权所表现的人与人之间的关系,从而揭示了物权的本质属性即直接支配性所包含的保护绝对性。这种学说最大的贡献在于揭示了与一切被认为是绝对权权利相对应的义务的存在,从而提供了构建绝对权"法律关系"的基础,在物权等支配权与债权等对人权间寻找到了一种共性,为建立法律关系的一般理论提供了依据。[1]因此,物权是对特定物直接支配而享有其利益的具有排他性的权利。[2]"折衷说"则折衷了以上两种学说,从主观和客观两个方面对物权进行了描述,更为全面、准确地说明了物权。

(二) 物权的性质

物权是直接支配特定物,享有其利益的权利,并具有排他的绝对效力。物权的性质表现在如下三个方面:

(1) 物权为直接支配特定物的权利。物权的支配性是指物权人可以按自己的意思直接行使物上的权利,无须他人的意思或行为的介入。物权的支配性包括两方面的内容:一是指物权的权利人可以按照自己的意志直接依法占有、使用、处分物,或者采取其他方式支配物。任何人非经权利人的同意,不得侵害或者干涉。二是指物权人对物可按照自己的意志独立进行支配而无须得到他人的同意。在没有他人的意思和行为介入的情况下,物

---

[1] 参见尹田:《论物权的定义与本质——从一种方法论的角度评》,载《中外法学》2002年第3期。

[2] "物权,乃直接支配其标的物,而享受其利益之具有排他性的权利。"前揭郑玉波:《民法物权》,第11页。

"物权者,直接支配一定之物,而享受利益之排他权利。"前揭史尚宽:《物权法论》,第7页。

权人就能够依据自己的意志依法直接占有、使用物,或采取其他方式支配物。例如,房屋所有权人可以按照自己的意思占有、使用、收益或者处分自己的房屋,无须征得其他人的同意;抵押权人在债权届满而没有获得清偿的情况下,可以直接请求法院拍卖抵押物。从经济学角度观察,物权的支配性,能够降低权利行使成本。物权人在行使权利时无须他人意思的介入,可直接决定对物的使用、收益、处置等事项。物权人对物的支配,在法律规定的范围内享有绝对的自由,无须与其他人进行谈判、协商,无须请求其他人的协助、配合,显然降低了物权的行使成本。

物权支配性是对特定物的支配,物包括动产和不动产,原则上以有体物为限。① 著作权、专利权和商标权等属于知识产权的范畴,在法律技术上的处理方式与物权存在差异。实际上,世界各国立法中,有直接承认无体物的情形,如我国担保法关于权利质权和权利抵押权的规定。这些权利与物权类似而准用物权的有关规定,理论上称之为"准物权",因此,物权的客体仍然以有体物为限。

对物的支配权的行使前提是物必须特定化,即物权客体必须是特定物,没有具体特定的物,不能作为物权的标的。例如,甲向乙商店购买某种型号的电冰箱一台,在乙向甲交付电冰箱之前,甲没有取得电冰箱的所有权。

物权的客体应为独立物,物的一部分或者其构成部分,既不能直接支配,而且也无法公示。所谓独立物,是指按照社会经济上的观念,可以自由分割而独立存在的物。一个物是否构成独立物,应根据交易观念和当事人的意思决定。此外,物权人对物享有的支配权直接决定了物权的效力,物权的优先性等效力均来自于法律将某物归属于某人支配,从而使物权人对物的利益享有独占的支配并排他的权利。因此,物权的支配性决定了物权所具有的优先性、追及性。

(2)享有物所产生利益的权利。物权人直接支配一定的标的物,必然享有一定的利益。物权所体现的利益一般可分为三种[②]:一是所有权人所享有的利益,包括物的最终归属及占有、使用、收益和处分物的利益。可见,所有人所享有的是物的全部利益。二是用益物权人所享有的利益是物的使

---

① 参见前揭史尚宽:《物权法论》,第9页;前揭郑玉波:《民法物权》,第13页。
② 参见前揭谢在全:《民法物权论》(上册),第16页。

用价值或利用价值,如土地使用人基于其对土地的使用权而使用土地从而获取一定的收益。随着社会经济的发展,物权法正以抽象所有为中心向具体利用发展,物权的利用权能更为突出,因而获取物的利用价值对物权人更为重要。三是担保物权人所享有的利益是物的交换价值,即债务人届期不清偿时,债权人可以依法变卖担保物,就其价金满足债权。在市场经济条件下,由于信用制度的发达,获取物的交换价值利益也日益重要。

(3) 对物的排他性的权利。对于物权的排他性,理论界存有两种认识:第一种观点认为,物权的排他性仅指"不允许互不两立的物权同存于一物"[①]。物权的排他性是由物权的特性本身即物权的直接支配性所决定的。[②]第二种观点认为,物权的排他性包含两层含义:一是同一物上不许有内容不相容的物权并存;二是物权人有权排除他人对于其行使物上权利的侵害、干涉及妨碍。[③]第二种观点将物权的排他效力作了扩大解释,排除他人的干涉是一切权利所共同享有的外部效力,[④]并非物权所独有,因而不能作为物权排他效力的解释。物权的排他性应当仅指在同一标的物上不得同时设立两个或者两个以上性质不相容的物权,即不能同时设立两个或者两个以上内容或者效力相互排斥的物权。例如,就所有权而言,一个物上不能有两个所有权,一人对某物享有所有权,则其他人不得对该物享有另一个所有权,即排除了任何第三人对该物享有另一个所有权。就他物权而言,一个物上不得有两个或者两个以上相互不相容的他物权。但是,物权的排他性并不排除以下三种情形:其一,共有。共有是两个或者两个以上的人共同享有同一物的所有权。例如,夫妻双方对夫妻共有财产共同享有所有权。其二,所有权可与他物权并存。例如,甲可以在其物上为乙设定用益物权或者担保物权,在甲的物上有一个所有权和他物权并存。其三,数个他物权的并存。例如,甲可以在其不动产上为乙设立第一抵押权,然后,又可为丙再设

---

① "所谓排他性者乃于同一标的物上,不允许性质不两立之二种以上物权同时并存之谓……"前揭郑玉波:《民法物权》,第 12 页。
② "物权系对物直接支配,故同一物上不能有两个以上同一内容之物权同时存在。此即物权之排他效力。"前揭谢在全:《民法物权论》(上册),第 25 页。
③ 参见前揭钱明星:《物权法原理》,第 12 页;李开国:《民法基本问题研究》,法律出版社 1997 年版,第 272 页;陈华彬:《物权法原理》,国家行政学院出版社 1998 年版,第 7 页。
④ 如果他人能够肆意地干涉权利,那么,权利还能被称为权利吗?

立第二抵押权。

第二节 物权的客体

一、物权的客体

物权的客体是物,而物是物权法研究的逻辑起点。物权法是以物为核心展开的,无论是所有权、他物权还是占有,均围绕物——这个物权客体所形成的社会关系而展开,因此,物权法的研究必须了解物的概念。

从罗马法以来,有三种不同的物的立法例:一是罗马法和《法国民法典》为代表的立法例①,认为物不仅包括有体物②,而且还包括无体物③;二是以《德国民法典》和《日本民法典》为代表的立法例④,认为物仅指有体物;三是以瑞士民法典为代表的立法例⑤,认为物既包括有体物,同时还包括"法律上可支配的自然力"。第三种立法例为大多数国家所采纳,但是我国现行立法并未使用物权的概念。⑥综合世界各国物权立法及理论,物是指在人的身体之外能够满足人们某种需要而且能为人所实际控制和支配的对象。⑦物具有以下三方面的特征:

第一,物是指狭义上的物。物有广义与狭义之分:广义之物是指物理上

---

① "有些物是有形体的,有些是没有形体的。"〔罗马〕查士丁尼:《法学总论》,张企泰译,商务印书馆1989年版,第59页。

② "有形物是那些可以触摸的物品,例如,土地、人、衣服、金子、银子以及其他无数物品。"〔古罗马〕盖尤斯:《法学阶梯》,黄风译,中国政法大学出版社1996年版,第82页。

③ "无形物是那些不能触摸的物品,它们体现为某些权利,比如:遗产继承权、用益权、以任何形式缔结的债。"前揭〔古罗马〕盖尤斯:《法学阶梯》,第82页。

④ 《德国民法典》第90条规定:"本法所称的物为有体物。"《日本民法典》第85条规定:"本法所称的物为有体物。"

⑤ 《瑞士民法典》第713条规定:"性质上可移动的有体物以及法律上可支配的不属于土地的自然力,为动产所有权的标的物。"

⑥ 《物权法草案》已经明确采纳了物的概念。由于物权法草案采纳了物、物权、用益物权等抽象的法律概念,普通民众对此已提出疑义。

⑦ 参见前揭郑云瑞:《民法总论》,第187页。
"物是指人们能够支配和利用的物质实体和自然力。"张俊浩主编:《民法学原理》,中国政法大学出版社2002年版,第367页。

的物,包括人在内的世间万事万物;狭义之物是指法律上的物。两者间的区别在于能否成为权利客体,即法律上的物仅以能够成为权利客体的物为限,而物理上的物则不以能够成为权利客体的物为限。

第二,物不以有体为限。法律上的物通常是有体物,如《德国民法典》和《日本民法典》均有明确的规定。在罗马法中,物有有体物与无体物之分。"盖尤斯认为,有体物是具有实体存在,可以由触觉而认知的物体。无体物则指没有实体存在,仅由人们拟制的物,即权利。"①土地、奴隶、金钱、衣服等属于有体物,而债权、用益权、地役权等属于无体物。②但罗马法的有体物概念与所有权相同,③而无体物是指所有权之外的财产权,与近代以来无体物的概念不同。④近代以来,有体物是指占据一定空间,有一定形状,凭借人类的感官能够感觉到的物。⑤因此,固体、气体和液体均为有体物。⑥无体物是指人类感官不能感觉到的物,如请求权、债权等权利是无体物。德国和日本采取了有体物的概念,对无体物(权利),则排除在物的概念之外。进入20世纪后,随着科学技术的发展,风力、水力、电力等自然力在生产和生活领域内广泛应用,物的范围不断扩展。《瑞士民法典》反映了这种变化,其第713条规定:"性质上可移动的有体物以及法律上可支配的不属于土地的自

---

① 前揭周枏:《罗马法原论》(上册),第281页。
② 物可以金钱衡量为限,有体物与无体物均可以金钱来衡量,因此,人法中的自由权、家长权、监护权等,虽然也是权利,但因其不能以金钱来衡量,所以不是物。参见前揭周枏:《罗马法原论》(上册),第281页。
③ 由于所有权是最为完整的物权,作为物权的所有权具有绝对的排他效力,因此,非常容易与物的本体混为一谈,对所有权与所有物不加区分,习惯上讲所有权就是指所有权的标的。当时罗马的法学理论还没有达到高度抽象概括的程度,因此,权利与权利客体不加区分。参见前揭周枏:《罗马法原论》(上册),第281页。
④ 参见前揭史尚宽:《民法总论》,第249页。
⑤ "根据第90条规定,物'仅指有形物……',……一切可以把握的东西。与物相对应的是无形的权利,如请求权。计算机软件(计算机程序)是否属于物(动产)的范畴?这个问题尚有争议。物的概念这个定义之所以重要,是因为民法典中有许多关于物的规定,而这些规定不适用于权利。"〔德〕迪特尔·梅迪库斯:《德国民法总论》,邵建东译,法律出版社2000年版,第875页。
⑥ "近年来,学理上对有体物逐渐采扩大解释,认为有体物不必具有一定的形状或者固定的体积,不论固体、液体或气体,均为有体物。至于各种能源,诸如热、光、电气、电子、放射性、核能、频道等,在技术上已能加以控制,工商业及日常生活中已经普遍采用,为民法上的物。"魏振瀛主编:《民法》,北京大学出版社、高等教育出版社2000年版,第119页。

然力,为动产所有权的标的物。"

第三,物是能够为人力所控制和支配的。物必须能够为作为权利主体的人所控制并支配。权利主体是以一定的物质客体确立、变更或者消灭一定的法律关系,如果权利主体之间所设立的权利义务的客体不能为人力所控制和支配,则主体间的权利义务无法实现,因而主体间法律关系的确立、变更和消灭就失去了意义。因此,即使是有体物,如日月星辰,如果不能为人力所控制和支配,则不是法律上的物。

二、一物一权主义

一物一权主义是近代物权法的基本原则。通说认为,一物一权主义是近代物权法对罗马法"所有权遍及全部,不得属于二人"规则的继受,后来为大陆法系各国所采用,其存在有两个理由:一是有利于物权支配对象即物权客体范围的确定,使其支配之外部范围明确化,以便法律对其支配予以保护;二是社会观念认为在物的一部分或者数物之上设定独立的物权,既没有必要也没有实益。一物一权却有利于物权公示,有利于保护交易安全。①但是,日本有学者认为,近代物权法的一物一权主义是近代所有权具有商品性的当然归结。②"商品的所有权概念不仅要求在内容上是完整的,而且要求其客体具有物质上的统一性,或者更确切地说,应称为一物的统一性……作为商品的所有权以对客体交换价值的独占的、排他的支配为内容,所以必然要求其客体的范围是客观的、明确的,并且通常是唯一的。"③即一物一权纯粹源于商品交换的需要,商品交换实际上是商品所有权的交换,而商品所有权的客体在物质上的统一、在范围上的明确,则是交换的前提。④

关于一物一权主义的理论,学界大致存在三种不同的主张:

---

① 参见前揭谢在全:《民法物权论》(上册),第19页。
② 参见前揭陈华彬:《物权法原理》,第56页。
③ 〔日〕川岛武宜:《所有权法的理论》,日本岩波书店1987年版,第161—162页。转引自前揭王利明:《物权法论》,第112—113页。
④ "川岛武宜的理论选择了与传统理论有所不同的观察角度:罗马法以来关于一物一权主义的阐释,其着眼于财产的静态归属关系确认之需求,据此,该原则的根本目的和作用被认为是表现于'定分止争';而川岛武宜关于一物一权主义的阐释,其着眼于财产的动态流转亦即交易进行之需要,据此,该原则的根本目的和作用则被认为是在于推动经济生活的运行。"尹田:《物权法理论评析与思考》,中国人民大学出版社2004年版,第86页。

（1）物权客体特定说。该说认为，所谓一物一权主义，又称为物权客体特定主义，是关于物权客体的原则或者是对物权客体的基本要求，认为"一物一权主义系指一物上仅能成立一所有权，一所有权之客体，以一物为限而言。推而言之，一物只能有一权，故物之一部分，不能成立一物权，一物就有一权，故数个物不能成立一物权，物权之计算以一物为单位"①。

（2）物权效力排他说。该说认为，一物一权是物权的绝对效力或者排他效力的表现，是对物权排他性的形象表述。一物一权本来要表达的意思是"一物之上当然不可存在两个以上的所有权，也不可存在两个以上种类一致、效力相同的用益物权或者担保物权"②。

（3）折衷说。折衷说又称为客体特定与效力排他说，认为一物一权原则实际上包括物权排他性原则与物权客体特定性原则两方面的内容，因而以物权排他性原则或物权客体特定原则来代替一物一权原则，均不妥当。③

对"一物"与"一权"涵义的不同解释，涉及一物一权主义中的"一物"与"一权"应如何界定和理解。"一物"有"客观一物论"与"观念一物论"之分，客观一物论者认为，物权的客体仅限于特定的、独立的一物，集合物上不能设定所有权或者其他物权，物的一部分或者物的成分不能成为物权的客体。对于集合物上成立一个所有权、设定财团抵押及建筑物的区分所有权等，是对"一物"进行特殊解释，或者作为一物一权原则的例外情况。观念一物论者认为，物权客体的特定性和独立性的衡量标准，与其说是物理上的，

---

① 前揭谢在全：《民法物权论》（上册），第18—19页。

一物一权主义"是指一个物权的客体应以一物为原则，一物之上不能同时并存两个以上互不相容的物权。"崔建远：《我国物权法应选取的结构原则》，载《法制与社会发展》1995年第3期。

"一个物权客体应以一物为原则，一个所有权或他物权不能存在于数个物之上。"钱明星：《论我国物权法的基本原则》，载《北京大学学报》（哲学社会科学版）1998年第1期。

② 梁慧星：《中国物权法草案建议稿——条文、说明、理由与参考立法例》，社会科学文献出版社2000年版，第99页。

"指同一标的物之上不得设立内容及效力互不相容的两个以上物权，尤指一物之上只能存在一个所有权。"温世扬：《物权法要论》，武汉大学出版社1997年版，第25页。

③ 参见王利明：《物权法研究》，中国人民大学出版社2002年版，第79页。

一物一权原则"是指一个物权的客体原则上应为一物，在一物之上只能存在一个所有权，并不能同时设定两个内容相互抵触的其他物权。"郭明瑞等：《民商法原理》（二），中国人民大学出版社1999年版，第11页。

不如说是社会的一般观念上的、交易上的、法律上的。一个物具有物理上的特定性和独立性,固然为特定和独立之物,能成为物权的客体,即使不具有物理上的特定性和独立性,但在交易上认为具有特定性独立性之物,法律也可加以确认,允许它成为物权的客体。① 换言之,一物一权中的"一物",是指"法律观念上"的一个标的物,它既可以是单一物,也可以是合成物或集合物,而不限于客观事实上的一个独立物。② 对"一权"也有两种不同见解。一是认为一物上的"一权",仅指一个所有权;二是认为在现代法中"一权"并不仅限于所有权,而且还包括用益物权和担保物权在内。换言之,一物上的一权,是指一物之上不能同时存在两个以上的所有权,也不能并存两个以上内容、效力相抵触的物权。

实际上,一物一权主义是物权法学说上的归纳,目的仅在于说明所有权与其标的间的关系:一是物权标的的独立性决定了一物的组成部分不得成立独立的所有权,只有完整的、独立存在的一物上才能成立所有权;二是物权标的的同一性质决定了所有权必须设定于一个独立物之上,而不能设定于由数个物所构成的集合物上。虽然一物之上不仅能存在"一权",而且可以有"数个"物权并存,但是将"一物一权主义"扩张适用于他物权,则缺乏逻辑支撑。

一物一权主义具有如下三个方面的内容:

(1) 物权的客体必须特定。物权的客体应限于特定物。特定物既可以是独一无二的物,如市中心的一栋房屋、齐白石的一幅画等,也可以是特定化了的种类物,如一部汽车、一张办公桌等。特定物所具有的这种特定性,决定了它不能用其他的物代替。但是,这种特定性是从物的可确定性的意义上讲的,实际上,某物的物理、化学或者生物等方面的属性是在不断变化的,如果从经济或社会的观念上仍然承认其同一性,就依然是特定物。物权的客体不特定化,物权人就无从对其进行直接的支配。当事人之间如果仅仅约定标的物的种类、数量,就可以成立债权,但不能成立物权。

(2) 一个物之上只能成立一个所有权。由于物权具有排他性,一个物之上只能成立一个所有权。虽然一个物上有两个或者两个以上所有权人,

---

① 参见前揭崔建远:《我国物权法应选取的结构原则》。
② 参见前揭张俊浩主编:《民法学原理》,第 388 页。

但并不意味着有两个或者两个以上的所有权存在,共有是数个共有人就同一物共同享有该物的所有权,而不是有数个所有权存在于同一物上。一物之上只能存在一个所有权,而不能存在两个或者两个以上的所有权,这是既符合财产的私有属性又符合法律的逻辑安排的,因为所有权的最主要的制度功能就是确立社会财富的归属关系,定分止争。

(3)物的一部分或者物的成分不能成立独立的所有权。所有权只能成立在一个独立的物上,在物的一部分或者物的构成部分上不能成立所有权。例如,一套房屋,只能就整套房屋或者房屋的各个具有独立使用功能的房间设定物权,而厨房、卫生间、客厅、卧室等不能单独设立所有权,同样,房屋的梁柱、地板、砖瓦等也不能独立成立所有权。某些形式上并非独立物,但从经济、社会的观念上认为是独立物的,也可以成立所有权。物的一部分或者物的成分,如果与物发生分离,成为独立之物时,也可以成立所有权。例如,购买某块土地砂石的买受人,享有要求交付该砂石的债权,在该砂石与土地分离成为独立物时,买受人即可取得沙石的所有权。

第三节 物权的类型

一、物权法定主义

(一)物权法定主义的形成

关于物权的创设方式,有两种立法例:一是放任主义,即物权的创设依当事人的意思,法律上不予限制。《普鲁士民法典》采取这种立法例。二是法定主义,即法律规定物权的种类和内容,不允许当事人依其意思设定与法律规定不同的物权。现代各国民法,大都采法定主义而排斥放任主义。例如,《日本民法典》第175条规定:"物权,除本法及其他法律所定者外,不得创设。"①

物权法定原则是在罗马法时就已经确定的原则。在罗马法中,承认具有物权属性的权利有所有权、地上权、地役权、用益权、抵押权以及质权等。

---

① 《物权法草案》第3条规定:"物权的种类和内容,由本法和其他法律规定。"
我国台湾地区民法第757条规定:"物权除本法或其他法律有规定者外,不得创设。"

这些权利为对物的直接支配权,具有排他性、绝对性。这些权利的类型及取得方式都由法律作出明确规定,非以法定方式取得这些权利的,法律不予保护。①

大陆法系继受了罗马法的物权法定原则,只有1794年《普鲁士民法典》例外地采用了物权的放任主义立法原则,但《德国民法典》仍然沿用了罗马法中的物权限制主义,尽管立法条文表述中对物权法定没有清晰地阐释,但其表达的思想贯彻了物权法定原则,并且采纳物权法定原则的主要依据是基于物权与债权的对立性,债权法以契约自由原则为指导原理,物权法则以物权法定原则为指导原理。②在法国,尽管也由于法律条文未直接对物权法定原则作出表述,学界对《法国民法典》是否采纳了物权法定原则也有不同看法,但主流观点仍肯定物权法定原则。③因此,近代以后,法国、德国、日本、奥地利、荷兰及我国台湾地区的物权法分别继受了物权法定主义原则。大陆法系各国立法例均无例外地接受了物权法定主义原则,大致有以下几方面的原因:④

(1)整理旧物权类型。物权法定主义原则是资本主义民法在近代完全确立后,针对当时复杂的封建土地关系,为避免繁杂的权利登记造成混乱结果,简化权利体系,从而对物权(主要是土地权利)的类型及内容作出明确规定。这一方面为了限制所有权的效力,禁止所有权人任意设定他物权;另一方面限制过多繁杂的权利对土地及其他财产所有权的束缚,从而赋予所有权独占性和完全性。

(2)发挥物的效用。物权与社会经济密切相关,如果允许当事人任意创设物权种类,对所有权设定种种限制和负担,则会影响物的利用。法律明

---

① 参见前揭〔罗马〕查士丁尼:《法学总论》,第48—59页。
② 参见段匡:《德国、法国以及日本法中的物权法定主义》,载梁慧星主编:《民商法论丛》第7卷,法律出版社1997年版,第259—260页。
物权法定主义所运用的法律技术,是学说汇纂(pandekton)法学所纯熟运用的抽象与演绎的方法。学说汇纂法学提出了物权概念并在法典中正式建立物权制度,这是德意志法系的创造。物权是建立在所有权、用益物权、担保物权等对物支配权上的抽象的总括性概念。在德国民法体系化的构建过程中,物权法定作为契约自由的反面被推导出来了。可见,物权法定这一原则背后,是抽象与演绎法学方法的运用。
③ 参见前揭尹田:《物权法理论评析与思考》,第109—112页。
④ 参见前揭钱明星:《论我国物权法的基本原则》。

确物权的种类和内容,尽量将满足社会需要的物权形式纳入物权法,建立能够适应社会经济关系发展要求的权利种类简明、效力明确的物权体系,有助于最大限度地发挥物的效用。

(3)便于物权公示,保护交易安全。由于物权具有排他性,因而涉及第三人的利益,这就要求物权的存在及变动能够以某种方式公示。如果允许当事人自由创设物权,不仅容易对第三人造成损害,而且还给物权的公示增加了难度。在物权的种类和内容法定化以后,不仅有利于物权的公示,而且也有利于确保交易的安全和便捷。

总之,物权法定原则的确立限制了物权的种类和内容,使财产的归属关系及具体的权利内容明确化,极大地降低了交易费用。物权法定原则不仅限制了他物权的产生,确立了简单而明确的所有权规则,而且还为物权变动公示提供了技术上的可能。①这一切都促进了交易的达成。交易费用的降低,也有助于保障交易的安全,物权法定与公示制度相结合,使交易者免去了对交易后果的担忧:只要交易符合法律规则,交易者就可得到无瑕疵的权利。

(二)物权法定主义的内容

虽然近代以来,大陆法系各国陆续采纳了物权法定主义,但对物权法定主义的内容却有不同的解释。法国学者认为,物权法定主义仅指物权类型和内容的限制;德国学者认为,物权法定主义不仅包括物权类型和内容的限制,而且还包括物权的设立和转移形式的限制;日本学者认为,物权法定主义是对物权种类和内容任意创设的限制。②关于物权法定原则的内容,我国理论界存在三种观点:

(1)物权的种类与内容,采取法律限定主义。③物权法定指物权的种类与内容由法律规定,当事人不得自由创设。即"所谓不得创设者,其涵义有二:(甲)物权种类之不得创设,即不得创设法律所不认之新种类的物权,例

---

① "物权法因须贯彻物权公示原则。倘物权种类许当事人任意创设,则仅依占有而为表象,既不可能,而依登记以为公示,于技术上又困难殊多,故法律为整齐划一,以便于公示计,不能不将物权的种类予以明定,而仅承认当事人在法定的物权内,有选用的自由,并无创设的自由。"前揭郑玉波:《民法物权》,第15页。

② 参见前揭尹田:《物权法理论评析与思考》,第114页。

③ 参见前揭史尚宽:《物权法论》,第12页。

如在他人全财产上创设物权的收益权,则非法之所许;(乙)物权内容之不得创设,即就法定物权不得创设与法定相异之内容,例如创设不移转占有之质权,纵亦名之为质权,但以与质权之法定内容不同故,法亦不认许之也"①。我国台湾地区学者基本采纳这种观点,②而只有少数大陆学者采纳这种观点。③

(2)物权的种类、内容及设立与变动方式均由法律规定。由法律直接规定物权的种类,禁止任何人创设法律没有规定的物权;由法律直接规定物权的内容即权能,禁止物权人超越法律规定行使物权;由法律直接规定物权的设立及变动的方式,未按法律规定的方式操作,则不会产生物权设立及变动的法律效果。④

(3)物权的种类、内容、效力和公示方式均由法律规定。物权必须由法律设定,不得由当事人随意创设;物权的内容只能由法律规定,不能由当事人通过协议设定;物权的效力必须由法律规定,不能由当事人通过协议加以确定;物权的公示方式必须由法律规定,不能由当事人随意确定。⑤我国大陆学者多采纳这种观点。⑥

尽管我国的物权法学说接受了物权法定主义理论,但由于缺乏实在法

---

① 前揭郑玉波:《民法物权》,第16页。
② "物权法定主义者,乃物权之种类与内容,均以民法或者其他法律所规定者为限,当事人不得任意创设之谓。"前揭谢在全:《民法物权论》(上册),第42页。
"物权之种类,法有一定,即其内容,亦仅依法律之规定,当事人间不得任意创设物权,而契约自由之原则,不适用于物权关系也。"梅仲协:《民法要义》,中国政法大学出版社1998年版,第668页。
③ 参见前揭钱明星:《物权法原理》,第29页;梁慧星主编:《中国物权法研究》(上),第67页。
④ 参见前揭李开国:《民法基本问题研究》,第267页。
⑤ 参见前揭王利明:《物权法论》(修订本),第77—80页。
⑥ "物权法定是指物权的种类、效力、变动要件、保护方法等都只能由法律规定,不允许当事人自行创设。"前揭张俊浩主编:《民法学原理》,第340页。
"物权法定原则是指物权的种类及其内容、物权的公示方法、物权的效力及物权的保护方法等均由法律规定,当事人不得自由创设物权法规定以外的物权。"前揭郭明瑞、唐广良、房绍坤:《民商法原理》(二),第9页。
"物权法定原则,是指物权的类型,物权的内容,取得和变更,均由法律直接规定,禁止任何人创设法律没有规定的物权和超越法律的限制行使物权的法律原则。"江平主编:《民法学》,中国政法大学出版社2000年版,第317页。

的支撑,物权法学说并没有指明物权法定主义理论的法律渊源与效力,司法机关也没有以解释或者判例的形式来确立物权法定主义。因此,物权法学说关于物权法定主义内容的认识并不一致,出现上述三种不同观点。第一种观点认为物权法定是指物权的种类和内容法定,不允许当事人任意创设。这种观点显然是接受了传统民法关于物权法定的学说,而且我国物权法草案从第一次审议稿到第三次审议稿均采纳了这种学说。第二、第三种观点认为,物权法定使物权的种类、效力、变动要件、保护方法等由法律予以直接规定,不允许当事人任意创设。这两种观点实际上是对物权法规范作为强制性规范特性的概括,而不是传统民法上的物权法定。物权法定主义无疑表现了在物权关系的创设问题上,立法者的意志是对当事人意志的排斥,禁止当事人自由创设物权关系,因而物权的种类和内容,必须直接基于法律的规定,当事人不得任意创设。当事人在法定物权种类范围外自行创设新的物权类型,或者改变法律明文规定的物权内容,均违反物权法定主义。因此,物权法定主义应当是对物权创设的限制。

关于物权法定主义认识的统一,有待于我国物权立法来解决。[①]我国物权立法应适应社会需要,整理现有权利,统一权利内容,对具有法律保护意义的利益予以法律上的保护,使其获得较强的效力和法律上的安全,同时,在制度安排上保留一定空间,在物权法律制度的构造中适当引入私法自治机制,使其更具有弹性和包容力。

(三)物权法定主义的发展

物权法定主义的产生,有其深刻的社会经济原因。物权法定对物权种类和内容的限制,稳定了社会经济关系,减少了交易成本,保障了交易安全。但是,随着社会经济的不断发展,物权法定主义暴露出越来越多的弊端,给物权法带来了僵化,损害了社会经济发展的活力。[②]

物权法定主义从近代确立到现代,大陆法系各国经历了对其从严格解释到宽泛解释的过程。在物权法定原则确立初期,各国的判例及学说均对法定之"法"予以严格限制,而将习惯法排除在外。现代各国已经承认习

---

① 《物权法草案》第3条规定:"物权的种类和内容,由本法和其他法律规定。"该条规定采纳并肯定了传统民法物权法定原则的学说。

② "物权法定主义过于僵化,难以适应现时社会经济的发展,倘于习惯能有适宜的公示方法的新物权的生成,自不妨予以承认。"前揭郑玉波:《民法物权》,第16页。

法上的物权,承认习惯的法源地位已是事实。①这是由于物权法原则在不同的社会发展阶段产生了不同的影响和作用。

与物权法定主义产生的原因相同,社会经济的发展变化对物权法定的刻板僵化提出了挑战。物权法定主义的僵化主要体现在:对物权种类和内容的限制,使法律失去了应有的灵活性,抑制了新型权利的出现,压抑了社会对权利的创新功能,将权利的源泉更多地视为来自国家权力,而不是来自市民社会的自发运动。因此,物权法理论对物权法定主义进行了检讨并形成以下三种学说:②

(1) 物权法定无视说。日本学者我妻荣倡导该说,认为应无视物权法定的规定而承认习惯法物权的效力。习惯法是在长期的社会生活中自发形成的,如果我们禁止习惯法的适用,反而会不利于社会经济的发展。

(2) 习惯法物权有限承认说。如果是社会习惯法上所产生的物权,不妨碍物权体系的建立,例如,不违反近代所有权的基本观念,且非属物权法定所排除的封建物权,又不妨碍公示时,可突破物权法定的限制,而直接承认该习惯上的物权。

(3) 物权法定缓和说。该说认为,新出现的物权,如不违反物权法定主义的立法目的,又有一定的公示方法,可以适用物权法定内容从宽解释的方法,解释为非新种类的物权。例如,在我国台湾地区的实务中,就对最高额抵押的从属性进行从宽解释,承认其为物权法上的物权。物权法定的缓和,也可以利用现有的物权制度。例如,我国台湾地区的让与担保,是以所有权移转之构造与信托约款的债的关系,而获得法律上的地位。

以上三种学说中,物权法定无视说,过于激进,彻底否定了法律的权威;习惯法物权有限承认说,没有明确习惯法是否属于物权法定主义所指的法律;物权法定缓和说,既满足了社会经济发展的客观需要,又维护了法律的权威。

从大陆法系国家的实践看,《德国民法典》确立了物权法定主义,虽然没有明文规定,但学说及判例均无异议。实际上,德国民法中的物权法定主义从一开始就不是很严格,因为大量的地方法承认习惯法上各种物权,而且这

---

① 参见前揭郑云瑞:《民法总论》,第 62 页。
② 参见前揭谢在全:《民法物权论》(上册),第 46—47 页。

些权利类型的规定也不能完全满足社会发展的需要。其他权利突破了物权法定主义的限制而获得了法律的承认。①在日本,对物权法定主义的突破主要围绕习惯法上的物权而展开。对物权法定之法是否包括习惯法在内,物权法学说经历了一个从否认到承认的转变过程。日本习惯法上的物权通过判例及单行法而获得了法律上的承认。但是,对于那些为适应社会经济发展而新出现的物权,则通过仅承认习惯的法源地位并不能解决这一问题,将新型权利纳入物权体系又存在逻辑上的困难和时间上的滞后性。

二、物权的类型

(一)传统物权类型

(1)自物权与他物权。以物权设立的基础为标准,物权可以分为自物权与他物权。自物权是建立在自有物上的权利,即所有权,或者称为完全物权。所有权、自物权和完全物权虽然指的是同一东西,却具有不同的含义,自物权是相对于他物权而言的;完全物权是相对不完全物权而言的,即具有占有、使用、收益和处分四项权能;所有权是相对于限制物权②而言的,是指在法律规定的范围内对所有物的全面支配权,即所有人依法对物享有占有、使用、收益和处分的权利,是物权中最完整、最充分的权利。这种全面的支配利益表现在两种利用形态上:一是实物的利用形态。所有人通过对物的利用,或者通过设定地基使用权、租赁权等将所有物供作他人使用而自己获得利益。二是价值的利用形态。以所有物提供担保获取信用,或者将所有物予以处分,而获取其价值形态。他物权,是指建立在他人物上的权利;不完全物权,是指仅享有占有、使用、收益和处分四项权能中部分权能的权利;

---

① 例如,不完全所有权(Anwartschaftsrecht)。德国法上担保形式的发展,出现了"所有权保留"的担保形式。《德国民法典》第 455 条规定,赊销财产的出卖人可以在价金全部清偿之前,保留财产的所有权。在这种担保形式中,与占有相脱离的标的所有权,成为一种手段,以保证价金余额的清偿。所有权保留经历了一个发展过程。起初,在买受人最终付清价金并随即取得完全所有权之前,并未取得任何财产权益。后来,人们开始认识到,在买受人偿付了半数或更多价金的早期阶段,它就应受到某种保护。这一变化导致了对不完全所有权的承认。不完全所有权被视为一种独立的物权形式,它"如同所有权,只是不完全"。不完全所有权打破了物权法定的限制,并得到了普遍的承认。

② 限制物权是日本学者松冈义正博士创造的,来源于罗马法的"Jus in re aliena"。松冈义正是《大清民律草案》的起草人。

限制物权,是指所有权以外的,仅在一定范围内对物进行支配的物权。

自物权与他物权区分的意义表现在三个方面:一是他物权具有限制自物权的作用,其效力高于自物权,一旦他物权消失,自物权回复其圆满状态;①二是自物权的权利主体是物的所有权人,而他物权的权利主体则不是物的所有权人;三是自物权是无期限物权,而他物权则是有期限物权。

(2) 用益物权与担保物权。以限制物权的支配内容为标准,物权可以分为用益物权与担保物权。用益物权是对他人的物在一定范围内享有使用、收益的物权,即以标的物的使用价值为内容的物权,如传统民法上的地上权、典权、永佃权、地役权等。担保物权是以标的物为债权提供担保的物权,即以支配标的物的交换价值为内容的物权,如抵押权、质权、留置权等。

用益物权与担保物权区分的意义在于,用益物权的权利人根据标的物的性质获得使用收益,并在物的使用过程中实现其目的,因而在同一物上不得设立两个或者两个以上的用益物权;担保物权是以支配标的物的交换价值,促使债务人清偿其债务而间接实现其目的,因而同一物上可以设立两个或者两个以上担保物权。

(3) 动产物权、不动产物权与权利物权。以标的物的种类为标准,物权可以分为动产物权、不动产物权与权利物权三类。动产物权,是指以动产为标的物的物权,包括动产所有权、动产质权、动产抵押权以及留置权;不动产物权,是指以不动产为标的物的物权,包括不动产所有权以及传统民法上的地上权、地役权、不动产抵押权、永佃权以及典权等;权利物权,是指以权利为客体的物权,包括权利质权和权利抵押权。②由于物权的标的物通常是物,权利物权是一种例外,有的称为准物权。

动产物权、不动产物权和权利物权区分的意义在于,其成立和变动的要件、公示方式有所不同,动产物权以占有为公示方式,不动产物权以登记为公示方式,权利物权一般以登记为公示要件。

(4) 主物权与从物权。以物权独立性为标准,物权可以分为主物权与从物权。主物权是指不以主体享有的其他权利为前提,能够独立存在的物

---

① "限制物权消灭,则所有权自动的回复其完全支配力。"前揭史尚宽:《物权法论》,第1页。
② 我国台湾地区民法第882条规定:"地上权、永佃权及典权,均得为抵押权之标的物。"

权,如所有权、地上权、永佃权、典权等;从物权是指从属于其他权利而存在的物权,权利人须享有其他权利(主权利)才能享有物权。担保物权为典型的从物权,地役权也是从物权。

主物权与从物权区分的意义在于,主物权独立存在,而从物权则依赖于主物权的存在而存在。

(5)意定物权与法定物权。以物权的设立是否基于当事人的意思为标准,物权可以分为意定物权与法定物权。意定物权是指以当事人的意思而发生的物权,如质权、抵押权等;法定物权是指直接基于法律规定而发生的物权,如法定抵押权和留置权等。

意定物权与法定物权区分的意义在于,两者的成立要件和适用法律不同。

(6)登记物权与非登记物权。以物权是否登记为标准,物权可以分为登记物权与非登记物权。登记物权,是指物权的设立、变更以及终止须经登记机关登记才能产生相应的法律效力。现代各国法律都规定,不动产物权须办理登记,方可产生相应的法律效果。非登记物权,是指物权的设立、变更以及终止无须登记即可产生相应法律效力的物权。一般而言,动产物权均属于非登记物权,非登记物权以对物的占有的方式向社会公示,通过物的交付即可产生效力。

登记物权与非登记物权区分的意义在于,登记物权的设定和转移经登记而生效,非登记物权则因交付而生效。

(7)有期限物权与无期限物权。以物权的存续有无期限为标准,物权可以分为有期限物权与无期限物权。有期限物权,指仅能在一定期限内存续的物权。例如,以约定方式设定的限定物权,除当事人有特别约定或者法律另有规定外,一般均为有期限物权。如抵押权、典权等。无期限物权,是指未定存续期间,得永久存续的物权。如所有权以及传统民法的永佃权[①]。

有期限物权与无期限物权区分的意义在于,有期限物权存续期间届满,物权消灭;无期限物权,除了物权人抛弃外,永存不灭。

(8)本权与占有。以是否以权利为内容作为标准,物权可以分为本权与占有。占有是指对标的物有事实上管领力的一种事实状态。各国法律对

[①] 永佃权是指支付佃租,永久在他人土地上进行耕作或者放牧的权利。

占有是否作为权利有不同的规定。《日本民法典》规定占有为权利,但大陆法系其他国家不承认占有为权利,认为占有并非物权,而是一种事实状态。本权是相对于占有而言的,是指当事人不仅对标的物有事实上的管领力,且该管领力是一种权利。对占有而言,一切物权均为本权,租赁权也是本权。

本权与占有区分的意义在于,确定有无本权的存在,以确定保护的方法和程度。

(9)普通物权与特别物权。以依据法律不同为标准,物权可以分为普通物权与特别物权。普通物权是指民法典规定的物权,又称为民法上的物权;特别物权是指由特别法规定的具有物权性质的财产权。特别法是兼有民法规范和行政法规范的综合性法律。例如,森林法中的林木采伐权、矿产资源法中的采矿权和探矿权、渔业法中的渔业权、野生动物保护法中的狩猎权、海商法中的船舶抵押权、航空法中的航空器抵押权等物权,都属于特别法上的物权。

普通物权与特别物权区分的意义在于,两者适用的法律不同,根据特别法优于普通法的原则,特别物权应先适用特别法的规定,只有在特别法没有规定的情况下,才适用普通法的规定。

(二)我国物权类型

由于世界各国的社会经济状况和民族传统上的差异,物权种类不尽相同。由于历史原因,我国民法一直没有正式采用"物权"的法律术语,也没有系统的"物权"立法。因此,现行法上的物权体系,是现存各种物权法定形态的总和。我国现行立法虽未采用"物权"概念,却不乏对各种物权具体形态的规定。[①]但是,学界对物权的具体形态,意见不一,主要有以下三种观点:

(1)物权分为两类,一是财产所有权;二是与财产所有权有关的财产权,主要包括全民所有制企业财产权、国有自然资源经营使用权、承包经营权、采矿权、相邻权、宅基地使用权、房屋典权等。这是以《民法通则》的有关规定为基础产生的物权分类。

[①] "中国没有给予自物权、他物权的提法和分类以正式的名分,民法通则甚至回避了物权的概念,但实际上,中国的物权制度,依然属于自物权、他物权体系。所谓与所有权相关的财产权,其实就是他物权,尽管名称不同,对其所作出的解释和定位,完全是在所有权的基础上进行的,借用的法理也是他物权的那一套。"孟勤国:《物权二元结构论》,人民法院出版社2004年版,第5页。

（2）物权分为两类，一是《民法通则》规定的物权，即财产所有权；包括国有土地使用权①、宅基地使用权、林地使用权、相邻土地使用权、自然资源使用经营权等在内的财产使用权；承包经营权。二是《民法通则》和其他法律承认的一些用益物权和担保物权。

（3）物权分为三类，一是自物权，即所有权；二是他物权，包括用益物权和担保物权，其中用益物权包括国有企业经营权②、使用权、承包经营权、典权、采矿权，担保物权包括抵押权、质权和留置权；三是类物权，即占有。

上述三种观点虽存在某些差异，基本上都客观反映了现阶段我国物权的法定形态，但是前两种分类仅对我国现行物权形态进行简单的罗列而没有进行归纳，③只能说明我国现行具体的物权形态，对物权法体系的构建没有任何实质上的意义；最后一种分类是按照传统民法物权体系对我国现行物权形态的归纳，符合民法物权的逻辑和规范，对我国物权法体系的构建具有积极意义。

我们将从"民法上的物权"和"特别法上的物权"两方面，对我国现行具体物权形态进行考察，然后进行归纳和分析，对我国物权体系作出判断。我国民法上的物权，《民法通则》在第5章第1节"财产所有权和与财产所有权有关的财产权"中，规定了财产所有权、国有土地使用权、土地承包经营权、全民所有制企业经营权、采矿权和相邻权，在第2节"债权"中规定了抵押权和留置权；我国特别法上的物权，有《企业破产法（试行）》和《民事诉讼法》

---

① "……但几乎没有哪个国家和地区比中国的土地关系更为复杂和混乱。虽然宪法规定土地国有和集体所有两种归属形式，但政府领导人的一张纸条就出让大片土地给外商或有势力的内商和抄手，为商品房和开发区随意征用集体所有的农地，七十年、五十年土地使用权的出让和转让，已使人难以把握土地使用权的真实含义及与土地使用权的区别和关系……基于什么样的理由不让其如此行使土地所有权？土地使用权期满后地上的建筑物归属于土地所有权还是仍然属于地上物所有人？"前揭孟勤国：《物权二元结构论》，第33页。

② "所有权派生出经营权的'两权分离'学说已经在国有企业改革实践中失败……"前揭孟勤国：《物权二元结构论》，第32页。

③ 《物权法草案》规定了所有权、用益物权和担保物权构成的完整的物权体系，用益物权包括土地承包经营权、建设用地使用权、宅基地使用权、地役及居住权，担保物权包括抵押权、质权及留置权。

规定的破产财产优先权①,《海商法》规定的船舶抵押权和船舶优先权②,《担保法》规定的抵押权、质权和留置权③,以及《土地管理法》《森林法》《草原法》《矿产资源法》《渔业法》《野生动物保护法》所规定的土地使用权、林地使用权、草原使用权、矿产资源使用权、渔业权、狩猎权等。因此,从我国民法上的物权和特别法上的物权所罗列的物权形态看,我国现行立法的物权形态,涵盖了所有权、用益物权、担保物权及准物权等传统物权的基本形态。虽然我国不存在形式意义上的物权立法,但通过《民法通则》和一些单行立法,已初步建立了自己的物权体系,我国物权立法要解决的只是对现有物权体系的整合与完善的问题。

现阶段我国物权体系的缺陷主要表现在以下三方面:(1)在物权体系中,国家所有权居于核心地位,具有鲜明的计划经济时代的烙印。在实行高度集权的计划经济体制下,社会财产的绝大部分为国家所有或者集体所有,个人财产仅限于维持日常生活所必需的消费资料,在物权法上体现为单一的所有权制度。尽管20世纪80年代初经济体制改革后,我国承认了多种经济成分的法律地位,反映在物权上便有所松动,规定了私有财产权等法律制度,但是,由于深受计划经济的影响,我国现阶段的物权理论以国家所有权为核心,所有权制度也大大滞后④。主要表现为:其一,注重国家所有权,而忽视公民私人所有权,两者在法律地位上不平等。其二,在国家所有权与相关他物权的关系上,重归属,轻利用,重视维护实物的安全。国家只

---

① 《企业破产法(试行)》第37条规定:"清算组提出破产财产分配方案,经债权人会议讨论通过,报请人民法院裁定后执行。破产财产优先拨付破产费用后,按照下列顺序清偿:(一)破产企业所欠职工工资和劳动保险费用;(二)破产企业所欠税款;(三)破产债权。破产财产不足清偿同一顺序的清偿要求的,按照比例分配。"
《民事诉讼法》第204条规定:"破产财产优先拨付破产费用后,按照下列顺序清偿:(一)破产企业所欠职工工资和劳动保险费用;(二)破产企业所欠税款;(三)破产债权。破产财产不足清偿同一顺序的清偿要求的,按照比例分配。"
② 《海商法》第2章第2节、第3节。
③ 《担保法》第3章、第4章、第5章。
④ 《物权法草案》第5章"国家、集体和私人所有权",仍然以所有制形式来对所有权进行分类,确认国家所有权的核心地位,破坏了民法的平等保护原则。另一方面,《物权法草案》第68条规定:"国家保护私人所有权……"对私人所有权进行保护,将国家所有权及集体所有权的保护置于何种地位,是否会破坏了民法的平等保护原则?根据民法的平等保护原则,法律保护财产所有权,而不应区分其身份或者性质。

作财产的消极保护者而不是财产价值的积极创造者,从而使国有资产流通阻滞、混乱,资源浪费严重,经济效益低下,从而丧失了通过流通而产生的利益。

根据所有权形式的不同而将所有权区分为国家所有权、集体所有权和个人所有权三种基本形态,人为地割裂了所有权本身的同一性和完整性,进而片面强调对国家所有权的特别保护[①],轻视对其他形式所有权的保护,这既与民法的平等保护精神相悖,也不符合社会主义市场经济对财产归属秩序和流转秩序的要求。市场经济要求国有资本退出竞争性领域,对各种资本进行同等保护。随着我国社会主义市场经济的确立和完善,国有资本将最终退出竞争性领域,因此,在交易领域确立国家所有权的核心地位,既没有现实意义,也没有理论意义。

(2) 物权杂乱无章,没有形成逻辑严谨、周密完善的物权体系。表现在:一是概念很不准确。《民法通则》为回避"物权"的概念,而使用"财产所有权和与财产所有权有关的财产权"的表述,结果漏洞很多,大有歧义。二是没有采纳传统物权法的概念和术语。例如,没有采用传统民法上的地上权、永佃权、用益权等物权概念,代之以土地使用权、土地承包经营权、自然资源承包经营权等新的物权名称,以调整公有制条件下土地和自然资源的利用关系。没有采用传统民法上的地役权概念,相应的社会关系由"相邻关系"的法律规则加以调整,即由相邻权代替了地役权[②];物的占有关系,缺乏全面和统一的法律调整。三是物权法体系结构不合理,担保物权在《民法通则》中被割裂出去,置于债权篇幅中,破坏了他物权与整个物权法体系的内在逻辑关系。四是《民法通则》将抵押权与质权合二为一,违背了基本的法理。抵押权与质权虽均为担保物权,但是其适用对象、成立条件及权利的行使方式均不相同,抵押权和质权的混同,必然会造成日常理解及适用上的混

---

① 对国家财产实行特殊的保护,即采纳请求返还国有财产不受善意取得和时效的限制、所有人不明的财产推定为国家所有的规则。参见佟柔主编:《民法原理》,法律出版社1986年版,第170—171页。

② 全国人大法工委的《中华人民共和国物权法草案》以及梁慧星先生组织起草的《中国物权法草案建议稿》采纳了邻地利用权的概念,但是这个概念又完全借鉴了大陆法系的地役权。采纳邻地利用权很容易让人误解,认为土地必须以"相邻"为必要,这既混淆了地役权与相邻权的概念,又不符合现代地役权的发展趋势。

乱。五是将相邻权并入他物权,与传统物权法的逻辑发生冲突。相邻权是所有权的延伸扩展或者必要限制,从罗马法创设之时起,均纳入所有权体系。《民法通则》将相邻权视为他物权,混淆了自物权与他物权之间的界限。

(3) 物权法过于简单,基本物权缺失,内容残缺不全,无法规范、指引复杂的社会经济生活。虽然《民法通则》规定了财产法的基本制度,但由于其条文十分原则,在日常的社会经济社会中,缺乏相应的行为规范,引导人们的交易行为;在司法实践中,缺乏裁判的依据,许多案件的审理往往依据有弹性的法律原则、地方政策、风俗习惯来进行。基本的物权制度缺失表现为,我国法律没有规定物权公示制度、善意取得制度、取得时效制度、占有制度等。物权制度的内容残缺不全最为明显的表现是,海商法、破产法和民用航空法均有具体优先权制度,而作为民事基本法的《民法通则》却缺乏相应的上位规定。此外,在现代社会的经济生活中新出现的财产关系和财产问题,物权立法未能及时规定,只能通过司法解释或者其他途径予以补救,这反映了我国物权法的滞后性。

总之,我国现行的物权法体系比较杂乱、简单,还不够完善。市场经济制度在我国的逐步确立,促进了我国物权制度的成熟。同时,市场经济发展要求我国的物权制度进一步完善。构建我国物权法体系,首先应确立物权概念,这是我国物权法体系的基础。我国物权法体系应包括总则、所有权、他物权和占有,具体如下表:①

---

① 世界各国民法所规定的物权如下:罗马法物权包括所有权和他物权,他物权分为役权(地役权和人役权〔用益、使用、居住、劳役〕)、地上权、永佃权和质权(质权与抵押权没有严格区分);法国民法物权包括所有权、用益权、使用权、居住权、地役权、质权、留置权、先取特权;德国民法物权包括所有权、役权(地役权、用益权、限制的人役权)、地上权、先买权、土地负担、抵押权、土地债务及定期土地债务、质权以及占有;瑞士民法物权包括所有权、役权(地役权、用益权及其他役权)及土地负担、不动产担保以及动产担保;日本民法物权包括占有权、地上权、所有权、永小作权、地役权、留置权、先取特权、质权、抵当权以及入会权。参见前揭郑玉波:《民法物权》,第20—21页。

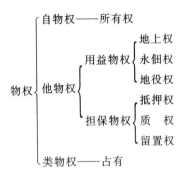

第四节 物权的效力

一、物权的效力

物权的效力,是罗马法以来物权法的一个重要问题,但学界对物权的效力本身却存在不同认识:一是认为物权的效力是"为确保物权人直接支配标的物、享受物权利益的圆满状态不受侵害,大陆法系各国法律赋予了物权某些特定的保障力"①,即物权排除侵害的效;二是认为"物权的效力是指物权所特有的功能和作用"②,即物权自身的全部效力;三是认为"物权的效力,是指合法行为发生物权法上之效果的保障力"③,即行为本身的效力。这三种观点并未准确说明物权效力,因为权利的效力是法律赋予的强制力,即权利人为实现其利益而获得的法律保障力。任何权利的效力均来源于法律,是法律的强制力在特定权利义务关系中的体现。因此,权利的效力是权利本身所具有的法律强制力,而不是指权利人行为的效果、行为的强制力或者行为保障力。

由于物权的本质是直接支配特定的物并享受其利益的排他性权利,因此,物权效力的本体,在于社会性地容忍以直接支配标的物来实现各个物权的内容而无须他人的协助。对物的支配效力是物权的基本效力,即物权人

---

① 前揭梁慧星主编:《中国物权法研究》(上),第76页。
② 前揭王利明:《物权法论》(修订本),第22页。
③ 前揭陈华彬:《物权法原理》,第90页。

对物的支配所应获得的保障力是物权的功能和作用的概括体现。物权效力理论是以保障物权的支配效力而展开的,换言之,物权效力理论关注物权人在行使其对物权的支配权时,物权的强制力如何对物权人支配权的圆满存在和行使提供切实可行的保障,而不是整体研究物权的支配效力本身以及在物权支配效力基础上所派生的全部具体效力。①

由于大陆法系国家的物权立法对物权的效力并没有系统、完整的规定,因而无法确定物权有何种效力,同时学界对物权效力进行观察、分析的角度又不尽相同,因此,对物权效力的认识存在较大分歧,主要有以下三种学说:

(1) 二效力说。二效力说认为,物权的效力有优先权效力与物权请求权效力两种。"物权,为对于客体之直接排他支配权。自此本质,发生优先的效力及物权的请求权。"②"物权之本质在乎对其标的物得直接支配而具有排他性,依此则当然发生'优先效力'与'物上请求权'两者。"③"由于物权是对客体具有直接的排他性的支配权,因而产生了物权的优先效力和物上请求权。"④

(2) 三效力说。三效力说对物权所具有的三种效力又存在两种不同的观点:一是认为物权具有排他效力、优先效力与物上请求权效力三种⑤;二是认为物权的效力有对物的支配力、对债权的优先力、对妨害的排除力(即物上请求权)三个方面。⑥

(3) 四效力说。四效力说是国内目前较为流行的所谓"集大成"之学说,认为物权的效力有排他效力、优先效力、追及效力和物权请求权效力四种。⑦

实际上,上述三种学说间并不存在本质上的差异,只是在效力具体分析

---

① 参见前揭尹田:《物权法理论评析与思考》,第143页。
② 前揭史尚宽:《物权法论》,第10页。
③ 前揭郑玉波:《民法物权》,第21—22页。
④ 〔日〕田山明辉:《物权法》,陆庆胜译,法律出版社2001年版,第14页。
⑤ 参见前揭谢在全:《民法物权论》(上册),第31—40页。
⑥ 参见前揭张俊浩主编:《民法学原理》,第398—403页。
⑦ 参见前揭梁慧星主编:《中国物权法研究》(上),第77页;前揭王利明:《物权法论》,第22—27页;前揭郭明瑞、唐广良、房绍坤:《民商法原理》(二),第41—47页。

和阐述时采取的技术不同。①物权的效力表现为优先效力和物权请求权两个方面,物权的追及效力②包括在优先效力和物权请求权之内,③物权的排他效力是物权的当然属性。④

二、物权的优先效力

物权的优先效力,也称为物权的优先权。优先权制度起源于罗马法,法国、日本等大陆法系国家的民法典均有专章规定。⑤优先权这个词是从外文翻译而来的,拉丁文为 Privilegia,法文为 Privileges,日本翻译为"先取特权"。我国《民法通则》没有优先权的任何规定,只是在《海商法》、《民用航空法》、《税收征收管理法》等法律中规定了船舶优先权、航空器优先权以及税收优先权,另外,《民事诉讼法》和《企业破产法(试行)》中也有一些特殊债权的清偿顺序的规定。

关于优先权的内容和范围,学界有三种不同的观点:

(1) 物权的优先效力,包括物权之间的优先效力和物权与债权之间的

---

① "物权的优先效力系低于物权的绝对性、支配力位阶的概念,它是物权的绝对性、支配力的具体表现形式,就是说,按照'四效力说',物权的绝对性、支配力具体表现为物权的排他效力、物权的优先效力、物权的追及效力、物上请求权;按照'二效力说',物权的绝对性、支配力具体表现为物权的优先效力、物上请求权。"崔建远:《物权效力的一般理论》,载《法学杂志》2003 年第 4 期。

② 物权的追及效力,是指物权成立后,其标的物转移到任何第三人,物权人有权向物的占有人请求返还物而直接支配其物的效力。

③ "物权,为对于客体之直接排他支配权。自此本质,发生优先的效力及物权的请求权。学者有谓此外尚有追及权(Verfolgungsrecht;droit de suite)者,乃指不问客体辗转入何人之手,得追随其物主张其物权之效力而言。然此效力,可认为已包括于上述二效力之内。"前揭史尚宽:《物权法论》,第 10 页。

"此外学者间有认为尚能发生'追及效力'者……不过物权之有此种效力,原可包括于优先效力或物上请求权之中不必另列,以免画蛇添足。"前揭郑玉波:《民法物权》,第 22 页。

④ 物权的排他性,是指一物上不得成立两个所有权或者两个内容相互冲突的物权。物权本身是一种具有排他性的权利,这是任何物权所具有的特性。

⑤ 《法国民法典》第 2095 条规定:"优先权,为依债务的性质而给予某一债权人先于其他债权人甚至抵押权人而受清偿的权利。"

《日本民法典》第 303 条规定:"先取特权人,依本法及其他法律规定,就其债务人的财产,有优先于其他债权人受自己债权清偿的权利。"

优先效力两方面内容。① 例如，日本学者田山明辉先生认为："物权的优先效力，从其法律性质的角度可分为两个问题来研究：一是物权相互间的优先效力问题，二是物权同债权之间的优先效力问题。"② 这种观点是通说。

（2）物权的优先效力，仅限于物权优先于债权的效力。例如，日本学者梅谦次郎认为："物权生优先权，所谓优先权者，乃其权利较一般债权人得优先行使之谓。"③ 我国台湾学者史尚宽先生认为："优先的效力，谓物权优先于债权之效力。"④ 他进一步指出："动产物权依交付而设立、移转，不动产物权依登记而设立、移转时，不容有同一内容的物权同时成立……故为物权成立与否之问题，而非效力优先之问题。他人因时效而取得所有权时，则原所有人之所有权因而消灭，更不发生先后问题，其非同一内容之物权，例如地上权与抵押权，或就一供役地成立观望、通行、引水等得同时行使之地役权，则彼此并存，亦不发生优先问题。惟抵押权因登记之先后而定其次序。然此为物权之次序，即为物权效力强弱之问题。又在直接占有间接占有之阶段，占有不因成立之时之先后，而异其效力。"⑤

（3）物权的优先效力，仅限于物权之间优先的效力。例如，日本学者三潴信三认为，物权的优先效力，与其说是物权与债权之间，不如说是物权与物权之间，即在同一物上设定不相容的数个物权时，其先设立的物权发生优先的效力。而在债权之间不会因时间上的先后，而发生优先效力问题，产生较晚的债权，但因其清偿期较早，反而优先前面的债权而更早得以清偿。⑥

物权的优先权，是指同一标的物上有两个或者两个以上相互冲突的权利并存时，具有较强效力的权利先于具有较弱效力的权利的实现。物权优先效力既存在于物权之间，也存在于物权与债权之间。物权的优先权是物

---

① 参见前揭郑玉波：《民法物权》，第22—23页；前揭谢在全：《民法物权论》（上册），第33—34页；前揭梁慧星主编：《中国物权法研究》（上），第78—81页；前揭钱明星：《物权法原理》，第34页。

② 前揭〔日〕田山明辉：《物权法》，第14页。

③ 〔日〕梅谦次郎：《民法要义》物权篇第一章。转引自前揭郑玉波：《民法物权》，第25页。

④ 前揭史尚宽：《物权法论》，第10页。

⑤ 同上。

⑥ 参见〔日〕三潴信三：《物权法提要》上卷第二章。转引自前揭郑玉波：《民法物权》，第25页。

权因对标的物的直接支配权而具有的排他性表现,是法律根据物权特性而赋予的强有力的法律效力。

(一) 物权之间的优先效力

物权的直接支配性产生物权的优先效力。物权对标的物的直接支配性和排他性决定了物权间的效力,是以物权成立的时间顺序决定的,即"时间在先,权利在先"[①]。物权之间的优先效力有以下两种情形:

1. 成立在先的物权优先于成立在后的物权

物权之间的优先效力,是以物权成立时间的先后,作为确定物权效力的依据。在同一标的物上有两个以上内容或者性质不同的物权同时存在时,成立在先的物权优先于成立在后的物权。[②]这是物权之间优先效力的原则。物权之间以成立时间先后确定其效力的强弱,本质上是对现存的、既得的物之支配权的保护。任何一种物权作为对标的物的直接支配权,它都确定了物权人依自己的意志和利益对其标的物的支配范围。任何人都必须尊重物权人的支配范围,不得侵入支配范围干涉物权人的权利行使。这也包括在同一标的物上后成立的物权只有在不侵入、不干涉先成立物权支配范围的条件下才能得以成立。否则,时间在后的物权根本就不能成立。根据"时间在先,权利在先"原则所产生的优先效力,有以下两种情形:

(1) 优先享受权利。物权的排他性表现为在性质上并非不能共存,同一标的物上可以同时存在两个或者两个以上这样的物权。但是,成立在先

---

① 学界对此提出质疑:"第一,这种观点在逻辑上有错误。在'物权有优先性'的大前提下,提出'先设立的物权优先于后设立的物权',这实际上是认为设立在后的物权没有优先性。那么,既然是有些(或有时)物权没有优先性,就否定了'物权有优先性'的大前提,只能得出'有些(或有时)物权有优先性'的结论。反之,如果坚持'物权有优先性'的大前提正确,就不应违反逻辑地认为,有些物权(先设立的)有优先性,有些物权无优先性。

第二,'先设立的物权优先于后设立的物权'这一命题,没有普遍意义,不是物权普遍具有的性质,而是个别担保物权特有的现象。'一物之上不能有两个内容相同的物权'是一个客观规律,它决定了标的物上不能有两个相同的物权,因此也就无所谓哪一物权优先。……除抵押权外,其他物权原则上不会发生优先问题,而抵押权只是物权的一种,它所具有的特点,是个别事务的特点,而非一类事务的共同属性。物权对物权的优先性的观点,正是以偏概全所得出的结论。"前揭张俊浩主编:《民法学原理》,第401—402页。

② 例如,甲先在自己的土地上为乙设定了通行地役,又在该同一块供役地上为丙设定了汲水地役。因该汲水地役权的行使,丙也可通行该供役地。但是,由于乙的地役权设定在先,具有强于丙的汲水地役权的效力,因而丙只有在不妨碍乙的地役权行使的情况下才可以利用供役地。

的物权优先行使,后成立的物权仅于不妨碍先成立物权的范围内才得以成立。例如,同一供役地上有足够水源,供役地人先后为两个人设定了汲水地役。如果以后发生水源不足的情况,则设定在先的地役权人优先享受其权利。只有在其行使权利后,设定在后的地役权人才可以享受其权利。再如,地上权人在自己的地上权上为他人设定抵押权后,又为他人设定地上权的,则该次地上权在抵押权实行时可以请求除去;但于地上权上设定次地上权后,又为他人设定抵押权的,则该抵押权实行时不可以请求除去该次地上权。

(2)先成立的物权压制后成立的物权。两个排他性极强的在性质上不能共存的物权不能同时存在于同一个标的物上,因而在有先设定的该种物权时,后发生的物权不能成立。例如,在某人享有所有权的房屋上,他人不能同时再设立所有权。如果他人依买卖、取得时效等法律事实取得该房屋的所有权,则必然导致原所有人的所有权消灭。再如,已于一块土地上为他人设定地上权时,就不能再为他人设定一个永佃权。

2. 成立在后的物权优先于成立在先的物权

"时间在先,权利在先"是物权之间优先效力的一般原则,但是作为例外,后成立的物权也有可能优先于先成立的物权。这种例外表现在以下两种情形:

(1)限制物权优先于所有权。根据不同种类物权的排他性不同并依物权成立之先后顺序,确定物权之间的优先效力,这是物权优先效力的一般原则。但是该原则的例外情况是限制物权的效力优先于所有权。限制物权是在特定方面支配标的物的物权,对所有权进行限制。地上权、抵押权等限制物权都是在他人所有物上设定的权利,在同一标的物上,限制物权虽然成立于所有权之后,但限制物权是根据所有权人意志设定的所有权上的负担,有限制所有权的作用,因而限制物权有优先于所有权的效力。

(2)法律有特别规定的,根据法律规定确定物权效力的顺位,从而排除"时间在先,权利在先"原则的适用。例如,《海商法》第25条第1款规定:"船舶优先权先于船舶留置权受偿,船舶抵押权后于船舶留置权受偿。"

(3)基于社会公共利益或者社会政策方面的原因,成立在后的某些物权优先于成立在先的物权。

（二）物权对于债权的优先效力

在同一标的物上同时有物权和债权存在，无论物权先于还是晚于债权成立，物权对债权均具有优先效力，这是一般原则，具体表现在以下两方面：

（1）债权以某特定物为给付标的物，而在该标的物上又有物权存在，则无论该物权成立先后，均优先于该债权。具体有两种情形：一是物已为债权的给付标的，如就该物再成立物权时，则物权具有优先效力。例如，在"一物二卖"情形下，如果后一买受人已经接受了出卖物（动产已交付或者不动产已经办理了所有权移转登记手续），则该买受人即取得出卖物的所有权。该买受人的所有权，当然优先于在先买受人的债权。二是物为债权给付的内容，例如，为买卖、赠与、使用借贷标的物，如果该标的物上存在限制物权，则不论该限制物权何时成立，其效力均优先于债权，债权人不得对物权人请求交付或者转移其物，也不能请求除去该标的物上的限制物权。

（2）物权优先于普通债权。在债务人的财产上设有担保物权的，担保物权人享有优先受偿的权利。例如，在债务人房屋上设定了抵押权，在实行该抵押时，无论该债务人的财产是否能够清偿债务，抵押权人对于抵押房屋的卖得价金享有优先受偿权。即使该债务人宣告破产，也不影响抵押权的优先效力。此外，取回权也是物权优先于债权的表现。非属于债务人所有之物，所有人有取回该物的权利，即为取回权。例如，出卖人已将出卖物发送，买受人尚未收到，也没有付清价款而宣告破产时，出卖人可以解除买卖合同，并取回标的物。

物权优先于债权是一般原则，但是物权优先于债权也有例外。在以下两种情形中，物权不具有优先效力：

（1）买卖不破租。买卖不破租，是指租赁权优先于受让人对租赁物的所有权。这是世界各国基本确认的一个原则。租赁合同成立后，租赁物转让的，租赁合同对租赁物的受让人仍然有效。受让人不得变更或者终止租赁合同。[①]

（2）基于社会公共利益或者社会政策方面的原因，法律规定物权优先

[①] 《合同法》第229条规定："租赁物在租赁期间发生所有权变动的，不影响租赁合同的效力。"

《民法通则司法解释》第119条第2款规定："私有房屋在租赁期内，因买卖、赠与或者继承发生房屋产权转移的，原租赁合同对承租人和新房主继续有效。"

性的丧失。①

三、物权请求权

(一) 物权请求权历史沿革

物权请求权,又称为物上请求权②,或者物权的请求权,是大陆法系国家物权理论上的抽象与总结,而非立法上的直接用语,因而学界有不同的称谓。物权请求权制度是大陆法系民法特有的关于物权保护方法的概括而独立的制度,是物权法不可或缺的重要组成部分。罗马法并未形成"物权请求权"概念,罗马法中的对物之诉是物权请求权的雏形。罗马法对物权的保护是通过确立不同类型的诉讼和诉权实现的。诉讼最基本的分类是对人的诉讼(actiones in personam)和对物的诉讼(actiones in rem),对物的诉讼是维护物权不受任何第三人侵犯的诉讼。

对人诉讼与对物诉讼的区分标准在于保护权利的类型不同。对人诉讼是保护债权,只能对特定的债务人提起,通常在诉讼程式中须记载被告的姓名,但被告无须交付诉讼保金或提供保人;对物诉讼是保护物权和身份权这

---

① 《海商法》第 21 条规定:"船舶优先权,是指海事请求人依照本法第二十二条的规定,向船舶所有人、光船承租人、船舶经营人提出海事请求,对产生该海事请求的船舶具有优先受偿的权利。"

第 22 条规定:"下列各项海事请求具有船舶优先权:(一) 船长、船员和在船上工作的其他在编人员根据劳动法律、行政法规或者劳动合同所产生的工资、其他劳动报酬、船员遣返费用和社会保险费用的给付请求;(二) 在船舶营运中发生的人身伤亡的赔偿请求;(三) 船舶吨税、引航费、港务费和其他港口规费的缴付请求;(四) 海难救助的救助款项的给付请求;(五) 船舶在营运中因侵权行为产生的财产赔偿请求。载运 2000 吨以上的散装货油的船舶,持有有效的证书,证明已经进行油污损害民事责任保险或者具有相应的财务保证的,对其造成的油污损害的赔偿请求,不属于前款第(五)项规定的范围。"

第 23 条规定:"本法第二十二条第一款所列各项海事请求,依照顺序受偿。但是,第(四)项海事请求,后于第(一)项至第(三)项发生的,应当先于第(一)项至第(三)项受偿。本法第二十二条第一款第(一)、(二)、(三)、(五)项中有两个以上海事请求的,不分先后,同时受偿;不足受偿的,按照比例受偿。第(四)项中有两个以上海事请求的,后发生的先受偿。"

② 学界对物权请求权与物上请求权进行了区分,"本法将本节规定的各种请求权称为物权请求权,而未采用'物上请求权'概念,这样做的目的,一是为了强调物权请求权是与债权请求权相对应的概念,强调两者之间没有种属关系;二是为了强调物权请求权对物权的附从性、不独立性,以及这种请求权在物权保护中的目的性和它在物权制度中的地位。物上请求权概念还有一个缺点:无法准确地区分物上的债权请求权和物权请求权这两种截然不同的权利"。前揭梁慧星:《中国物权法草案建议稿——条文、说明、理由与参考立法例》,第 199 页。

类具有绝对性的权利,对任何侵犯其权利的人,无论加害人为谁,均可提起诉讼,被告须提供保人以担保其按时出庭、履行判决等。

罗马法有关所有权保护的诉讼可以看作是近代物权请求权制度的萌芽。罗马法对所有权的保护方法主要有四种:

(1)要求返还所有物之诉。要求返还所有物之诉(rei vindicatio)是所有权人针对非法占有者提出的、要求承认自己的权利从而返还物及其一切添附的诉讼。①

(2)所有权保全之诉。所有权保全之诉(actio negatoria),又称排除妨害之诉,是所有权人针对他人侵害其所有权的行使而提起的诉讼,以便排除或阻止他人对物滥用权利的行为,无论这种侵害行为已经出现还是所有者担心其出现。②

(3)回复占有之诉。回复占有之诉,又称为菩布利西亚那之诉(actio publiciana),是以其发明者大法官菩布利西乌斯(Publicius)的名字命名的,③指取得时效完成之前,善意而有合法原因的受让人丧失对其物的占有时所提起的回复占有之诉,④因而又称为善意占有之诉。

(4)他物权的对物诉讼。所有物返还之诉仅适用于对所有权的保护,排除妨害之诉既适用于对所有权的保护,也适用于对地役权、永佃权、抵押权、用益权等他物权的保护,但他物权的保护也形成了一系列的对物诉讼,构成他物权的保护方法,具体如下所述。

其一,役权中的役权确认之诉。罗马法中的役权分为地役权与人役权,但主要制度是关于地役权的,地役权是指为自己特定土地的便利而利用他人特定土地的权利。当役权人的役权遭到被告否认或妨害其行使时,役权人即可提起役权确认之诉。⑤对役权的侵害有两种方式:一是他人(即供役地人)否认役权人享有役权,继而不允许其以通行等方式利用土地;二是实施影响或妨害役权人行使役权的行为。不论役权受到全部或部分侵害,役权人均可提起该诉以寻求保护。

---

① 参见前揭〔意〕彼德罗·彭梵得:《罗马法教科书》,第 227 页。
② 同上书,第 230 页。
③ 参见前揭周枏:《罗马法原论》(上册),第 356 页。
④ 同上。
⑤ 同上书,第 379 页。

其二,永佃权中的物权诉讼。罗马法上的永佃权是指由佃租人支付租金,长期或永久地使用、收益他人不动产的权利,即"一种可以转让的并可转移给继承人的物权,它使人可以享用土地同时负担不毁坏土地并交纳年租金的义务"①。永佃权人的权利包括对佃租物的使用、改良、收取孳息、任意处分、设定他物权等,几近于所有权。当永佃权受到侵害时,永佃权人可提起"永佃诉权"(actio emphyteuticaria),以请求返还永佃物,及适用"所有权保全之诉"(actio negatoria),以排除或防止妨害。

其三,地上权的物权诉讼。罗马法上的地上权是指支付地租、利用他人土地为建筑物并享用的权利。②地上权制度目的在于弥补罗马法上严格的所有权观念及其对经济原则的违背。地上权人可提起"准对物之诉"(quasi in rem actio),即要求返还原物。

其四,担保物权中的抵押权诉。罗马法上的担保物权是指债务人或者第三人为保证债务的履行而设定的物权,其种类包括信托、质权和抵押权。对担保物权的保护方式有两种:一是占有令状;二是抵押权诉。③占有令状适用于对质权的保护,抵押权诉适用于对抵押权的保护。抵押权诉属于物权诉,与所有物返还之诉相似,当债务人已陷入履行迟延而不占有抵押物,即抵押物被他人持有或占有时,抵押权人可提起该诉,请求判令被告交出抵押物。

由此可见,罗马法并未形成物权请求权的概念,但孕育了物权请求权制度的萌芽,为后世民法创设该制度提供了依据。罗马法随着罗马帝国的灭亡而失去了作为国家法律的效力,但作为文化遗产,却以其丰富的内容、严谨的体系和强大的魅力而为近代大陆法系国家所继受。诉讼法与实体法的分离,是近代法律体系的重要变化之一。诉讼法不再规定实体权利的内容,实体法也不再规定诉讼意义上的制度,私权与诉权也随之分离。法国法最早尝试这种分离。1804 年《法国民法典》和 1807 年《法国民事诉讼法典》有关财产权的保护制度即随这种分离而被分割在实体法与诉讼法中。关于物权尤其是所有权的保护,《法国民事诉讼法典》第 23 条以下规定了占有之诉

---

① 前揭〔意〕彼德罗·彭梵得:《罗马法教科书》,第 267 页。
② 参见前揭周枏:《罗马法原论》(上册),第 389 页。
③ 同上书,第 404 页。

(action possessoire)与本权之诉(action petitoire),其物权标的限制为不动产。与此同时,《法国民法典》第 25 条也涉及"返还不动产的诉权"的规定,第 597、599、701 条还规定"用益权人得准用对所有权保护的方法,排除来自所有权人的侵害";"地役权人得排除供役地所有人对地役权的侵害"。从性质上看,这些方法均属于物权的保护方法,是实质上的物权请求权。因此,可以说其为近代意义上的物权请求权制度的雏形。但这种规定既不是直接的、明确的,也不是系统的、类型化的,其基本体例是因袭罗马法的,甚至还比不上罗马法对物之诉规定得那样条理化。《法国民法典》的立法体例并没有确立物权请求权的概念,而是由《德国民法典》完成这一历史使命。[①] 19 世纪末,以体系完美、逻辑严谨而著称的《德国民法典》最终确立了物权请求权制度。物权请求权以"请求权"形式出现,在物权编下有详细的规定。物权请求权在内容上非常详尽和细致,基于所有权所生的请求权的有关规定达 24 条之多。物权请求权在体系上有条不紊,其核心是基于所有权保护的规定,他物权则准用关于所有权保护的规定,占有人也基于占有提起各种请求权。[②] 在《德国民法典》的影响下,大陆法系国家的民法典纷纷确立了物权请求权制度。

我国清末的《大清民律草案》和 1925 年北洋政府的民法典第二草案出现了物权请求权。1929—1931 年,南京国民政府颁布的《中华民国民法》确立了物权请求权制度,分为基于所有权的物权请求权(第 767、788、793—795 条)、基于占有的物权请求权(第 962 条)及地役权人的物权请求权(第 858 条)。虽然关于他物权的物权请求权规定不够全面,但是,仍然不失为一部较完备的法律。1949 年,国民政府时期的包括民法典在内的六法全书被废除,直到 1986 年《民法通则》颁布前,我国缺失物权请求权制度。然而,《民法通则》既没有物上请求权这个概念,也没有独立于侵权行为的物权请求权制度,仅有关于物权请求权内容的简单涉及,而且在概念区分和性质界定上模糊不清。随着民法典的起草,学界开始讨论、研究物权请求权制度,物权请求权制度必将为我国物权理论和立法所承认。

---

① 参见刘凯湘:《物权请求权制度的历史演变》,载易继明主编:《私法》第 1 辑第 3 卷,北京大学出版社 2001 年版。

② 参见侯利宏:《物上请求权制度》,载梁慧星主编:《民商法论丛》第 6 卷,法律出版社 1997 年版,第 678 页。

（二）物权请求权的性质

物权请求权，是指排除妨害，恢复物权圆满状态的权利。换言之，物权请求权是指当物权的行使受到妨害或者有妨害的可能时，物权人为排除或者防止妨害，恢复物权的圆满支配状态，而请求妨害人为一定行为或者不为一定行为的权利。物权请求权是保障物权人对物的支配权所必需的，目的在于排除正在进行的侵害或者对将来有可能发生的侵害进行预防。

物权请求权的性质是物权请求权制度的基本问题。物权请求权性质的讨论，不仅有理论价值，而且有实务上的意义，涉及物权请求权的地位以及对物权的保护问题。从《德国民法典》正式确立物权请求权以来，对于物权请求权的性质有过较大的争论，出现过不同的主张与学说，大体可归纳为以下三种典型观点：①

（1）债权说。该说认为，物权请求权是发生在特定人之间的请求为一定行为或者不为一定行为的独立权利，属于债权性质的权利，适用债法的有关规则。

（2）物权作用说。该说又称为物权说，认为物权请求权是根据物权的作用所产生的权利，是物权效力的具体表现。物权请求权既不是物权，也不是债权，更不是独立的请求权，而仅为物权作用或者效力的一种具体体现。我国台湾地区和日本判例采纳这种学说。②

（3）准债权说。该说认为，物权请求权不是物权本身，而是类似于债权的一种独立请求权，但从属于基础物权并与之共命运。由于仅能对特定相对人行使以及其内容是请求相对人为一定行为或者不为一定行为，与债

---

① 谢在全先生归纳了七种有关物权请求权性质的不同观点：(1) 物权作用说，认为物权请求权是物权作用（效用），而不是一种独立的权利。(2) 纯债权说，认为物权请求权是请求特定人为特定行为（排除妨害）的权利，是行为请求权，因而是纯粹的债权。(3) 准债权之特殊请求权说，该说与纯债权说的不同之处在于主张物权请求权是从属于物权，而不是纯粹的债权，仅可准用债权之规定，因而又称为准债权说。(4) 非纯粹债权说，该说与准债权说相似，仅强调不同于普通债权的强力地位（如破产程序中的取回权、别除权）。(5) 物权效力所生请求权说，认为物权请求权源于物权的效力。(6) 物权派生之请求权说，认为物权请求权是由物权派生出来并依存于物权之另一权利。(7) 所有权动的现象说，认为物权请求权是物权人对于特定人主张的一种动的现象而已，而不是一种权利。参见前揭谢在全：《民法物权论》（上册），第38—39页。

② "判例指出，'物上请求是所有权的一种作用，并不是独立的权利。'"前揭〔日〕田山明辉：《物权法》，第18页。

权相似,但又不完全是一种债权,因为请求权的产生、转移或者消灭与物权本身密切相关。

以上三种学说中,债权说和准债权说将物权请求权简单地等同于债权,而物权作用说又否认物权请求权的独立性。因此,以上观点均不足采信。物权请求权是以物权为基础的独立请求权,①可以从以下两方面来理解:

(1) 物权请求权是一种独立的请求权。物权请求权并非物权本身,而是一种请求权。请求权是请求他人为一定行为或者不为一定行为的权利。那么,物权人请求特定相对人为一定行为或者不为一定行为,以恢复物权的完满支配状态,即为物权请求权。物权请求权不属于物权,不以对物的直接支配为内容,而是以请求他人为一定行为为内容。这体现了物权请求权一定意义上的债权属性,因此,物权请求权在效力实现方面适用关于债的给付与履行的一般原理。这充分说明物权请求权绝不是物权的作用或者权能。由于兼具物权和债权的属性而又非物权或者债权,从而使物权请求权成为一种独立的请求权,是物权所特有的现象。

(2) 物权请求权为基于物权而产生的请求权。请求权是为权利的保护与实现而设立的,因此,绝对权与相对权均有请求权,物权请求权以物权为基础而享有,因物权的存在而存在,随物权的转移而转移,因物权的消灭而消灭。请求权的功能不是填补损害,而是以恢复物权人对物的圆满支配状态为宗旨,因此,物权请求权的行使不受次数的限制。

(三) 物权请求权的效力

物权请求权一般构成要件的确立,不仅对于物权请求权理论的完善、而且对于物权人运用和行使物权请求权以及相对人就物权人的请求提出抗辩理由至关重要。物权请求权的一般构成要件如下:②

(1) 请求权人应享有物权。物权请求权是基于物权而产生的请求权,物权的存在是行使物权请求权的前提和基础。其一,权利人必须享有物权。如果权利人享有人身权、知识产权、债权而不是物权,则不能行使物权请求权;如果权利人是占有人而不是物权人,享有的权利是占有权,也不能行使物权请求权,而只能依据占有保护的规则行使占有保护请求权。其二,权利

---

① 参见前揭王利明:《物权法论》,第99页。
② 参见前揭刘凯湘:《物权请求权基础理论》。

人必须是物的现时物权人。过去是物的权利人而现在已经丧失物权的，当然不享有物权请求权；根据法律行为将获得物权但还没有取得物权的人，也不能行使物权请求权。例如，甲乙通过合同约定，将一块土地的使用权由甲转让给乙，合同已成立并生效，但还未办理转让登记手续。如果这时丙在该土地旁擅挖壕沟，危及土地的效用，那么，只有出卖人甲可以向丙行使排除妨害请求权，买受人乙由于还未成为该土地的物权人，因而不能直接向丙行使物权请求权。如果因甲怠于行使请求权而导致土地效用受损，那么，乙只能基于债权请求权要求甲减少相应的土地转让金或者由甲恢复原状后再行转让。

（2）对物权人行使物的支配权构成妨害或者妨害的危险。这是行使物权请求权的实质要件，包括以下几方面的内容：其一，应有妨害物权支配权行使的事实。如果相对人的行为对物权人行使权利没有任何影响，则物权人不得行使物权请求权。例如，甲对与乙共栋之墙实施加固作业，则乙不得以妨害为由请求甲排除妨害。其二，妨害的事实应当影响到物权人对物的正常支配。在通常情形下，妨害应是处于持续状态，并使物权人无法或难以依正常方法与效用支配物，物权的圆满状态受到损害。如果仅仅是偶然的妨害，或者虽然有妨害的事实发生但并未影响物权人正常行使权利，那么，物权人应予合理的容忍，而不能动辄行使物权请求权。例如，新房装修而发出的噪音、婴儿在夜间发出的啼哭、工地施工而临时将工料堆放于邻地的闲置场所等，均可认属于物权人应予合理容忍的情形。其三，妨害应当是现时发生，或者有妨害发生危险的。如果有妨害发生但后来已经消失的，则尽管曾经影响物权人正常行使权利，但物权人现在不能主张请求权，这并不是适用消灭时效的结果，而是由于妨害已经不存在，因而失去行使请求权的前提条件。但是，如果妨害事实已经消灭但妨害结果仍然存在，则可行使物权请求权，或者行使损害赔偿的债权请求权。

（3）妨害的产生应当违反物权人的意志。如果物权人自愿限制其权利的行使，并使相对人产生合理的信赖，那么，物权人不能行使物权请求权。例如，甲将房屋租与乙，在租赁期内，甲不能圆满地支配该房屋，甲不能对乙行使物权请求权。

（4）有相对人的出现。妨害产生后，必须有相对人，物权人才能行使物权请求权。由于物权请求权的内容是请求特定相对人为一定行为或者不为一定行为,如果没有或者找不到相对人,即使有妨害物权正常行使的事实,物权人也无法行使物权请求权。

只有符合上述四个条件,物权人才能够行使物权请求权。

物权请求权的实现途径有私力救济与公力救济两种。物权请求权的私力救济,是指物权人在其物权受到侵害时,以自己的力量维护或者恢复物权的圆满状态。①在物权受到侵害之际,如果禁止权利人以私力方式制止侵害的发生,只能加重损害程度,增加救济成本,对权利人、相对人不利,甚至对社会也不利,因而允许私力救济是非常必要的。②物权请求权的公力救济,是指在物权受到侵害时,由物权人向法院提起诉讼,由法院通过诉讼程序以国家强制力对物权实施的保护。公力救济的种类有提起民事诉讼、申请强制执行和提起行政诉讼三种。私力救济与公力救济的结合,形成对物权请求权的有效实现途径和完善保护体系。

(四) 物权请求权与消灭时效③

物权请求权,以物权的存在为前提和基础,与物权共存亡。物权消灭,物权请求权也随之消灭。在物的毁灭导致物权绝对消灭或者因交付导致物权相对消灭的情形下,物权请求权也相应消灭。但立法与理论对物权请求权是否因时效而消灭,却存在不同观点。对此,德国和日本采取截然相对的观点。

《德国民法典》仅规定请求权适用消灭时效,④因而所有请求权均应适用消灭时效,物权请求权是请求权的一种,应适用消灭时效的规定,唯一的例外是已经登记的不动产之请求权不受时效限制⑤。因此,德国民法学者明确提出:"消灭时效适用于几乎所有的请求权。"⑥

---

① 参见前揭梅仲协:《民法要义》,第512页。
② 关于私力救济,参见前揭郑云瑞:《民法总论》,第108—111页。
③ "消灭时效,是指一定的事实状态经过一定期间之后,将导致请求权消灭的法律后果。"前揭郑云瑞:《民法总论》,第300页。
④ 《德国民法典》第194条规定:"要求他人作为或者不作为的权利(请求权)因时效而消灭。"
⑤ 《德国民法典》第902条第1款规定:"由已登记的权利所产生的请求权,不因超过时效而消灭……"
⑥ 前揭〔德〕迪特尔·梅迪库斯:《德国民法总论》,第90页。

《日本民法典》没有规定物权请求权是否适用消灭时效问题。①消灭时效届满之效力，日本民法采取权利消灭主义，除所有权不适用消灭时效外，其他权利均应适用消灭时效，因而物权请求权也应当包括在内。但是，日本判例认为："基于所有权的所有物返还请求权，系物权的一个作用，非由此所发生的独立的权利，因此不得不认为，所有物返还请求权与所有权本身一样，不罹于消灭时效。"②日本民法学者持同样观点，认为物权请求权不应适用消灭时效。③ 这是因为物权请求权不能离开物权而独立存在，因而不能脱离物权单独因消灭时效而消灭。如果物权请求权因消灭时效而消灭，那么，所有权将变成没有实质内容的空虚的所有权。

我国学界对物权请求权是否适用消灭时效问题，有肯定说、否定说与折衷说三种：(1) 肯定说。该说认为，除已登记的不动产物权所生的请求权不应适用消灭时效外，其余的物权请求权均应适用消灭时效。④（2）否定说。该说认为，物权请求权不应适用消灭时效，一是因为物权请求权与物权不可分离，既然物权不适用消灭时效，那么，物权请求权也不能适用。否则，物权将变成空虚的物权而无存在价值。二是由于物权请求权通常适用于各种持续性的侵害行为，对这些侵害行为难以确定其时效的起算点，因而物权请求权不能适用消灭时效。⑤三是如果物权请求权适用消灭时效的规定，则不符合消灭时效的目的。(3) 折衷说。该说认为，是否适用消灭时效应视不同种类的物权请求权而定：返还财产请求权与恢复原状请求权，应受消灭时效的限制；排除妨害请求权、消除危险请求权及所有权确认请求权，均不受消灭时效的限制。⑥

以上三种学说中，否定说是我国民法理论的通说，但其理由不能令人信服。消灭时效功能在于确保法律生活秩序的安定，防止权利滥用；督促权利

---

① 《日本民法典》第 167 条规定："债权因 10 年间不行使而消灭；债权或所有权以外的财产权，因 20 年间不行使而消灭"。

② 日本大审院判例，1916 年（大正五年）6 月 23 日民录，第 1161 页。转引自前揭梁慧星主编：《中国物权法研究》(上)，第 100 页。

③ 日本判例和通说认为，物权请求权不适用消灭时效，但是也存在反对的观点。参见前揭〔日〕田山明辉：《物权法》，第 18 页。

④ 参见前揭陈华彬：《物权法原理》，第 102 页。

⑤ 参见前揭王利明：《物权法论》（修订本），第 103 页。

⑥ 参见梁慧星：《民法总论》，法律出版社 1996 年版，第 242 页。

人及时行使权利,避免社会财物与资源的闲置和浪费,制裁怠于行使权利者。消灭时效旨在维护现存的社会经济秩序,保障人们对现存社会经济秩序的合理信赖,享受安宁的市民生活。如果物权请求权与债权请求权一样适用消灭时效,既可鼓励人们积极行使和享受权利、促进交易与发展,又可避免社会秩序不稳定,弘扬诚实信用的理念。因此,我国的物权立法应明确物权请求权应适用消灭时效的规定。

(五)物权请求权的内容

关于物权请求权的内容,各国民法的规定基本相同,即物权请求权包括返还请求权、排除妨害请求权和预防妨害请求权三种。

返还请求权,是物权人请求无权占有或者侵夺其物者返还其物的权利。返还请求权的构成条件是相对人无权占有其物。无权占有是指没有法律根据,或者未经物权人许可而占有他人之物,即无权源的占有。返还请求权的请求主体是物权人,包括所有权人、他物权人和占有人,相对人为现在占有人,即现在事实上控制物而无权源的人。返还请求权是以排除现在的侵害状态、恢复物的圆满支配状态为内容的权利,因而只能向现在占有人行使。

相对人是否仅限于直接占有人,即对间接占有人,物权人是否享有物上请求权,有消极说与积极说两种观点。消极说认为,间接占有人不能成为返还请求权的相对人。因为返还请求权是以物的交付为目的,间接占有人事实上并没有支配物,因而由间接占有人交付物,存在事实不能的情形。积极说认为,间接占有人也可成为返还请求权的相对人。因为物的交付不以现实交付为限,由间接占有人以其对于直接占有人的返还请求权,让与受让人,受让人从而取得间接占有,也是交付。通说认为,物权人对间接占有人也可行使物权请求权。

排除妨害请求权,是指物权人在其物权的圆满状态被占有以外的其他方法妨害时,请求妨害人除去妨害的权利。排除妨害请求权以物权的行使受到占有以外的其他方法的妨害为成立条件。妨害是指以占有以外的方法阻碍或者侵害物权的支配,既可以是事实上的妨害,如擅自在他人土地上通行、将垃圾倒入他人庭院、在他人门前停车等;也可以是法律上的妨害,如土地登记错误或者不实等。排除妨害请求权的行使,应以妨害行为的存续且不法为条件,妨害人主观上是否有过错,则在所不问。排除妨害请求权的请求主体为物权人,相对人是现在使物权丧失其圆满支配状态的人。无论妨害是基于妨害人行为,还是因妨害人的所有物而产生,妨害人均应负责排除。

预防妨害请求权,是指物权人对有妨害其物权的可能性,可请求防止妨害发生的权利。预防妨害请求权的发生以有妨害物权的可能性为必要。所谓有妨害物权的可能性,是指物权现在虽没有发生现实的妨害,但将来有可能发生妨害。至于是否有妨害物权的可能性,是一个事实的判断问题,应根据一般社会观念来决定。妨害人是否存在过错,妨害的危险是否基于人的行为或者基于不可抗力,则在所不问。预防妨害请求权的请求主体为物权人,相对人为对物权有妨害之虞的人。权利人对于相对人得请求以相对人的费用防止其妨害,无论妨害危险是因妨害人的行为而产生,还是因妨害人的所有物而产生,或是基于不可抗力而产生的,均无不同。防止妨害在多数情况下,须通过妨害人实施积极行为才能实现,当然也不排除通过妨害人的消极行为而达到防止妨害的目的。

(六)物权请求权的竞合

请求权的竞合,是指在同一事实上存在两个或者两个以上的请求权,而行使其中任何一种请求权均可产生相同的结果。① 在请求权竞合的情况下,针对同一目的的多个请求权,在其行使前,都是相互独立存在的。② 请求权竞合所产生的数个请求权仅针对同一给付,请求权只能行使一次,其中一个请求权的行使,意味着其他请求权的消灭。③ 物权请求权与债权请求权的竞合,大致有以下两种情形:

(1)物权请求权与合同之债的债权请求权的竞合。在租赁关系终止之后,承租人不返还租赁物的,则出租人基于对租赁物的所有权享有返还请求权和基于租赁关系享有返还请求权,前者是基于物权而享有的请求权,后者是基于债权而享有的请求权。

(2)物权请求权与因侵权之债的债权请求权的竞合。物权侵害者有故意或者过失时,物权人不仅享有物权请求权,而且因侵权行为产生损害还享有债权请求权。物权侵夺者有故意或者过失时,如果物没有被毁损或者灭失,则产生物权请求权及债权请求权的竞合。

---

① 参见前揭郑云瑞:《民法总论》,第101页。
② 参见〔德〕卡尔·拉伦茨:《德国民法通论》(上册),王晓晔、邵建东、程建英、徐国建、谢怀栻译,法律出版社2003年版,第352页。
③ 同上书,第351页。

第三章 物权变动

第一节 物权变动的意义

一、物权变动的概念

物权变动,是指物权的设立、变更以及消灭的总称。物权变动是物权立法、司法和理论中的重要问题。通过物权立法,确立物权设立、变更以及消灭的规则,规范权利主体设立、变更以及消灭物权的法律行为,从而调整权利主体之间物权关系的设立、变更以及消灭。一旦发生物权纠纷,法院通过物权变动规则,确认物权归属,从而解决物权纠纷。物权理论通过研究交易中物流转的客观规则,归纳总结物权变动的原因、原则、生效条件,指导物权立法和司法活动,从而推动社会经济发展。物权变动表现在以下三方面:

(1) 物权的设立。物权的设立,是指权利主体根据法律规定设立新的物权。为自己设立物权,称为物权的取得;为他人设立物权,称为物权的设定。物权的设立是产生一个新的物权,通常称为物权的发生。根据世界各国的法律规定,物权的发生有两种方式:原始取得和继受取得。

原始取得,称为权利的绝对发生,指不是根据他人已经存在的权利而取得的物权,又称为固有取得。例如,因无主物的占有、添附、拾得遗失物、发现埋藏物、生产、天然孳息等而取得物权的情形,属于原始取得。因事实行为而取得物权的,通常属于原始取得。由于并非继受他人现存的权利而取得的物权,与他人权利没有任何关系,因而原始取得一旦完成,物权标的物上的一切负担,均因原始取得而归于消灭,原物权人不得就该标的物主张任何权利,这是原始取得的法律效果。①

---

① 参见前揭谢在全:《民法物权论》(上册),第53页。

继受取得,称为权利的相对发生,是指根据他人已经存在的权利而取得的物权,又称为传来取得。例如,因买卖、赠与等取得物权的情形,属于继受取得。因法律行为而取得的物权,通常为继受取得。继受取得有不同分类:

一是以继受方法为标准,继受取得有转移继受取得与创设继受取得之分。转移继受取得,简称为转移取得,是指就他人物权,按照其原状转移而取得的物权。例如,因买卖、赠与等法律行为而取得的物权。创设继受取得,简称为创设取得,是指在标的物上创设限制物权而取得的物权。例如,房屋所有权人在自己的房屋上设定抵押权,或者在自己的动产上设定质权。创设取得仅限于限制物权,所有权不能通过创设取得方式取得。

二是以继受范围或者形体为标准,继受取得有特定继受取得与概括继受取得之分。特定继受取得,简称为特定取得,是指对特定标的物的继受取得。例如,因买卖、赠与法律行为而取得的物权。概括继受取得,简称为概括取得,是指就他人的权利义务不限于特定物,全部予以继受。例如,因继承行为而取得被继承人的全部权利义务,是典型的概括取得。①

(2) 物权的变更。物权的变更,是指物权在不丧失其同一性的情形下,物权存在的内容所发生的变化。物权的变更有广义与狭义之分:广义的变更,是指物权的主体、客体或者内容发生变化;狭义的变更,是指物权标的、内容等部分发生变化。主体变更是权利人的更迭,属于物权的得失问题,从严格意义上说,应当排除在物权变更之外,物权变更仅指客体和内容的变更,②因此,物权法上的物权变更是指狭义的变更而不是广义的变更。例如,标的物数量上的增加或者减少、权利内容的扩大或者缩小。主体的变更或者标的、内容彻底改变,导致物权的取得或者消灭,应从物权的取得或者终止角度表述,而不是物权变更问题。

(3) 物权的消灭。物权的消灭,是指某一物权归于消灭,即物权与其权利主体相分离。从物权主体方面观察,即权利人丧失物权。物权的消灭有绝对消灭与相对消灭之分。物权的绝对消灭有两种情形:一是标的物在客观上已经不存在,即物的损毁。例如,房屋被大火烧毁。二是标的物仅与权利人分离,客观上仍然存在,但其他人也没有取得该物的权利。例如,物的

---

① 参见前揭谢在全:《民法物权论》(上册),第53—54页。
② 参见前揭郑玉波:《民法物权》,第26页。

抛弃或者遗失。物权的相对消灭,是指物权仅与原权利人相分离,但权利本身仍然存在,归新的权利人享有。例如,在买卖中,出让人(卖方)丧失标的物的所有权,而受让人(买方)获得标的物的所有权。

二、物权变动的原因

物权变动的原因,是指能够引起物权设立、变更或者终止的法律事实。[①] 物权变动的原因主要有两大类:法律行为和法律行为之外的其他法律事实。由于民法是调整交易关系的法律,物权法是民法的重要组成部分,而法律行为基本上反映交易关系,因此,法律行为是引起物权变动的主要原因。[②] 法律行为之外的法律事实也能够引起物权变动,但处于次要地位,主要有先占、发现埋藏物、加工、添附、继承、混同等。而征收、没收、罚款等属于公法行为,[③] 国家通过行政权力而取得物的所有权,是基于公权而不是私权,并不是私法的调整对象,因而不是物权法上所讨论的引起物权变动的原因。因此,将公法上的行为列入物权变动的原因,值得商榷。

在法律行为之外的法律事实所引起的物权变动中,法律凭借国家强制力规定特定法律事实,在不同权利主体之间对财产归属的强制性配置,体现了特定条件下国家对财产秩序的价值追求,由于不体现私法关系中当事人的意思自治,因而法律关系相对简单,各国对其规制的立法例基本相同。因法律行为引起的物权变动中,既有根据权利主体的意思表示而引起物权变动的内在动因,又有登记或者交付为物权是否变动的外在标准,因而其法律关系十分复杂。各国立法关于物权变动制度的差异,集中表现在法律行为所引起的物权变动。

可从物权的取得与消灭两方面来论述物权变动的原因:[④] (1) 物权的取得。物权取得的法律事实:一是法律行为,例如,因买卖、互易、赠与、遗赠等法律行为而取得物权,通过物的所有权人与第三人的设定行为所设立的抵

---

① 关于法律事实的相关论述,参见前揭郑云瑞:《民法总论》,第82—85页。
② 参见前揭梁慧星主编:《中国物权法研究》(上),第139页。
③ "物权变动的原因主要有以下三类:一是法律行为……二是法律行为以外的其他原因……三是某些公法上的原因。如因公用征收或没收而致物权变动。"前揭陈华彬:《物权法原理》,第108—109页。
④ 参见前揭钱明星:《物权法原理》,第44—47页。

押权、质权、典权、地上权、地役权、永佃权等限制物权。二是法律行为之外的其他法律事实,例如,因时效、法律规定(留置权)、附合、混合、加工、继承以及拾得遗失物、发现埋藏物而取得物权。

(2) 物权的消灭。物权消灭的法律事实:一是法律行为。引起物权消灭的法律行为有抛弃、合同、撤销权的行使。抛弃是直接引起物权消灭的法律行为,即以消灭物权为目的的单方法律行为。抛弃只需权利人作出抛弃物权的意思表示,即可产生抛弃物权的法律效力,但不动产的抛弃,还需办理注销登记,否则,不会产生法律效力。合同也是一种能够引起物权消灭的法律行为,即双方当事人之间关于约定物权存续的期间或者约定物权消灭的意思表示合致的法律行为。例如,甲以不动产为抵押向银行贷款,甲在贷款合同期届满时,履行了还款义务,那么,银行的抵押权消灭。撤销权的行使也能导致物权消灭,撤销权的行使既可以基于法律的直接规定,也可以基于当事人之间的约定。我国法律规定,土地使用权人在受让土地二年内没有开发的,国家有权收回土地使用权。① 二是法律行为之外的其他法律事实。引起物权消灭的法律行为之外的其他法律事实有标的物的灭失、法定期间届满以及混同。标的物的灭失是较为常见的引起物权消灭的原因,指物权标的物在生活中被消费或者在生产中被消耗或者因其他原因消失或者损毁。如果法律对限制物权存续期间有规定,那么,存续期间届满,物权消灭。

混同是指两个没有必要同时存在的权利归属于一个权利主体而导致其中一个权利消灭。混同既是债权消灭的原因,也是物权消灭的原因。关于混同的效果,各国有两种立法例:一是消灭主义②;二是不消灭主义③。大多数国家的立法采纳了消灭主义,但是物权因混同而消灭是一般原则,有时也有例外。④如某一物的所有权与该物上所设立的他物权,同时归属于一个权利主体时,他物权不因混同而消灭。例如,甲将其房屋抵押给乙,然后又将

---

① 《土地管理法》第37条规定:"……连续二年未使用的,经原批准机关批准,由县级以上人民政府无偿收回用地单位的土地使用权……"

② 《日本民法典》第179条规定:"同一物的所有权及其他物权归属于同一人时,其他物权消灭。但是,该物或者该物权为第三人权利标的时,不在此限。"

③ 《德国民法典》第889条规定:"存在于他人土地上的权利,并不因土地所有权人取得权利或者权利人取得土地所有权而消灭。"

④ 参见前揭郑玉波:《民法物权》,第43—44页。

房屋抵押给丙,乙为第一抵押权人,丙为第二抵押权人。假设甲又将房屋卖给了乙,如果根据混同物权消灭原则,乙对房屋的所有权就要受到损害。乙对房屋的抵押权因混同而消灭之后,丙升为第一抵押权人,一旦甲无力履行其对丙的债务,丙即可行使房屋的抵押权,那么,乙的利益就会受到损害。因此,以他物权为标的的权利,如果其存续对权利人或者第三人有利益,就不因混同而消灭。

第二节 物权变动的原则

物权变动即物权的设立、变更和消灭必须遵循一定的原则。物权是对标的物的直接支配权,具有排他性和优先性。因此,物权的存在及变动,应当有一定外在的表现形式,使第三人能够从外部认识物权的存在及变动,否则,交易安全缺乏保障。有鉴于此,近代大陆法系国家民法产生了公示原则与公信原则。

一、公示原则

公示原则,是指物权变动行为应当以法律规定的公示方式表现其变动,才能产生相应法律效果的原则。[①]根据公示原则,物权的设立、变更、消灭必须以某种可能从外部查知的方式表现出来。公示方法能够使人们了解到物权的变动及其变动之后的状况。近代以来,各国物权法确立了物权变动的公示方法,不动产以"登记"为其变动的外在表现形式,动产则以"交付"即转移占有为其变动的外在表现形式,换言之,不动产物权以"登记"为公示方法,而动产物权则以"交付"为公示方法。

(一)不动产公示方式

物权变动的公示方法,在罗马法上经历了由要式买卖和拟诉弃权的严格仪式到以交付为公示方法的演变过程,虽然古代埃及已经出现不动产登

[①] 《物权法草案》第4条规定:"物权应当公示。记载于不动产登记簿的人是该不动产的权利人,动产的占有人是该动产的权利人,但有相反证据证明的除外。法律规定不经登记即可取得物权的,依照其规定。"该条中的"物权应当公示"存在重大缺漏,物权公示是指物权发生变动时必须公示。物权公示制度的价值在于保护交易安全,降低交易成本。

记制度,但是罗马法并未采纳。近代不动产物权登记最初仅适用于抵押权,如普鲁士1722年《抵押及破产法》、1783年《抵押法》、法国1795年《抵押法》,后来逐渐适用于各种不动产物权,因此,不动产登记制度是在近代确立的。①大陆法系国家一般将不动产的物权状态登记于主管机构依法设定的、可公开查阅的簿册上;英美法系国家则将不动产的权属状态记载于依法制成的地券上,地券一式两份,一份交由权利人保存,一份由登记机关存查。②

各国关于不动产登记有两种立法例:登记生效要件主义与登记对抗主义。③

(1) 以德国为代表的登记要件主义的立法例,即实质登记主义,是指将登记作为不动产物权设立、变更和消灭的生效要件,不经登记在当事人之间不能产生物权变动的效力。④根据登记生效要件主义的立法例,不动产的各项变动均须登记,否则,不会产生法律效力。奥地利、瑞士以及我国台湾地区民法也采取了这种立法例。

(2) 以法国、日本等为代表的登记对抗主义立法例,即形式登记主义,是指不动产的设立、变更和消灭的生效,以当事人之间的法律行为生效为条件,⑤登记与否不影响物权变动效力。登记仅产生对抗第三人的效力。⑥

登记生效要件主义与登记对抗主义各有利弊。登记生效要件主义将登记与不动产物权变动本身结合为一体,对不动产物权变动采取了严格公示的态度,有利于统一确定物权变动时间,使物权的归属关系明晰化,这对善意第三人利益的保护较为有利;但是,由于过于注重形式,缺乏必要的灵活性,容易助长"一物二卖"现象。登记对抗主义则将登记与不动产物权变动

---

① 参见前揭郑玉波:《民法物权》,第28页。
② 这种登记方法是1858年由澳大利亚法官托伦斯所创,因此称为"托伦斯主义",也称地券交付主义。
③ 参见前揭梁慧星主编:《中国物权法草案建议稿》,第137页。
④ 《德国民法典》第873条第1款规定:"转让土地所有权、对土地设定权利以及转让此种权利或者对此种权利设定其他权利,需有权利人与相对人关于权利变更的协议,并应将权利的变更在土地登记簿中登记注册,但法律另有规定的除外。"
⑤ 《日本民法典》第176条规定:"物权的设定及转移,只因当事人的意思表示而发生效力。"
⑥ 《日本民法典》第177条规定:"不动产物权的取得、丧失及变更,非依登记法规定进行登记,不得以之对抗第三人。"

本身分开，不以登记作为物权变动要件，因而不动产交易较为便捷；但是，由于不动产物权的变动缺乏表面公示形式，善意第三人的利益容易受到损害。登记生效要件主义与登记对抗主义的制度价值存在重大的差异，前者偏重于交易秩序的维护，后者则注重当事人的意思和交易的效率，但都有顾此失彼的弊端。有鉴于此，一些国家和地区立法以某种立法例为原则，以另一种立法例为补充，从而弥补了单一立法例的缺陷。例如，日本民法以登记对抗主义为原则，但对采矿权则采取登记生效要件主义；相反，德国民法虽采取登记生效要件主义，但也并不是一概适用于各种不动产物权，例如，抵押证券、土地债务证券等担保物权证券的让与就无须登记。

根据德国、瑞士及我国台湾地区民法的规定，因继承、公用征收、法院判决等法定事由取得不动产物权的，登记仅为物权的处分要件而不是生效要件，即因继承、公用征收、法院判决等法定事由不经登记直接取得物权，但这些物权在登记之前不能处分。这种立法被称为"相对登记主义"。可见，各国立法在不动产物权变动方面所采取的立场，通常不是单一的、绝对的。

对不动产登记问题，我国《民法通则》没有相应的规定，[1]但有关法律、法规实际上采取了登记生效要件主义的立法例。例如，《城市房地产管理法》第35条规定，房地产转让、抵押，当事人应当按照有关规定办理权属登记；第59条、第60条规定了权属登记事宜。[2]《城市私有房屋管理条例》第6条规定，城市私有房屋所有权转移或者房屋现状变更时，应当办理所有权

---

[1] 《民法通则》第72条规定："财产所有权的取得，不得违反法律规定。按照合同或者其他合法方式取得财产的，财产所有权从财产交付时起转移，法律另有规定或者当事人另有约定的除外。"

[2] 《城市房地产管理法》第35条规定："房地产转让、抵押，当事人应当依照本法第五章的规定办理权属登记。"

第59条规定："国家实行土地使用权和房屋所有权登记发证制度。"

第60条规定："以出让或者划拨方式取得土地使用权，应当向县级以上地方人民政府土地管理部门申请登记，经县级以上地方人民政府土地管理部门核实，由同级人民政府颁发土地使用权证书。在依法取得的房地产开发用地上建成房屋的，应当凭土地使用权证书向县级以上地方人民政府房产管理部门申请登记，由县级以上地方人民政府房产管理部门核实并颁发房屋所有权证书。房地产转让或者变更时，应当向县级以上地方人民政府房产管理部门申请房产变更登记，并凭变更后的房屋所有权证书向同级人民政府土地管理部门申请土地使用权变更登记，经同级人民政府土地管理部门核实，由同级人民政府更换或者更改土地使用权证书。法律另有规定的，依照有关法律的规定办理。"

移转或者房屋现状变更登记。①《担保法》第 41 条、第 42 条则进一步规定，以土地使用权、城市房地产或者乡镇、村企业的厂房等建筑物抵押的，应当办理抵押物登记，抵押合同自登记之日起生效。②但是以上法律规定，仅适用于因法律行为而发生的不动产物权变动，对因其他法定事由发生的物权变动，我国法律缺乏相应规定，但《物权法草案》对此已有详细的明确规定。③基于保障交易安全和社会经济秩序，在因继承、强制执行、取得时效、法院判决、新建、添附、婚姻关系等引起不动产物权变动的情形下，应采取相对登记主义原则。如果将登记作为不动产物权变动的唯一生效要件，则实际上否认了有关法律规定和司法行为的绝对效力。

（二）动产公示方式

随着近代不动产登记制度的确立，交付就成为动产物权变动的公示方法。交付不像登记那样具有永久的公示力，作为物权变动的公示方法，也未必真实可靠，但是动产变动频繁，不可能全面实行登记制度，因而只能把占有的移转即交付，作为物权变动的外在表现形式。

关于交付效力，各国有生效要件主义和对抗要件主义两种立法例。

（1）生效要件主义。根据生效要件主义立法例的规定，交付是动产物

---

① 《城市私有房屋管理条例》第 6 条规定："城市私有房屋的所有人，须到房屋所在地房管机关办理所有权登记手续，经审查核实后，领取房屋所有权证；房屋所有权转移或房屋现状变更时，须到房屋所在地房管机关办理所有权转移或房屋现状变更登记手续。数人共有的城市私有房屋，房屋所有人应当领取共同共有或按份共有的房屋所有权证。"

② 《担保法》第 41 条规定："当事人以本法第 42 条规定的财产抵押的，应当办理抵押物登记，抵押合同自登记之日起生效。"

第 42 条规定："办理抵押物登记的部门如下：(一) 以无地上定着物的土地使用权抵押的，为核发土地使用权证书的土地管理部门；(二) 以城市房地产或者乡（镇）、村企业的厂房等建筑物抵押的，为县级以上地方人民政府规定的部门；(三) 以林木抵押的，为县级以上林木主管部门；(四) 以航空器、船舶、车辆抵押的，为运输工具的登记部门；(五) 以企业的设备和其他动产抵押的，为财产所在地的工商行政管理部门。"

③ 《物权法草案》对基于法律行为之外的事实行为而引起的物权变动，不以登记为物权的变动效力。

《物权法草案》第 32 条规定："因人民法院的法律文书、人民政府的征收决定等行为导致物权设立、变更、转让和消灭的，自法律文书生效或者人民政府作出的征收决定等行为生效时发生效力。"第 33 条规定："因继承取得物权的，自继承开始时发生效力。"第 34 条规定："因合法建造、拆除住房等事实行为设立和消灭物权的，自事实行为成就时发生效力。"第 35 条规定："依照本法第三十二条至第三十四条规定，导致不动产物权设立、变更、转让和消灭的，应当依照法律规定及时办理登记；未经登记，不得处分其物权。"

权让与的生效要件。换言之,动产不转移占有,则不会产生物权转移的效果。《德国民法典》第929条的规定即属于这种立法例。[①]

(2)对抗要件主义。根据对抗要件主义立法例的规定,动产物权的让与因当事人之间的法律行为生效而生效,当事人之间让与动产的意思表示,直接产生动产物权转移的效力,而交付仅仅产生对抗第三人的要件。《日本民法典》第178条的规定即属于这种立法例。[②]

我国现行物权立法属于生效要件主义。《民法通则》第72条第2款规定:"财产所有权的取得,不得违反法律规定。按照合同或者其他合法方式取得财产的,财产所有权从财产交付时起转移,法律另有规定或者当事人另有约定的除外。"《合同法》第133条规定:"标的物的所有权自标的物交付时起转移,但法律另有规定或者当事人另有约定的除外。"[③]从《民法通则》和《合同法》的规定看,所有权转移是以交付——占有转移为标准,即使交易双方当事人就财产交易达成了合意,如果没有践行交付,则不会产生所有权转移的效果。此外,无论是《民法通则》还是《合同法》关于交付的规定均为任意性规范,当事人可以通过特别约定排除该规定的适用。

交付,是指权利人将其占有的物或者物权凭证转移给他人占有的行为。交付即占有的转移,构成占有转移应满足以下三个条件:一是对标的物的实际控制发生转移,即占有体素;二是具有占有转移的意思,即占有心素;三是必须是受让人占有。

交付有现实交付与观念交付之分。[④]现实交付,是指动产占有的直接移转,即出让人将动产的占有实际转移给受让人,将动产直接置于受让人的实际控制之下。[⑤]现实交付是将动产由出让人控制转移到由受让人控制,从而产生动产物权变动的效果。直接交付行为并不是一定要求出让人自己完

---

① 《德国民法典》第929条规定:"转让动产所有权需由所有权人将物交付于受让人,并就所有权的转移由双方成立合意。受让人已占有该物的,仅需转移所有权的合意即可。"

② 《日本民法典》第178条规定:"动产物权的让与,除非将该动产交付,不得以之对抗第三人。"

③ 《物权法草案》第27条规定:"动产所有权的转让和动产质权的设立等,除法律另有规定外,自交付时发生效力。"

④ 参见前揭郑玉波:《民法物权》,第40页。

⑤ 《德国民法典》第929条规定:"转让动产所有权需由所有权人将物交付于受让人,并就所有权的转移由双方成立合意。"

成,出让人可以委托其他人代为完成交付行为。

然而,现代社会追求交易的迅捷和便利,通常无须要求对交易物直接占有的移转,而是采取一些变通方法,以替代现实交付,因而称为交付的替代,即非真正的交付。立法也同样赋予观念交付法律上的效果。①观念交付,是指在某些特殊情形下,法律允许当事人通过特别约定的方式替代动产的现实交付。观念交付减少了实际交付所付出的交易费用,使交易更为便利、快捷,符合社会经济快速发展的需要。观念交付有以下三种方式:

(1) 简易交付。简易交付,是指动产物权的受让人在合同订立之前已经占有受让的标的物,让与合意成立即视为交付。②简易交付通常是因委托、寄托、租赁、使用借贷或者其他关系,受让人占有受让的标的物。在简易交付的情形下,由于双方当事人已经就动产所有权的转移达成合意,动产所有权已经发生了占有的转移,因而没有必要再继续履行交付行为。换言之,通过动产物权转让的合意替代对动产的现实交付,这种交付是一种无形的交付、观念上的交付。在简易交付前,尽管受让人已经占有标的物,但不是以所有人的意思而为的占有,因而是他主占有;在简易交付后,受让人对标的物是以所有人的意思而为的占有,即自主占有,因此,简易交付使受让人由他主占有变为自主占有。

我国立法也承认简易交付方式,《合同法》第140条规定:"标的物在订立合同之前已为买受人占有的,合同生效的时间为交付时间。"③可见,买受人在买卖合同订立前已占有标的物的,合同生效时间为标的物的交付时间。

---

① 从公示的本意上看,交付应当是现实交付。只有现实交付才能通过外在方式表现物权的变动,而观念交付中的占有改定和指示交付,实际上并没有公示物权的变动。简易交付与占有改定、指示交付一样,实际上也没有现实的占有转移,新的物权人原来是物的实际占有人,物权的变动从物权的真实情况与外在的表现方式不一致转变为一致。指示交付从表面上看仅维持了现状,而占有改定却是反其道而行之,物权变动的真实情况恰好与外在的表现方式不一致。参见叶金强:《公信力的法律构造》,北京大学出版社2004年版,第17页。

② 《德国民法典》第929条规定:"……受让人已占有该物,仅需转移所有权的合意即可。"

我国台湾地区民法第761条第1款规定:"动产物权之让与,非将动产交付,不生效力。但受让人已占有动产者,于让与合意时,即生效力。"

③ 另外,《物权法草案》第29条也规定:"动产物权设立、转让前,权利人已经占有该动产的,物权自法律行为生效时发生效力。"

(2)占有改定。占有改定,是指动产物权的出让人与受让人之间约定标的物的权利让与之后,仍由出让人继续占有标的物,则在让与合意成立时,视为交付完成。①占有改定的目的在于出让人在出让标的物后继续占有标的物,从而既符合出让人的要求,又能继续发挥物的效用。但是,出让人继续占有标的物以替代实际交付,不具有对抗第三人的效力。在占有改定的情形下,由于受让人没有直接占有标的物,而是由出让人继续占有标的物,因而受让人由通常情形的直接占有转化为间接占有,而出让人则从自主占有变为他主占有。例如,甲将其电脑卖给乙,又与乙约定在甲购买新电脑之前,甲仍然使用乙的电脑。甲对电脑的占有为直接占有、他主占有,而乙对电脑的占有则为间接占有。我国现行立法并未规定占有改定,但《物权法草案》已经有明文规定。②

(3)指示交付。指示交付,是指动产由第三人占有时,出让人将其对于第三人的返还请求权让与受让人,以代替交付。③学理上又称为让与返还请求权或者返还请求权代位,是为了解决当事人进行动产让与时,作为交易对象的动产仍然由第三人占有的问题。例如,出租人将其出租物转让给第三人的,可以适用指示交付方式。我国现行立法并未规定指示交付,但《物权法草案》已经有明文规定。④

除现实交付和观念交付外,还有一种交付方式,即拟制交付。拟制交付,是指出让人将标的物的权利凭证,如仓单、提单,交付于受让人,以代替

---

① 《德国民法典》第930条规定:"物由所有权人占有的,可以通过所有权人与受让人之间约定的法律关系使受让人因此取得间接占有而代替交付。"
我国台湾地区民法第761条第2款规定:"让与动产物权,而让与人仍继续占有动产者,让与人与受让人间,得订立契约,使受让人因此取得间接占有,以代交付。"

② 《物权法草案》第31条规定:"动产物权转让时,出让人应当将该动产交付给受让人,但双方约定由出让人继续占有该动产的,物权自约定生效时发生效力。"

③ 《德国民法典》第931条规定:"物由第三人占有的,可以通过所有权人将返还请求权让与受让人而代替交付。"
我国台湾地区民法第761条第3款规定:"让与动产物权,如其动产由第三人占有时,让与人得以对于第三人之返还请求权,让与于受让人,以代交付。"

④ 《物权法草案》第30条规定:"动产物权设立、转让前,第三人占有该动产的,可以通过转让请求第三人返还原物的权利代替交付。"

标的物的现实交付。① "动产物权业经证券化者,其物权之变化须以交付表彰动产物权之证券以代替该动产之交付。例如仓库、提单、载货证券所载物品之交付,于交付该项证券于有受领权人时,与交付物品有同一之效力。"② 现实交付是以转移占有为交付条件,受让人直接占有标的物;而拟制交付是以转移标的物的凭证为交付条件,受让人只是占有标的物的凭证。现实交付和拟制交付均包含实际的交付,前者是标的物,而后者则是标的物的凭证。观念交付是通过双方的约定替代实际的交付,在当事人之间没有发生实物的交付,仅仅是观念上或者理念上的交付而已;而拟制交付也不存在物的实际交付,仅仅交付物权凭证,因而也属于"观念"交付。因此,拟制交付是介于现实交付和观念交付之间的一种交付方式。

由于现实交付、观念交付及拟制交付,反映了现代社会经济生活的内在要求,因而得到各国立法的普遍承认,我国物权立法也应当肯定这些交付方式,以满足社会主义市场经济发展的内在需要。

交付为动产物权变动的公示方法,仅以法律行为引起的物权变动为限。但是,因继承、强制执行、先占、取得时效、拾得遗失物、添附等原因而引起的动产物权变动,则不适用交付规则。③

---

① 关于拟制交付,包括台湾地区的物权法教科书在内都很少提到。王利明先生在论述交付问题时,简单介绍了拟制交付的概念,但并未展开论述。参见前揭王利明:《物权法论》,第149页。王泽鉴先生则在指示交付中论述拟制交付,但未提及拟制交付概念,原文为:"动产物权经证券化时,其物权变动须交付表彰动产物权之证券,以代替动产之交付。"前揭王泽鉴:《民法物权(通则·所有权)》,第138页。

② 前揭谢在全:《民法物权论》(上册),第104页。谢在全先生是在论述指示交付时作出上述论述的,借以说明物权证券交付并非指示交付,但他并未提出拟制交付的概念。

③ 参见前揭郑玉波:《民法物权》,第40页。
《物权法草案》对基于法律行为之外的事实行为而引起的物权变动,不以交付为物权的变动效力。
《物权法草案》第32条规定:"因人民法院的法律文书、人民政府的征收决定等行为导致物权设立、变更、转让和消灭的,自法律文书生效或者人民政府作出的征收决定等行为生效时发生效力。"
第33条规定:"因继承取得物权的,自继承开始时发生效力。"
第34条规定:"因合法建造、拆除住房等事实行为设立和消灭物权的,自事实行为成就时发生效力。"
第35条规定:"依照本法第三十二条至第三十四条规定,导致不动产物权设立、变更、转让和消灭的,应当依照法律规定及时办理登记;未经登记,不得处分其物权。"

(三) 公示制度的价值

物权公示制度的价值在于保护交易安全。保护交易安全是物权公示制度的核心价值,静的安全也是物权公示制度的价值所在。[①]物权一经公示,对于知道或者推定知道的人而言就有对抗效力。同时,经公示的物权进入交易领域后,就强化了物权的排他效力,有利于保护权利人的权利,防止他人侵害,减少纠纷产生,从而实现对物的静的安全的维护。在现代市场经济条件下,财产是经常流转的,物权关系也因此经常处于变动之中。在交易过程中,当事人不仅关心商品本身是否存在瑕疵,而且更关心物上权利是否存在瑕疵。如果物上权利存在瑕疵,交易目的就不能实现。然而,在现实交易中,经常出现标的物上的权利存在某种瑕疵的情况。权利瑕疵主要有两种情形:一是无处分权的占有人非法转让标的物;二是在所转让的物权上可能存在着某种负担,即受另一种物权的限制。无论何种原因产生的权利瑕疵,取得这种物权的受让人,均会受到原权利人的追索。此时,原权利人和取得权利的受让人对同一个标的物就会存在难以两立的权利要求。在两种权利要求相互排斥、不能并存的情况下,法律必须作出明确的选择,要么满足原权利人,要么满足受让人。对原权利人利益的保护,属于静态安全的保护;而对善意受让人的保护,则属于动态安全的保护。交易安全是动态安全的主要表现形式,即市场主体根据自己的活动进行交易时,法律对这种交易行为进行保护,不使交易行为归于无效,实际上,这是对交易过程中善意无过失的第三人的保护。为满足现代市场经济发展的需要,法律必须在原权利人和善意第三人之间谋求某种利益的平衡,兼顾静的安全与交易安全。物权公示制度旨在静态安全与动态安全之间达到一种平衡。物权公示制度的价值主要表现在:

第一,有助于明确物权归属,解决物权冲突。就登记物权而言,由于物权的设立应当办理登记,通过登记确定某项物权的归属,登记记载的权利人在法律上就是该物的权利人。即使登记存在错误,在登记变更之前,登记记

[①] 以《法国民法典》为代表的近代民法奉行古罗马法"任何人不得以大于其所有之权利给他人"的规则,注重保护静的安全,把权利瑕疵的不利后果归于交易第三人,将以买卖合同作为原因的所有权变动,完全交由合同当事人的意思来确定,买卖合同无效,所有权的变动当然无效,公示仅有对抗第三人的效力。这反映了市场经济初期立法对交易的态度。这种制度虽然在一定程度上注意到了交易的便捷、迅速问题,却忽略了交易安全。

载的权利人推定为真正的权利人。登记簿上的登记是物权最有效的界定。从这个意义上说,物权的定分止争功能,需要通过登记体现出来。

第二,保护交易安全和维护交易秩序。交易是使物权从一个权利主体移转到另一个权利主体,为了使这种移转正常进行,防止移转中的欺诈等行为,就必须使交易双方充分了解交易客体的权属状况,包括权利人是否真正享有物权、物权的负担状况如何、物权的存续期限等。在了解物权各种情况的基础上,当事人才能决定是否进行交易以及决定交易条件。如果不充分了解信息,不仅会使交易受阻或者交易成本增加,而且会给交易欺诈行为提供机会,妨碍正常的交易秩序。登记制度使各种物权的权属和设立情况等信息得以全面公开,权利变动变得清晰透明和公开,并使权利的让渡能够顺利地、有秩序地进行。

第三,降低交易成本和提高效率,实现交易迅捷。通过公示使物权信息完全公开化,不仅为交易当事人提供方便,而且因为公示制度使当事人能够充分信赖登记的内容,从而在从事交易前不必投入极大的精力和费用,去实地调查、了解对方当事人是否对转让的财产享有物权,或被转让的财产上是否设有负担等,从而极大地降低了交易成本,能尽快地、迅速地完成交易。

二、公信原则

公信原则,是指根据法律规定的公示方式所表现出来的物权,即使该物权不存在或者内容上有差异,对于信赖法定公示方式所表现的物权而进行交易的人,法律为保护该善意交易人的利益而承认其具有与真实物权相同的法律效力。

动产公信原则起源于法国。根据罗马法"任何人不得以大于其所有之权利给他人"以及"我发现我自己的物之处,我得取回之"的法谚,无论是动产还是不动产均没有适用公信原则的可能。但在日耳曼法上作为公示方法的占有,具有物权转移的效力。法国固有法上有"动产不许追及"的法谚,后发展演变为善意受让人取得物权,通说认为这是动产公信原则的起源,其后为近代各国物权法所继受,以善意取得或者即时取得制度的方式出现。[①]

不动产公信原则起源于德国。日耳曼法上的占有转移物权的效力以及

---

① 参见前揭谢在全:《民法物权论》(上册),第60页。

"所有人任意让与他人占有其物,则只能对该他人请求返还"及"以手护手"的法谚,形成了《德国民法典》第892条的规定,其后为瑞士所继受。[1]

动产占有的公信力表现为,占有被赋予权利推定力和动产物权的善意取得制度。占有的权利推定力,是指以公示的外在表现推定动产物权的归属。即如果没有相反证据,根据占有的外在表现,就可以认定物权归占有人所有。[2]动产物权的善意取得制度,是物权公示公信力的典型表现,各国民法都规定了善意取得制度。我国民法的理论与实践,也承认善意取得制度,但缺乏相应的立法规定,不过《物权法草案》已经规定了善意取得制度。

关于不动产登记的公信力,各国的立法例不尽相同。多数国家都赋予登记以公信力,例如,《瑞士民法典》第973条规定:"因善意信任土地登记簿之登记,取得所有权或其他物权者,其取得受保护。"但是,也有少数国家如日本并没有赋予登记以公信力,[3]认为公信仅注重对权利外形(登记)的信赖保护,而忽视了对不动产所有人真实权利的保护。我国物权法是否承认登记的公信力,法律上没有明确的规定,理论上也有不同的认识。立法承认登记的公信力,既可以保护善意第三人的利益,维护交易安全,又可全面贯彻物权公示原则。

第三节 物 权 行 为

一、物权行为产生的历史沿革

物权行为制度起源于德国。德国法律制度和学说,大多起源于古代罗马法,物权变动的法律制度和理论也是如此,那么,物权行为理论是否也可

---

[1] 参见前揭谢在全:《民法物权论》(上册),第61页。

[2] 《德国民法典》第1006条规定:"为了动产的占有人的利益,推定占有人即为物的所有人。"
《日本民法典》第188条规定:"占有人于占有物上行使的权利,推定为适法的权利。"

[3] "但日本民法中,除类推适用第94条第2款的情况外,在不动产交易方面通说・判例的观点是不采用公信的原则。""日本的登记制度,采用由登记官形式主义审查的方式,而登记簿上的记载,一般没有公信力,这一点学说上没有异议。"前揭〔日〕田山明辉:《物权法》,第31、43页。

追溯到古代罗马法？罗马法中所有权的转移,遵循严格的形式主义。当事人之间的单纯债权合意,不能产生所有权转移的效果。在罗马市民法上转移所有权最古老的方式是要式买卖,要式买卖的含义是以手取之或者以手攫取,这反映了原始社会后期渔猎民族确定所有权的方式。随着社会的发展、法律思想的进步,要式买卖逐渐演变成为转移所有权的要式行为。要式买卖最初只适用于动产,后来又扩展到不动产。但要式买卖标的物所有权何时从出让人转移给受让人,则有两种不同的观点:一种观点认为,受让人交付价金后即可取得所有权;而另一种观点则认为,要式买卖是现买现卖,在完成法定手续后,所有权转移给受让人。① 而英国法学家梅因认为,要式买卖物可以通过交付,转移其所有权。② 拟诉弃权是罗马法中继要式买卖后极为重要的转移所有权的方式,其产生晚于《十二表法》。以拟诉弃权方式完成交易后,在受让人给付价金或者提供担保之前,标的物的所有权并不发生转移。拟诉弃权方式比要式买卖方式简单、方便。③

以要式买卖和拟诉弃权方式转移所有权,手续繁琐,拘泥于形式,而且仅有当事人的合意和物件的交付,还不能发生法律效力。随着商品交换的发展,"一手交钱一手交货"的转移所有权的简单方式逐步形成,这种方式就是万民法上的"交付"(traditio)。但罗马市民法不承认"交付"能产生变更要式移转物所有权的效力,因此,要式移转物以"交付"方式转让的,转让后物的所有权仍然属于出让人,受让人持续占有该物一定时间后,才能取得市民法所有权。为维护公平、正义,保护受让人的利益,大法官所有权应运而生,一方面并不公然否认市民法的效力,另一方面又承认要式移转物因"交付"行为成为受让人的财产,在出让人起诉追物时,授予受让人以"物已出卖和交付的抗辩",以驳回出让人的起诉。④ 这样市民法所有权和大法官所有权在帝政时期并行不悖,直到查士丁尼之后,这种二元所有权才正式统一起来。⑤ 此后,所有权转移的程序逐渐简化,以占有转移所有权的方式成为新的交易制度。经交付可以使物的所有权发生转移,而单纯的合意则不能发

---

① 参见前揭周枏:《罗马法原论》(上册),第316页。
② 参见前揭〔英〕亨利·梅因:《古代法》,第158页。
③ 参见前揭周枏:《罗马法原论》(上册),第318页。
④ 同上书,第307—308页。
⑤ 同上书,第306页。

生这种效果。①在考察罗马法契约制度的发展之后,梅因发现这样的现象,即"'让与'转移'财产所有权','契约'创设'债权'"②。

在15—16世纪,德国开展了接受罗马法的活动。由于德意志民族认为自己是神圣罗马帝国的继承者,所以德国在罗马法复兴时全面继承了罗马法。继罗马法复兴运动之后,德国发起了一场以普芬道夫为代表的德意志理性法运动。理性法学对德意志法特别是私法影响巨大,德国自此开始了私法系统化的进程。法学家采用演绎法,摈弃了从社会生活经验中获取各种材料进行法学思考的方法,这种"几何学方法"导致了德意志法学向概念化方向发展。③概念化法学为抽象物权行为理论的产生奠定了基础。

物权行为理论的倡导者萨维尼,是历史法学派的创始人。萨维尼把法律视作历史上形成的文化现象,认为法律萌生于特定民族的灵魂深处并在那里经过长期的历史进程孕育成熟。④在萨维尼看来,法律是逐步成长、随历史流传并根植于民俗和民情之中的习惯法。萨维尼专心致力于罗马法的研究,并且其兴趣主要集中在查士丁尼《民法大全》中的古典罗马法上。⑤正是在研究罗马法物权制度的基础上,萨维尼提出了物权行为理论。该理论被称为是萨维尼"最最重要的教义学的创见之一"⑥。

德国的物权行为制度和理论,是德国民法传统和民法理论长期发展的自然结果。从罗马法到普鲁士物权取得法,再到德国民法典,关于物权变动规则的历史变迁及运行轨迹,表明法律制度和理论发展的不可分割性和连续性。可见,物权行为理论是德国法学发展史和民法制度长期发展的产物。

---

① 参见陈华彬:《基于法律行为的物权变动》,载梁慧星主编:《民商法论丛》第6卷,法律出版社1997年版,第79页。
② 参见前揭〔英〕亨利·梅因:《古代法》,第178页。
③ 参见沈达明、梁仁洁编著:《德意志法上的法律行为》,对外贸易教育出版社1992年版,第7页。
④ 参见前揭〔德〕K.茨威格特、H.克茨:《比较法总论》,第258页。
⑤ 同上书,第260页。
⑥ 〔日〕有川哲夫:《物权契约理论的轨迹》,第37页。转引自前揭梁慧星主编:《民商法论丛》第6卷,第116页。

二、物权行为理论

物权行为制度是《德国民法典》所确立的,并成为德意志法系的象征。[①]物权行为理论是德国抽象法学的产物,由 19 世纪普通法法学发展而来,但完整的物权行为理论是由萨维尼提出的,萨维尼在 1840 年至 1849 年出版的《现代罗马法体系》中,全面系统地论述了物权行为理论。在萨维尼看来,以履行买卖契约或者其他以转移所有权为目的的契约而进行的交付,并不仅仅是一个纯粹的事实履行行为,而是包含一个以转移所有权为目的的物权行为。萨维尼在《现代罗马法体系》中指出:"私法上的契约,以各种不同制度或形态出现,甚为繁杂。首先是基于债之关系而成立之债权契约,其次是物权契约,并有广泛之适用。交付(Tradition)具有一切契约之特征,是一个真正之契约,一方面包括占有之现实交付,他方面亦包括转移所有权之意思表示。此项物权契约常被忽视;例如在买卖契约中,一般人只想到债权契约,但却忘记交付(Tradition)之中亦含有一项与买卖契约完全分离,以转移所有权为目的之物权契约。"[②]这就是萨维尼物权行为的基本理论。

在上述理论基础上,萨维尼进一步将物权行为理论抽象化,主张物权行为在效力和法律后果上应与原因行为的有效问题相分离,即将物权行为与债权行为相分离,并进而主张一方当事人原为履行买卖契约而交付标的物,而另一方当事人误以为赠与而接受时,这种错误不影响物权契约的效力,也不影响所有权的转移。"Tradition 虽有错误,但仍完全有效,丧失所有权之人,仅能依不当得利之规定请求返还。"[③]可见,萨维尼的物权行为理论包含三方面的内容:一是一个买卖契约由两个独立的债权行为和物权行为构成,即独立性;二是行为的效力独立于债权行为,即无因性;三是行为本身就是物权行为,即统一性。在萨维尼物权行为理论基础上,德国的法学家逐步将

[①] 德国学者 K. 茨威格特和 H. 克茨指出:"如果要指出'典型的'德意志法系的特征,我们会选择物权法,更确切地说是'抽象物权契约'理论。'抽象物权契约'理论表现在立法中、学理中和法院判决中,好像在德国法中无处不在似的。"〔德〕K. 茨威格特、H. 克茨:《抽象物权契约理论——德意志法系的特征》,孙宪忠译,载《外国法学译评》1995 年第 2 期。

[②] 前揭王泽鉴:《民法学说与判例研究》第 1 册,第 263 页。

[③] 同上。

其发展、演化成为《德国民法典》的物权行为理论。物权行为,又称物权契约,①但两者仍有细微的区别。物权行为既有双方行为,又有单方行为;而物权契约只能是双方行为,不可能有单方行为。但就物权交易而言,物权行为是双方行为,因此,从这个意义来看,物权契约和物权行为的含义是相同的,具体如表所示:②

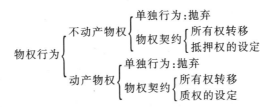

1876年德国民法典第一草案曾采纳物权行为的概念,但受到诸多批评,批评者认为该概念不够精确。法典编纂委员会采纳了批评者的意见,决定不使用物权行为,而是以物权合意取而代之,并表示一个物权合意是否为物权行为,是法学理论问题,应由学术界研究、讨论。③目前,德国三本具有代表性的物权法教科书,都一致认为物权合意本身就是物权行为。④

物权行为的理论基础是无因性理论。⑤物权契约无因性理论,是在19世纪普通法学的基础上发展起来的。在这之前,习惯上物的转让要具备"名义"与"形式"两个条件,"名义"是指当事人为转移所有权而建立的法律关

---

① 我国台湾学者清楚地说明了物权契约和物权行为之间的关系。
"物权行为是直接以物权变动的意思表示为要素而成立的法律行为。该意思表示为物权的意思表示,该法律行为就契约而言即物权契约。"前揭刘得宽:《民法诸问题与新问题展望》,第463页。
"在法律交易上,物权行为多以契约形式而成立,学说上称为物权契约。"前揭王泽鉴:《民法学说与判例研究》第1册,第256页。
"物权行为是以物权的设定、转移、变更或者消灭为目的的法律行为,物权行为通常为物权契约,但不限于物权契约。"前揭史尚宽:《物权法论》,第18页。
② 参见王泽鉴:《民法学说与判例研究》第5册,中国政法大学出版社1998年版,第11页。
③ 同上书,第6页。
④ 同上书,第7页。
⑤ 物权行为独立性与物权行为无因性密切相关,独立性是无因性的基础和前提。独立性是指物权行为与债权行为相分离,并独立于债权行为之外。债权行为仅使一方当事人享有债权,另一方当事人承担债务,而不产生所有权变动的效果。只有通过物权行为,才能产生所有权转移的效果。

系,如买卖等,即转移所有权的原因;"形式"是指标的物的实际交付或者其他替代交付的行为。当时强调名义与形式的统一,即所有权的取得须有合法的依据,并没有提出无因性问题。①

物权契约无因性理论是萨维尼在《现代罗马法体系》中提出的,他认为:"基于错误的买卖契约是不可撤销的买卖契约,基于错误的交付也是完全有效的。"②耶林明确指出,萨维尼创立物权契约无因性理论的目的是为了保护交易安全。耶林认为,将所有权让与的原因行为和物权行为分离,使标的物返还请求权的证明变得单纯化,基于物权行为的无因性,标的物的原所有人,仅对受让人行使权利,而不能向从受让人处取得标的物的第三人行使权利,这样就保护了善意第三人的利益。③这是因为在普通法时期,德国没有善意取得制度,物权契约无因性对原所有人返还标的物的权利进行限制,是非常必要的,从某种意义上说,物权契约无因性成为善意取得制度的替代品。因此,在普通法时期,物权契约无因性具有保护交易安全的功能,减少了交易风险,促进了社会经济的发展。

物权契约无因性产生的社会基础是当时的实质审查主义登记制度。1794年《普鲁士普通邦法》实行实质审查登记制度,并规定如果登记存在"法定方式"上的缺漏,负责登记事务的官员应承担责任。在这种登记制度下,登记事务官员为避免因遗漏而承担损害赔偿责任,审查范围不仅包括直接引起物权变动的物权行为本身,而且还包括作为物权变动原因的债权契约。这种严格的实质审查主义登记制度,从谋求交易安全的角度考察,确保了当事人的实际权利义务关系与实际登记的一致性,这无疑是合理的,但由于国家权力介入到对物权变动原因的审查,由此产生了弊端。一方面,由于对物权变动原因的审查,延长了交易时间,增加了交易成本,从而阻碍了社会经济的发展;另一方面,由于登记事务官员为避免承担因不正确登记而产生的责任,在登记过程中对每一细节逐一进行审查,扩大了审查范围,审查范围涉及公民的私生活。到了19世纪,随着不动产交易日益频繁,实质审查主义的弊端日渐突出,加上市民自由主义精神的渐次发达,实质审查制度

---

① 参见孙宪忠:《德国当代物权法》,法律出版社1997年版,第57页。
② 前揭陈华彬:《物权法原理》,第124页。
③ 同上书,第125页。

对公民私生活的干涉和妨碍,达到了无以复加的地步,引起社会的不满和批评,废除旧的实质审查主义登记制度而采用新的登记制度,成为当时德国社会的普遍呼声。因此,登记的形式主义审查制度便应运而生。

萨维尼倡导的无因性理论成为改革实质审查制度的理论基础。无因性的物权行为理论,简化了物权变动的登记程序,排除了不动产交易的障碍与登记官员对私人交易的过分干预。依据物权行为理论,物权变动的效力与债权关系相分离,因此,在不动产登记之际,登记官员的审查范围仅限于直接发生物权变动的物权行为。

三、物权行为理论的评价

物权行为理论从萨维尼创立以来,将近两个世纪,人们对这一问题争论不休,争论的焦点是物权行为理论是否有存在的必要。早在萨维尼倡导物权行为理论的普通法时期,物权行为理论就受到部分普通法学者的强烈反对。德国学者基尔克对物权行为理论的批判被认为是当时最尖锐的,他指出:"将较单纯动产之让与,在法律上分解为相互独立之三个现象时,的确会变为学说对实际生活的凌辱。到商店购买一副手套,当场付款取回标的物者,今后亦应当考虑到会发生三件事情不可。即,第一,债权契约,基于此契约发生当事人双方的债权债务关系;第二,与此法原因完全分离的物权契约,纯为所有权之让与而缔结;第三,交付的行为完全是人为的拟制,实际上,只不过为对于单一的法律行为有两个相依的观察方式而已。今捏造两种互为独立的契约,不仅会混乱现实的法律过程,实定法也会因极端的形式思考而受到妨害。"[①]20世纪30年代,德国学者霍克(Heck)基于利益衡量方法论对物权行为无因性所作的批评,被认为是对该理论最为有力的批评。

反对物权行为理论的学者认为,第一,物权行为理论人为地割裂了原因行为与结果行为之间的必然联系,违背社会生活常理,不符合一般的社会观念,难以为人们所接受和理解。第二,物权行为无因性理论的主要功能在于保护交易安全,在德国普通法时期,因不承认善意取得制度,这个理论有其存在的必要性和合理性,但在善意取得制度确立后,物权行为无因性保护交

---

① 前揭刘得宽:《民法诸问题与新展望》,第468页。

易机能的绝大部分已被该制度所取代,因此,物权行为已经没有存在的必要。第三,物权行为理论使物权变更不考虑原因行为,严重损害了出让人的利益,违背交易活动中的公平原则。标的物交付后,买卖合同未成立、无效或者被撤销,根据物权行为无因性,物权行为不受债权行为的影响,受让人仍然取得标的物的所有权。出让人仅可根据不当得利的规定请求返还,出让人从所有权人转变为债权人,不能享受法律对物权的特殊保护。①最后,萨维尼关于"源于错误的交付也是有效"的观点,难以令人信服和接受。

尽管学者和法官对物权行为理论如此批评和反对,但"这些批评没能阻止民法典对'抽象物权契约'理论作出大量规定"②,物权行为制度和理论在《德国民法典》中牢固地确立起来了。

倡导物权行为理论学者认为,物权行为具有如下优点:第一,有利于区分各种法律关系,便于法律适用。依据物权行为无因性理论,债权行为与物权行为完全分离,如买卖交易可分为三个独立的法律关系,一是债权契约关系;二是物权契约关系;三是转移价款所有权契约关系。这三种法律关系明确,易于判断。③第二,有利于保护交易安全,充分保护受让人利益。根据物权行为理论,物权行为独立于债权行为,债权行为不成立,或者被宣告无效或者被撤销,不影响物权行为的效力,受让人仍然取得所有权,如果受让人将标的物转让给第三人,第三人是该标的物的合法所有者。

总之,物权行为理论有助于保障交易安全,是其优点,但由于技术性过强,一般人难以理解,尤其将出让人的地位由物权请求权人降低为债权请求权人,对出让人极为不利。评价物权行为制度和理论应当充分考虑其产生和形成的社会经济背景。德国物权形式主义与法国债权合意主义,是不同的历史传统、物权交易惯例以及民法立法史不断演进的结果。法国债权合意主义所反映的应是当时法国社会实际物权关系的基本情形,此外,还有意识形态方面的背景,法国民法典制定之前,个人主义、自由主义思潮早已弥

---

① 受让人破产时,出让人不能享有别除权,只能作为普通债权人参与破产财产的分配。如果受让人将标的物转让给第三人,出让人不能享有追及权,只能请求受让人返还所得价金。

② 前揭〔德〕K. 茨威格特、H. 克茨:《抽象物权契约理论——德意志法系的特征》,第27页。

③ 参见前揭王泽鉴:《民法学说与判例研究》第1册,第264页。

漫并浸透整个法国社会,个人尊严和个人存在的价值高于一切,个人的意思应受到绝对尊重。因此,《法国民法典》废除了繁琐的物权交易方式,确立了物权变动的纯粹意思主义。19世纪中叶,欧洲大陆自由资本主义经济获得迅速发展,种类物买卖、信用交易渐次发达,作为原因的债权行为与发生物权转移的物权行为,在时间和外在表现上都显示出"分离"迹象,由此导致当事人之间的物权变动关系,必须与对第三人的公示手段直接联系起来,统一进行处理,而19世纪末《德国民法典》所确立的物权形式主义恰好是这种经济现象的真实记录。

法国债权合意主义反映了物权交易当事人的意思自治原则,排除了国家对物权交易的介入和干预,避免了国家干预个人意志。债权合意完全建立在当事人意思自治的基础上,物权变动为债权行为的当然结果,无须任何形式,从而避免了繁琐的物权交易手续,使交易迅速便捷。但由于物权变动仅以当事人之间的债权合意为条件,第三人不能从外部认识当事人之间物权变动的时间以及物权变动的情况,因此,物权变动法律关系不能明了化。于是借助"登记"或者"交付"作为对抗第三人的条件,这就导致了当事人之间的内部关系与对第三人的外部关系不一致。

德国物权形式主义消除了债权合意转移的弊端,以交付或者登记作为物权变动生效的条件,不仅可以保障交易安全并使法律关系明了化、客观化,也使当事人之间的物权变动关系与对抗第三人的法律关系一元化,从而避免了债权合意主义下物权变动法律关系被分割为对内关系和对外关系。① 可见,任何一种制度和理论都产生于一定的社会经济环境,为当时的社会经济服务,不可避免带有时代的烙印和一定的局限性。

由于物权行为的内在缺陷和学者的猛烈抨击,近年来德国出现了物权行为无因性的相对化,限制无因性理论的适用范围,主要表现在以下三方面:②第一,条件关联说。当事人根据其意思表示,将物权行为的效力与债权行为的效力联系在一起。该意思表示既可以是明示的,也可是默示的。第二,共同瑕疵说。如果债权行为因当事人行为能力的欠缺、意思表示的瑕疵或者因诈欺等被宣告无效或者撤销,物权行为也因具有共同瑕疵而被宣告

---

① 参见前揭陈华彬:《基于法律行为的物权变动》,第102—103页。
② 参见前揭王泽鉴:《民法学说与判例研究》第1册,第268页。

无效或者撤销。第三,法律行为一体说。债权行为与物权行为统称为一个整体法律行为,即债权行为无效时,物权行为也归于无效。

四、物权行为的立法例

大陆法系国家有三种不同的物权行为立法例:①

(1)意思主义。当事人之间的债权意思表示就可以产生物权的变动效力,交付或者登记不是物权变动成立或者生效条件,而是对抗第三人的要件。物权行为被债权行为所吸收,物权变动是债权行为的结果而已,物权行为没有独立性可言。在意思主义的立法例下,物权公示与物权转移发生分离,这是法国和日本的立法模式。物权变动因当事人的意思表示合致而发生效力,既不需要物权行为,也不需要交付或者登记为生效要件,动产的交付或者不动产的登记仅为对抗第三人的要件。意思主义的立法例强调物权的变动应尊重当事人的意思,当事人之间的合意是物权变动生效要件,有利于鼓励交易,但不利于对交易安全的保护。

(2)形式主义。物权因法律行为产生变动,应有物权变动的意思表示以及履行交付或者登记的法定形式,才能成立或者生效。债权的意思表示与物权的意思表示,是两个相互独立的法律行为。债权契约不能产生物权变动的效果,导致物权变动的法律行为,除当事人物权合意之外,还须履行交付或者登记的法定程序(如下图所示)。交付或者登记是物权变动的成立或者生效要件,不是对抗第三人的要件。在形式主义立法例下,物权公示与物权转移发生融合,这是德国的立法模式。物权行为是债权行为的履行行为,动产物权的变动以当事人之间的合意与转移占有而生效,不动产的变动以当事人之间的合意与登记而生效,对第三人具有约束力。在这种立法例中,物权变动的外部表现方式明确,安全性强,能满足交易关系的需要。

(3)折衷主义。物权因法律行为发生变动,除债权合意外,还需履行交付或者登记的法定方式。债权的意思表示与物权的意思表示,两者合二为一,但仅有当事人的债权意思表示还不足以发生物权变动效果,还需履行交

---

① 参见前揭刘得宽:《民法诸问题与新展望》,第465—466页;前揭谢在全:《民法物权论》(上册),第63—65页。

付或者登记等手续,物权变动才能成立或者生效。可见,折衷主义有意思主义和形式主义的优点,又无两者的缺点。这是瑞士的立法模式。在这种立法例下,物权行为与债权行为并无严格区分,原因行为与登记行为结合产生了物权变动的效力。

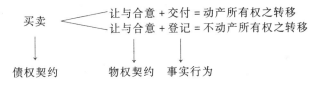

五、我国物权行为理论

我国立法和司法是否存在物权行为,对此存在两种截然对立的观点,即肯定说①和否定说②,否定说是主流观点。物权行为是《德国民法典》所特有的,有其特定涵义,只有把握物权行为的真实内涵,才能弄清楚我国是否存在物权行为。

(一)关于动产与不动产转让的立法

关于动产交付的规定。《民法通则》是我国民事基本立法,该法对物权交付的规定反映了我国物权交易基本制度。《民法通则》第72条规定:"按照合同或者其他合法方式取得财产的,财产所有权从财产交付时起转移,法律另有规定或者当事人另有约定的除外。"可见,基于合同方式取得财产的,财产所有权从交付之时转移。如果当事人就财产买卖达成契约即债权契约,而没有履行交付手续,财产所有权并不发生转移。此外,财产所有权的转移不要求在买卖契约(债权契约)之外,还必须有一个转移所有权合意的物权契约。财产所有权的转移是债权契约的必然结果。

我国《合同法》沿袭了《民法通则》这一规定,《合同法》第133条规定:"标的物的所有权从交付之时转移,但法律另有规定或者当事人另有约定的

---

① 参见前揭孙宪忠:《德国当代物权法》,第76—78页;李永军:《合同法原理》,中国人民公安大学出版社1999年版,第689—695页;余延满:《评〈中华人民共和国合同法〉》,载漆多俊主编:《经济法论丛》第2卷,中国方正出版社1999年版,第217—219页。

② 参见梁慧星:《我国民法是否承认物权行为》,载《法学研究》1989年第6期;王家福主编:《民法债权》,法律出版社1991年版,第262页;王利明:《物权行为若干问题讨论》,载《中国法学》1997年第3期。

除外。"可见,我国法律既没有采纳法国的意思主义,也没有采纳德国的形式主义。从上述规定可以看出,单独债权的意思表示不能产生物权转移的效力,还必须有交付行为,两者结合才能产生物权变动的效果,这与瑞士的立法模式相吻合。

关于不动产登记的规定。我国还没有制定民法典,不动产所有权转移的规定全部体现在单行法中。1983年《城市私有房屋管理条例》第6条规定:"房屋所有权转移或房屋现状变更时,须到房屋所在地房管机关办理所有权转移或房屋现状变更登记手续。"1994年《城市房地产管理法》第60条规定,房地产转让或者变更的应当向房产管理部门办理变更登记,否则,变更不发生法律效力。《土地管理法》第10条规定,依法改变土地所有权或者使用权的,必须办理土地权属变更登记手续,更换证书。从上述规定可以看出,我国不动产物权变动采纳了"债权契约与登记生效"的立法模式,不要求在债权契约外,另行订立转移所有权合意的物权契约。

从立法上与《德国民法典》进行比较,我国与德国物权变动制度之间的差别就一目了然,《德国民法典》明确规定了物权契约,例如,《德国民法典》第929条规定:"转让动产所有权需由所有权人将物交付于受让人,并就所有权的转移由双方成立合意。"可见,所有权的转移不仅要有当事人之间的债权契约行为,而且还应当有双方当事人之间的所有权转移的合意即物权契约,此外还需转移动产所有权的交付行为。我国法律规定的动产所有权变动制度,只要求当事人有债权契约和交付行为,并不要求在债权契约外加上一个物权契约。

(二)关于动产与不动产转让的司法实践

我国司法实践将不动产的登记和动产的交付,看作是合同的履行,是债权合同的延续和结果,如果债权合同被撤销或者被宣告无效,受让人应当返还原物、恢复原状,并不因交付行为而取得标的物的所有权。从司法解释中,可以清楚地看出司法实践不承认物权契约。例如,最高人民法院1995年12月27日《关于审理房地产管理法施行前房地产开发经营案件若干问题的解答》第12条规定:"转让合同签订后,双方当事人应按合同约定和法律规定,到有关主管部门办理土地使用权变更登记手续,一方拖延不办,并以未办理土地使用权变更登记手续为由主张合同无效的,人民法院不予支持,应责令当事人依法办理土地使用权变更登记手续。"

无论是立法还是司法实践,我国均不承认物权契约制度。物权契约制度反映了德国人对抽象化理论的偏好,是德意志民族历史和文化的产物,具有深刻的社会根源。这项制度并没有为世界其他国家所接受,《日本民法典》深受《德国民法典》的影响,许多制度照搬德国,但却没有采纳德国的物权契约制度,这一点值得思考。在借鉴和移植外国法律制度时,既要吸收人类的文明成果,又不能全盘照搬,必须注意法律本土化、通俗化的问题。

从理论上开展物权契约的研究是非常必要的。实际上,我国对物权行为理论的研究还不够,对物权行为理论的认识还存在一些偏差。如对《合同法》第2条"合同是平等主体的自然人、法人、其他组织之间设立、变更、终止民事权利义务关系的协议"的理解存在偏差,大多数学者认为合同法上的合同仅指债权合同。此外,《民法通则》虽然将合同定义为当事人之间设立、变更、终止民事关系的协议,但由于合同置于债权部分,因而也认为《民法通则》的合同是指狭义的债权合同。有鉴于此,有学者提出抵押合同、质押合同、国有土地使用权出让合同等是以设立、变更、终止物权为目的的,具有不同于一般债权合同的特点,不能归类到债权合同中去,主张将上述合同归类到物权合同中。这个主张正确与否,直接与德国法上的物权契约相关。萨维尼的物权契约与现代德国法上的物权契约是有一定差别的,萨维尼主张关于所有权转移的合意包含在"交付"之中,"交付"本身是一个完整的物权契约;而《德国民法典》规定,交付行为与转移所有权的合意即物权契约是两个行为,物权契约在先,交付行为在后,物权契约是转移所有权的合意。显然,无论是萨维尼的物权契约理论还是《德国民法典》代表的现代物权契约理论,都表明物权契约是当事人转移所有权的意思表示。在萨维尼看来,"交付"行为本身就包含了转移所有权的意思表示,而现代物权契约理论却认为转移所有权的意思表示与交付行为是两个不同的法律行为。但是,近代物权契约理论与现代物权契约理论,都没有要求当事人在买卖契约之外缔结一个转移所有权的书面的物权契约,而仅仅是当事人之间转移所有权的意思表示,并不是我国学者所指的物权契约。可见,我国以设立、变更、终止物权为目的的抵押合同、质押合同以及国有土地使用权出让合同等不能称为物权契约,而且我国的合同立法和物权立法也不存在物权契约。①

---

① 《物权法草案》明文规定了物权合同和债权合同。第14条规定了物权合同,第15条规定了债权合同,并对两者之间的效力进行了明确区分,纠正了长期以来我国司法实践中的错误做法,肯定了债权合同的效力。

《物权法草案》第14条规定:"不动产物权的设立、变更、转让和消灭,应当登记的,自记载于不动产登记簿时发生效力。"

第15条规定:"当事人之间订立有关设立、变更、转让和消灭不动产物权的合同,除法律另有规定或者合同另有约定外,自合同成立时生效;未办理物权登记的,不影响合同效力。"

第二编

所有权

第四章 所有权通则

所有权是指所有人对所有物最为完整的支配权,具有全面性、整体性、弹力性和恒久性。①所有权是物权制度的基础和核心,是物权最充分和最典型的表现形式,物权法是围绕所有权的规定而展开的。所有权虽然是对所有物的一种全面的支配权,但并非毫无限制,对所有权的限制有两种:一是自愿性的,即用益物权和担保物权对所有权的限制,这种限制体现了所有权人的意思;二是强制性的,即基于法律规定,有权利行使的限制和相邻关系的限制。

第一节 所有权制度的演变

一、所有权的本质

关于所有权的本质,即所有权的根本属性,西方各国学者进行了各种有益的探索,形成了不同的学说。对这些学说基本内容的分析和研究,有助于认识所有权的起源及其变迁,因而是论述所有权制度所不可或缺的。关于所有权本质的主要学说现整理如下:②

(1)神授说(the theistic conception of property)。该说认为,地球是神授予人类的,因而人类对地球上的一切,均享有所有权。这是人类社会早期关于所有权的学说,由于人类的智慧还没有开化,凡是不知道的事情,均归于神的意志,法律也不例外。但所有权是人类社会的事务,而不是神的事务。

---

① 参见前揭梁慧星主编:《中国物权法草案建议稿》,第212页。
② 参见前揭郑玉波:《民法物权》,第51—52页。

(2) 法定说(the legal theory)。该说认为,所有权是基于法律规定产生的,也因法律的消灭而消灭。换言之,所有权是法律的产物。该说仅说明了权利的成立依据问题,但是对于为什么承认权利的问题,仍然没有解决。换言之,这种学说仅说明了所有权成立的原因,但没有解释所有权存在的正当性问题,对正当性并没有实际的参考价值。

(3) 自然权说(the natural theory)。该说认为,所有权是自然权,即自然法上的权利。这种学说在近代自然法盛行时期非常流行,但也随自然法学说的衰微而消亡。该说不能解释一些人拥有大量财产的所有权,而另一些人却一无所有。

(4) 先占说(the ocupation theory)。该说认为,无主物先占是所有权发生的起源,而且是所有权存续的理由。这种学说最早是由格劳秀斯(Hugo Grotius)提出的,其后也有许多学者追随这种理论。这种学说只能解释某些所有权产生的原因,但不能解释一切所有权产生的原因,也不能说明承认私有财产制度的理由。在现代社会,先占并非取得所有权的主要方式,而让与、继承等是取得所有权的主要途径。

(5) 劳力说(the labour theory)。该说认为,劳力是所有权存在的基础,个人在物上的劳作,是所有权产生的依据。这种学说是英国学者洛克(John Locke)在其著作《政府论》中提出的,① 目的在于弥补自然说和先占说的漏

---

① 洛克认为,在人类社会的最初状态,上帝将自然界的一切归人类共同所有。"上帝既将世界给予人类共有,亦给予他们以理性,让他们为了生活和便利的最大好处而加以利用。土地和其中的一切,都是给人们用来维持他们的生存和舒适的生活的。土地上所有自然生产的果实的它所养活的兽类,既是自然自发地生产的,就都归于人类所共有,而没有人对于这种处在自然状态中的东西原来就具有排斥其余人类的私人所有权。"前揭〔英〕洛克:《政府论》(下册),第18页。

洛克接着指出:"土地和一切低等动物为一切人所共有,但是每个人对他自己的人身享有一种所有权,除他以外任何人都没有这种权利。他的身体所从事的劳动和他的双手所进行的工作,我们可以说,是正当地属于他的。所以只要他使任何东西脱离自然所提供的和那个东西所处的状态,他就已经掺进他的劳动,在这上面掺加他自己所有的某些东西,因而使它成为他的财产。既然是由他来使这件东西脱离自然所安排给它的一般状态,那么在这上面就由他的劳动加上了一些东西,从而排斥了其他人的共同权利……劳动使它们同公共的东西有所区别,劳动在万物之母的自然所已完成的作业上面加上一些东西,这样它们就成为他的私有的权利了。"前揭〔英〕洛克:《政府论》(下册),第19页。

虽然劳动使人获得私有权,但洛克又进一步提出了以这种方式获得私有权利,也要受到

洞。根据这种学说,不劳而获的,例如,根据资本而获利的,则属于不当得利。这是对私有制的一种否定,而且不利于人类社会的进步和发展。

(6) 社会说(the social theory)。该说认为,所有权的依据不仅仅要考虑个人利益,而且还应考虑社会公共利益。换言之,所有权的归属应属于个人,但所有权的行使应考虑社会公共利益。因此,个人所有权是一种附条件并可以限制的权利。德国学者拉德布鲁赫(Gustav Rahdbruch)指出,德国《魏玛宪法》第153条对"所有权附有义务"的规定,是这种学说在制度上的具体表现。法国学者狄骥(Léon Duguit)所倡导的社会连带法学理论,并不注重对个人利益的保护,而是注重对社会利益的保护,排除个人主义的所有权概念,这表明法律由权利本位进入社会本位。

除了上述六种学说外,还有社会契约说、人格说、掠夺说等,这些学说影响了所有权的演变,促进了近现代所有权观念和制度的形成和发展。特别是自然说对近代所有权观念和制度的形成,具有深远的影响。美国《独立宣言》宣告"所有权与生俱来",法国《人权宣言》则规定"所有权神圣不可侵犯",即所有权绝对原则。所有权绝对原则对近代财富的形成、经济的繁荣功不可没。对所有权的过度保护以及个人对所有权的绝对支配,形成了财产的集中,出现了严重的社会问题。因此,在19世纪末20世纪初,出现了一种新的法律思潮,即所有权社会化的思潮,认为基于人类本性,所有权应

一定的前提条件的限制。洛克认为,对劳动行为也存在着一个自然法的限制,即每个人获取自然物为私有财产以供其享用为限。超越供己享用的限度,使自然物败坏,就不属于自己的权利。"同一自然法,以这种方式给我们财产权,同时也对这种财产加以限制。……但上帝是以什么限度给我们财产的呢? 以供我们享用为度。谁能在一件东西败坏之前尽量用它来供生活所需,谁就可以在那个限度内以他的劳动在这件东西上确定他的财产权;超过这个限度就不是他的份所应得,就归他人所有。"前揭〔英〕洛克:《政府论》(下册),第21页。

"在未把土地划归私用之前,谁尽其所能多采集野生果实,尽多杀死、捕捉或驯养野兽,谁以劳动对这些自然的天然的产品花费力量来改变自然使它们所处的状态,谁就因此取得了对它们的所有权。但是如果它们在他手里未经适当利用即告毁坏;在他未能消费以前果子腐烂或者鹿肉败坏,他就违反了自然的共同法则,就会受到惩处;他侵犯了他的邻人的应享部分,因为当这些东西超过他的必要用途和可能提供给他生活需要的限度时,他就不再享有权利。"前揭〔英〕洛克:《政府论》(下册),第25—26页。

总之,劳动虽然能取得所有权,但如果造成了资源的浪费,就不具有所有权。可见,劳动取得所有权是以不浪费为前提的。不浪费原则的确立,是因为浪费了资源意味着对他人的损害——使他人无资源可利用。所以,不浪费是对所有权的固有的、先在的限制。

该由个人拥有,但所有权的行使必须符合社会公共利益。

二、所有权观念和制度的演变

由于世界各国的民族历史、文化及社会结构的差异,各国的所有权观念和制度的产生和变迁也表现了时空上的差异。大陆法系所有权演变经历了三阶段,分别是带有浓厚个人主义色彩的罗马法上的所有权、中世纪政教合一的封建所有权和近代资本主义社会的个人主义的所有权。

近代的个人主义所有权,是罗马法所有权观念与制度在近代法上的复兴。伴随近代资本主义生产关系的形成与发展,特别是经历了14至16世纪人文主义者所进行的罗马法复兴、文艺复兴运动和宗教改革运动的洗礼,新兴资产阶级思想家冲破了宗教神学思想的束缚,认为所有权是与生俱来的、上天赋予所有人对财产予以绝对支配的权利。17、18世纪自然法学占主导地位,强调个人权利本位,认为"个人是一切法律制度的出发点,理性是一切法律制度的基础,自由意志是理性的内涵,平等是上帝的安排,享受权利、祈求幸福是人生最终的目的"[①]。在这种历史背景下,古罗马法所有权观念与制度重新崛起,并成为自由资本主义时期的主要法律思潮。近代法上的所有权价值观念表现为个人主义和自由主义。对所有权的绝对尊重成为近代民法的基本原则,[②]个人对所有权的享有和行使,不受任何个人意志或者国家意志干涉的绝对自由。为此,1789年的法国《人权宣言》第17条规定:"所有权为不可侵犯的神圣权利,非经合法证明确为公共需要并履行正当补偿,不得加以剥夺。"1804年的《法国民法典》第544条也有同样的规定。

近代所有权的绝对性包括绝对不可侵性、绝对自由性、绝对优越性三个方面。土地作为人类最基本的生产资料,是所有权制度的核心。因此,绝对不可侵性,是指土地所有权为绝对不可侵夺的权利,即土地所有权具有的排他性。这是对长期侵夺私有财产、阻碍商品经济发展的封建专制王权的彻底否定。绝对自由性,是指所有权人对自己所有的土地,可任凭自己意志自由使用、收益和处分。所有权行使的自由,是对封建王权及其官吏干涉私人

---

① 前揭〔美〕埃德加·博登海默:《法理学——法哲学及其方法》,第82页。
② 参见前揭郑云瑞:《民法总论》,第14页。

财产权利和经济自由的彻底否定。绝对优越性,是指土地所有权通过契约关系而与土地利用权形成对立时,所有权应处于绝对优越的地位。绝对不可侵性、绝对自由性、绝对优越性三者相辅相成,浑然一体。① 所有权绝对原则,是对制约生产力发展的封建制度的扬弃,是从身份到契约的运动以及对社会经济基础演变的成果的观念化和法制化,是资本主义市场经济存在和发展的权利基础。所有权绝对原则最典型地体现于私人土地所有权上。

19世纪随着历史法学派、分析法学派兴起,动摇了自然法学的统治地位。历史法学派的创始人萨维尼认为:"法律决不是可以由立法者任意地、故意地制定的东西……它深深根植于一个民族的历史之中,而且其真正的源泉乃是普遍的信念、习惯和'民族的共同意识'。就像民族的语言、建筑及风俗一样,法律首先是由民族特性、'民族精神'决定的。"② 由于萨维尼的反对,德国推迟了民法典的制定。分析法学派创始人奥斯丁(John Austin)将法律分为自然法、人类法和万物法三种③,认为人类法是人类社会真正的法律。法律规则与道德等价值观念没有必然的和内在的联系,法应该是一种纯技术和工具性的东西。与历史法学派的观点恰好相反,分析法学认为国家是法律的唯一来源。至19世纪末20世纪初,社会法学派取代了分析法学派的主导地位,注重法律的社会过程、社会效果,认为法律不仅在于关注个人的自由和权利,而且更为重要的是关注个人利益和社会利益的和谐,倡导采取社会本位的立法政策。

社会法学理论对物权法的变迁产生了重大影响,在所有权领域表现为对所有权的绝对性进行限制。在自由资本主义时期,由于坚持所有权绝对原则,结果造成社会财富日益集中、贫富悬殊、劳资对立、财富浪费等社会问题,各种矛盾不断激化。在这种情形下,对个人主义的所有权制度的修正,才能在一定程度上缓解各种矛盾,因而团体本位的所有权思想应运而生。这种思想认为个人所有权的行使,必须符合国家和社会的公共利益,即所有权必须为增进人类的共同需要和幸福而存在。首先倡导社会所有权思想的是德国学者耶林,他认为所有权行使的目的,不仅应为个人的利益,同时也

---

① 参见温丰文:《现代社会与土地所有权理论之发展》,台湾五南图书出版公司1984年版,第15—16页。转引自梁慧星主编:《从近代民法到现代民法》,中国法制出版社2000年版。
② 马俊驹、江海波:《论私人所有权自由与所有权社会化》,载《法学》2004年第5期。
③ 参见王哲:《西方政治法律学说史》,北京大学出版社2001年版,第408页。

应为社会的利益。因此,应以社会的所有权制度取代个人的所有权制度。德国的基尔克基于日耳曼法的团体本位思想,倡导所有权社会化的思想。①法国的狄骥也倡导所有权的社会化,否认所有权是一种权利,认为社会并没有自由的存在,为履行个人的职责,只有根据社会利益而行为的义务。所有权社会化的立法最早为1919年8月11日德国《魏玛宪法》第153条的规定:"所有权负有义务,其行使应同时有益于公共福利。"德国的基本法也作出了相应的规定。②可见,所有权的社会化思想获得了一致的承认,社会利益作为一种价值载体被引入所有权制度中,由此导致所有权观念的变化,即所有权被视为一种社会关系。此外,伴随现代社会经济的发展,所有权的社会功能也从对财富的享有发展成为对财富的创造,所有权分离和转换理论获得了社会的承认,用益物权的地位和作用日渐增强,并获得了前所未有的地位。

第二节 所有权的意义

一、所有权的概念

罗马法学家认为,早期"所有权"(dominium)的形成是地役权(servitus)和用益物权(ususfructus)产生的结果。③地役权和用益权大约是在公元前3世纪或者2世纪左右形成的。从《学说编纂》的一些片断来看,前古典的法学家曾讨论过用益物权。到了帝国晚期,罗马法产生对物的最高权利——所有权(proprietas),主要相对于用益权(ususfructus)被使用,享有用益权的

---

① 参见前揭梁慧星:《从近代民法到现代民法》,第8页。
② 《德国基本法》第14条规定:"所有权和继承权受保护。其内容和限制由法律规定。所有权承担义务。它的行使应当同时为公共利益服务。剥夺所有权只有为公共福利的目的才能被允许。剥夺所有权只有依照法律或者根据法律的原因进行,而且该法律对损害赔偿的方式和措施有所规定。该损害赔偿必须在对公共利益和当事人的利益进行公平的衡量之后确定。对损害赔偿的高低有争议时可以向地方法院提起诉讼。
③ 在罗马法中,所有权表述为"dominium",原有统治、管辖、控制、支配的含义,在法律上即"对物完全的权利",在这个词出现之前,罗马法中出现了许多表达财产概念的词,例如,familia, pecunia, mancipium, manus, partia, potestas等,但这些均未准确表达所有人对物的绝对支配权,在内涵上包含了家长对家子的权利。参见前揭王利明:《物权法论》,第245页。

人称为"用益权人"。正是由于他物权的产生,客观上需要法律进一步明确土地所有权人的地位,"dominium"和"proprietas"才适应这种需要而产生。但在所有权概念正式出现以前,在逻辑上,我们仍然不能把用益权或者地役权称为"他物权",正是这两种形式的物权的出现,才促成了所有权(proprietas)的产生。① 在罗马法的文献中,没有关于所有权的定义,仅有"对所有物的一般支配权"②。中世纪的注释法学派从积极和消极两个方面对所有权进行分析,前者是指对物有为各种行为的权利,例如,使用、收益和处分等权利;后者则是禁止他人对其物为任何行为的权利。在此基础上,注释法学派认为"所有权是以所有人的资格支配自己的物的权利"或者"所有权是所有人除了受自身实力和法律的限制外,就其标的物可以为他所想为的任何行为的能力"③。所有权具有绝对性、排他性和永续性三个特性④。

  罗马帝国灭亡后,欧洲进入漫长的封建中世纪,与封建庄园的生活方式相适应,日耳曼人保持了原始习惯,罗马法上的抽象所有权一度湮灭。日耳曼法以事实关系为基础,承认对物的各种支配和利用为权利,所有权因动产和不动产而存在差异。动产所有权具有绝对性和排他性,而不动产所有权则出现了"双重所有权"。领主对土地的所有权为"上级所有权",即对土地的管理权和处分权;土地的耕种人对土地的权利为"下级所有权",即对土地的使用权和收益权。因此,日耳曼法并未形成抽象的、绝对的所有权观念,而是一种以对物利用为中心的相对的所有权观念。

  罗马法和日耳曼法的所有权观念,对近现代各国的物权法产生了不同程度的影响。在欧洲中世纪罗马法复兴时期,注释法学派将所有权解释为所有者的占有权、使用权、收益权和处分权权能,即使其中一些权能因限制物权的设立暂时与所有者分离,一旦这些权利消灭,又回复所有者,恢复所有权的圆满状态。罗马法的概括主义定义方法和注释法学派的列举主义定义方法分别为法国法系和德国法系继承与发展,对后世所有权产生了重大影响。《法国民法典》最初沿袭罗马法的概括主义方式定义,朴蒂埃认为所有权"就是随心所

---

① 参见梅夏英:《民法上"所有权"概念的两个隐喻及其解读——兼论当代财产权法律关系的构建》,载《中国人民大学学报》2002年第1期。
② 前揭周枏:《罗马法原论》(上册),第299页。
③ 同上。
④ 同上。

欲地处分物的权利,但这种权利不得侵害他人的利益和违反法律"①,成为《法国民法典》所有权定义的原型。但是,法典颁布时采纳了列举主义的方法,《法国民法典》第 544 条规定:"所有权是对于所有物有绝对无限制的使用、收益及处分的权利,但法律禁止的使用除外。"由于具体列举的方式简单明了、通俗易懂,因而对其他国家或地区的立法产生了较大的影响。西班牙、日本、我国台湾地区和苏联民法典等在所有权的含义上都采取了列举主义的立法方式。

大约从 19 世纪 50 年代开始,以列举主义方法界定所有权涵义开始受到学者的批判,于是出现了以抽象概括主义界定所有权的方式。由于大规模的罗马法继受运动以及德意志民族抽象思维的传统,《德国民法典》第 903 条规定:"在不违反法律和第三人利益的范围内,物的所有权人可以随意处分其物,并排除他人的任何干涉。"②

与古代罗马法的混沌概括主义方式相比,《德国民法典》所确立的抽象概括主义是所有权认识发展过程中的否定之否定:先有混沌的笼统认识,然后通过具体的列举主义方式明确所有权丰富多彩的内容,再以抽象的概括方式以避免事实类型列举不足的缺陷,以否定的方式界定其内涵,从正、反两方面理解所有权。③所有权的积极权能是所有人对物的全面支配,包括但不限于占有、使用、收益、处分等权能,充分体现了所有权人对标的物的支配性;消极权能为所有人仅在权利行使范围内排除他人的干涉。概括主义方法虽然比较抽象,难以为人们所理解,但是在结构上比列举主义方法更为严谨,充分反映了所有权的法律属性。④因此,所有权是指所有人在法律规定的范围内,自由支配其物并享有排除他人干涉的权利。⑤

---

① 何勤华:《朴蒂埃与法国民法典》,载《外国法译评》1996 年第 1 期。
② 《德国民法典》关于所有权的定义,对我国法学界产生了非常大的影响,史尚宽先生、郑玉波先生、王泽鉴先生、佟柔先生等对所有权的定义,采取抽象概括主义而非具体列举主义。
③ 参见冉昊:《论所有权含义、对象和地位的演变》,载中国法学网,http://ww.iolaw.org.cn/paper/paper183.asp。
④ 参见前揭钱明星:《物权法原理》,第 140 页。
⑤ "所有权为现行私法的秩序之基本,于一定限界内对于外界之事务有完全支配权。"前揭史尚宽:《物权法论》,第 59 页。
"所有权者乃一般的全面的支配其客体而具有弹性及永久性之物权也。"前揭郑玉波:《民法物权》,第 53 页。
"所有权,是指在法律规定的范围内自由支配标的物并排除他人干涉的权利。"前揭梁慧星:《中国物权法草案建议稿》,第 16 页。

二、所有权的性质

所有权是以全面的对物的支配权能为内容的权利,是所有人在法律规定的范围内,自由支配标的物并享有排除他人干涉的权利。所有权具有如下性质:①

(1) 所有权的完全性。所有权对标的物具有完全的支配性,即所有权是所有人在法律规定的范围内对其所有物完全享有占有、使用、收益和处分的权利。所有权是完全的支配权,是他物权的源泉。与所有权不同,他物权仅能在一定范围内支配其客体。换言之,他物权是仅在某些方面对标的物支配的权利,而所有权是全面对标的物支配的权利。例如,地上权、永佃权、典权和地役权等用益物权,仅享有对标的物的占有、使用或者收益的权利,而抵押权、质权和留置权等担保物权,仅享有对标的物的占有或者处分的权利,即在一定范围内享有对物的支配权,而不是所有权对物的完全的支配权。②

(2) 所有权的整体性。所有权虽然对其客体具有种种支配权能,即对标的物的占有、使用、收益和处分的权能,但并非这些权能的集合,而应当是在法律规定的范围内,可以自由行使的整体性的权利。因此,所有权的整体性决定了所有权本身不得在时间和空间上进行分割。例如,基于所有权而设立的抵押权,不能解释为所有权的处分权能的分离,而是所有权整体内容一部分的具体化。

(3) 所有权的永久性。所有权的永久性是指所有权的存续不得设定期限,而不是所有权永远不会消灭。所有权的永久性是相对限制物权的有期

---

① "所有权的特征是通过与其他物权的比较而得出的。然而,国内民法教科书往往将所有权与债权作比较,来讨论所有权的特征。……我们认为,这种做法在逻辑上似嫌未通。因为同类或同一层面上的事物之间才有比较而言。债权与物权是同一层面的财产权,而所有权只是物权的属概念,将它与债权直接比较是不妥当的。只有将所有权与其他属概念之间作比较,才是揭示其特征的最重要的方式。"前揭张俊浩:《民法学原理》(上册),第421页。

② 德国中世纪存在上级所有权与下级所有权制度,即将所有权由"质"上分割为二,一是耕作权,一是征租权,二者并存在一块土地上,并无从属关系。古代日本也有"上土权"与"底土权"的称谓,也是分割所有权的一种形态。我国古代也有一田两主的制度(双重所有权),即将一块土地分为上、下两层,上者为上地,有田皮、田面、皮业及小业等称谓;下者为底田,有田根、田骨、骨业及大业等称谓。福建漳州曾出现过一田三主制,这种所有权制度与分割所有权性质相同。参见前揭郑玉波:《民法物权》,第54页。

限而言的,无论是用益物权还是担保物权均为有期限物权,事先预定一定的存续期间,存续期间届满,他物权消灭。所有权除了因标的物的灭失、取得时效、权利人抛弃或者其他原因之外,将永久存续。

(4)所有权的弹力性。既然所有权具有整体性,其内容便可自由伸缩。所有人为他人在其物上设定抵押权、地上权等他物权,虽然其实质内容几乎成为一个空虚的权利,但是所有权人在保有其处分力的限度内,其所有权仍然具有统一的支配力。一旦他物权消灭,所有权的负担被除去,所有权即恢复其原来的圆满状态,从而实现完全的支配权,即所有权的弹力性,或者称为归一力。例如,所有权人在其土地上设定地上权或者永佃权之后,即受到其设定的他物权的约束,而其本身似乎成为任何权能的"空虚所有权"(Nuda proprietas,也称为裸体所有权),然而一旦地上权或者永佃权消灭,则所有权即恢复其圆满状态。

三、所有权的类型

关于所有权类型的划分,[①]我国教科书一贯是以所有制性质为标准,将所有权分为国家所有权、集体所有权和个人所有权三种;[②]另一种分类是以动产和不动产为标准,将所有权划分为动产所有权和不动产所有权。[③]

第一种观点认为,物权法作为财产法的基本法,必须反映所有制。"各国物权法都有很强的固有法性,各国物权法必须与其固有传统相一致。物权法固有法性首先要体现在物权法反映各国的社会经济制度,否则会脱离国情。我国现在实行的经济制度是宪法确定的,因此物权法也要符合宪法的规定。"[④]

第二种观点认为,物权法应当按照宪法修正案的精神建立各种所有权

---

① 郑玉波先生将所有权分为两类:一是以所有权的客体为标准,将所有权分为不动产所有权与动产所有权;二是以所有权的主体为标准,将所有权分为单独所有权和共同所有权。参见前揭郑玉波:《民法物权》,第74页。

② 《物权法草案》及王利明主持编纂的《中国物权法草案建议稿及说明》按照所有制标准划分所有权为国家所有权、集体所有权和私人所有权。

③ 梁慧星主持编纂的《中国物权法草案建议稿》以动产和不动产为标准将所有权划分为动产所有权和不动产所有权。

④ 王利明:《物权立法若干问题新思考》。转引自刘亮:《试论所有权的类型化》,载中国私法网,http://www.privatelaw.com.cn/new2004/shtml/20041102-114233.htm。

一体承认和平等保护的原则。按照所有制标准对所有权进行分类很可能使私人所有权处于相对弱势的地位,有悖所有权主体平等的原则。

国家所有权和集体所有权是我国宪法确立的,①而宪法作为国家的根本大法,任何法律均不得违反其规定,物权法也不例外。但是,在物权法中不规定国家所有权和集体所有权,并不是否认宪法的规定,而仅仅说明这种区分不宜规定在物权法中,与私法的性质不吻合。②

纵观世界各国的物权法,极少在物权法中以所有制为标准划分所有权,当然这并不是否定所有权的这种分类方法,而仅仅说明这种分类方法不适于属于私法范畴的物权法。私法是调整交易关系的法律,在社会主义市场经济条件下,国有财产通常是不进入流通领域的。国有财产一旦进入流通领域,就丧失其固有的属性,即"公"的性质,成为法人财产,而法人财产的属性是"私"的。尽管如此,由于物权法具有固有性,在物权法的制定过程中也要充分考虑我国的国情,但同时也应当清醒地认识到,这种所有权的分类不仅不能体现中国特色,反而会破坏私法固有的秩序。因此,不宜在物权法中规定国家所有权和集体所有权。

第三节 所有权的权能

所有权的权能,又称为所有权的作用,"权能意味着行使权利的各种可能性"③。所有权的权能有积极权能与消极权能之分。《民法通则》第71条规定:"财产所有权是指所有人依法对自己的财产享有占有、使用、收益和处分的权利。"占有、使用、收益和处分是所有权的积极权能;消极权能是指排除他人干涉的权能。但是,《民法通则》并没有规定所有权的消极权能,从民

---

① 《宪法》第9条第1款规定:"矿藏、水流、森林、山岭、草原、荒地、滩涂等自然资源,都属于国家所有,即全民所有;由法律规定属于集体所有的森林和山岭、草原、荒地、滩涂除外。"
第10条第1、2款规定:"城市的土地属于国家所有。""农村和城市郊区的土地,除由法律规定属于国家所有的以外,属于集体所有;宅基地和自留地、自留山,也属于集体所有。"

② 学界提出了国家所有权存在多个所有权并存的可能,而集体所有权则存在主体缺位的现象。

③ 前揭张俊浩:《民法学原理》(上册),第425页。

法解释上应当肯定我国所有权制度具有消极权能。[①]对所有人来说,在物完全处于其控制之下,所有权的权能的划分并没有实际意义,而只有在权能与所有权分离的情形下,才使权能的划分以及对各种权能的具体内容的界定成为必要。在物权体系中,与所有权相对的他物权,是基于所有权而派生出来的物权,是对所有权的限制。由于他物权的存在,所有权权能的划分具有现实意义。

所有权权能与所有权的关系,理论上有两种观点:[②]一是权利集合说。该说认为,所有权是由各种权能组成的集合体,各项权能可以成为单独的权利,集合起来则成为一个完整的所有权,因此,所有权的权能是构成所有权的权利。二是权利作用说。该说认为,所有权的各项权能是所有权的不同作用而已。所有权的各项权能与所有权分离,是所有权不同作用的体现。两种观点从不同的角度说明了所有权与权能之间的关系。

一、所有权的积极权能

所有权的积极权能表现为占有、使用、收益和处分四个方面。

(1)占有权能。占有权能,是指对物的实际控制的事实。占有表现为一种持续的状态,而这种持续状态通常被认为是拥有所有权最为明显的证据。占有权能的行使是使用权能行使的前提和基础。在通常情形下,占有权能属于所有人。但是,所有人之外的其他人,可基于所有人的意思获得对物的占有权能。占有权能的分离并不影响所有权的效力。所有人之外的其他人获得占有权能时,同样受到法律的保护,所有人不得随意要求返还标的物。占有权能通常与使用权能、收益权能或者处分权能同时与所有人相分离,例如,在用益物权中,占有权能与使用权能和收益权能三个权利同时与所有人相分离,用益物权人享有对物的占有、使用和收益,所有人仅保留了对物的处分权能。

(2)使用权能。使用权能,是指按照物的性质和功能对物的利用,从而实现权利的利益。使用权能是在不改变或者损毁物的情形下对物的利用。[③]

---

① 参见前揭陈华彬:《物权法原理》,第213页。
② 参见前揭王利明:《物权法论》(修订本),第258页。
③ 参见前揭史尚宽:《物权法论》,第63页。

使用是所有权的一项重要权能,在通常情形下,使用权能归属于所有人,所有人通过对物的使用,实现其对物的利益。与占有权能一样,使用权能可以根据法律规定或者当事人的意思转移给其他人,从而导致使用权能与所有权的分离,非所有人获得了物的使用价值,而所有人则在一定条件下获得物的价值。但是,使用权能是以占有权能为条件的,因此,对物的使用权能的享有,必须同时享有对物的占有权能。然而,对物的占有权能的享有并非一定享有对物的使用权能,例如,质权人仅享有对质物的占有而不能享有对质物的使用。

(3)收益权能。收益权能,是指收取标的物的天然孳息或者法定孳息。使用与收益合称为用益。收益有事实收益和法定收益之分,前者是指所有人收取天然孳息,例如,果实的摘取、奶牛产奶、种马生产驹子等;后者是指所有人收取法定孳息,例如,收取租金、利息等。

在自然经济条件下,所有权以使用为中心;在现代市场经济条件下,所有权则以收益为中心。收益权能与所有权在一定条件下分离,但是,收益权能通常是与占有权能、使用权能同时与所有权分离的,例如,在永佃权等用益物权中,收益权能、占有权能、使用权能与所有人同时分离,所有人仅保留处分权能。

(4)处分权能。处分权能,是指对物的处置。处分有事实上的处分与法律上的处分之分。事实上的处分又称为实物形态上的处分,是指对物加以物质上的变形、改造或者损毁等行为。事实上的处分行为属于事实行为,包含两个方面的内容:一是在客观上使物归于消灭,例如,汽车因火灾而爆炸;二是在客观上改变物的性状,即使物从一种形态转变为另一种形态,例如,房屋的拆迁、米酿成酒等。法律上的处分又称为价值形态上的处分,是指权利的转移、设定、抛弃等。法律上的处分行为属于法律行为,物的形态并未发生任何变化,但在物上的权利发生了变化,例如,房屋由甲转移给乙,或者甲在其房屋上为乙设定了一个抵押权等。法律上的处分包含两个方面的内容:一是所有权发生转移,即权利主体的变更,抛弃也属于这种情形。①二是所有权的部分权能的转让,例如,用益物权或者担保物权的设立,也是

---

① 抛弃可以视为对不特定人的赠与,因而抛弃是一种交易行为,只不过是零价值的交易而已。

处分权能的体现,而这一处分权能通常为人们所忽视。

在所有权的行使及所有人利益的实现过程中,占有、使用、收益和处分四项权能各自起着不同的作用,但是每项权能均从不同的方面表现了所有权所具有的本质属性,即对自己所有的物的支配,所有权并非占有、使用、收益和处分四项权能的简单相加,而是这四项权能有机结合所构成的一个完整的权利。

二、所有权的消极权能

所有权的消极权能是指排除他人干涉的权利。[①]在没有他人干涉的情形下,这种权能则隐而不现。虽然各国物权法明确规定了所有权的消极权能,但是我国《民法通则》并没有明确规定所有权的消极权能。根据所有权的排他性,所有权应具有消极权能,否则,一旦所有权遭到不法侵害或者干涉,就不能得到救济。

第四节　所有权的保护

排除他人干涉或者妨碍是为了保护所有权,而物权请求权是保护物权的手段。由于所有权是最为典型的物权,因而基于所有权而产生的物权请求权是最完全的。所有权的物权请求权分为所有物返还请求权、所有权妨害排除请求权及所有权妨害预防请求权三种。

一、所有物返还请求权

所有物返还请求权,是指所有人对于无权占有或者侵夺其所有物的,请

[①] 《德国民法典》第903条规定:"在不违反法律和第三人利益的范围内,物的所有权人可以随意处分其物,并排除他人的任何干涉。"
《瑞士民法典》第641条规定:"(1)物的所有人,在法律规范的限制范围内,对该物得自由处分。(2)其有权请求物的扣留人返还该物并有权排除一切不当影响。"
我国台湾地区民法第765条规定:"所有人,于法令限制之范围内,得自由使用、收益、处分其所有物,并排除他人之干涉。"

求非法占有人返还其所有物的权利。①所有物被他人无权占有或者被侵夺,是对所有权圆满状态最严重的侵害。由于所有权始于对物的占有,为保护所有人回复其对所有物之完满支配状态,法律在所有权之上规定了所有物返还请求权,②因而所有人基于所有权而自动享有所有物返还请求权。

（一）所有物返还请求权的构成要件

所有物返还请求权的构成要件如下：

（1）所有物的返还请求权主体,应为失去占有的所有人。如果失去占有的不是所有人,而是享有他物权的合法占有人,则其回复占有的请求权是基于他物权的物权请求权,而不是基于所有权的所有物返还请求权。

所有物返还之诉,通常是直接占有人失去占有后向无权占有人提出。但是,如果所有人通过出租、设定他物权方式,使他人合法占有所有物,或者在买卖、赠与等转让行为中因手续等因素而致买受人或者受赠人等并没有直接占有标的物,仍由出卖人、赠与人等占有标的物,一旦发生第三人非法侵夺的情形,直接占有人可行使占有物返还请求权,作为所有人的间接占有人,可以直接向非法占有人行使所有物返还请求权。③

（2）所有物返还请求权的相对人,是无权占有所有物的相对人。所有物返还请求权的相对人,应当是现时即权利人提出请求时占有其物的人。只要存在无权占有的客观事实,则无论占有人主观上是否有故意、过失或者其他可归责的事由,均构成无权占有,所有人可向无权占有人请求返还。

（3）相对人对物的占有应当是无权占有,即有无权占有或者侵夺所有人的所有物的客观事实存在。这是所有物返还请求权行使的实质要件。无

---

① 参见前揭王利明：《物权法论》,第155页；前揭梁慧星主编：《中国物权法研究》,第106页。

② 《德国民法典》第985条规定："所有权人可以要求占有人返还其物。"
《俄罗斯联邦民法典》第301条规定："所有人有权要求返还其被他人非法占有的财产。"
《瑞士民法典》第641条第2项规定："所有权人有权请求物的扣留人返还该物并有权排除一切不当影响。"
《意大利民法典》第948条第1款规定："物品的所有人可以向占有或持有物品的人要求返还所有物。"
我国台湾地区民法第767条规定："所有人对于无权占有或侵夺其所有物者,得请求返还之。"

③ 参见刘凯湘：《论基于所有权的物权请求权》,载《法学研究》2003年第1期。

权占有,是指没有合法的占有权利而占有所有人的物;侵夺,是指违背所有人的意思而强行取得并占有所有人的物。侵夺形成的占有,也构成无权占有。由于无权占有是所有物返还请求权行使的前提,因而判断无权占有的标准非常重要。无权占有是指没有合法的原因而为的占有,例如,窃贼对赃物的占有、拾得人对遗失物的占有等。无权占有有时可能是由有权占有转化而来的,例如,租赁期限内承租人的占有为有权占有,而租期届满后如果承租人仍占有租赁物,则由有权占有转化为无权占有。而有权占有,即使是非物的所有人占有,例如,地上权人、留置权人、质权人、典权人、承租人、借用人、保管人、信托人等,分别基于其享有的地上权、留置权、质权、典权、租赁权、使用权、保管权、信托权等正当权源占有标的物,在法律规定或者约定的期限内,所有人也不得向地上权人、留置权人、质权人、典权人、承租人、借用人、保管人、信托人等请求返还所有物。

(二) 所有物返还请求权的效力

如果所有物返还请求权符合上述构成要件,则产生所有物返还请求权的效力。所有物返还请求权之目的在于回复对所有物的占有,因而返还占有应以占有人向所有人交付所有物为内容。罗马法有"我发现我自己的物,我得取回之"的法谚,① 可见,所有人收回其被他人非法占有的所有物、回复占有的完满状态,是自古便存在的法则。

无权占有人的交付以现实交付为主,同时也包括观念交付。所有物返还请求权的客体是占有的返还,而不是所有权的返还。由于所有权并未改变,而仅仅是占有发生了改变,因而返还的方式是占有的移转,而不是所有权的移转。根据物权法的占有制度,占有的移转因占有物的交付而产生效力,现实交付是直接占有的移转,观念交付则是现实交付以外的其他占有转移方式。为实现返还请求占有的移转,相对人应以自己的行为并负担相应的费用,以实现所有物的占有移转。② 在无权占有期间,由所有物所生的天然

---

① 参见前揭谢在全:《民法物权论》(上册),第60页。
② "唯返还所有物,究否应以相对人之费用为之?学说上尚有争执,通说认为应由相对人负担为原则……"前揭郑玉波:《民法物权》,第62页。

孳息和法定孳息,在所有物返还时应一并移转给所有人。①

如果占有人在占有期间对标的物进行改良、添附的,或者即使不存在改良、添附行为,但占有人消极的保存行为对标的物的存续具有实益的,在占有人以自己的行为和费用返还占有的同时,从平衡双方当事人的利益考虑,根据诚信原则,所有人应补偿占有人对物支出的合理费用。②

一旦物发生损毁,可能产生所有物的损害赔偿请求权,这里有两种情形:一是在物发生毁损的情形下,原物仍然存在,如果采取恢复原状的方法,能够恢复物的初始状态而无减损,则所有人可行使返还请求权并同时行使排除妨害请求权。如果恢复原状后仍有价值减损,则所有人可在请求返还所有物的同时请求损害赔偿。二是在物发生灭失的情形下,标的物已不复存在,所有人不能行使所有物返还请求权,而仅能行使损害赔偿请求权。

(三) 所有物返还请求权的限制

所有物返还请求权,是所有权遭受侵害时最强有力的保护措施,所有人遭遇他人无权占有或者侵夺其所有物的情形时,即可行使所有物返还请求权,以确保其对所有物的圆满支配状态。但是,根据诚实信用原则,为避免所有人滥用对物的所有权,保护相对人的合法权利,现代各国物权法对所有物返还请求权进行了适当的限制,或者赋予相对人适当的抗辩权,借以达到利益的平衡。相对人对所有物返还请求权的抗辩事由,主要有:③

(1) 动产善意取得的抗辩。根据动产善意取得制度,在非所有人占有动产的情形下,占有人将动产转让给第三人,第三人善意受让该动产,即使占有人,即出让人没有移转所有权的权利,善意的第三人,即受让人仍取得该动产的所有权。善意取得制度的目的在于保护交易安全,以积极的方式使受让人取得动产的所有权,作为动产所有权的取得方式之一,阻隔所有权的追及力,限制原所有人对动产的返还请求权。因此,在动产让渡的情形

---

① "根据'孳息物随原物'的基本法则和对所有权的完整保护的要求,纵使为无权占有人为善意,原则上亦需返还孳息。当然,对于已消费之孳息善意占有人不负返还义务。"前揭刘凯湘:《论基于所有权的物权请求权》。

② "占有人支出的费用可分为保存费用与改良费用,保存费用为必需费用,如动物之饲料费用、房屋之正常维修费用等,应予全部补偿;改良费用,如属合理之改良且使标的物现实地增加了价值,也应补偿,但以标的物现存之增加价值为限……"前揭刘凯湘:《论基于所有权的物权请求权》。

③ 参见前揭刘凯湘:《论基于所有权的物权请求权》。

下,原所有人以善意第三人,即受让人为相对人请求返还所有物时,善意第三人以善意取得为由拒绝返还,是最强有力的抗辩。

(2)取得时效的抗辩。无权占有人占有标的物,如果符合取得时效的构成要件,则依法取得标的物的所有权,从而成为所有权返还请求权的抗辩。动产取得时效完成后,占有人即自动取得其所有权,原所有人不得向占有人行使所有物返还请求权。不动产取得时效完成后,无权占有人并不能当然取得不动产的所有权,而仅取得请求登记为所有人的权利,因此,在登记机关登记之前,尽管时效已完成,如果原所有人提出所有物返还请求权,无权占有人不能以取得时效为由获得抗辩,也不能请求涂销原所有人的所有权登记。①

(3)消灭时效的抗辩。以消灭时效为所有物返还请求权的抗辩理由与以取得时效为抗辩理由不同,取得时效是无权占有人以主动进攻的方式,证明自己已经取得原属请求权人的物的所有权,从而否定请求权人的请求权;而消灭时效则是无权占有人以消极防御的方式,证明请求权人的请求权已罹于时效,归于消灭,从而否定其请求权。

(4)给付不能的抗辩。在给付不能的情形下,无权占有人可对所有物返还请求进行抗辩,但如果因可归责于无权占有人的事由而导致给付不能时,无权占有人应对请求权人承担损害赔偿责任。

二、所有权妨害排除请求权

所有权妨害排除请求权,是指所有人在其所有权的圆满状态被占有之外的其他方法妨害时,有权请求除去其妨害,而保持所有权的圆满状态。②

所有权妨害排除请求权起源于罗马法中的所有权保全之诉,即针对他人对不动产主张存在的役权③,也就是所谓的"地役权否认之诉",是作为所有物返还之诉的辅助之诉。这种观念一直延续到《德国民法典》,该法典第1004条规定了所有权妨害排除请求权,④而所有权妨害排除请求权被认为

---

① 参见前揭谢在全:《民法物权论》(上册),第153页。
② "所有权妨害除去请求权者,乃是所有人,于其所有权之圆满状态,被占有以外之方法妨害时,对于妨害人得请求其除去之权利也。"前揭谢在全:《民法物权论》(上册),第135页。
③ 参见前揭周枏:《罗马法原论》(上册),第355页。
④ 《德国民法典》第1004条规定:"所有权人受到除剥夺或者扣留以外的其他方式的妨害时,可以要求妨害人排除妨害。"

是对该法典第 985 条规定的所有物返还请求权的重要补充。

(一) 所有权妨害排除请求权的构成要件

(1) 所有权妨害排除请求权的主体应是其所有权受到妨碍的所有权人。排除妨害请求权的请求权人,应当是为现实所有权受到妨害的合法所有人。相对人以占有之外的其他方法妨害所有权的行使。相对人妨害所有权事由的发生,应当在相对人能力支配范围之内,而不仅仅限于相对人的自身行为。基于自然力而产生的妨害,例如,相对人的大树被风刮倒在邻地;或者由于第三人的行为而产生的妨害,例如,某块土地因前所有人掘取泥土导致邻地的坍塌,这些均由妨害物的现行所有人承担责任。相对人对妨害事由的发生是否具有故意或者过失,不影响责任的承担。

(2) 相对人应当是妨害所有人行使所有权的人。相对人以占有以外的方法妨害所有人的所有权,致使所有权的圆满状态受到侵害。这既是所有权妨害排除请求权与所有物返还请求权的根本区别,也是所有权妨害排除请求权的实质性构成要件。相对人以无权占有以外的其他方法妨害所有权,既有事实上的妨害,又有法律上的妨害。①所有权人提出排除妨碍请求权时,妨碍仍在发生,即仍处于继续状态而对所有权产生持续的妨碍。

(3) 妨害在客观上应是非法。相对人的行为只要在客观上给所有人的所有权造成了妨碍,就应承担排除妨碍的义务,而不问其主观上有否过错。但是,给所有人造成的妨碍必须是非法的。换言之,如果根据法定或者约定的容忍义务,所有权人应当忍受这种妨碍,则妨碍并不是非法的,所有人则

---

① "在实务中主要包括但不限于下列数种型态:① 以不当方法妨碍所有权人正常行使所有权。如在他人住宅前面的通道上设置障碍,影响其通行;在他人土地上堆放垃圾,影响其耕作或施工;在他人房屋前设置巨大广告牌,影响其采光与通风等。② 以危险方法危害所有权人财产之安全。如在他人房屋顶端横拉高压电线;在他人土地上方挖排水沟将污水导入其土地;在他人屋基附近挖洞危及房屋安全等。③ 以不当方法对所有权之财产造成不可量物之侵害。不可量物侵害系指因煤气、蒸气、臭气、煤烟、热气、噪音、震动及其他来自于他人土地的类似干涉的侵入。④ 非法为他人之所有权设定负担。如擅自在他人不动产上设立抵押权等。⑤ 非法为他人所有权办理移转登记。如伪造证件将他人房屋所有权移转登记为自己所有,以欺诈、胁迫方法使他人为所有权移转登记等。此种情形因已导致他人失却占有,故排除妨害请求权与所有物返还请求权须合并行使,即请求涂销所有权移转登记并返还所有物。⑥ 因不可归责于相对人之原因而产生的对所有权人之妨害。如大风将甲之广告牌刮倒并落入乙之庭院,此与甲之主观过错无关,但客观上造成了对乙方的所有权的妨碍。"前揭刘凯湘:《论基于所有权的物权请求权》。

不得行使妨碍排除请求权。

所有人应当承担的容忍义务有法定与约定两种形态：一是法定的容忍义务，例如，城市规划建设需拆迁房屋产权人的房屋，所有人应容忍而不得请求排除妨碍。二是约定的容忍义务，即所有人以合同的方式约定，允许相对人实施某种行为而客观上妨碍其所有权的行使，这时所有人也不得行使排除妨害请求权。例如，甲允许乙通行其土地。

（二）所有权妨害排除请求权的效力

所有权妨害排除请求权的效力是请求排除妨害，由相对人，即妨害人以自己之行为与费用排除妨害，以恢复所有权人对标的物的正常行使与圆满的支配状态。

排除妨害的费用，应由相对人承担。在排除妨害原因的场合，通常不会发生费用，例如，停止擅自穿行他人土地的行为、停止播放噪音的行为等。即使发生费用，也是直接为妨害人本人的利益而发生。在排除妨害结果的场合，通常可能发生费用支出，该费用原则上应由妨害人承担。

三、所有权妨害预防请求权

所有权妨害预防请求权，又称所有权妨害防止请求权，是指所有人对有妨害其所有权的可能性，可请求防止妨害发生的权利。[①]

所有权妨害预防请求权在罗马法上已有规定，但罗马法是将妨害预防请求权与妨害排除请求权合并规定，统称为妨害排除之诉或者所有权保全之诉。[②]《瑞士民法典》沿袭了罗马法的这种立法例。《德国民法典》将妨害预防请求权独立出来，作为与所有物返还请求权、妨害排除请求权并列的一项独立的物权请求权。[③]关于所有权妨害预防请求权是否独立于所有权妨

---

① 所有权妨害预防请求权是指"所有人对于有妨害其所有权之虞者，得请求其防止妨害之权利"。前揭谢在全：《民法物权论》（上册），第137页。

② 参见前揭周枏：《罗马法原论》（上册），第354—355页。

③ 《德国民法典》第1004条规定："……所有权有继续受妨害之虞的，可以提起停止妨害之诉。"

排除请求权的问题,国内学界有不同的观点。①

(一) 所有权妨害预防请求权的构成要件

所有权妨害预防请求权的构成要件有请求权人、相对人和妨害发生的可能性。行使妨害预防请求权的人应当是所有权人,包括依法可得行使所有权的人,如遗产管理人、失踪人的财产管理人、破产清算人等。妨害预防请求权的相对人,应当是将危险加害于所有权人,且对危险物或危险行为有支配权的人。所有人的所有权尽管没有现实的妨害,但有遭受侵害的极大可能,如不采取预防措施,则将遭受现实的妨害,从而导致所有权丧失其圆满状态。例如,甲在其紧邻乙的房屋土地大量挖沙掘土,有危及乙的房屋地基稳固的极大可能,则乙可行使妨害预防请求权。

(二) 所有权妨害预防请求权的效力

妨害预防请求权的效力是相对人应采取预防行为,排除可能引起妨害的原因,即消除可能引起妨害的危险。相对人消除可能引起妨害危险的行为,可以是积极的作为,也可以是消极的不作为。例如,甲房屋因年久失修而有向紧邻的乙的房屋倾倒的明显迹象,乙可以向甲行使妨害预防请求权,甲的义务是积极的行为,即对自己的房屋采取加固措施,进行修复或者拆掉重建;又如,甲在紧邻乙的房屋挖沙掘土,有危及乙房屋安全的危险,乙行使妨害预防请求权,请求甲停止挖沙掘土,则甲的义务是消极的不作为,即停止挖沙掘土的危险行为。

第五节 取得时效

一、取得时效的意义和性质

时效,是指一定的事实状态经过一定的期间而产生一定法律后果的制度。换言之,一定的事实状态持续一定的期间,则不问这种事实状态与真实

---

① "请求排除妨害既包括请求除去已构成之妨碍,也包括防止可能出现的妨碍,前一种请求于存在实际妨碍之时提出,其目的在于除去已存在之妨碍,可称为'请求除去妨碍',后一种请求于出现妨碍之虞时提出,其目的在于预防可能的妨碍,可称为'请求防止妨碍'。"彭万林主编:《民法学》,中国政法大学出版社1999年版,第282页。

的权利是否一致,法律直接确认这种事实状态为权利的制度。①法律的目的原本是为了保障真实的权利,然而,时效制度的目的却是为了尊重事实状态,保护长期以来所形成的法律关系,以达到社会的和谐和稳定,②而不管其真实的权利关系如何。这主要由于两方面的原因:③一是一定的事实状态如果能够长期存在,社会必定对这种事实状态产生合理的信赖,可能以此为基础而建立种种法律关系,一旦这些法律关系被推翻,则势必对社会公众产生重大影响,从而有悖正常的社会生活秩序。因此,法律为了维护稳定的社会秩序,不得不承认这种现状。二是长期的事实状态是否与真实权利一致,可能因为时间长久,难以取证,从而无法判断,因此,不如直接承认长期存在的事实状态。即使有真实权利人存在,但由于其怠于行使权利,成为在权利上"睡眠"的人,法律没有保护的必要。

时效有取得时效与消灭时效之分,各国对时效制度有两种不同的立法例:一是在民法总则中规定取得时效与消灭时效,法国和日本属于这种立法例;二是在民法总则编中规定消灭时效而在物权编中规定取得时效,德国属于这种立法例。

取得时效起源于罗马。在古罗马时期,由于土地荒芜影响生产和社会安定,为鼓励人们充分利用他人废弃的土地和其他生产资料,同时也为弥补因市民法对财产转让的严格形式主义而造成的权利缺陷,使不符合法律规定的形式要件但实际取得财产的市民可以取得相应的所有权,古罗马《十二表法》正式确立了取得时效制度。《十二表法》第6表第3条规定:"凡占有土地(包括房屋)二年,其他物品一年,即因占有取得所有权。"在维护市民法传统的前提下,让买受人通过时效而取得占有财产的所有权,弥补了法律行为严格形式主义的缺陷。中世纪的注释法学派将取得时效与消灭时效合为统一的制度,1804年的《法国民法典》继受了注释法学派的时效制度,该法典第2219条规定,时效是取得财产所有权的方法。《日本民法典》第162条和第163条也同样规定了所有权和其他财产权的取得时效。《德国民法典》采取了与《法国民法典》不同的立法例,在物权编规定取得时效制度。取得时效适用

---

① 参见前揭郑玉波:《民法物权》,第65页。
② 参见前揭谢在全:《民法物权论》(上册),第146页。
③ 参见前揭郑玉波:《民法物权》,第56—66页。

于动产、占有或者登记取得土地所有权、以对物的占有为要素的限制物权。《瑞士民法典》对动产、登记或者占有取得土地所有权适用取得时效。

取得时效是以占有他人的物或者行使一定财产权,经过一段期间,根据法律规定而取得所有权,因而其在性质上属于事实行为,而不是法律行为。①

二、取得时效的构成要件

时效取得作为一种事实行为,要发生法律上的效力,应当具备法律上规定的要件。从各国民法典的规定看,取得时效的构成要件有:一定的事实状态、一定的期间、他人所有物。符合上述要件,即产生时效取得的法律效果,占有人取得所有权,原来存在于标的物上的权利消灭。

(1) 一定的事实状态。在取得时效中,一定的事实状态是指占有,而占有是指对物有事实上的控制力。构成所有权取得时效的占有,要求对物的占有是自主、善意、公然、和平的占有,即主观状态是自主、善意的占有,客观状况是公然、和平的占有。

自主占有,是指占有人以自己所有的意思占有标的物,它是动产和不动产取得时效的共同要件,也是时效取得的核心要件。"以自己所有的意思",要求占有人以自己的意思占有标的物,将自己置于与所有人同样的地位。然而,是否以所有的意思为占有,是占有人内心的状态,难以举证,因而通常推定占有人为自主占有。因此,主张自主占有的事实,只需证明占有的事实存在,法律即推定其具有"所有的意思",除非有相反的事实推翻。

善意占有,是指占有人不知道或者不应当知道其占有的标的物权利上有瑕疵的占有。关于时效取得制度中的占有是否以善意为限,各国立法和理论存在不同的观点。大陆法系国家或地区有两种立法体例:一是肯定主义,德国、瑞士和法国采取这种立法例,②但德国、瑞士对登记取得时效和未

---

① 参见前揭谢在全:《民法物权论》(上册),第147页。
② 《德国民法典》第937条2款规定:"取得人在取得自主占有时非出于善意或者在以后知悉所有权不属于自己的,因时效而取得的所有权消灭。"
《瑞士民法典》第728条第1款规定:"作为所有人占有他人动产,且无争议、无间断地占有五年之久时,因时效而取得所有权。"
《法国民法典第》第2268条规定:"在任何情形均推定占有人为善意,主张恶意者,应负举证责任。"
第2269条规定:"在取得占有时系善意者,即为善意占有。"

登记不动产,均不需善意;①二是否定主义,日本、意大利和我国台湾地区采取这种立法例。②学界也有肯定和否定两种观点。肯定说认为,恶意占有取得时效利益,违反诚实信用原则,不利于维护社会正义;③否定说则认为,善意是否必要,应因取得时效功能发挥而定,在稳定社会秩序和促进物尽其用方面,善意并无益处。④日本和我国台湾地区民法规定,善意的取得时效期限为 10 年,恶意的取得时效期限为 20 年。善意是否作为取得时效的构成要件,取决于各国的立法政策。由于善意是一种内心状态,外人不得而知,因

---

① 《德国民法典》第 900 条规定:"(1)未取得土地所有权而作为土地所有权人登记入土地登记簿的人,如果登记已经过三十年,并且此人在此期间自主占有该土地时,即取得该土地的所有权。该三十年期限以与计算因时效而取得动产的期限相同的方法计算。该期限因将对登记的正确性提出的异议登记入土地登记簿而中止。(2)在土地登记簿中为他人登记一项此人不享有的其他权利,因而使他人有权占有土地时,或者使此项权利的行使受到关于占有的规定的保护时,准用上述规定。关于权利的顺位以登记为标准。"

第 927 条规定:"(1)三十年以来,土地处于他人的自主占有之中的,可以通过公示催告程序排除土地所有人的权利。占有的期间,以与动产取得时效期间相同的方式计算。土地所有人被登记于土地登记簿的,只有在其已经死亡或者失踪,并且三十年以来,须经土地所有人同意的登记未在土地登记簿中进行的情况下,公示催告程序才是可准许的。(2)取得除权判决的人,因使自己作为所有人登记到土地登记簿中而取得所有权。(3)在除权判决发布前,第三人已经作为所有人被登记,或者由于第三人的所有权,对土地登记簿正确性的异议已被登记的,该判决不对第三人发生效力。"

《瑞士民法典》第 661 条规定:"不动产登记簿上不当登记为所有人者,只要其为善意,并没有争议连续取得十年,取得所有权。"

第 662 条规定:"(1)作为所有物,没有争议地连续三十年占有尚未在不动产登记簿上登记之土地时,得请求所有权登记。(2)在前款的相同条件下,在不动产登记簿中记载的土地原所有人不明,或者在三十年取得时效开始时,原所有人已死亡或者被宣告失踪,现占有人,同样取得所有权。(3)但是,只有在公告后的规定期间内,无人声明异议或者声明的异议被驳回,根据法官的命令始得登记。"

② 《日本民法典》第 162 条规定:"(一)以所有的意思,二十年间平稳而公然占有他人物者,取得该物所有权。(二)以所有的意思,十年间平稳而公然占有他人不动产者,如果其占有之始系善意且无过失,则取得该不动产的所有权。"

我国台湾地区民法第 768 条规定:"以所有之意思,五年间和平公然占有他人之动产者,取得其所有权。"

第 769 条规定:"以所有之意思,二十年间和平继续占有他人未登记之不动产者,得请求登记为所有人。"

第 770 条规定:"以所有之意思,十年间和平继续占有他人未登记之不动产,而其占有之始为善意并无过失者,得请求登记为所有人。"

③ 参见史浩明:《取得时效制度研究》,载《天津社会科学》1994 年第 3 期。

④ 参见温世扬、廖焕国:《取得时效立法研究》,载《法学研究》2002 年第 2 期。

此对善意的举证一般为推定,结果在很大程度上使善意流于形式。

公然占有,是指对占有物的利害关系人,占有人未使用特别隐秘的方法占有标的物。与之相对的是隐秘占有。占有是隐秘还是公然,应视占有人对占有物的利害关系人是否存在有意掩盖其占有的事实:对占有物的利害关系人有意掩盖其占有事实的,为隐秘占有;无意掩盖其占有事实的,为公然占有。①

和平占有,是指不以暴行或者胁迫取得或维持的占有。与之相对的是暴力占有,即瑕疵占有。如果本来是和平占有,但后来却以暴行或者胁迫维持其占有的,则变为带有暴行或者胁迫的瑕疵占有,不能成立取得时效。然而,原来的强暴占有也可因占有人的变更而转换为和平占有。

公然占有与和平占有均为英美法上时效占有的必备要件,比如地役权的取得,必须依据非暴力、非隐秘和非许可的方式。根据英国1980年时限法案,时效期间在反向占有事实已经发现或者可得发现之前不得起算,任何欺诈、隐瞒或者错误的存在,均不能引起反向占有发生。

(2)一定的期间。取得时效制度的目的在于保护持续、永久占有动产或者不动产的事实。因此,占有人即使对标的物为自主、和平和公然占有,但如果没有经过一定的期间,也不能根据时效取得财产所有权。大陆法系国家根据标的物性质、占有人善意与否,规定了一定的期间,在解释上认为应以持续为必要,由于涉及公共利益,不得任意延长或者缩短。基于公平与效率,根据社会经济的发展状况,各国关于取得时效期间的规定,长短不一。随着经济和科学技术的发展,权利人行使权利的便利,交易频繁,应缩短时效期间。②

时效期间通常从占有人无瑕疵占有之时开始计算。但在取得时效进行过程中,如果出现了某些事由,导致已经进行的期间全部归于无效,则会导

---

① "从而客观的为公然,则权利人及其他利害关系人,虽不知占有之事实,尚不失为公然之占有。反之客观的为隐秘之占有,纵令权利人偶知其占有之事实,尚不得谓为公然之占有。"前揭史尚宽:《物权法论》,第139页。

② 参见前揭史尚宽:《物权法论》,第76页。

致取得时效期间的中断。①取得时效的中断有自然中断与法定中断之分。自然中断的事由大多违反取得时效的构成要件,或者占有因心素的变更或者体素的丧失,从而导致中断。②自然中断的事由主要有:一是占有人自行中止占有,例如,占有人抛弃其占有,将物返还给所有人;二是变为不以所有的意思的占有,如由自主占有变为他主占有;三是占有被他人侵害而没有恢复其占有的;四是占有物丧失;五是占有性质变更,如由公然变为隐秘,由和平变为强暴占有。法定中断是指取得时效基于法律原因而中断,主要有权利人向法院提起诉讼、向占有人提出返还请求以及占有人承认权利人的权利。

时效期间的中止,是指取得时效期间进行过程中因一定事由而暂停时效期间的计算。导致取得时效中止的事由消失后,取得时效仍然继续计算。取得时效中止有取得时效期间的停止与取得时效期间的不完成两种。日本和我国台湾地区仅规定了取得时效期间的不完成,而德国、瑞士及意大利对二者均有规定。导致取得时效中止的事由主要有:在取得时效期间的最后6个月存在不可抗力,无行为能力或者限制行为能力人欠缺法定代理人,存在法定代理关系,存在夫妻关系以及继承人、管理人仍未确定。③

(3)他人所有之物。根据大陆法系国家的民法规定,以时效取得所有权的标的物应当是他人所有之物,即有主物——他人所有的动产或者不动产。自己所有的动产和不动产,不会产生取得时效的问题,而对无主物的占有,适用先占取得制度而不是时效取得制度。共有物通常认为属于取得时效的客体。共有物的所有权属于全体共有人,如果其中一共有人以单独所有的意思占有共有物,就共有物的其他共有人应有部分,能够通过时效而取得。

三、取得时效的效力

取得时效的效力因动产与不动产而存在差异。动产的占有人一旦完成

---

① "盖依时效而取得所有权,乃是以一定之事实状态,继续达一定之期间为其基础,若时效进行中,竟有与此不相容之事实发生,则取得时效自无从继续进行,而必须中断。"前揭谢在全:《民法物权论》(上册),第159页。

② 参见前揭史尚宽:《物权法论》,第79页。

③ 参见侯利宏:《取得时效研究》,载梁慧星主编:《民商法论丛》(第14卷),法律出版社2000年版。

取得时效,即取得该动产的所有权,无须办理其他手续;而不动产的占有人在完成取得时效时,仍然不能取得该不动产所有权,仅仅取得该不动产所有权的登记请求权,只有在践行登记手续后,才取得该不动产所有权。①因此,不动产所有权的取得是相对的,而动产所有权的取得是绝对的。

取得时效完成后,其效力是否具有溯及力,即溯及到占有开始时发生,立法和理论有肯定说与否定说两种。②对此,《日本民法典》第 144 条规定了具有溯及力,而我国台湾地区民法典则规定不具有溯及力。

取得时效的效力表现为因时效取得所有权的取得,是原始取得而不是继受取得。物上的原有权利因时效而归于消灭,原权利人不具有不当得利返还请求权。虽然时效取得是原始取得,但其权利并非没有限制。③例如,不动产占有人允许邻地所有人通行下的占有时,则在时效取得后,这种限制仍然存在。

四、所有权之外的其他财产权的取得时效

各国立法均承认所有权之外的其他财产权的取得时效,例如,《德国民法典》第 1033 条规定:"动产上的用益权可以因取得时效而取得。于此准用关于因取得时效而所有权的规定。"《日本民法典》第 163 条规定:"以自己的意思,平稳而公然行使所有权以外的财产权者,按前条区别,于二十年或者十年后取得该权利。"所有权之外的其他财产权的取得时效,适用动产和不动产取得时效的规定。④但是,由于各国立法例并未规定所有权之外的财产权的对象,学界对此存在不同的认识。通说认为所有权之外的财产权,不仅包括物权,而且还包括债权、继承权以及知识产权中的财产权。⑤但是,并非所有的财产权均可适用取得时效,基于身份关系而产生的专属财

---

① "不动产占有人在未办妥登记前,对原所有人除其所有物返还请求权已罹于消灭时效外,仍属无权占有。"前揭谢在全:《民法物权论》(上册),第 156 页。
② 参见前揭郑玉波:《民法物权》,第 71 页。
③ 参见前揭史尚宽:《物权法论》,第 83 页。
④ 同上书,第 84 页。
⑤ "所有权以外之财产权,其主要者为物权及债权,专利权、商标权、著作权等所谓无体财产权及撤销权、解除权等之所谓形成权,亦属之。"前揭史尚宽:《物权法论》,第 84 页。

产权①、根据法律规定而并非基于当事人意思表示成立的权利②、因一次行使即归于消灭的权利③,则不适用取得时效的规定。④

---

① "人格权与身分权,因其乃与权利主体之人格、身分有不可分离关系之权利,为非财产权,与第772条之规定限于财产权始得依时效取得者不合。"前揭谢在全:《民法物权论》(上册),第163页。既然人格权和身份权属于人身权而不是财产权,那么,并非所有权之外的财产权的对象。
② 例如,留置权。
③ 例如,撤销权、解除权、买回权、选择权。
④ 参见前揭史尚宽:《物权法论》,第84页。

第五章 不动产所有权

不动产与动产是物最基本的分类,体现了物在私法上的属性,具有重大的理论和实践意义。大陆法系各国立法和理论认为,不动产是指土地及其定着物。① 不动产所有权以不动产为标的物,即以土地及其建筑物为标的物。根据《担保法》的规定,不动产是指土地以及房屋、林木等定着物。不动产之外的其他物,属于动产。② 在我国的实践中,定着物主要指建筑物,即房屋。

我国《宪法》和《土地管理法》规定,我国土地为国家所有和集体所有,任何法人和自然人不得拥有土地所有权,而仅享有土地的使用权。③

第一节 土地所有权

"劳动是财富之父,土地是财富之母。"从物权法的发展及其规范内容

---

① 《法国民法典》第518条规定:"土地及建筑物依其性质为不动产。"
《日本民法典》第86条规定:"(1)土地及其定着物为不动产。(2)此外的物皆为动产。(3)无记名债权视为动产。"

② 《担保法》第92条规定:"本法所称不动产是指土地以及房屋、林木等地上定着物。本法所称动产是指不动产以外的物。"

③ 《宪法》第10条规定:"城市的土地属于国家所有。农村和城市郊区的土地,除由法律规定属于国家所有的以外,属于集体所有;宅基地和自留地、自留山,也属于集体所有。"
《土地管理法》第8条规定:"城市市区的土地属于国家所有。农村和城市郊区的土地,除法律规定属于国家所有的以外,属于农民集体所有;宅基地和自留地、自留山,属于农民集体所有。"
第9条规定:"国有土地和农民集体所有的土地,可以依法确定给单位或者个人使用。使用土地的单位和个人,有保护、管理和合理利用土地的义务。"

看,土地始终是物权最重要的标的,土地所有权是最基本的不动产物权。目前,我国有关土地的立法性文件繁多,但从土地为物权标的角度看,我国还没有完善物权法,《民法通则》甚至没有使用"物权"的概念,[①]如果严格按照物权法定主义原则,除所有权之外,很难按照现行的立法来确定我国的土地物权种类及其体系。所以学界在阐述我国的土地物权制度时,出现了概念使用不规范、土地物权种类及其体系混乱的状况。[②]因此,物权立法首先应明确我国物权法在民法体系中的选择与定位,我国物权立法与理论基本继受了传统大陆法系的物权制度而不是英美法系的财产法制度。[③]大陆法系的物权是以所有权为核心而建立的抽象体系,并经现代社会的发展而向他物权体系发展,以达物尽其用的社会目的。

我国《宪法》第 10 条规定:"城市的土地属于国家所有。农村和城市郊区的土地,除由法律规定属于国家所有的以外,属于集体所有;宅基地和自留地、自留山,也属于集体所有。"《土地管理法》第 2 条规定:"中华人民共和国实行土地的社会主义公有制,即全民所有制和劳动群众集体所有制。"这说明我国仅存在两种土地所有权制度,即国家土地所有权和集体土地所有权。

"城市土地国家所有,农村和城市郊区土地集体所有"的土地公有制,是从 1949 年新中国成立到 1956 年之间逐步建立的。[④]在"一大二公"体制下,土地所有权和使用权不分离,土地实行无偿、无期限的使用和土地权利的非市场化制度,造成了土地资源的不合理配置,土地价值和利用效益的低下。改革开放后,社会经济的发展要求我国建立起符合社会主义商品经济发展要求的土地权利制度。20 世纪 80 年代末,我国突破了原有制度,承认土地出租和土地使用权的转让,确立了国有土地有偿使用制度,从而有利于土地

---

① 《民法通则》第五章仅以"财产所有权和与财产所有权有关的财产权"为章名,并未使用"物权"概念。

② 实务界的情形也大致相似。2004 年我应邀参加上海市房屋土地资源管理局的一个内部研讨会,发现实务界对我国土地权利的混乱状况也非常无奈。

③ 中国社会科学院法学研究所梁慧星先生与郑成思先生展开了制定物权法与财产法的论战。参见郑成思:《关于制定"财产法"而不是"物权法"的建议》,载《中国社会科学院要报:信息专版》第 41 期。

④ 1956 年,我国生产资料私有制社会主义改造的完成,标志着土地国家所有权制度的建立。

资源的合理配置,提高了土地价值和利用的效益,维护了正常的社会经济秩序。

(一) 土地国家所有权

土地国家所有权,是指国家对属于自己的土地依法享有的占有、使用、收益和处分的权利。我国土地国家所有权制度是在新中国成立初期对全社会的土地所有权关系进行根本性制度变更过程中形成的。[①]这里从土地国家所有权的主体、客体和行使三个方面论述土地国家所有权。

(1) 土地所有权主体的唯一性,即国家。国家是土地国家所有权的唯一主体,国家代表全体国民对国有土地享有占有、使用、收益和处分的权利,其他任何单位和个人均不得成为土地国家所有权的主体。关于土地国家所有权主体的立法例,各国有一元制和多元制两种。在一元制的国家中,仅存在单一的土地国家所有权;在多元制国家中,则存在多个彼此独立的国家土地所有权,如在联邦制国家中,联邦政府、州政府以及州以下的地方政府均在自己的辖区内拥有本级政府的土地。我国属于一元制立法例的国家,中央政府是土地国家所有权的唯一主体。

(2) 土地所有权的客体,具有相当的广泛性。关于土地国家所有权的客体,我国《宪法》和《土地管理法》有明确的规定。《宪法》第10条规定:"城市的土地属于国家所有。农村和城市郊区的土地,除由法律规定属于国家所有的以外,属于集体所有……"《土地管理法》第8条第1款规定:"城市市区的土地属于国家所有。"从上述法律规定看,土地国家所有权的地域范围,实际上就是国有土地与集体土地之间的范围划分。然而,现行的立法并没有对城市的概念作出清晰的界定,实务中又难以对城市与农村的界限作出准确的划分。解决问题的关键是准确界定城市市区土地的范围。

一是城市市区的土地。我国立法、司法和学界对"城市市区的土地"的范围存在较大的分歧,主要有两种不同的主张,即城市建成区的土地与城市规划区的土地,前者是我国理论界和土地管理部门普遍持有的观点。虽然城市市区的土地为城市建成区的土地具有较大的合理性,但存在一定的缺

---

① 1949年中华人民共和国成立之后,全面接收了前政府的国有土地,没收了官僚、买办资产阶级的土地。1950年《土地改革法》规定,农村的部分土地收归国家所有。1953年颁布的《关于国家建设征用土地办法》以及此后陆续颁布的其他有关征用的法律、法规规定,国家将属于个人(合作化之前)和集体(合作化之后)所有的土地,通过征用的方式收归国家所有。

陷,在城市建成区内仍然存在一些未经国家依法征用的集体土地,即所谓的"插花村"或者"城中村"。对这些集体土地的处理,存在不同的意见。[1]实际上,对上述情形应当分两种情况区别对待:第一,在《土地管理法》实施前已经属于建成区内的集体所有土地,属于国有化的对象,应确定为国家所有,而不是征用的对象。第二,在《土地管理法》实施后,因城市市区扩大而进入建成区的集体所有土地,属于征用的对象,应办理征用手续,补发征地补偿费。

二是城市市区以外的国有土地。《土地管理法》第8条第2款规定:"农村和城市郊区的土地,除由法律规定属于国家所有的以外,属于农民集体所有……"《土地管理法实施条例》第2条规定了城市市区以外的5种属于国有土地的情形。[2]在实务中,经常出现城市市区之外的国有土地和集体土地的界定问题,根据《土地管理法》第8条的规定,除法律规定属于国家所有外,其他均归农民集体所有。换言之,除《土地管理法实施条例》第2条规定的5种情形外,其他的土地均归农民集体所有。从新中国成立后的实际情形看,对于城市市区以外的荒地、空地的开发和利用的主体主要是农村集体组织或者农民。

(3) 土地所有权的行使,与一般的所有权不同。由于国家是一个政治上的实体,无法直接行使土地的所有权,根据法律规定,由国务院代表国家行使土地国家所有权。[3]实际上,国务院也无法直接行使土地国家所有权,而

---

[1] 主要存在三种观点:(1)凡是没有办理征用手续的集体土地,其集体所有性质不变。(2)由原农民继续使用的农业用地,可以确定继续为集体所有;非农业用地则应确定由国家所有,而且无须补偿。(3)按照法律规定,城市建成区的土地应当一律归国家所有,对城市建成区内未经征用的集体所有土地,应当补办征用手续,支付补偿费。参见王卫国:《中国土地权利研究》,中国政法大学出版社1997年版,第77页。

[2] 《土地管理法实施条例》第2条规定:"下列土地属于全民所有即国家所有:(一)城市市区的土地;(二)农村和城市郊区中已经依法没收、征收、征购为国有的土地;(三)国家依法征用的土地;(四)依法不属于集体所有的林地、草地、荒地、滩涂及其他土地;(五)农村集体经济组织全部成员转为城镇居民的,原属于其成员集体所有的土地;(六)因国家组织移民、自然灾害等原因,农民成建制地集体迁移后不再使用的原属于迁移农民集体所有的土地。"

[3] 《土地管理法》第2条规定:"……全民所有,即国家所有土地的所有权由国务院代表国家行使。"

是由省、市、县人民政府代表国家行使土地所有权。① 学界对地方政府行使土地国家所有权存在疑问:第一,地方政府是否有权行使土地国家所有权?第二,哪一级地方政府可以行使土地国家所有权? 在实务中,却很少产生疑问。在实务中产生的问题是,究竟是地方政府还是土地管理部门,是行使土地国家所有权的主体。根据《土地管理法实施条例》第 22 条的规定,②供地方案批准后,由市、县人民政府向建设单位颁发建设用地批准书,但是出让合同的签订当事人是土地管理部门和土地使用权的受让人,合同履行中出现的纠纷通常是由于政府的不作为或者作为的具体行政行为引起的。

  由于土地国家所有权行使主体的多元化,造成了我国土地市场的混乱状态和土地资源的浪费,对和谐社会的构建和经济的可持续发展产生了严重的不良影响。③因此,《土地管理法》所规定的国务院为土地国家所有权主体的唯一代表,仅具有政治象征意义,并无实际的法律意义。

---

  ① 学界通过授权说来说明地方政府行使土地国家所有权的合法性。"地方政府经中央政府授权,可以代表国家行使所有权……地方政府的行使权不是以所有权代表的资格为基础,而是以所有权代表即中央政府的授权为基础。"前揭王卫国:《中国土地权利研究》,第 83 页。

  ② 《土地管理法实施条例》第 22 条规定:"具体建设项目需要占用土地利用总体规划确定的城市建设用地范围内的国有建设用地的,按照下列规定办理:(一) 建设项目可行性研究论证时,由土地行政主管部门对建设项目用地有关事项进行审查,提出建设项目用地预审报告;可行性研究报告报批时,必须附具土地行政主管部门出具的建设项目用地预审报告。(二) 建设单位持建设项目的有关批准文件,向市、县人民政府土地行政主管部门提出建设用地申请,由市、县人民政府土地行政主管部门审查,拟订供地方案,报市、县人民政府批准;需要上级人民政府批准的;应当报上级人民政府批准。(三) 供地方案经批准后,由市、县人民政府向建设单位颁发建设用地批准书。有偿使用国有土地的,由市、县人民政府土地行政主管部门与土地使用者签订国有土地有偿使用合同;划拨使用国有土地的,由市、县人民政府土地行政主管部门向土地使用者核发国有土地划拨决定书。(四) 土地使用者应当依法申请土地登记。通过招标、拍卖方式提供国有建设用地使用权的,由市、县人民政府土地行政主管部门会同有关部门拟订方案,报市、县人民政府批准后,由市、县人民政府土地行政主管部门组织实施,并与土地使用者签订土地有偿使用合同。土地使用者应当依法申请土地登记。"

  ③ 近年来,北京、上海等地房地产价格上涨过快。上海市从 2002 年以来土地和房屋价格飞涨,房屋价格上涨 3—5 倍以上,破坏了建立和谐社会的基础,一方面使市民无力改善居住条件,另一方面使少数人通过投机暴富,对社会发展产生了巨大的负面影响。产生这种情形的一个重要原因是土地出让收益成为地方政府财政的主要收入来源。另有媒体报道,为了获得更多的土地收益,地方政府哄抬地价。

（二）土地集体所有权

土地集体所有权，是指集体组织对属于自己的土地依法享有的占有、使用、收益和处分的权利。根据《宪法》和《土地管理法》的规定，农村和城市郊区的土地除法律另有规定外，均属集体所有。

我国自西周以来三千多年的历史进程中，农村土地制度经历了三次大的变迁：一是战国时期的井田制向土地私人所有制的变迁；二是20世纪50年代中期的土地私有制向土地的社会主义公有制的变迁；三是在土地公有制的前提下，于20世纪80年代初期完成的农地集体经营向以家庭承包经营为主的变迁。

我国农村土地所有权制度的基本模式是集体所有、家庭承包制。这种模式是新中国成立后经历一系列的社会变革逐渐形成的。变革过程大致分为四个阶段：一是以1950年6月颁布的《中华人民共和国土地改革法》为标志，建立了农民私人土地所有制，实现了"耕者有其田"，极大调动了农民的积极性，农村经济得以迅速恢复。二是变土地农民私有、集体统一经营使用的土地制度。土地改革完成后，农民成了小块私有土地的所有者和耕种者，但由于小农经济自身的局限性，农村经济在经过短暂的恢复后，面临着严峻的挑战。为了应对挑战，政府引导农民走合作化的道路，而合作化道路先后经历了互助组与初级农业合作社两个发展过程。三是变农民私有、集体统一经营使用的土地制度为集体所有、统一经营使用的土地制度。1956年6月颁布的《高级农业生产合作社示范章程》，标志着土地私有制向集体所有制的转变。在高级农业合作社里，土地集体所有、集体经营。1958年开始的人民公社化运动，土地所有权仍然属于集体所有，但集体所有权的主体发生了变化，1962年的《人民公社条例》和《关于改变农村人民公社基本核算单位问题的指示》，确立了"三级所有，队为基础"的体制，最终将土地私有制改造成为农村集体所有制。在实行这种土地制度期间，土地所有权和使用权高度集中，土地不能出租、买卖。四是实行集体所有、家庭承包经营使用的土地制度。1978年十一届三中全会后，农村推行土地所有权承包经营制,实现了农村集体土地所有权与经营权的分离,扩大了农民经营自主权。①1993年颁布的《农业法》确认了土地承包经营权的法律地位,2002年颁布的《农村土地承包法》第3条规定:"国家实行农村土地承包经营制度。农村土地承包采取农村集体经济组织内部的家庭承包方式……"第4条进一步确认了承包关系的稳定性:"国家依法保护农村土地承包关系的长期稳定。农村土地承包后,土地的所有权性质不变。承包地不得买卖。"

集体土地所有权的主体虚位,是现行集体土地所有权的缺陷。《宪法》、《民法通则》以及《土地管理法》都规定了农村土地属于集体所有,但对农村集体土地所有权的主体,立法和实践中都不明确。《土地管理法》第8条第2款规定:"农村和城市郊区的土地,除由法律规定属于国家所有的以外,属于农民集体所有;宅基地和自留地、自留山,属于农民集体所有。"第10条规定:"农民集体所有的土地依法属于村农民集体所有的,由村集体经济组织或者村民委员会经营、管理;已经分别属于村内两个以上农村集体经济组织的农民集体所有的,由村内各该农村集体经济组织或者村民小组经营、管理;已经属于乡(镇)农民集体所有的,由乡(镇)农村集体经济组织经营、管理。"根据上述规定,农村集体土地所有权的主体是乡农民集体、村农民集体和村民小组农民集体,但存在以下问题:第一,乡农民集体经济组织事实上并不存在。政社合一的体制废除后,无论是在法律规定中还是事实上都不存在所谓的"乡农民合作社"。因此,不存在代表乡农民集体的组织或者机构作为乡农民集体土地所有权的主体。法律规定的乡农民集体所有,实际上成为无人所有。乡镇政府作为基层国家行政机关,在法律上不可能成为集体土地的主体。但由于存在无人所有现象,使乡镇政府对土地的管理职能与所有权合二为一,集体土地事实上成了国有土地。第二,村民委员会也不能作为农村土地所有权的主体。根据《村民委员会组织法(试行)》第2条规定:"村民委员会是村民自我管理,自我教育,自我服务的基层群众性自治组织。"村民委员会不是农村集体经济组织,而是农村群众性自治组织。因此,它不能成为农村集体土地的主体。第三,村民小组也不是农村土地所有

---

① 我国农村集体所有的土地主要是供农民维持其生存的,只有农村集体组织的成员才有权使用集体所有的土地,因此,农民对农村集体所有土地的使用权具有大陆法系传统民法中人役权的性质。

权的主体。村民小组是一个松散的村民内部组织,因而不能成为集体土地所有权的主体。

在主体虚位的情形下,集体土地所有权制度存在以下缺陷:①一是少数干部凭借集体土地所有权,任意摊派,加重农民负担;任意处分土地,造成土地流失;以权谋私,丧失土地使用分配上的公正性。二是土地名义上是集体所有权,实际上是少数人专有,随意撕毁承包合同,随意干涉农地经营,甚至私自卖地,滥用权力侵害农民的合法权益。鉴于这些问题的存在,为保护农村土地和农民的合法权益,学界提出各种改革措施:(1) 取消集体土地所有权,实行农村土地国有化;(2) 取消集体土地所有权,实行农村土地私有化;(3) 部分取消集体土地所有权,实行农村土地的国家所有、集体所有和农民私人所有三者并存或者集体所有和农民私人所有二者并存;(4) 保留集体土地所有权,实行农村土地使用制度的改革。②目前,我国农村土地制度的变革,应当承认和保护农民的既得利益,维护农村的社会稳定,逐步推行,分步到位。

第二节　房屋所有权与土地权利

土地,是指地球陆地的表层,由砂土、岩石、水等组成的地球的表面而能够为人类所支配。土地权利的空间范围应包括一定深度的陆地表层及其一定高度的空气空间。房屋,是指一定面积空间的利用,在地上地下所建造的物。③在自然属性上,房屋是不能离开土地而独自存在的,但在法律上,对土地和房屋的权利是否可以分开,土地和房屋是否可以作为相互独立的不动产,各国有两种不同的立法体例:

(1) 房地产权合一的"一元主义"立法例。房屋总是建立在特定的土地之上,土地之上一旦建造了房屋,对土地的占有和使用,即表现为对房屋的占有和使用。因此,房屋和土地的不可分性决定了房屋所有权与土地权利

---

① 参见前揭王卫国:《中国土地权利研究》,第96页。
② 同上书,第104—110页。
③ 参见史尚宽:《民法总论》,中国政法大学出版社2000年版,第257页。

的密切联系。罗马法上有"地上物属于土地"的附合原则,地上的建筑物不得单独为所有权的标的,只能与土地为一体而归属于土地所有人。①以德国、瑞士民法为代表的国家,认为建筑物是土地的一部分,不能成为独立的不动产。《德国民法典》第94条规定:"土地的重要构成部分为定着于土地之物,特别是建筑物及与土地尚未分离的土地出产物。"《瑞士民法典》第642条规定:"所有人对该物的组成部分享有所有权。物的组成部分系一切依地方习惯组成该物的、非经破坏、损害或者变更不能分离的部分。"

(2)房地产权分离的"二元主义"立法例。日本民法是"二元主义"立法例的代表,认为土地和房屋均为独立的不动产,房屋可以独立于土地而存在,而不是附着于土地的财产。土地与房屋可以发生法律上的分离,即土地的权利与房屋的权利可以相互独立地进行交易,可以相互独立地移转并设定抵押权等权利。②在土地和房屋各自独立的立法中,土地和建筑物的法律关系有:一是土地和地上地下房屋的同一性质的财产权利,可以依法分别由两个以上法律关系主体享有;二是彼此相连接的分别由两个以上法律关系主体享有的土地和房屋的当事人之间,通常以地上权关系明确相互之间的权利义务;三是土地和房屋的权利可以分别转让和抵押;四是在土地或者房屋应分别转让由第三人获得时,第三人依法承受出让人和相对应的土地或者建筑物之间的地上权关系。③

从1949年到1962年,我国逐步形成了"城市土地国家所有,农村和市郊土地集体所有"的土地公有制。在计划经济时代,所有权和使用权不相分离,还存在土地无偿无期限使用和土地权利非市场化的制度。1988年的《宪法修正案》和《土地管理法》突破了原有的制度,承认了土地出租和土地使用权转让,并创设了国有土地有偿使用制度。1990年,我国又发布了《城镇国有土地使用权出让和转让暂行条例》,对城镇国有土地使用权出让和转让作出了一系列规定,从而构建了在土地公有制基础上的土地使用权制度,承认

---

① 参见孙宪忠:《中国物权法总论》,法律出版社2003年版,第137页。
② "构造上得独立登记之建筑物以及依权原使附着于土地之定着物,例如地上权人永佃权人租赁权人,在他人土地所有建筑物或其他定着物,为独立的不动产。"前揭史尚宽:《民法总论》,第257页。
③ 参见孙宪忠:《论物权法》,法律出版社2001年版,第324—325页。

土地使用权是一种相对独立的财产权,而且可以按照法律规则进入市场。①

我国现行的立法,一方面规定房屋所有权和土地使用权是两种相互独立的权利,另一方面又规定房屋所有权和土地使用权必须同时转让。《城镇国有土地使用权出让和转让暂行条例》第23条规定:"土地使用权转让时,其地上建筑物、其他附着物所有权随之转让。"第24条第2款规定:"土地使用者转让地上建筑物、其他附着物所有权时,其使用范围内的土地使用权随之转让,但地上建筑物、其他附着物作为动产转让的除外。"《城市房地产管理法》第31条规定:"房地产转让、抵押时,房屋的所有权和该房屋占用范围内的土地使用权同时转让、抵押。"因此,根据我国现行法律的规定,土地使用权转让或者抵押时,土地上的房屋所有权随之转让或者抵押,而不能仅转让或者抵押土地使用权或者房屋。因此,土地使用权人转让地上的房屋,该房屋使用范围内的土地使用权也随之转让。可见,我国采取了房地产权合一的"一元主义"立法例,即房屋所有权人与土地使用权人两者合一的原则。这个原则的通俗表述为:"房随地走"或者"地随房走"。房屋所有权人与土地使用权人的一致性原则,必然要求转让房屋所有权也必须转让土地使用权,转让土地使用权也转让其上房屋的所有权。因此,土地使用权和房屋所有权总是属于同一个人,实际上排除了房屋为非土地使用权人所有的情形。

土地使用权和房屋所有权的主体一致性的合理性在于房屋和土地的天然不可分性,没有土地就不可能有房屋,而房屋必须建在土地之上。土地使用权和房屋所有权主体的一致性,能够最大限度地避免产生各种纠纷。在土地使用权和房屋所有权主体不一致的情形下,土地使用权人可能要求房屋所有权人拆除房屋,而房屋所有权人则可能禁止土地使用权人使用土地,其结果是土地使用权人和房屋所有权人均难以行使权利,从而造成了资源的浪费。再者,从交易领域看,在土地使用权和房屋所有权主体分离的情形下,由于房屋所有权人不享有土地使用权,房屋所有权本身是一种不完整的所有权;土地使用权人不享有房屋的所有权,其权利本身也是不完整的,并不具有土地使用权的完整价值。因此,在土地使用权和房屋所有权主体不一致的情形下,土地使用权和房屋所有权均难以进入流通流域进行交易,因

---

① 参见前揭王卫国:《中国土地权利研究》,第59页。

而对交易构成巨大障碍。①

第三节　建筑物的区分所有权

一、建筑物区分所有权的基本理论

(一) 建筑物区分所有权的历史沿革

对建筑物区分所有权,各国的立法例不尽相同,称谓不一,②但实质内容基本相同。在原始社会,由于生产力水平低下,人们穴居巢洞,不可能形成建筑物区分所有权观念的条件。建筑物区分所有权观念的萌芽,起源于奴隶社会。在奴隶社会,由于生产和交换的发展,人口不断集聚于城市,城市的形成又进一步促进了生产和交换的发展。大约在公元前 2000 年的古巴比伦王国,产生了与现代区分所有建筑物相似的建筑物形态,标志着建筑物区分所有权的萌芽。③由于罗马法贯彻"一物一权"原则,特别是确认所谓"建筑物所有权属于建筑物所附着之土地所有人"或者"地上物属土地所有人"的原则,因而在罗马法中并不存在建筑物的区分所有权观念。④中世纪的日耳曼法,形成了建筑物区分所有权的观念,到 10 世纪初,建筑物区分所有权在日耳曼法上获得了较大的发展。⑤

区分所有建筑物的出现,起源于 19 世纪工业革命后的城市化运动。工

---

① 王利明先生则认为"在现代社会,随着经济的发展和对资源利用效率的提高,土地之上和地下可以作各种不同用途的利用,各种空间的利用权也获得法律确认,尤其是土地之上房屋的多层性、单元性以及分层分单元的让与特征使其权利结构呈现出极为复杂的状态。这样,单纯从土地权利或房屋权利角度,是不可能解释各种权利和利用状态的。如果要求房屋所有权和土地使用权在任何形式交易中都必须同一的,即只能作为一项交易的财产对待,不利于对不动产及其权利的有效率的利用,也不利于充分鼓励交易,促进社会财富的增长"。王利明:《物权法研究》,中国人民大学出版社 2002 年版,第 319 页。

② 日本称之为"建筑物区分所有权",德国和奥地利称之为"住宅所有权"(Wohnungseigentum),法国称之为"住宅分层所有权"(la prop-riefe par etages au par apartements),瑞士称之为"楼层所有权"(Stockwerkseigentum),美国称之为"公寓所有权"(ownership of apartment house),英国、新西兰等英联邦国家称之为"住宅所有权"(ownership of dwelling-house)。

③ 参见前揭梁慧星主编:《中国物权法研究》(上册),第 369 页。

④ 同上。

⑤ 同上。

业革命带来的生产力的不断提高吸引了大批的劳动人口涌向城市,旧式城市的布局已无法容纳高速增长的新增人口,因而出现了"住宅缺失"的现象。区分所有建筑物应运而生,因为在同一面积的土地上,区分所有建筑物比传统的建筑能容纳更多的人,大大提高了土地的利用效率。在现代社会,城市人口的日趋庞大和建筑材料及建筑技术的进步,促使建筑物向高层化发展,居住在同一栋建筑物的区分所有人也相应增多,从而形成了多个业主共同使用同一楼宇的现象,与此相关的楼宇管理问题日益凸现,建筑物区分所有权法律制度便应运而生。1804年《法国民法典》第664条的规定,创设了建筑物区分所有权制度。① 人类进入20世纪,在经历了两次世界大战的浩劫后,一方面大量建筑物遭到了破坏,人们流离失所;另一方面城市人口激增,导致住宅问题尖锐化。这个时期科学技术的进步,使建筑物的纵向发展成为现实,从而解决了住宅问题,缓解了社会矛盾。各国加紧了区分所有的立法,1938年法国制定了《有关区分各阶层不动产共有之法律》,废除了《法国民法典》第664条的规定,前者在1965年和1967年两次被修订,修订后称为《住宅分层所有权法》。1951年德国颁布了《住宅所有权及永久居住权的法律》。瑞士在民法典颁布之前,习惯法已经承认建筑物区分所有权,但是民法典由于受到罗马法的影响,没有承认区分所有权制度但最终在1963年通过修订民法典的方式确认了区分所有权制度。可见,由于建筑物区分所有权制度解决了日益复杂的高层建筑物所有权法律关系,在《法国民法典》的影响下,意大利、葡萄牙、西班牙、瑞士民法以及我国台湾地区民法等先后建立了建筑物区分所有权制度。

新中国成立后,城市房屋实行公有制,归国家或者集体所有,因此,不可能产生区分所有权制度。20世纪80年代末,我国开始住宅的商品化,出现了建筑物区分所有问题,为此,1989年建设部发布了《城市异产毗连房屋管

---

① 《法国民法典》第664条规定:"一座房屋的数层楼分属于数个所有人时,如所有权契据中未规定修缮或者重建的办法,修缮或者重建应依下列规定办理:大墙及屋顶,由全体所有权人,各按照其所有某层楼价值比率,分担费用。每层楼的所有人各负责修建其在上面步行的地板。一层楼的所有人负责修建上升二层楼的楼梯,并依次类推。"

理规定》①,承认了建筑物的区分所有权。进入21世纪,我国全面推行住宅商品化,建筑物区分所有问题日渐凸现,为确认产权,调整权利主体之间的关系,构建和谐社会,迫切需要构建建筑物区分所有权制度。2003年我国颁布《物业管理条例》,仅规定了物业管理问题,对建筑物的区分所有权仍没有相应的规定,确立建筑物区分所有权制度是当务之急。②

(二)建筑物区分所有权的概念

建筑物区分所有权制度最早起源于《法国民法典》,后来逐渐为大陆法系的物权立法所确立。关于建筑物区分所有权的概念,有以下几种学说:

(1)一元论说。一元论说是法国学者为解释《法国民法典》第664条提出的,有专有说与共有说之分。专有说认为,建筑物区分所有权是指区分所有权人对其专有部分的所有权。日本学者我妻荣③和我国台湾地区学者史尚宽先生采纳专有说,④而且1962年的《日本建筑物区分所有权法》⑤以及我国台湾地区的《土地登记规则》也继受了专有说。⑥共有说认为,区分所有建筑物整体由全体区分所有权人所共有。《瑞士民法典》采纳了共有说。⑦共有说是早期法国学者针对专有说而提出的,只有少数学者承认。一元说的缺陷在于要么强调专有所有权,要么强调共有所有权,没有充分说明专有所有权与共有所有权共同构成建筑物区分所有权制度的主要内容,不利于区分所有权的圆满实现。

(2)二元论说。二元论说是法国学者针对一元论说的缺陷而提出的补正性观点,认为建筑物区分所有权是由对专有部分的所有权和共用部分的所有权所构成的一项权利。建筑物区分所有权,是指两人或者两人以上区

---

① 该规定属于部门规章而不是法律,效力等级低,而且其本身规定极不完整,规定不是为了确定业主的权利,而是为了房屋的管理。此后发布的《城镇房屋所有权登记暂行办法》和《城市房屋产权产籍管理暂行办法》并未确认建筑物所有人的登记问题。

② 《物权法草案》第六章为"业主的建筑物区分所有权"。

③ 参见前揭梁慧星主编:《中国物权法研究》,第378页。

④ "数人区分一建筑物而各有其一部分者,谓之区分所有人。"前揭史尚宽:《物权法论》,第120页。

⑤ 《日本建筑物区分所有权法》第2条规定:"本法所称区分所有权,指依以前条所规定的建筑物部分(专有部分)为标的的所有权。"

⑥ 我国台湾地区《土地登记规则》第71条规定:"区分所有建筑物,区分所有权人得就其区分所有之权利,单独申请登记。"

⑦ 《瑞士民法典》第712条规定:"建筑物区分所有权,是不动产共有的份额。"

分所有一建筑物时,各所有权人对其独自占有、使用的部分享有专有所有权,并对全体所有人共同使用或者两个或两个以上所有权人之间共同使用的部分享有共有所有权的一种复合物权。①法国1965年的《住宅分层所有权法》②、我国台湾地区民法③、我国有关行政法规④以及《中国物权法草案建议稿》⑤采纳了这种"二元论说"。但是,这种学说的缺陷在于,忽视了基于建筑物区分所有权人之间的团体关系而产生的成员权,是建筑物区分所有权的一项权能。建筑物区分所有权的产生,是基于两个或者两个以上的人对某一建筑物区分所有。在区分所有建筑物上,建筑物区分所有权人相互间的关系极为密切,各建筑物区分所有权人在行使专有部分权利时,不得妨碍其他建筑物区分所有权人对其专有部分的使用,不得违反全体建筑物区分所有权人的共同利益,从而在各建筑物区分所有权人之间形成了一种共同利益关系。这种共同利益关系的维护,需要由全体建筑物区分所有权人形成区分所有权人的团体,由该团体直接管理或者委托其他机构管理区分所有建筑物的共同事务,从而保障建筑物区分所有权人对专有部分所有权和共用部分所有权的享有。因此,成员权是建筑物区分所有权不可分割的构成部分。

(3) 三元论说。三元论说,又称为"最广义建筑物区分所有权说",是由德国贝尔曼(J. Barmann)先生提出的。他认为,被区分的各空间所有权是

---

① "区分所有,不论其区分之为纵为横,其所有权之行使,仅能及于所有之部分,而不能达于全部,此点与独有有异,但区分所有不无共有部分,例如楼梯、墙壁、走廊、厕所等在法律上辄推定为其为共有(亦称互有),从而与共有各区分所有人权利义务之所及,此点与独有有异,而与共有同,可见区分所有,其所有权之范围,实与一般之情形有所差异也。"前揭郑玉波:《民法物权》,第76—77页。

② 《住宅分层所有权法》第11条明确规定:"共用部分属于区分所有权人全体共有,但一部共有部分属于应共有该部分的区分所有权人共有。"

③ 我国台湾地区民法第799条规定:"数人区分一建筑物,而各有其一部者,该建筑物及其附属物之共同部分,推定为各所有人之共有,其修缮费及其他负担,由各所有人,按其所有部分之价值分担之。"

④ 1989年建设部发布的《城市异产毗连房屋管理规定》第2条规定:"本规定适用于城市(指直辖市、市、建制镇,下同)内的异产毗连房屋。本规定所称异产毗连房屋,系指结构相连或具有共有、共用设备和附属建筑,而为不同所有人所共有的房屋。"

⑤ 《中国物权法草案建议稿》(梁慧星)第90条规定:"建筑物区分所有权,是指数人区分一建筑物而各专有其一部,就专有部分有单独所有权,并就该建筑物及其附属物的共同部分,除另有约定外,按其专有部分比例共有的建筑物所有权。"

"特别所有权"(Sondereigentum),共用部分的所有权是"共有权"(Miteigentum),以各区分所有人之间形成的权利是"社员权"(Mitgliedschaftsrecht),这三个要素构成了建筑物的区分所有权。① 1951 年德国《住宅所有权法》采纳了三元论说,专有权、共有权以及成员权是建筑物区分所有权的有机构成部分,这三种权利是一个有机整体,不得分割处分或者继承。

三元论说全面说明了建筑物区分所有权的有机构成部分,克服了一元论说与二元论说的局限性,反映了建筑物区分所有权的本质特征,包容了因区分所有建筑物而产生的所有法律关系,调和了建筑物区分所有权个人与团体之间的矛盾与冲突,维护了全体建筑物区分所有人的共同利益。

建筑物区分所有权是一种复合性的不动产权利,不同于以单一的特定物为客体的一般不动产所有权。一方面,建筑物区分所有权人对特定的专有部分享有单独的所有权,这种所有权与一般的所有权不存在任何差异;另一方面,建筑物区分所有权人还对共用的走廊、楼梯、屋顶等建筑物部分享有共有的权利;此外,全体建筑物区分所有权人因共有关系而形成成员权。因此,建筑物区分所有权与普通不动产所有权的性质存在差异,既具有普通不动产所有权的特点,又具有共同所有权的特点。但是,建筑物区分所有权与传统物权法上的共有存在差异,在传统的共有理论中,共有只分为按份共有和共同共有;建筑物区分所有则是整个建筑物的按份共有、共同使用部分共同共有②以及专有使用部分的专有,因此,既不是按份共有,也不是共同共有,而是按份共有、共同共有和专有的混合。专有部分的专有所有权是建筑物区分所有权的基础,共有权和成员权的享有是以建筑物区分所有权为基础的。实际上,区分所有建筑物在物理结构上即由专有部分和共用的走廊、楼梯及屋顶等部分组成,则建筑物区分所有权人所拥有的权利不应被限制在专有部分,建筑物区分所有权自然延伸到共用部分。然而,建筑物区分所有权人在享有对专有部分和共用部分的权利之外,还拥有因共有关系而产生的成员权。因此,建筑物区分所有权,是指由专有所有权、共有所有权及因共同关系而形成的成员权共同构成的不动产权利。

---

① 参见前揭刘得宽:《民法诸问题与新展望》,第 26—27 页。
② 例如,楼梯、走廊、电梯、绿地等其他公用设施,全体区分所有人对其享有共同共有的权利,而不是按份共有的权利。

二、专有所有权

专有所有权,指建筑物的区分所有权人对建筑物的专有部分所享有的权利。建筑物的专有部分应当具有构造上的独立性和使用上的独立性。[①] 构造上的独立性,是指建筑物的专有部分与其他专有部分或者共用部分由墙壁、天花板、地板等完全分隔开来,形成一个独立的空间。独立性的标准应以一般的社会观念来确定。使用上的独立性,则指建筑物的专有部分具有满足区分所有人社会经济生活需要的功能,以能否单独使用及有无独立的经济效用为判断标准,并以区分的明确性、间隔性、通行直接性、专用设备的存在及共用设备的不存在为依据。

由于专有所有权是一种所有权,区分所有权人能够在法律限制的范围内对专有部分进行占有、使用、收益和处分。换言之,区分所有权人可以自由决定将专有部分用于居住、出租、设定抵押及转让等。例如,德国《住宅所有权法》第13条第1款规定:"各住宅所有权人在不违反法律或第三人权利的范围内,得自由处理个别所有权内的建筑物部分,如予以居住、使用、租赁或以其他方式予以利用,并排除他人的干涉。"然而,专有所有权也像所有权一样受到法律的限制,而法律的限制又有私法限制与公法限制之分。私法的限制又可分为权利行使的限制与相邻关系的限制:

(1) 禁止专有所有权的滥用。诚实信用原则是民法的基本原则,权利的行使与义务的履行,均应遵循诚实信用原则。禁止权利滥用是诚实信用原则派生出来的,因此,任何权利的行使都不应违反公共利益,或者以损害他人为目的。区分所有建筑物的专有部分紧密相连,各专有部分的使用都与建筑物的维持及区分所有权人的共同利益紧密相连,如果允许区分所有权人任意处分其专有部分,就可能产生不良影响。例如,对专有部分的不当改造,如拆除承重墙、柱等,会严重威胁建筑物的安全;对专有部分的不当使用,如将居住用的专有部分改为饭店、卡拉OK歌舞厅等,会影响他人的安宁权等。因此,必须对专有所有权的行使进行限制。我国台湾地区《公寓大厦管理条例》第5条规定:"区分所有权人对专有部分的利用,不得有妨碍建

---

① 参见前揭谢在全:《民法物权论》(上册),第205—207页。

筑物的正常使用及违反区分所有权人共同利益的行为。"①

（2）相邻关系的限制。因区分所有建筑物的专有部分紧密相连，对某一专有部分的维护和修缮必须借助于与其相邻的其他专有部分的使用。按照不动产相邻关系理论，被使用的专有部分的区分所有权人必须容忍他人的上述行为。然而，基于公平正义的理念，使用他人专有部分的区分所有权人应对他人因此受到的损害进行赔偿，例如，我国台湾地区《公寓大厦管理条例》第6条规定："……（2）他住户因维护、修缮专有部分、约定专有部分或设置管线，必须进入其专有部分或约定专有部分时，不得拒绝；（3）管理负责人或管理委员会因维护、修缮共用部分或设置管线，必须进入或使用其专有部分或约定专有部分时，不得拒绝。……前款第2项及第3项之进入或使用，应择其损害最少的处所及方法为之，并应补偿所生之损害。"

对于专有部分范围的确定，学界有四种不同的观点：一是空心说。该说认为，专有部分是由与其他专有部分或者共有部分所共有的墙壁、地板和天花板所构成的空间。二是壁心说。该说认为，专有部分是指与其他专有部分或者共有部分所共有的墙壁、天花板和地板等中心线所构成的空间。三是墙面说。该说认为，专有部分是指与其他专有部分或者共有部分共有的墙壁、天花板和地板的表层粉刷部分所构成的空间。四是折衷说。该说认为，区分所有权人对建筑物的维持管理关系上，专有部分仅包括与其他专有部分或者共有部分共有的墙壁、天花板和地板等表层所粉刷部分；在外部关系上，专有部分包括与其他专有部分或者共有部分共有的墙壁、天花板和地板等中心线。②四种学说的分歧在于与其他专有部分或者共有部分共有的墙壁、天花板和地板等是专有部分还是共有部分。实际上，与其他专有部分或者共有部分共有的墙壁、天花板和地板等既是专有财产，又是共有财产。为此，《城市异产毗连房屋管理规定》第9条规定："……（一）共有房屋主体结构中的基础、柱、梁、墙的修缮，由共有房屋所有人按份额比例分担。（二）共有墙体的修缮（包括因结构需要而涉及的相邻部位的修缮），按两侧均分后，再由每侧房屋所有人按份额比例分担。"

---

① 另外，我国《物权法草案》第74条也规定："业主对其建筑物专有部分享有占有、使用、收益和处分的权利，但不得危及建筑物的安全，不得损害其他业主的合法权益。"
② 参见前揭王利明：《物权法论》（修订本），第365页。

三、共有所有权

共有所有权,是指区分所有权人按照法律规定,对区分所有建筑物的共有部分所享有的占有、使用和收益的权利。有学者将"共有所有权"称为"共用部分持分权",而共用部分持分权是指区分所有权人按其专有部分在全部专有部分中所占的比例而对共用部分享有的一种共同所有权,性质上属于按份共有。[①]按份共有中共有人的份额是确定的,而在区分所有权的共有关系中,区分所有权人对建筑物共有部分所有权的份额是不确定的,区分所有权人因对建筑物的专有权而产生的共有权,是一种共同共有关系,显然无法按照其专有部分在建筑物中的比例来确定其对共有部分的份额。假设按份共有关系确立,那么,其结果是区分所有权人如果其专有部分比例大,则其对建筑物的过道、电梯等公共部分以及小区的公共部分拥有更多的权利,然而,事实并非如此。因此,对共有部分的权利不能简单地认为是共同共有,也不能简单地认为是按份共有。关于共有部分的性质,学界存在三种观点:[②]一是按份共有。专有部分与共有部分是一体的,共同部分的所有权从属于专有部分,应随专有部分所有权的转移而转移,因此,区分所有权人对共有部分的共有权应为按份共有。二是共同共有。区分所有权的共有部分是无法分割的,区分所有的大门、屋脊、墙壁、公用消防设施、小区绿化等应为区分所有权人共同所有。三是按照建筑物的形态和分割方式决定共有性质,如果以纵向分割法来区分建筑物,由于各个区分所有人之间的结合状态不明确,共有部分应是按份共有;如果以横向分割或者混合分割方式来区分,各个区分所有人之间的区分状态明确,共有部分应当是共同共有。

各国立法对共有部分的范围、性质没有明确的规定。从区分所有建筑物的构造来看,除专有部分以外的建筑结构均应属于共有部分。共有部分,是指专有部分以外的其他建筑物部分以及不属于专有部分而用以共同使用的附属建筑物。共有部分应当包括:一是专有部分以外的其他部分,例如,电梯、走廊、屋顶、地下室。二是不属于专有部分的附属建筑物。附属建筑

---

① "日本通说认为是共同共有,台湾学者通说认为是按份共有。"参见房绍坤:《建筑物区分所有权的构造》,载《法学研究》1994 年第 2 期。
② 参见前揭王利明:《物权法论》(修订本),第 369 页。

物有两种:第一,建筑物的附属物,例如,排水设备、给水设备、空调设备、防火设备、各种配管线等;第二,建筑物的附属设备,例如,天井、水塔、消防设备、游泳池、停车场、建筑物的照明设备等。区分所有建筑物的共有部分有两个属性:一是从属性。对共有部分的享有是以专有部分的享有为前提条件,一旦专有部分所有权发生变更、移转或者消灭,共有部分所有权也相应变更、移转或者消灭。二是不可分割性。共有部分不得分割而为各区分所有权人所专有,只能以整体形式供所有区分所有权人共同享有和使用。

区分所有权人作为共有部分共有人,享有对共有部分的使用、收益与处分的权利。对共有部分的使用权是对所有的物进行使用,例如,走廊用于通行、水塔用于给所有居民供水、小区绿地供业主嬉戏、休闲等。但是,这种使用不仅应符合一般的社会正义观念及不违反强行法的规定,并且应考虑到共用部分的性质,并不得损害其他共有权人的利益。收益权是共有权的一项重要权能。商业的发展,空间的紧缺,提高了建筑物一些共有部分所具有的经济效能,例如,建筑物外墙可用于悬挂广告,这可使共用部分为区分所有权人带来更大的利益。各区分所有权人基于收益权得对共有部分所产生的利益享有权利,同时也对建筑物的维护分担费用。按照国外立法例,全体区分所有权人通过设立一个管理基金,由区分所有权人选任的管理委员会或者管理人负责管理,有收益时纳入基金,需维修时则由基金支出费用。各区分所有权人只需定期交纳一定的费用,出让区分所有权时将其在基金中的份额作为出让合同金额的一部分,即可简便而又合理地行使收益权。处分权,是所有权的一项基本权能,包括事实上的处分与法律上的处分。共有部分是维持建筑物功能必不可少的部分,对共有部分的事实上的处分不得损害其用途以及建筑物的维持。因此,各国区分所有权法大都规定,各区分所有权人有权在不损害建筑物共有部分用途的情况下对其进行修缮与改良。而对共用部分法律上的处分,则因共用部分的从属性,得依专有部分的转让而转让。

区分所有权人作为共用部分所有人,不仅须依共用部分的性质对其进行使用并承担共同费用和负担,而且因共用部分对于区分所有建筑物的维持至关重要,还须依照共同制定的管理规约的内容行使其共用部分所有权。

四、成员权

成员权,是指区分所有权人作为区分所有建筑物的管理团体的社员而享有的权利。建筑物区分所有权与其他所有权不同之处,除了对专有部分和共用部分享有所有权之外,还享有成员权。

区分所有建筑物是为缓解城市土地的匮乏而使多人共同居住于一栋楼房,借以提高土地的利用效率。多人共同居住于一栋建筑物,所有人的权利对象限于区分所有建筑物的专有部分及共用部分,但是建筑物的安全与安宁是他们行使所有权的基础。因此,全体区分所有权人形成一个共同体,按全体所有权人的意思对建筑物进行管理,包括对物管理和对人管理。对物管理,是指对建筑物、基地及附属设施的保存、改良、利用以及处分等物理的管理;对人管理,是指对各区分所有权人之间的共同关系所进行的管理,包括对建筑物不当毁损行为的管理、对建筑物不当使用行为的管理及对生活妨害行为的管理等。这个共同体实质上是一种由区分所有权人为维持建筑物的安全与安宁而组成的管理团体。每个区分所有权人可以行使表决权、管理规约制定权、选举和罢免管理人的权利及请求权,同时负有执行管理团体会议作出的决议、遵守管理规约和接受管理者管理的义务。

基于对建筑物的安全与安宁的维护,全体区分所有权人组成一个管理团体——区分所有权人会议。①每个区分所有权人都是会议的一员,并按其专有部分所占比例在会议中享有相应的表决权。②根据各国立法例规定,人数较多的区分所有权人会议也可以推选出管理委员会,作为日常管理机构。对于建筑物的日常管理和维持,都由区分所有权人会议或管理委员会按照管理规约具体执行。

关于管理团体性质,即区分所有权人会议是否具有法人资格,各国存在不同的立法例。德国《住宅所有权法》采否定说,认为区分所有权人会议不具有法人资格。区分所有权人会议是没有权利能力的社团,当然不具有法人资格,权利义务的最终归属仍然是单独的区分所有权人。而法国《住宅分

---

① 《物业管理条例》第 8 条规定:"物业管理区域内全体业主组成业主大会。业主大会应当代表和维护物业管理区域内全体业主在物业管理活动中的合法权益。"

② 《物业管理体例》第 10 条第 2 款规定:"业主在首次业主大会会议上的投票权,根据业主拥有物业的建筑面积、住宅套数等因素确定。"

层所有权法》则承认区分所有权人会议具有法人资格。日本建筑物区分所有权法,则采取折衷的观点,规定30人以上的区分所有权人组成的管理团体经3/4以上人数及表决权形成的多数决同意,可申请登记为法人。区分所有权人会议具有法人资格的规定,使区分所有权人会议对外成为独立的权利主体,享有权利并承担义务;对内以自治规约处理区分所有权人之间的关系,则使有关建筑物的民事关系更加清晰,易于操作。我国立法应承认管理团体具有法人资格。

管理规约,是规范区分所有建筑物的管理、使用等的自治性规则。根据私法自治原则,在不违反强行法规范及公序良俗原则的前提下,规约的内容可根据区分所有权人的共同意思自由订立。管理规约规制的事项,有四方面的内容:一是关于区分所有权人的基础法律关系的事项;二是关于区分所有权人之间共同事务的事项;三是调整有关区分所有权人间利害关系的事项;四是对违反义务者予以处罚的事项。管理规约为区分所有权人管理团体的最高自治规则,区分所有权人会议或者管理委员会的决议均不得与之相抵触。

管理基金,是由区分所有权人出资组成的归区分所有权人会议或者管理委员会管理的资金。管理基金用于建筑物的修缮和改良,如果法律承认管理团体的法人资格,则管理基金可作为管理团体活动的基础;在不承认管理团体的人格时,区分所有权人也只须对该基金无法支付的债务分担责任;对于建筑物的共同收益,也由管理基金统一管理。

五、建筑物区分所有权的种类

关于建筑物区分所有权的种类,根据各国立法和实务,有以下三种分类:

(1) 纵割式建筑物区分所有权。纵割式建筑物区分所有权,是指在纵割式区分所有建筑物上所成立的区分所有权。纵割式区分所有建筑物是指将一般连栋式和双并式等分间所有的建筑物纵切为数户的建筑物。这种形态的区分所有建筑物,各区分所有人之间的共用部分极为简单,除共同壁、梁、柱外,屋顶、楼梯、外廊都是分开的,外围壁、基地等均以境界壁为界,分属于各专有部分。因此,纵割式区分所有建筑物与一般独门独院的单独所有的建筑物,几乎没有什么区别,其纵割式区分所有权与一般单独所有权,也没有多大的区别,其区分所有权特有的问题较少,因而这种类型的区分所有权不是研究建筑物区分所有权的重点。

(2)横割式建筑物区分所有权。横割式建筑物区分所有权,是指在横割式区分所有建筑物上所成立的区分所有权。横割式区分所有建筑物是指上下横切分层所有的建筑物。例如,将一栋四层楼的建筑物,上下横切为四层,分别为甲、乙、丙、丁四人所有。这种形态的区分所有建筑物,其区分所有人间的共有部分,除共同壁、梁、柱外,尚有共同的屋顶、楼梯、走廊、外围壁、基地等,其横割式建筑物区分所有权完全不同于一般的所有权,是研究建筑物区分所有权的重点之一。

(3)混合式建筑物区分所有权。混合式建筑物区分所有权,是指在纵横分割式区分所有建筑物上所成立的区分所有权。纵横分割区分所有建筑物是指上下横切、左右纵割分套(单元)所有的建筑物。例如,将一栋四层楼的建筑物上下切为四层后,再以左右纵割为一套套的套房,我国称为单元。这是区分所有建筑物最常见的形态,是现代公寓大厦的基本区分形态。这种形式的区分所有建筑物的共同部分与横割式区分所有建筑物相同,在其上成立的混合式建筑物区分所有权是研究建筑物区分所有权的重点之一。

建筑物区分所有权类型区分的意义在于:

(1)反映建筑物区分所有权的实质。在纵割式区分所有权中,区分所有权人之间的共有关系极为简单,而横割式和纵横分割式区分所有权中区分所有权人之间的共有关系十分复杂。建筑物区分所有权实质上指横割式和纵横分割式建筑物区分所有权。纵割建筑物区分所有权,除共同壁、梁、柱外,与一般所有权并没有差异,应排除在建筑物区分所有权之外。

(2)对处理共有部分和共同关系具有指导作用。在纵割式建筑物区分所有权下,共有部分按一定标准分属于各个所有人,他们之间并无密切的共同关系,不发生管理团体的成员权问题。在横割式和纵横分割式建筑物区分所有权下,基于维持区分所有权的需要,对建筑物的共有部分无法分割,各个区分所有权人对共有部分享有共有权;基于对建筑物的管理、维护和修缮,区分所有权人之间形成了管理团体的成员权。

(3)对立法的指导意义。建筑物区分所有权具有纵割式、横割式及混合式区分所有权三种类型,而后两者是建筑物区分所有权的重点。对此,各国有两种不同的立法例:一是对三种类型的区分所有权统一立法,例如,法国的《住宅分层所有权法》和日本的《建筑物区分所有权法》;二是仅对横割型和混合型区分所有权进行立法,例如德国的《住宅所有权法》。然而,从现代各国有关建筑物区分所有权立法的最新发展趋势来看,横割式和混合式区分所有权仍然是立法的重点,也是我国立法、司法和学说理论的重点所在。

第四节 不动产相邻关系

一、不动产相邻关系的概念及意义

不动产相邻关系,简称相邻关系,①是指两个或者两个以上相互毗邻的不动产所有人或者使用人之间,一方在行使所有权或者使用权时,根据法律规定有权要求另一方提供便利或者接受限制,调和不动产所有人或者使用权人之间的利益冲突,平衡其利益关系。②相邻关系是不动产相邻的各方因行使所有权或者使用权而产生的权利义务关系,是所有权的扩大或者限制,是物权法的一项重要制度。由于民法是权利法,相邻关系又称为"相邻权"。但是,由于相邻关系制度的目的在于平衡不动产相邻各方当事人之间的利益关系,调和其利害冲突,因此,"相邻关系"比"相邻权"更能准确地表述相邻关系制度的目的,体现相邻关系制度的价值。

相邻关系制度起源于古代罗马法。古罗马时期出现了作为土地所有权限制的相邻关系制度——禁止权利滥用,即"凡行使权利不得以侵害他人权利为条件"。《十二表法》出现了相邻关系制度的雏形,其第7表"土地权利法"第9条规定:"凡高度达15呎的树木,为使其阴影不至损害近邻地区,其

---

① "相邻",在法律上并没有一个统一的概念。传统民法以"相互毗连的不动产"为限,例如,"相邻接的不动产所有人间"(前揭史尚宽:《物权法论》,第87页),"相邻关系者邻接之不动产,其所有人相互间之权利义务关系也"(前揭郑玉波:《民法物权》,第77页)。
在现代民法中,"相邻"不以"相邻接"为限,"……不以相邻接之土地者为限,举凡侵入物所生之土地,均包括在内"(前揭谢在全:《民法物权论》(上册),第174页)。在现代社会中,由于不可称量物质的大量侵入(包括观念侵害)的涌现,如果固守原始的相邻观念,将给人们日常纠纷的解决造成不便,因此,有必要扩展"相邻"的内涵。

② 参见前揭史尚宽:《物权法论》,第87页。

周围须加修剪。如果近邻地区的树木因被风吹,倾斜到你的地区来,你可以根据十二表法提出收拾它的诉讼。"第10条规定:"允许收集从近邻地区掉下的橡实。"从古罗马时期到19世纪末,农牧业是社会经济的基础,人类对土地的利用以平面利用为主,因而不动产相邻关系主要是土地之间的相邻关系,完全由民法调整。这个时期的相邻关系称为民法上的相邻关系。20世纪以来,随着社会经济的发展,新的社会关系不断涌现,导致相邻关系的复杂化,公法开始调整相邻关系,例如,噪音、空气污染、水污染等,由此形成了私法和公法交错调整相邻关系的现象。

相邻关系是基于法律的规定而直接产生的,是对所有权的限制和扩展,并不是一种独立的物权,而是所有权所具有的内容。[①]相邻关系在法律上属于禁止性规范,当事人不得通过约定加以排除。关于不动产所有人或者使用权人之间排除适用法律对相邻关系的强制性规范的约定的效力问题,学界有两种观点:一是有效说,认为这种约定在当事人之间产生效力,但不能对抗第三人。二是无效说,认为这种约定违反相邻关系的强制性规范而无效。由于相邻关系是法律的强制性规范,因此,当事人不能通过协议加以排除。

相邻关系是立法上对相邻土地和建筑物的利用作最低限度的调节,在土地私有制下,相邻关系在本质上是相邻一方土地所有权的扩张,相应地是另一方土地所有权的限制,就不能成为一项独立的物权。这种所有权的扩张或限制是法律强行规定的,无须相邻各方所有人的协商,因此,没有必要为相邻关系而办理不动产登记。

二、不动产相邻关系的基本原则

《民法通则》第83条规定:"不动产的相邻各方,应当按照有利生产、方

[①] "各相邻不动产所有人,基于其所有权之权能对其不动产,本得自由用益或排除他人之干涉,但各所有人如仅注重自己之权利,而不顾他人权利之需求时,必将导致相互冲突,不仅使不动产不能物尽其用,更有害社会利益……法律遂就相邻不动产所有权之行使为一定程度之介入与干涉,使不动产所有权之行使,负有消极不作为或积极作为之义务,就此而言,即为所有权内容之限制。就反面而言,不动产所有权之行使,遂由要求他人为一定消极不作为或积极行为之权利,是则为所有权内容之扩张,足见相邻关系,性质上乃为所有权内容之限制或扩张。"前揭谢在全:《民法物权论》(上册),第172—173页。

便生活、团结互助、公平合理的精神,正确处理截水、排水、通行、通风、采光等方面的相邻关系。给相邻方造成妨碍或者损失的,应当停止侵害,排除妨碍,赔偿损失。"《物权法草案》的规定与《民法通则》一脉相承,即应当依照有利生产、方便生活、团结互助、公平合理的原则处理相邻关系。① 这一基本原则深受我国传统的道德规范与法律规范被非理性混合所形成思想的影响,以空洞的口号形式表达,实际上难以真正指导司法个案的处理。以不动产相邻关系中的"有利生产、方便生活、团结互助、公平合理的原则"为例,在不动产相邻关系中,"有利生产"与"方便生活"实质上是一对矛盾,通常是无法调和的。例如,某化工厂的生产场所与某居民住宅小区相邻,化工厂生产所产生的恶臭与周围人们的生活是不可协调的,除非化工厂变更生产项目,或者居民小区搬迁。对法律直接规定的所有权行使的限制或者扩展,各相邻主体并不能通过对团结互助的道德规范的追求来要求对方放弃自己的权利或者拒绝履行自己的义务。因此,这种口号式的原则不应规定在立法中。

不动产相邻关系的处理应当体现的原则为:一是接受限制的原则。不动产相邻关系权利人必须接受限制原则,在德国法中称之为"所有权承担义务原则"②。在其他许多国家的民法典中,均有对不动产所有人的相邻关系权利人在行使其权利时,必须接受限制的规定,这是各国民法对相邻关系中各方权利行使的利益平衡的共性规定,也是设立不动产相邻关系制度的宗旨与目的。二是损害赔偿原则。在不动产相邻关系中,不动产权利人违反法律的规定,或者为了自己的便利而给相邻人的利益造成损害的,应当承担损害赔偿责任。

三、不动产相邻关系的内容

不动产相邻关系有邻地侵害的防止、水的相邻关系及邻地使用相邻关系三个方面的内容。

(一) 邻地侵害的防止

土地所有权人在行使其土地权利时,应注意相邻关系,不得损害相邻方

---

① 《物权法草案》第 88 条规定:"不动产的相邻权利人应当按照有利生产、方便生活、团结互助、公平合理的原则,正确处理相邻关系。"
② 前揭孙宪忠:《德国当代物权法》,第 188 页。

的利益。①因危害与危险而引起的相邻关系,以废气、废渣、废水、垃圾、放射性物质等污染环境的物质必须严格按照环境保护的有关规定处理,不得妨碍或者损害邻人的正常生产与生活。②放置或者使用易爆、易燃、剧毒物品,必须严格按照有关规定办理,应当与邻人的建筑物保持适当的距离,或者采取必要的防范措施,不得使邻人的人身健康和房屋建筑受损害的危险。邻人在自己的土地上建造房屋、挖掘水沟、水井、地窖等,应当注意其他相邻人的安全,不能因此损害其他设施。③有倒塌危险时,应当及时采取措施,防止危险的发生。④对于已经发生或者可能发生的危险,相邻方有权要求他方排除。如相邻一方给相邻他方已经造成损失的,应当承担赔偿责任。

(二)水的相邻关系

水的相邻关系是指因流水、用水、排水引起的相邻关系。在流水和排水关系中,相邻各方应当按照水的自然流向合理利用水源,水流上游要照顾下游用水。高地邻人应当允许流水通过自己使用的土地,让高处的水流向低地。⑤上游和高地的邻人,不能擅自截留流水影响下游和低地的邻人用水。⑥水源不足时,应当按照"由近到远,由高到低"的原则,通过各方,合理分配,

---

① 《瑞士民法典》第684条第1款规定:"任何人,在行使其所有权时,特别是在土地上经营工业时,对邻人的所有人有不造成过度侵害的注意义务。"

我国台湾地区民法第774条规定:"土地所有人经营工业及行使其他之权利,应注意防免邻地之损害。"

② 《瑞士民法典》第684条第2款规定:"因煤、烟、不洁气体、音响或者震动而造成的侵害,依土地的位置或者性质,或者依当地习惯属于为邻人所不能容忍的情况,尤其应禁止之。"

我国台湾地区民法第793条规定:"土地所有人,于他人之土地有煤气、蒸气、臭气、烟气、热气、灰屑、喧嚣、振动、及其他与此相类者侵入时,得禁止之。但其侵入轻微,或按土地形状、地方习惯,认为相当者,不在此限。"

③ 《瑞士民法典》第685条第1款规定:"所有人在挖掘或者建筑时,不得使邻人的土地发生动摇,或者有动摇的危险,或者使其土地上的设施受到危害。"

我国台湾地区民法第794条规定:"土地所有人开掘土地或为建筑时,不得因此使邻地之地基动摇或发生危险,或使邻地之工作物受其损害。"

④ 我国台湾地区民法第795条规定:"建筑物或其他工作物之全部,或一部有倾倒之危险,致邻地有受损害之虞者,邻地所有人,得请求为必要之预防。"

⑤ 《日本民法典》第214条规定:"土地所有人不得妨碍自邻地自然流来之水。"

我国台湾地区民法第775条第1款:"由高地自然流至之水,低地所有人不得妨阻。"

⑥ 我国台湾地区民法第775条第2款:"由高地自然流至之水,而为低地所需者,高地所有人纵因其土地之必要,不得防堵其全部。"

共同使用。水涝成患或防水排放已经形成自然道的,下游或低地的邻人应当允许上游或者高地流水通过自己使用的土地,也不得擅自堵截。流水与排水一方如果需要改变水的自然流向,应征得相邻方的同意,不能任意控制水源、排除水患而损害他方的权益。

与自然排水不同,人工排水原则上并没有使用邻地的权利,①因此,土地所有人不得设置屋檐或者其他工作物,使雨水直接注入相邻的不动产。②

(三)邻地使用相邻关系

因使用邻地而引起的相邻关系,通常是相邻一方的房屋或者土地,由于自然条件或者其他原因,处于相邻他方建筑物或者土地包围之中,不通过相邻他方土地而不能通行,他方应当允许通行,要求通行的一方,应当与对方协商,并选择使对方受损失最小的路线,穿越邻地到公共通道,即相邻必要通行关系。③对于历史上形成的通道、桥梁道路,不得任意堵塞、设置障碍,影响邻人的正常通行或者使用。如果必须改道,应当征得相邻他方的同意,协商解决。

如果铺设管线需要通过邻人的地下或者上空,以及因某项施工必须临时使用相邻他方的土地,该相邻人都应当给予方便,准予通行和使用。管线的铺设人应选择对邻人损害最少的线路和方法铺设,并支付补偿金。④

相邻一方在造房屋和其他设施时,应该注意照顾相邻他方的通风、采光,必须与相邻方的房屋保持适当距离,不得影响邻居的通风和采光。任何

---

① 参见前揭谢在全:《民法物权论》,第 181 页。

② 《日本民法典》第 218 条规定:"土地所有人不得建造可使雨水直接注泻于邻地的屋顶及其他工作物。"

我国台湾地区民法第 777 条规定:"土地所有人,不得设置屋檐,或其他工作物,使雨水直注于相邻之不动产。"

③ 《日本民法典》第 210 条第 1 款规定:"某土地被其他围绕而不能通至公共道路时,该土地的所有人为通至公共道路,可以从围绕地通行。"

我国台湾地区民法第 787 条规定:"土地因与公路无适宜之联络,致不能为通常使用者,土地所有人得通行周围地以至公路。但对于通行地因此所受之损害,应支付偿金。前项情形,有通行权人,应于通行必要之范围内,择其周围地损害最少之处所及方法为之。"

④ 我国台湾地区民法第 786 条规定:"土地所有人,非通过他人之土地,不能安设电线、水管、煤气管或其他筒管,或虽能安设而需费过巨者,得通过他人土地之上下而安设之。但应择其损害最少之处所及方法为之。并应支付偿金。依前项之规定,安设电线、水管、煤气管或其他筒管后,如情事有变更时,他土地所有人得请求变更其安设。前项变更安设之费用,由土地所有人负担。但另有习惯者,从其习惯。"

建筑物的所有权人有权在其建筑物上开设窗户以进行通风和采光。凡由于相邻人的建筑物及其附属物或种植的竹木的距离过近,导致影响通风或采光,或者有影响通风或采光之虑时,建筑物所有权人有权请求排除妨碍。

第六章 动产所有权

动产所有权,是指以动产为标的物的所有权。不动产所有权的标的物仅限于土地及土地上的定着物,即建筑物;而动产标的物范围极为广泛,既有固体物,又有液体、气体物质等。不动产所有权主要因法律行为而取得,其中传来取得方式是不动产主要的取得方式;而动产所有权的取得除法律行为外,还有先占、善意取得、拾得遗失物、发现埋藏物以及添附等,传来取得和原始取得均为动产所有权的取得方式。不动产所有权的公示方式是登记;而动产所有权的公示方式是占有。因此,不动产所有权制度与动产所有权制度存在较大差异,相邻关系是不动产所有权所特有的制度,而善意取得制度是动产所有权所特有的制度。

第一节 善意取得制度

善意取得,又称为即时取得,是指动产占有人向第三人移转动产所有权或者为第三人设定他物权,即使动产占有人无处分动产的权利,善意受让人仍可取得动产所有权或者他物权的制度。[①]可见,善意取得包含动产所有

[①] 《物权法草案》第111条规定:"无处分权人将不动产或者动产转让给受让人的,所有权人有权追回,但符合下列情形的,受让人即时取得该不动产或者动产的所有权:(一)在受让时不知道或者不应当知道转让人无处分权;(二)以合理的价格有偿转让;(三)转让的财产依照法律规定应当登记的已经登记,不需要登记的已经交付给受让人;(四)转让合同有效。受让人依照前款规定取得不动产或者动产的所有权的,原所有权人有权向无处分权人请求赔偿损失。当事人善意取得其他物权的,参照前两款规定。"

但是,该条规定存在明显的缺陷,与传统民法的善意取得制度存在较大的差异,具体如下文论述。

的取得与他物权的设定。善意取得制度,是近代以来大陆法系民法物权法的一项重要制度,涉及财产所有权的静态安全与财产交易的动态安全保护的优先与取舍,对于保护善意取得财产的第三人的合法权益,维护交易活动的动态安全,具有重要意义。善意取得是适应商品交换的需要而产生的一项法律制度。在市场交易中,从事交易的当事人通常无法了解相对人是否有权处分财产,因交易成本等因素也很难对交易商品的权属逐一调查。因此,如果在市场交易中,买受人善意取得交易物后,由于转让人无权处分而使交易无效,并要求买受人返还交易物,则不仅要破坏现有的财产法律关系,而且还使买受人产生不安全感,从而妨碍了交易的进行。可见,善意取得制度虽然在一定限度内限制了所有权的追及力,在一定程度上牺牲了所有人的利益,但是在保护交易安全、促进货物流通方面,却具有重要作用。因此,各个国家和地区的立法普遍确认了这一制度。

一、善意取得制度的历史沿革

与其他法律制度不同,善意取得制度并非来源于罗马法,而是以日耳曼法为契机演绎发展而成的。在罗马法上,由于所有权概念出现较早,形成较为完备的所有权制度,因而土地所有权关系清晰明了,占有与物权相分离而成为独立的制度。在罗马法的观念上,占有是一种事实而不是权利。占有制度的机能在于维护社会秩序的稳定而不是保护权利,一旦占有与所有权发生冲突,在确权之前,大法官通常发布暂时维持占有现状的命令。① 在这种占有观念支配下,受让人信赖物的占有人为所有权人,缺乏法律依据,因而缺乏形成善意取得制度的条件。

与罗马法不同,占有(Gewere)是日耳曼法的核心概念,是物权的一种表现形式。日耳曼法的占有(Gewere)与所有权并不存在明确的区别。对动产所有权的享有,必须以占有为条件。占有是权利的外衣,推定占有动产人为动产的所有人;而对动产享有权利者,也需通过占有标的物而加以表现。因此,与罗马法中的占有(Possessio)仅为一种事实不同,日耳曼法中的占有(Gewere)不是一个事实而是一种权利。在日耳曼法中,占有(Gewere)是物权外部表现形式,通过占有(Gewere)推定某种物权的存在,因此,占有

---

① 参见前揭周枏:《罗马法原论》(上册),第407页。

(Gewere)具有物权的公示性质,物权包含在占有(Gewere)之中并通过占有(Gewere)得以体现。物的占有人是物的所有人,换言之,对物的占有即享有对物的权利,反之亦然,对物享有权利必须占有物。因此,受让人因对物的占有而可能取得对占有物的权利,而物的真正权利人却因没有直接占有物,其对物的权利效力减弱。第三人根据动产所有人的意思直接占有动产时,所有人对动产权利的效力减弱,一旦直接占有动产的第三人将动产让与他人,所有人不得向受让人请求返还。日耳曼法的这种占有观念及其相应的制度设计,为日后善意取得制度的产生奠定了制度基础。

通说认为,近代大陆法系国家民法上的善意取得制度源于日耳曼法上的"以手护手"(Hand muss Hand wahren)原则。[①]根据"以手护手"原则,所有人将自己的动产交付给第三人,仅能向该第三人请求返还,如果第三人将动产转让给受让人,则所有人不得向受让人请求返还,仅可向第三人请求损害赔偿。罗马法上却不存在这一制度。相反,在罗马法中,强调所有权的绝对性和追及效力,除非因取得时效而取得所有权,否则,"物在呼唤主人"、"无论何人,不能以大于自己所有之权利,转让与他人"、"发现我物之处,我取回之",[②]表明任何人不能转让属于他人的财产,否则,真正的权利人可以请求受让人返还受让的动产。但是,近代动产善意取得只是在"结果"上与日耳曼法的"以手护手"原则相同,然而两者存在本质上的区别:日耳曼法的"以手护手"原则,是限制所有权追及力之结构,即受让财产的第三人之所以不予返还受让财产,一方面是因为原所有人因丧失占有而导致其所有权效力的减弱并进而导致其丧失返还请求权;另一方面则是因为日耳曼法上独特的占有制度,而占有制度要求权利须以占有为外衣,因而取得占有的人,虽然未必有真实的权利,但并非完全没有权利,占有人因对物的占有的外衣而享有权利。而善意取得制度的着眼点则是完全在于善意受让人权利的取得,原所有人丧失请求善意受让人返还原物的权利,是善意受让人取得占有物权利所产生的结果,而不是导致善意受让人取得占有物权利的原因。

近代以来,大陆法系各国继受了日耳曼法的善意取得制度。1794年的《普鲁士普通邦法》(ALR),一方面继受了罗马法制度,不承认善意取得制

---

① 参见前揭梁慧星主编:《中国物权法研究》(上册),第474页。
② 参见前揭谢在全:《民法物权论》(上册),第218页。

度,即动产受让人不管是善意还是恶意,有偿还是无偿,所取得的标的物是占有委托物还是占有脱离物,动产所有人原则上具有追及权;另一方面又规定对动产受让人给予保护的特殊情形,动产受让人从国库、公共拍卖场所、基尔特商人等受让动产的,原所有权人对标的物不具有追及权,动产的受让人取得标的物的所有权。总之,《普鲁士普通邦法》(ALR)对善意取得制度采取了排斥态度,仅承认善意取得是一种例外而已。1811年《奥地利民法典》继受了日耳曼法的"以手护手"原则,承认了善意取得制度,将物区分为占有委托物和占有脱离物,动产的受让人以善意、有偿方式可以取得占有委托物的所有权,对从拍卖场所等特定场所购买的占有脱离物也可取得动产的所有权,但在其他场所购买占有脱离物则不能获得动产的所有权。

法国在14至16世纪受到罗马法的影响,强调物的追及效力。到了18世纪随着资本主义的发展,判例和学说强烈要求限制动产所有人的追及效力,吸收日耳曼法的"以手护手"制度,于是1804年《法国民法典》(第2279—2280条)确立了善意取得制度,①按照日耳曼法的占有(Gewere)制度和观念,构筑自己的善意取得制度。② 法国的善意取得又称为即时取得,规定在民法典的时效制度中,观念上认为善意取得是时效制度的一种。1888年《西班牙民法典》和《日本民法典》继受了《法国民法典》的即时取得制度。③但是,即时取得制度遭到了学界的抨击。按照民法的时效制度理论,时效的基本要素是时间的经过,即没有时间的经过就没有时效。即时取得制度并没有时间的经过,因而将即时取得理解为"即时时效",是不妥当的。

由于德国是日耳曼帝国的继受者,继受了日耳曼法的"以手护手"的观念,《德国民法典》确立了善意取得制度,成为当时世界各国善意取得制度的立法典范。《德国民法典》在第三编物权法第三章第三节中规定了善意取得制度,即第932—935条规定了善意取得。《德国民法典》第932条规定:"物虽不属于让与人,受让人也得因第929条规定的让与成为所有人,但在其依

---

① 《法国民法典》第2279条规定:"对于动产,占有具有与权利证书相等的效力。"
② 参见前揭梁慧星主编:《中国物权法研究》(上册),第478页。
③ 《日本民法典》第186条规定:"对占有人,推定其以所有的意思,善良、平稳而公然地开始占有动产者,如系善意无过失,则即时取得行使于该动产上的权利。"

此规定取得所有权的当时为非善意者,不在此限。"①《德国民法典》的规定,使善意取得作为动产物权变动的一种方式而得以建立。德国法上的善意取得,严格限于动产范围,不动产不适用善意取得制度。1942 年《意大利民法典》采取了无限制地承认善意取得制度,按照该民法典第 1153—1157 条规定,无论动产的受让人是有偿取得还是无偿取得,取得的动产是占有委托物还是占有脱离物,均可发生善意取得。

大陆法系各国的善意取得制度立法例具有以下三方面的特征:

(1) 善意取得制度仅适用于动产而不适用于不动产。交付是动产的物权变动的公示方法,而登记是不动产的物权变动的公示方法。物权变动经过公示后,即发生法律上的公信力,善意第三人基于对物权公示方法的信赖而进行交易的,不论其权利是否真实,受让人的权利均应加以保护。通过法定的公示方法,第三人能够从外观上了解物权变动的事实。由于不动产的物权变动的公示方式是登记,在不动产交易中,双方当事人必须依照规定,变更所有权登记。因此,不存在无所有权人或者无处分权人处分不动产所有权的可能性,也就不存在适用善意取得制度的必要前提,因此,在建立不动产登记制度后,"善意取得的原理以及规则在不动产法领域已经无法适用"。大陆法系国家立法均规定善意取得制度仅适用于动产交易。②

(2) 大陆法系国家物权立法关于善意取得制度有不同的态度:"极端法"态度与"中间法"态度。③基于立法政策对静态安全和动态安全的权衡,"极端法"态度不是强调静态安全,就是强调动态安全;"中间法"态度兼顾了静态安全和动态安全。因此,在"极端法"态度中有极端肯定善意取得制度的国家和极端否定善意取得制度的国家。《意大利民法典》对善意取得制度采取极端肯定的态度,而北欧地区的挪威和丹麦等国的立法对善意取得制度则采取极端否定的态度。近现代大多数大陆法系国家,例如,德国、法国、日本等物权立法,均采"中间法"态度,即标的物如果是占有委托物,原则

---

① 《德国民法典》第 929 条规定:"为让与动产的所有权必须由所有人将物交付于受让人,并就所有权的移转由双方成立合意。"

② 《物权法草案》第 111 条规定:"无处分权人将不动产或者动产转让给受让人的,所有权人有权追回,但符合下列情形的,受让人即时取得该不动产或者动产的所有权⋯⋯"草案扩大了善意取得制度的适用范围,将不动产也纳入善意取得制度值得商榷。

③ 参见前揭梁慧星主编:《中国物权法研究》(上册),第 485—486 页。

上认为发生善意取得;标的物如果是占有脱离物,原则上不发生善意取得。换言之,"中间法"态度的国家根据标的物的不同而分别确定是否发生善意取得,而不是一概肯定或者否定善意取得制度的适用。

(3) 从善意取得制度立法上的安排看,虽然善意取得制度均安排在物权编中,但却在不同的位置。《德国民法典》的善意取得制度出现在物权编第三章第三节"动产所有权的取得和丧失"中;《法国民法典》的善意取得制度出现在"时效"一章中;《日本民法典》和《瑞士民法典》的善意取得制度则出现在"占有"一章中。可见,《德国民法典》立法例的规定,表明善意取得制度是动产所有权制度所特有的,而不是不动产所有权与动产所有权所共有的制度。①

二、善意取得制度的理论基础

善意取得制度是以牺牲动产所有权人的利益,即动产所有权静态安全为代价,以保障动产交易安全,即动产所有权动态安全。交易安全固然重要,但如果所有权人的利益得不到法律的保护,则皮之不存,毛将焉附,交易安全的保护又有何意义。在社会主义市场经济中,对动产所有权和交易安全的保护具有同等重要性,既不能因强调所有权的重要性而贬低交易安全的重要性,也不能因强调交易安全的重要性而贬低所有权的重要性,那么,法律是基于什么理论强调交易安全的重要性而牺牲所有权人的利益?对善意取得制度,在历史发展过程中存在不同的学说:一是即时时效或者瞬间时效说。该说认为,善意取得之所以使善意的受让人取得动产的所有权,完全是"即时时效或者瞬间时效"作用的结果。法国、意大利等国学者倡导该说,在立法上,《法国民法典》和《日本民法典》将善意取得制度规定在时效制度中,是这种学说在立法上的反映。二是占有保护说。该说认为,根据物权公示原则,动产占有具有公信力,因而善意受让占有人即被推定为法律上的所有人,从而发生善意取得的效果。三是权利外形说。该说认为,善意取得制度是为了保护权利的外形,即善意取得制度建立在占有的"权利外形"上,对外形的信赖需要法律保护,从而使物权人负起某种"外形责任"。四是法律

---

① 我国物权立法从清朝末年到民国时期均受到《德国民法典》的影响,近年的物权法理论研究也明显受到德国物权法制度和理论的影响。

赋权说。该说认为,善意受让人之所以能从无权利人处取得权利,是由于法律直接赋予了占有人处分原权利人动产的权利。

即时时效说存在明显的缺陷,时效制度是以时间以及时间的经过为条件的,而善意取得制度与时间以及时间的经过缺乏联系,因此,即时时效说不能说明善意取得制度存在的理论依据。占有保护说和权利外形说分别从公示和权利外观角度说明善意取得制度的理论依据,其理论基础是公示公信原则,具有一定的合理性,说明了善意取得制度的理论基础。法律赋权说强调法律规定的作用,由于任何一种权利均是法律赋予的,因而法律赋权说并未说明善意取得制度的理论依据。

善意取得制度的目的在于保护占有的公信力,保护交易安全,鼓励交易,维护商品交易的正常秩序,促进市场经济的有序发展。保护交易当事人的信赖利益,实际上就是保护交易安全;一旦交易安全缺乏保障,则任何一个进入市场进行交易的权利主体,在购买物品或者财产上设定的权利时,都需对财产的权属进行详尽确实的调查,以排除从无权处分人处取得财产及相应权利的可能。这样提高了交易成本,阻碍了交易进行,从而影响社会经济发展。善意取得制度承认善意买受人可以即时取得所有权,则交易者就能放心地进行交易,从而有利于市场经济的健康发展。因此,占有的公信力能够较为有力地说明善意取得制度确立的基础。

三、善意取得的构成要件

大陆法系的善意取得制度并不适用于不动产,而仅限于动产,不承认不动产的善意取得。由于我国的理论与实务认识不一,善意取得制度不仅可以适用于动产,而且还可以适用于不动产。因此,对善意取得构成要件的认识,对于构建完整、科学的善意取得制度具有重大意义。根据大陆法系国家的善意取得制度,善意取得应具备如下要件:

(1)受让人基于法律行为获得动产所有权或者设定他物权。动产所有权的转移或者他物权的设定,只有基于法律行为,才可能产生善意取得。善意取得制度旨在保护交易安全,因而只有在受让人与出让人之间存在交易行为时,才出现善意取得问题。对于当事人因先占、继承、盗窃、抢夺、抢劫而取得财产的情形,均无善意取得制度的适用可能。在受让人因买卖、互易、出资、消费借贷、清偿债务以及其他以权利移转为目的的法律行为而取得动产所有权时,才适用善意取得制度。此外,善意取得的适用应以受让人有偿取得动产所有权为条件。

(2) 让与人是占有人与无权处分人。让与人必须是动产的占有人。由于让与人对动产的占有而使受让人产生合理的信赖,因此,让与人对动产的占有,是适用善意取得的前提条件。让与人对动产的现实控制(管领力),即构成占有,而不是以对动产的直接占有为必要,间接占有、辅助占有甚至瑕疵占有也包括在内。[①]

让与人不仅是动产的占有人,而且还应当是动产的无权处分人。让与人处分财产的行为是无权处分,即让与人没有处分权而进行了法律上的处分行为,如买卖或者设定担保物权导致动产所有权的转让或者在动产上设定负担。如果让与人是有处分权人,则让与是有权行为,没有适用善意取得制度的必要。让与人是无处分权人有三种情形:一是让与人没有处分动产的权利。例如,让与人仅是动产的承租人、借用人、保管人及附条件买卖的买受人等,对标的物享有占有权,但不具有处分权。二是让与人原有处分权,但后来因各种原因又丧失了对动产的处分权。[②]例如,让与人以受让动产所有权或其他权利为目的受让动产后,其法律行为被确认为无效或者被撤销。由于法律行为的效力自始归于无效,从而使出让人在其法律行为被确认无效或者被撤销前所为的处分行为,成为无权处分行为。三是让与人处分共有动产,例如,一个共有人未经其他共有人同意擅自处分共有动产的情形。以上三种情形,均可适用善意取得制度。

(3) 标的物应是动产。善意取得制度仅适用于动产所有权的取得,即善意取得的标的物仅限于动产。[③]由于不动产所有权以登记为公示方法,在交易上不会使人误信占有人为所有权人,因而不动产不得成为善意取得标的物。动产的公示方式以占有为原则,登记为例外。只有以占有为公示方

---

① 参见前揭谢在全:《民法物权论》(上册),第 224 页。
② 在承认物权行为独立性和无因性的国家和地区,这种情形不发生善意取得问题。由于物权行为的独立性和无因性,债权行为的无效或者被撤销,不影响物权变动的效力,此时让与人已取得物的所有权,而不是无权处分人。
③ "标的物须为动产。"前揭郑玉波:《民法物权》,第 95 页。
"……故善意取得之标的物,以动产为限。"前揭谢在全:《民法物权论》(上册),第 221—222 页。

法的动产,才有适用善意取得制度的必要。为此,国外的立法例有明文规定,例如,《法国民法典》第2279条第1款规定:"对于动产,占有有相当于权利根源的效力。"《日本民法典》第192条规定:"平衡且公然开始占有动产的人,为善意且无过失时,即时取得在其动产上行使的权利。"其他国家和地区的民法也有类似规定,限制了善意取得制度得适用的财产范围。

货币和无记名证券是一种特殊的动产,可适用善意取得制度。① 对于不动产的出产物,在其还未与不动产分离时,是不动产的组成部分,不能适用善意取得制度,② 但其与不动产分离后成为动产,则可适用善意取得制度。

债权不能适用善意取得制度。③ 由于债权具有相对性,没有一种可以对外公示的方法以表明债权的存在,因而不得适用善意取得制度。但随着社会经济的发展,债权的流转日益频繁、活跃,出现了证券化的债权,如公司债券、大额可转让存单及各种票据。这些证券化的债权在民法上通常视为动产,对于其中不记名或无须办理登记手续的,可适用占善意取得制度。仓单、提单和载货证券等物权证券所表示的动产,也可适用善意取得制度。④

(4)让与人已经将动产交付给受让人。占有的转移是适用善意取得的条件之一,即让与人向受让人实际交付了动产,而受让人实际占有交付的动产。只有通过交付,才发生动产所有权的转移。如果仅仅是达成动产交易的合意,而没有发生动产占有的转移,则不能产生善意取得的效果。《民法通则》第72条第2款规定:"按照合同或者其他合法方式取得财产的,财产所有权从财产交付时起转移,法律另有规定或者当事人另有约定的除外。"受让人要取得动产所有权,需受让动产的交付,即占有动产。动产的交付有现实交付和观念交付之分,观念交付又有简易交付、占有改定、指示交付和拟制交付之分。在现实交付和简易交付的情形下,受让人已经直接占有动产,因而受让人可根据善意取得制度取得动产权利。在让与人与受让人之间按照占有改定方式进行交付时,让与人根据其与受让人之间的约定而直接占有动产,受让人则间接占有动产。在这种情形下,能否直接适用善意取

---

① 参见前揭谢在全:《民法物权论》(上册),第222页。
② 同上书,第223页。
③ 同上。
④ 同上。

得制度,使受让人取得动产所有权,有肯定说与否定说两种观点。① 肯定说认为,占有改定可以适用善意取得,②例如,《德国民法典》第 933 条明文规定占有改定可适用善意取得。否定说认为,占有改定不能适用善意取得。只有在让与人将动产交付给受让人时,善意的受让人才能取得动产所有权,因此,只有在动产现实交付于受让人的情形下,才能适用善意取得。从动产公示方式看,采取占有改定的交付方式,动产所有权虽然因占有改定而发生变更,但缺乏必要的公示方式,第三人无法判断所有权的转移,而且让与人仍然可以再次将动产进行转让。因此,否定说可能更有利于保护交易安全。在指示交付情形下,让与人将所有物返还请求权让与受让人,受让人可基于善意取得制度取得动产所有权。在拟制交付情形下,让与人将动产的权利凭证交付给受让人,受让人因占有动产的权利凭证而取得动产的所有权,因此,可以适用善意取得。

(5) 受让人的受让行为是善意的。动产的善意取得以受让人的善意为条件,如果受让人具有恶意,则不得适用善意取得。关于受让人的善意,有"消极观念说"与"积极观念说"两种判断标准。"消极观念说"认为,受让人的善意,是指第三人在取得该动产时,根据客观情况和第三人的交易经验,不知道也不应当知道出让人是无权处分财产。第三人的善意以接受出让人交付时为限,即使在受领财产后知道出让人是无权处分,也不影响受让人对动产所有权的善意取得。"消极观念说"减轻受让人的义务,有利于交易的实现,符合鼓励交易原则,但是使受让人在交易时不承担相应的注意义务,③过于放纵受让人,导致原所有权人与受让人之间权利失衡。"积极观念说"则认为,受让人必须将让与人视为原权利人,即根据让与人的权利外在表现形式而信赖其有真实权利的认识,换言之,受让人必须认为其所实施的行为是法律行为(合法)。由于"积极观念说"要求受让人了解让与人对动产的真实权利,对受让人要求过于苛刻,导致较高的交易成本,不利于交易的实现,有悖于鼓励交易原则,并且要对受让人的主观心理进行判断,缺乏可操

---

① 刘得宽先生列举了四种学说:否定说、肯定说、折衷说、共同负担损失说。参见前揭刘得宽:《民法诸问题与新展望》,第 325—326 页。

② 参见前揭梁慧星主编:《中国物权法研究》(上册),第 494 页;前揭王利明:《物权法研究》,第 277 页;前揭谢在全:《民法物权论》(上册),第 229 页。

③ 参见前揭王利明:《物权法研究》,第 268 页。

作性标准。于是,在以上两种学说之外,出现了第三种学说,即折衷说,以调和"积极观念说"与"消极观念说"。

在判断受让人是否为善意时,应采取推定的方法,即推定受让人是善意,而由原所有权人承担举证责任,证明受让人具有恶意或者有重大过失。如果原所有权人能够证明,受让人知晓让与人为无权处分,或者交易的价格明显低于市场价,或者交易并非在公开的市场进行,则可以确定受让人具有恶意。

(6)让与人占有的物是占有委托物,而不是占有脱离物。占有委托物,是指基于原所有人意思而为他人所占有的物,主要有因租赁、借用、承揽、保管等合同而交付他方占有的动产。占有脱离物,是指非基于原所有人意思而丧失占有的物,主要有盗赃物、遗失物、遗忘物、误取物等。

大多数国家的善意取得制度仅适用于占有委托物,例如,德国、法国、日本、奥地利、瑞士等。但是,占有脱离物是否完全不适用善意取得或者适用善意取得的条件,各国的规定有所不同。《德国民法典》原则上不承认占有脱离物得适用善意取得,仅对金钱、无记名证券以及以公开拍卖方式让与的物,有善意取得的适用。[①]《法国民法典》规定所有人仅在向善意受让人给予补偿的情形下,才能向受让人请求返还原物。[②]《日本民法典》的规定与《法国民法典》相同。[③]

我国可采纳各国通行的规则,原则上仅适用于占有委托物,而占有脱离

---

① 《德国民法典》第935条规定:"从所有人处盗窃的物、所有人遗失或因其他原因丢失之物,不得依第932条至934条有关善意取得之规定取得其所有权。所有人仅为间接占有人时,物为占有人所丢失者,亦同。对金钱、无记名证券以及以公开拍卖方式让与的物,不适用前项规定。"

② 《法国民法典》第2280条规定:"现实占有人如其所占有的盗窃物或遗失物系由市场、公卖或贩卖同类物品的商人处购得者,其原所有人仅在偿还占有人所支付的价金时,始得请求返还原物。"

第2279条第2款规定:"占有物如系遗失物或窃盗物时,其遗失人或被害人自遗失或被盗之日起三年内,得向占有人请求回复其物;但占有人得向其所由取得该物之人行使求偿的权利。"

③ 《日本民法典》第193条规定:"于前条情形,占有物系盗赃或者遗失物时,受害人或者遗失人自被盗或者遗失之时起二年间,可以向占有人请求返还其物。"

第194条规定:"盗赃及遗失物,如系占有人由拍卖处、公共市场或者出卖同种类物的商人处善意买受时,受害人或者遗失人除非向占有人清偿其支付的价金,不得请求返还其物。"

物的适用应有严格限制。善意受让人从拍卖行、公共市场或者由贩卖与其物同种类的物的场所受让动产的,所有人仅在向善意受让人偿还了其所支付的相应价金后,才能请求返还原物。

四、善意取得的法律效果

善意取得的法律效果,是指在符合善意取得构成要件的情形下所产生的法律后果。根据法律规定,一旦具备善意取得的要件,即使让与人对让与的动产没有处分权,善意受让人也能取得该动产的所有权,但在性质上该取得是原始取得还是继受取得,则存在较大争议。一是原始取得说。该说认为,通过善意取得制度从无权处分人处取得动产所有权或者他物权,与继受取得在本质上不同,因其权利的取得并不是基于让与行为,而是基于法律的直接规定,因而善意取得属于原始取得。因此,对善意取得动产所有权而言,原权利上的限制原则上应归于消灭,受让人对动产享有完全的所有权。二是继受取得说。该说认为,占有的让与行为,除占有人无处分权外,与有效的法律行为并无明显差别,因而将其理解为继受取得,并无不当。换言之,善意取得中的善意受让人取得权利不是基于占有的效力,而是基于法律行为所产生的效力。三是原始取得或者继受取得之争无意义说。该说认为,善意取得的性质是原始取得还是继受取得的讨论是没有意义的。原始取得说是近代以来的通说。善意取得制度是国家立法基于保护交易安全,对原权利人和受让人之间的权利所作的一种强制性的物权配置,受让人取得动产所有权是基于物权法的直接规定而不是法律行为,具有确定性和终局性。

善意取得涉及三方当事人,即动产原所有人、让与人和受让人,产生三方面的法律关系,即动产原所有人与受让人之间的法律关系、让与人与受让人之间的法律关系以及原所有人与让与人之间的法律关系。

(1) 原所有人与受让人之间的法律关系。在善意取得情况下,原权利人与受让人之间将发生物权变动。受让人因善意而即时取得标的物的所有权,原权利人的所有权将因此而消灭。善意取得是动产所有权取得的一种方式。原权利人不得向善意受让人主张返还原物。换言之,如果原权利人向受让人请求返还原物,则受让人可以善意取得为由对原权利人的请求权进行有效的抗辩。

(2)让与人与受让人之间的法律关系。让与人与受让人基于法律行为而产生债权债务关系,受让人因善意而取得让与人移转其占有的动产所有权,而受让人应向让与人支付动产的价款,如果受让人没有按照与让与人之间的约定支付价款,应向让与人承担违约责任。

(3)原所有人与让与人之间的法律关系。由于原权利人因受让人的善意取得使其标的物的所有权发生消灭,而又不能请求受让人返还动产,法律上对原权利人提供了一种债权上的救济,即权利人可以基于债权上的请求权要求让与人承担合同责任或者侵权责任。

五、我国的善意取得制度

我国的善意取得制度起源于1911年的《大清民律草案》,是继受大陆法系法律制度的产物。《大清民律草案》第1278条规定了善意取得制度,第1279条区分了占有委托物与占有脱离物。北洋政府起草的《民律第二次草案》沿袭了《大清民律草案》的规定,第284条规定了善意取得制度,第285条也对占有委托物与占有脱离物进行了区分。在1929至1931年间,国民党政府颁布了我国历史上第一部民法典,建立了现代意义上的善意取得制度。该法典的善意取得制度是以《大清民律草案》和《民律第二次草案》为蓝本,参照德国、瑞士、日本等国的善意取得制度而设立的,确立了以动产所有权转移为目的的善意取得制度,区分了占有委托物与占有脱离物。

1949年新中国成立后,废除了国民党的《六法全书》,善意取得制度在我国大陆地区不复存在。为此,民法理论界与实务界对我国民法是否存在善意取得制度,存在肯定说与否定说,但肯定说是主流观点。[1]我国民事立法并未承认善意取得制度,而主要通过一系列的司法解释在司法实践中确立了善意取得制度,这些司法解释有《关于没收和处理赃款赃物若干暂行规定》、《民法通则司法解释》、《关于审理诈骗案件具体应用法律的若干问题的解释》、《关于依法查处盗窃、抢劫机动车案件的规定》、《关于适用〈中华人民共和国担保法〉若干问题的解释》等。

1965年12月1日,最高人民法院、最高人民检察院、公安部、财政部联

---

[1] 参见前揭梁慧星主编:《中国物权法研究》(上册),第510—511页;前揭王利明:《物权法研究》,第263—264页。

合发布《关于没收和处理赃款赃物若干问题的暂行规定》,该暂行规定第6条规定:"在办案中已经查明被犯罪分子卖掉的赃物,应该酌情追缴。对买主确实知道是赃物而购买的,应将赃物无偿追出予以没收或退还失主;对买主确实不知是赃物,而又找到了失主的,应该由罪犯按卖价将原物赎回,退还原主,或者按价赔偿损失;如果罪犯确实无力回赎或赔偿损失,可以根据买主与失主双方的具体情况进行调解,妥善处理。"根据该规定,在市场交易中,善意买受人的利益得到法律保护,从而体现了法律对善意买受人的承认和保护。

1988年4月2日,最高人民法院颁布的《民法通则司法解释》第89条规定:"共同共有人对共有财产享有共同的权利,承担共同的义务。在共同共有关系存续期间,部分共有人擅自处分共有财产的,一般认定无效。但第三人善意、有偿取得该财产的,应当维护第三人的合法权益,对其他共有人的损失,由擅自处分共有财产的人赔偿。"该司法解释将善意取得制度限制在非法处分共有财产,而不适用普通的动产。

1996年12月24日,最高人民法院发布的《关于审理诈骗案件具体应用法律的若干问题的解释》第11条规定:"行为人将诈骗财物已用于归还个人欠款、货款或者其他经济活动的,如果对方明知是诈骗财物而收取,属恶意取得,应当一律予以追缴;如确属善意取得,则不再追缴。"该解释明确了对善意买受人权利的承认和保护。

1998年5月8日,最高人民法院、最高人民检察院、公安部和国家工商行政管理总局联合发布的《关于依法查处盗窃、抢劫机动车案件的规定》第12条规定:"对明知是赃车而购买的,应将车辆无偿追缴;对违反国家规定购买车辆,经查证是赃车的,公安机关可以根据《刑事诉讼法》第110条和第114条规定进行追缴和扣押。对不明知是赃车而购买的,结案后予以退还买主。"这同样体现了对善意买受人权利的承认和保护。

2000年12月8日,最高人民法院颁布的《关于适用〈中华人民共和国担保法〉若干问题的解释》第84条规定:"出质人以其不具有所有权但合法占有的动产出质的,不知出质人无处分权的质权人行使质权后,因此给动产所有人造成损失的,由出质人承担赔偿责任。"该司法解释通过动产占有人赔偿责任的承担,确立了他物权的善意取得制度,从而有效地维护了动产占有的公信力,保护了交易安全。

但是,《民法通则》作为我国的民事基本法,并未涉及善意取得制度,而在其后颁布的几部民事特别法中涉及了善意取得制度,如《票据法》、《拍卖法》和《信托法》等。《票据法》第 12 条规定:"以欺诈、偷盗或者胁迫等手段取得票据的,或者明知有前列情形,出于恶意取得票据的,不得享有票据权利。"该条规定从反面确认了善意取得票据的人可以享有票据权利,从而表明《票据法》肯定了善意取得制度。《拍卖法》第 58 条规定:"委托人违反本法第 6 条的规定,委托拍卖其没有所有权或者依法不得处分的物品或者财产权利的,应当依法承担责任,拍卖人明知委托人对拍卖的物品或者财产权利没有所有权或者依法不得处分的,应当承担连带责任。"该条通过对委托人和拍卖人对拍卖物责任的承担,从而保护了买受人对拍卖所得物的所有权。因此,《拍卖法》肯定了善意取得制度。《信托法》第 12 条第 2 款规定:"委托人设立信托损害其债权人利益的,债权人有权申请人民法院撤销该信托。人民法院依照前款规定撤销信托的,不影响善意受益人已经取得的信托利益。"关于善意受益人取得信托利益的规定,实质上是从法律上正式确立了动产善意取得制度。

由此可见,我国通过民事特别法和司法解释的相关规定已经设立了善意取得制度,但是,由于作为民事基本法的《民法通则》仍未明文规定善意取得制度,因而我国还未建立完整的善意取得制度,缺乏善意取得的概念、构成要件、法律效果等一般规定。为维护交易安全和良好的交易秩序,构建完整的善意取得制度是物权立法任务,但《物权法草案》规定的善意取得制度仍然有待进一步的完善。

第二节 先占制度

先占,又称为无主物的先占,是指先占者以所有的意思,先于他人占有无主动产而取得其所有权的事实。先占是原始社会取得所有权的唯一方法,也是古代法确定所有权的重要方法。在人类社会早期,地广人稀,许多财产没有确定归属,因而先占成为当时取得所有权的方法。然而,在现代社会,世间万物均有明确的归属,先占制度已经丧失了往日在法律中的重要地位,但是在某些特定情形下,先占仍然可以成为取得所有权的一种方法。

先占制度虽然起源于古代罗马法,但在我国也具有悠久的历史,唐律中就有关于"先占取得"无主动产的规定,后为宋代和元代法律所沿袭。明清时期的先占取得无主动产所有权的制度,是在宋元时代基础上的进一步发展和完善。

关于先占的性质有三种观点:一是法律行为说。该说认为,物权法以应具有所有的意思作为先占的要件,而这种所有的意思是取得所有权的效果意思,①因而先占是法律行为。二是准法律行为说。该说认为,先占是以意思为要素的准法律行为中的非表现行为,先占是法律对一定的意思行为,承认其具有取得所有权效果的私法制度。②三是事实行为说。该说认为,"以所有的意思"并非效果意思而是事实上对动产的完全支配、控制的意思,基于对无主动产占有的事实,法律赋予取得所有权的效果,因此,先占属于事实行为而不是法律行为。③事实行为说是通说。④

关于无主物的先占制度的立法例有三种:一是先占自由主义。不论动产或者不动产,均允许通过先占取得物的所有权。这是罗马法先占制度的立法例。二是先占权主义。国家对不动产有先占权,即不动产的先占权仅属于国家,国家之外的其他权利主体不得对不动产行使先占权。至于动产,只有在法律许可的情况下,才能通过先占取得其所有权。这是日耳曼法先占制度的立法例。三是二元主义。无主物被区分为动产无主物与不动产无主物,动产无主物适用先占自由主义,自然人和法人均可依先占取得动产的所有权;而不动产无主物则适用国家先占主义,只有国家才可取得不动产的所有权。大多数国家采取了二元主义的立法例。例如,德国和法国,对于无主的动产,采用先占自由主义;无主的不动产,采用先占权主义。⑤

---

① 关于效果意思,参见前揭郑云瑞:《民法总论》,第240页。
② 学者之间对先占性质的讨论主要是在法律行为说与事实行为说之间展开,主张准法律行为说的学者非常少,但日本学者我妻荣是该说的倡导者。参见前揭郑玉波:《民法物权》,第99页。
③ 我国台湾地区民法第82条规定:"以所有的意思,占有无主之动产者,取得其所有权。"郑玉波先生认为,"以所有之意思"不是效果意思,根据先占取得所有权是基于先占的事实而不是基于意思表示。参见前揭郑玉波:《民法物权》,第97页。
④ 参见前揭谢在全:《民法物权论》(上册),第233页。
⑤ 《德国民法典》第958条规定:"(1)自主占有无主的动产的人,取得此物的所有权。(2)先占为法律所禁止或者因实施占有而损害他人先占权的,不取得所有权。"

从我国的实际情况看,由于土地归国家和集体所有,任何自然人和法人不可能成为土地的所有权人,因而不动产不可能适用先占。在法律上能够适用先占的仅限于动产。我国物权法草案也对动产采用先占自由主义,而不动产不适用先占制度。我国先占制度的立法,应采纳二元主义立法例,即将无主物分为无主的动产和无主的不动产,对于无主动产,采先占自由主义,即自然人或者法人可基于先占取得动产的所有权;而无主的不动产则采先占权主义,即只有国家可通过先占取得不动产的所有权,这是因为土地公有制的属性不适用先占制度。先占制度的建立和完善,使现实生活中所有的无主物都可依法确立所有权,实现物有所归、物尽其用,使先占权人的利益得到应有的保障,从而维护市场经济秩序的繁荣与稳定。

按照各国通例,先占应当符合以下构成要件:[1]

(1)占有的标的物是无主物。无主物,是指现在不属于任何人所有的物,至于在此之前是否有所有权人,则在所不问,因而抛弃物也可成为无主物。无主物主要有:一是抛弃物,先占人无须在主观上认识占有物为无主物,只要被占有的物在客观上属于无主物即可。[2]遗失物和埋藏物,应按照遗失物和埋藏物归属规则处理,不适用先占制度。二是法律许可的野生动植物。无主物以野生动植物为主,例如,山上的野花、野兔、鸟兽等。野生动物经猎人捕获,因先占而取得其所有权。

(2)以所有的意思占有动产。先占必须具备心素和体素。心素,是指先占人必须具有以"所有的意思"对动产实施占有。先占人将占有的动产归自己控制、支配的意思即为心素,换言之,先占人在事实上希望与所有权人处于同一支配地位的意思占有无主动产。体素,是指先占人必须对动产实施实际的控制。先占人对无主动产的控制并不是一定要有身体与动产的直接接触。例如,猎人将猎物捕获之后,将猎物放在笼子里面。心素与体素的结合,表明先占人对动产的占有构成先占。因先占属于事实行为,只要行为人发现无主的动产并占为己有,客观上足以使他人认为先占人有据为己有

---

[1] 在罗马法中,先占的构成要件为:无主物、占有的体素和占有的心素。参见前揭周枏:《罗马法原论》(上册),第339页。

[2] "然在先占人,无知悉其标的物为无主动产之必要,先占之物体,以客观的无主之动产为已足。先占人误以为非无主物而为先占,亦不妨取得其所有权。"前揭史尚宽:《物权法》,第125页。

的表示即可。

（3）占有的物不是禁止流通物。物的法律属性不同,因而物有流通物、限制流通物和禁止流通物之分。流通物可以成为先占标的物;某些限制流通物也可以成为先占的标的物,而某些限制流通物则不可以,例如,枪支、弹药、毒品等不适用先占制度;禁止流通物不能成为先占的标的物,例如,国家专有的财产和淫秽书画、音像制品等不能适用先占制度。先占应遵守有关法律、法规的规定。

具备以上三个条件的先占,先占人取得无主动产的所有权。因先占而取得无主动产的所有权,由于先占人并非基于他人既存的权利而取得动产所有权,因而属于原始取得,而不是继受取得。由于先占是原始取得,因而动产上原有的所有负担,均归于消灭。《物权法草案》并未规定先占制度。

第三节　拾得遗失物

一、拾得遗失物的概念及意义

拾得遗失物,是指发现他人遗失物而占有的一种法律事实。关于拾得遗失物的性质,学界均认为拾得遗失物是事实行为而不是法律行为,因此,拾得人不以具有完全行为能力为必要,也不以存在所有意思为必要。

关于拾得遗失物是否可以成为动产所有权取得的原因,历来有两种相反的立法例:罗马法的不能取得动产所有权主义[1]与日耳曼法的取得动产所有权主义。[2]由于受到日耳曼法的影响,《法国民法典》采纳了有限的拾得人取得遗失物的所有权主义。《德国民法典》在制定遗失物拾得制度时,也继受了日耳曼法的有关制度。由于法国和德国民法典对各国的影响,现代各国的拾得遗失物立法例,大多是在日耳曼法立法例的基础上发展而来的。

---

[1] 罗马法注重保护所有人对客体的占有、支配以及所有人享有的处分权,因而在处理拾得遗失物关系时采用不取得所有权主义,即无论经过多长时间,拾得人对遗失物都不能够取得所有权。
《物权法草案》第118条规定:"遗失物自发布招领公告之日起半年内无人认领的,归国家所有。"

[2] 参见前揭郑玉波:《民法物权》,第100页。

例如,《法国民法典》第 717 条、《德国民法典》第 973 条、《瑞士民法典》第 722 条以及《日本民法典》第 240 条。

我国拾得遗失物制度起源较早。西周初期的《易经》已经对拾得遗失物的处理作出详细记载。①《周礼·秋官·朝士》记载:"凡得获货贿、人民、家畜者,委于朝,告于士,旬而举之,大者公之,小者庶民私之。"凡得到遗失的财物、逃亡奴隶和跑失的牲畜,应向"朝士"报告,由"朝士"招领,十日内无人认领,奴隶马牛归公,小额财物则归拾者,以资酬劳。②秦汉时有关遗失物归属的法律条文已经佚失,但汉代对于遗失物归属的法律规定与西周相似。晋律关于遗失物的法条也已佚失,晋律也规定遗失物须归还原主,拾得遗失物者如不将遗失物送官就构成犯罪。③与秦汉时期相比,秦汉之后的法律对拾得遗失物的规定已经有所变化。秦汉之后法律限制遗失物按先占原则占为己有,唐代法律继承了该传统,立法强调遗失物必须交还原主,拾得人负有送官义务,而无获得其一部分为己有的权利。④宋元时期有关遗失物归属问题的法律,完全沿袭唐律令中的有关规定。与唐宋法律不同,明代的法律所保护的重点已不是遗失人的所有权,而是拾得人的利益,⑤这是拾得遗失物制度在我国古代立法史上的巨大变化。清代初始完全沿袭明律规定。《大清民律草案》第 1033 条规定:"拾得遗失物人依特别法令所定取得其所有权。"1925 年北洋政府起草的民律草案沿袭了《大清民律草案》关于遗失物的规定。1929—1931 年间颁布的《中华民国民法》采纳了附条件取得所有权主义。

我国拾得遗失物制度的历史沿革表明,尽管我国存在"拾金不昧"的传统,但该道德规范并没有完全淹没法律规范。从秦汉至唐宋,拾得遗失物的处理规则对道德规范力量的强调达到了极点,但明清之后的立法发生了巨大变化,从保护遗失物所有人的利益转变为保护遗失物拾得人的利益。

---

① 按照当时的法律和惯例,凡得到跑失的牛、马、羊,或者遗失的其他财物,或者逃亡的奴隶的,应呈报专门机关,归还原主,并可以从原主那里得到补偿金,否则将遭到起诉。
② 参见武树臣等:《中国传统法律文化》,北京大学出版社 1996 年版,第 222—224 页。
③ 参见叶孝信主编:《中国民法史》,上海人民出版社 1993 年版,第 195 页。
④ 同上书,第 256—257 页。
⑤ 《明律·户律·钱债》记载:"凡得遗失之物,限 5 日内送官,官物还官;私物召人识认,于内一半给与得物人充赏,一半给还失物人。如 30 日内无人识认者全给。限外不送官者,官物坐赃论,私物减二等。其物一半入官,一半给主。"

我国现行立法对拾得遗失物的归属和费用偿付作出了明确规定,《民法通则》第79条第2款规定:"拾得遗失物、漂流物或者失散的饲养动物,应当归还失主,因此而支出的费用由失主偿还。"①但是,《民法通则》对于拾得人的非法处置问题、拾得人的义务等没有作出规定,而《民法通则司法解释》第94条则规定:"拾得物灭失、毁损,拾得人没有故意的,不承担民事责任。拾得人将拾得物据为己有,拒不返还而引起诉讼的,按照侵权之诉处理。"②

二、拾得遗失物的构成要件

拾得遗失物是引起遗失物拾得法律关系产生的法律事实,作为法律事实,拾得遗失物由人、物、行为三方面构成。

(1)拾得遗失物的主体。遗失人与拾得人是拾得遗失物的主体,但理论与实务对遗失人和拾得人的范围的理解存在分歧。

自然人和法人均可以成为遗失人。从遗失人与遗失物的关系看,遗失人通常为遗失物的所有人,但又不以所有人为限,遗失物的质权人、留置权人、保管人、借用人、承租人、运送人及他们的辅助占有人,均可成为遗失人。但是,根据《民法通则》的规定,享有财产的主体除自然人和法人外,还有国家。学界对国家是否成为遗失人,存在肯定与否定的观点。民法的私法属性决定,一切权利主体一旦进入私权领域,其相互间的差别自动丧失,国家也失去其公的身份。

自然人和法人均可成为拾得人。法人不同于自然人,其意思应当由其机关或者按照约定由其雇员执行,但并不是其机关或者其雇员所有的拾得行为,均导致该法人成为拾得人。私法人成为拾得人的情形有:一是法人机关的代表人或者其雇员依照法人的指示执行拾得行为;二是法人与其雇员约定在一定情形下拾得遗失物以该法人为拾得人。除上述情形外,法人机关的代表人或者其雇员拾得遗失物的,以自然人的身份为拾得人。公法人是否能够成为拾得人,是一个颇具争议的问题。日本和德国承认公法人可

---

① 《物权法草案》第114条规定:"拾得遗失物,应当返还权利人。拾得人应当自拾得遗失物之日起二十日内通知所有权人、遗失人等权利人领取,或者送交有关部门。"

② 《物权法草案》第116条规定:"拾得人在遗失物送交有关部门前,有关部门在遗失物被领取前,应当妥善保管遗失物。因故意或者重大过失致使遗失物毁损、灭失,应当承担民事责任。"

成为拾得人。①学者起草的《物权法草案建议稿》也采纳了这种观点。②为解决在车、船、建筑物及非供一般公众通行场所因拾得遗失物而产生的纠纷,各国法律一般对在上述场所遗失物之拾得人资格作了明确规定。③

(2)遗失物。关于遗失物的概念,各国立法均未予以明文规定,学界对遗失物的构成要件的理解存在较大分歧,从而使遗失物概念也存在较大差异。遗失物,是指有权占有人因非自愿而丧失对动产的占有,在被拾得前又无人占有的有主动产。遗失物应符合以下条件:一是动产及有主物。遗失物仅限于动产,不动产在性质上不可能遗失。遗失物还应是有主物,如果是无主物,则是先占制度的客体,而不是拾得遗失物制度的客体。二是有权占有人非自愿而丧失对物的占有。如果所有权人丧失对动产的占有是基于自己的意思,则属于所有权的抛弃,该动产因所有权人的抛弃行为而成为抛弃物,并不是遗失物。遗失物是基于所有权人或者其他有权占有人非自愿的行为而丧失对动产的占有。三是在被拾得之前无人占有。如果动产已经为他人所占有,则不能构成遗失物。所有权人将物遗失在他人住所、旅馆、车、船、飞机等以及因错误而占有他人的动产,均不构成遗失物。

(3)拾得遗失物的行为。拾得遗失物是指发现遗失物且占有遗失物的实施行为。各国立法均没有规定构成拾得遗失物行为的条件,但学界认为发现和占有两个因素的结合构成拾得遗失物的行为。发现遗失物,是指认识遗失物之所在。发现在先,占有在后。不发现遗失物就不可能占有遗失物。发现仅仅为一种事实状态,不需要发现人意思的存在。占有遗失物,是

---

① 《日本遗失物法》第4条规定:"国库或其他公法人不得请求酬劳金。"
《德国民法典》第978条第1款规定:"在公共行政机关或为公共交通服务的交通机构的事务所或者运输工具中拾得或者占有某物的人,应立即将拾得物交付该行政机关或者交通机构或者职员……"

② 梁慧星先生主持制定的《中国物权法草案建议稿》第158条第4款,承认国家机关可以为拾得人。

③ 《瑞士民法典》第720条第3款规定:"在住宅内或公共场所拾得遗失物的人,应将遗失物交与住户人、承租人或有监督义务的人。"
《日本遗失物法》第10条规定,为船只、车辆、建筑物或其他设施占有人而看守之人,于其看守之场所,拾得他人之物件时,应速将该物件交与占有人。此种情形,以该占有人视为拾得人;于有人看守之船只、车辆、建筑物或其他本来就非供一般公众通行的场所内拾得他人之物件者,应速将该物件交付于看守人;受交付之看守人应将其交与船只、车辆、建筑物之占有人,占有人即为拾得人。

指对于遗失物获得事实上的管领力。在遗失物拾得的两个构成要素中,虽然发现先于占有,没有遗失物的发现,则不可能产生遗失物的占有,但遗失物占有的重要性却高于遗失物的发现。①

具有以上三个条件的,拾得遗失物即宣告成立,但拾得人不能像先占一样当然取得遗失物的所有权,拾得人还须按照一定的程序履行一定的义务,才有可能取得遗失物的所有权。

三、拾得遗失物的效力

拾得遗失物因拾得人对遗失物的处置方式的不同而产生不同的法律效力。拾得人对遗失物的处置,是指拾得人合法处置遗失物,或者非法处置遗失物。虽然各国法律均规定拾得人享有的各种权利,但是拾得人对这些权利的享有并非因拾得行为而当然取得,实际上拾得遗失物仅仅是拾得人获得权利的基础,拾得人最终是否享有这些权利是以拾得人履行各种法定义务为前提的。因此,在拾得遗失物的法律关系中,应当突出拾得人的义务,以其义务为中心来设定权利,拾得人如不按照法律履行其义务,则不能够享有法律所规定的权利,而且在一定情形下还须承担相应的法律责任。

(1)拾得人的义务。遗失物的拾得人负有一定的法定义务,如果拾得人违反法定义务,将承担相应的法律责任。遗失物拾得人的法定义务有:通知义务、保管义务、报告义务、交存义务、返还义务。

一是通知义务。根据各国法律规定,拾得并占有遗失物的拾得人,其首要义务是立即通知遗失人或者所有人或者其他有权受领人。即使拾得人按照法律的规定,在向主管机构履行了报告义务后,才知晓遗失人、遗失物的所有人或者其他有权受领人的,通知义务仍然存在。在拾得人无法知晓遗失人、遗失物的所有人或其他有权受领人的情形下,拾得人的通知义务则被免除。拾得人通知义务的违反,将丧失报酬请求权。②

二是保管义务。拾得遗失物原为无因管理,法律将其从无因管理制度

---

① 例如,某甲与某乙同行,某甲较某乙先发现遗失物,如果乙抢先占有遗失物,则某乙为拾得人,即使某乙发现遗失物是由某甲所告知的,情况也是如此。原因在于某乙具备发现和占有两个要素,而某甲仅具有发现的要素,而欠缺占有的要素。

② 《德国民法典》第972条第2款规定:"拾得人违反报告义务或者在询问时隐瞒拾得物的,上述请求权消灭。"

中分离出来而成为独立的法律制度。在通常情形下,拾得人居于无因管理人的地位,负有保管遗失物的义务,①以免遗失物毁损、灭失。②法律在强调拾得人对遗失物应承担保管义务的同时,还规定了拾得人在必要时负有维持遗失物的义务。③但是,如果拾得人未能尽到合理保管遗失物的义务,则应当承担相应的法律责任。例如,《德国民法典》规定,拾得人仅对故意和重大过失,承担损害赔偿责任。

三是报告义务。报告义务不同于通知义务,通知义务的对象是遗失人、所有人或者其他有权受领人,而报告义务的对象则是主管机构。按照《德国民法典》的规定,拾得人在无法知晓有权受领人时,应立即将遗失物及可能对查明有权受领人有关的重要信息报告主管机构。拾得人依法应将遗失物交付公平拍卖时,在拍卖前也应报告主管机构。我国台湾地区民法第803条将拾得人的通知义务和报告义务规定在一起,④即拾得人在知晓遗失物的所有人时应负通知义务,在不知遗失物的所有人或所有人所在不明时则负向警署或自治机关报告的义务。在我国台湾地区,拾得人可以在履行遗失物招领揭示的义务和报告义务间进行选择,但如拾得人选择向警署或者自治机关履行报告义务,则可免除对遗失物作出招领揭示的义务。然而,在拾得人已为招领揭示之后一定时期内无人认领,拾得人仍然应履行报告义务。

四是交存义务。从各国立法看,拾得人的交存义务并不一定包含在报告义务中。根据《德国民法典》的规定,拾得人在履行报告义务时,并不负有交存义务,只有在主管机构有要求的情形下,拾得人才有义务将遗失物或者

---

① "拾得人居于无因管理地位,应负保管遗失物之责任。"前揭史尚宽:《物权法论》,第131页。
② 《德国民法典》第966条第1款规定:"拾得人负有保管拾得物的义务。"
《瑞士民法典》第721条第1款规定:"对拾得物应妥善保管。"
③ 在德国,如果遗失物有易于腐败的性质或其保管费用过高,拾得人应将拾得遗失物交付公平拍卖,以拍卖遗失物的价金代替遗失物;在遗失物被拍卖后,拾得人有权将拍卖所得的价金交付于主管机构,以免除自己的保管义务;如果主管机构命令拾得人将拍卖遗失物的价金交付给主管机构,则拾得人应履行交付价金给主管机构的义务。
在瑞士,经过主管机构批准且公告后,拾得人不仅在遗失物的保管费用过大时可以拍卖遗失物,而且在由警署或公共场所管理机构保管超过一年以上的,保管机构也能够公平拍卖遗失物。在拍卖遗失物后,以拍卖价金代替遗失物。
④ 我国台湾地区民法第803条规定:"拾得遗失物者,应通知其所有人。不知所有人,或所有人所在不明者,应为招领之揭示,或报告警署或自治机关,报告时,应将其物一并交存。"

其拍卖所得价金交付给主管机构；然而，在主管机构没有要求的情形下，将遗失物或者其拍卖所得价金交付给主管机构是拾得人的权利而不是义务。根据《瑞士民法典》的规定，拾得人的交存义务也是一项独立的义务，但其依据遗失物的价值对拾得人的交存义务作出了区别对待。①日本的拾得遗失物立法，对拾得人规定了较为严格的交存义务。②总之，拾得人交存遗失物的义务与报告义务是两种不同的义务。拾得人违反交存义务的，应承担相应的法律责任。

　　五是返还义务。由于遗失物并不是无主物，各国或地区法律均规定遗失物在拾得后一定期间内，如果有人认领，拾得人应将遗失物返还给有权受领人，但是各国或地区对于该期间的规定，则有所不同。《瑞士民法典》规定的期限较长，在公告或者报告后5年内，遗失物的拾得人有返还义务；德国、日本和我国台湾地区法律规定该期间为6个月；意大利法律则规定为1年。此外，各国立法对于接受返还的主体有不同的规定。《德国民法典》和《日本遗失物法》的规定基本相同，即拾得人应向遗失人或其他有权受领人返还遗失物。《瑞士民法典》则规定，拾得人将遗失物返还给失主。而更多国家或地区的立法则规定，拾得人应将遗失物返还给遗失物的所有人，如意大利、越南和我国台湾地区等。由于在许多国家遗失物的保管人并非拾得人，因此，将遗失物返还给有权受领人时，如果返还人不是拾得人，则返还人在返还前应获得拾得人的同意，以保证拾得人的有关权利的实现。

　　(2) 拾得人的权利。遗失物的拾得人在履行各种法定义务后，享有费用偿还请求权、报酬请求权以及取得遗失物所有权。

　　一是费用偿还请求权。遗失物的拾得人或者接受拾得人交存的遗失物

---

① 在遗失人不明的情形下，当遗失物的价值不超过10法郎时，拾得人应将遗失物交付警署或自行采取适宜的招领方法；当遗失物的价值明显超过10法郎时，拾得人则有将遗失物交付警署的义务，此时拾得人的交存义务是强制性的，不得由其作出选择。

② 在日本，拾得人在拾得遗失物后，应尽快向遗失人或所有人以及其他有权受领人返还遗失物，或者交给警察机关，如果从拾得之日起7日内不为上述行为的，将丧失费用偿还请求权、报酬请求权及取得遗失物所有权的权利；如果在船只、车辆、建筑物等场所拾得物件的，在24小时内不将遗失物交付管守人的，也将丧失拾得人的各种权利。如果拾得人履行了交存义务，则其应负担的招领、保管及返还义务即归于消灭，而受领交付的有关机关则应为遗失物的招领、保管及返还。

的机构,有权请求遗失物受领人偿还其所支出的合理费用。①《瑞士民法典》仅规定拾得人有权请求赔偿全部费用,而对费用具体内容并未作出规定。根据《日本遗失物法》第3条规定,拾得人得请求偿还的费用包括遗失物的保管费、公告费及其他必要费用,而且该法第6条还明确规定拾得人的费用偿还请求权应在物件返还后1个月内提出,如果在物件返还后经过1个月的,丧失费用偿还请求权。此外,根据《德国民法典》第972条和《日本遗失物法》第3条的规定,在遗失物受领人偿还必要费用之前,拾得人对遗失物享有留置权。留置权的规定,切实保护了遗失物拾得人的合法权益。我国《民法通则》仅规定了拾得人支出费用的偿还请求权,并没有规定遗失物的拾得人对遗失物享有留置权。

二是报酬请求权。在遗失物拾得后一定期限内,遗失人、所有人或其他有权受领人认领遗失物的,拾得人有权请求受领人支付适当的报酬。德国②、意大利、日本等国立法均明确规定了遗失物拾得人的报酬请求权,如果遗失人不按照法律规定向拾得人支付报酬,则拾得人可以留置遗失物,以保证自己享有的报酬请求权的实现。但是,如果所有的有权受领人均抛弃受领遗失物的权利,则免除其向拾得人支付费用和报酬的义务。《民法通则》没有规定遗失物的拾得人享有报酬请求权,这显然不符合基本的法理。但根据无因管理,遗失物的拾得人仍然有权要求遗失物的所有权人或者其他有权受领遗失物的受领人支付相应的报酬。③

三是取得遗失物所有权。根据各国立法的通例,受领人在一定期限内未认领遗失物的,有关机构应将遗失物或者拍卖遗失物所得的价金交给拾

---

① 《德国民法典》第970条规定:"拾得人出于保管或保存遗失物的目的,或出于查明有权受领人的目的而支出依当时情况认为必要支付的费用的,可以向有权受领人请求偿还该费用。"

② 《德国民法典》第971条第1款规定:"拾得人可以要求受领权利人支付拾得人报酬。拾得物的价值在1000马克以下者,其报酬为该价值的5%;超过1000马克的部分,为超过部分价值的3%计算;拾得物为动物的,为其价值的3%;如拾得物仅对有权受领人有价值的,拾得人的报酬应依公平原则加以确定。"

③ 《物权法草案》第117条规定:"所有权人、遗失人等权利人领取遗失物时,应当向拾得人或者有关部门支付遗失物的保管费等必要费用。所有权人、遗失人等权利人悬赏寻找遗失物的,领取遗失物时应当按照承诺向拾得人支付报酬。拾得人侵占遗失物的,无权请求遗失物的保管费等必要费用和报酬。"

得人,拾得人则取得遗失物或者拍卖遗失物的价金的所有权。①而根据《民法通则》的规定,遗失物的拾得人不能取得遗失物的所有权,这是立法缺陷。

拾得人取得拾得遗失物的所有权,是原始取得,②拾得遗失物上的物权(质权)因拾得人取得拾得遗失物的所有权而归于消灭。在拾得遗失物的认领期间内,拾得人对拾得遗失物享有期待权,③这种期待权既可处分,也可继承。

第四节 发现埋藏物

一、发现埋藏物的概念及意义

发现埋藏物,是指占有发现埋藏物而取得其所有权的一种法律事实。这种法律事实是动产所有权取得的一种方式,与先占、拾得遗失物的性质相同。发现埋藏物属于法律事实中的事实行为,而不是法律行为。因此,不以所有的意思为必要,发现人仅须有意思能力,而无须具有完全行为能力。

发现埋藏物有三种立法例:一是发现人取得所有权主义。罗马法最初认为埋藏物是土地的附合物,归土地所有权人所有,后来改为由发现人与土地所有权人各取一半。④ 法国、德国民法典继受了罗马法的规则,规定土地所有权人发现埋藏物的,归土地所有权人所有;他人发现埋藏物的,发现人与土地所有权人各得一半。二是公有主义。埋藏物归国家或者诸侯所有,发现人不能获得埋藏物的所有权,日耳曼法采纳公有主义的立法例。三是报酬主义。发现埋藏物的所有权,归包藏物的所有权人所有,发现人仅可取得不超过埋藏物价值半数的报酬。瑞士民法采纳报酬主义的立

---

① 《德国民法典》第 973 条第 2 款规定:"拾得人向主管行政机关报告拾得物后六个月期满,即取得对拾得物的所有权……"
② 参见前揭史尚宽:《物权法论》,第 135 页。
③ 同上书,第 136 页。
④ 参见前揭〔意〕彼德罗·彭梵得:《罗马法教科书》,第 201 页。

法例。①

我国关于发现埋藏物的立法例属于公有主义的立法例,埋藏物的所有权归国家所有,发现人既不能取得埋藏物的所有权,又不能获得相应的报酬。《民法通则》第79条第1款规定:"所有人不明的埋藏物、隐藏物,归国家所有。"②

二、发现埋藏物的构成要件

按照各国发现埋藏物制度,构成发现埋藏物,通常需要满足以下要件:

(1)应为埋藏物。埋藏物,是指埋藏于土地或者包藏物之中且权属不明的动产。埋藏物必须符合如下条件:一是埋藏物以动产为限,不动产由于体积过大不易埋藏。③动产价值的高低并不是埋藏物的构成条件。二是埋藏物应为埋藏之物,隐藏在他物之中,从外部无法识别其存在状态。他物在学说上称为包藏物,埋藏物的包藏物通常为土地,但又不以土地为限,建筑物和动产也可成为包藏物。例如,夹层的皮箱中所藏之物,夹层衣服内所藏之物。埋藏的原因可以是人为的,也可是自然的。三是所有权人不明。埋藏物是指根据其性质或者存在的状态,可以推定其曾为人所有,而且现在仍然为其或者其继承人所有,但所有人究竟是谁,却难以辨明,因而埋藏物是有主物,④并非无主物。埋藏物的所有权人通常已经丧失占有,如果仍然占有,则可知其所有权人,不会产生所有权人不明的状态。至于动产虽然埋藏在包藏物中,但所有权人非常明确或者根据情形可以推定出所有权人,则不是埋藏物。

(2)发现并占有埋藏物。发现埋藏物是指认识埋藏物之所在。至于发现是有意的还是偶然的,则不影响埋藏物的发现。但仅有发现仍不能构成

---

① 《瑞士民法典》第723条第3款规定:"埋藏物的发现人,有请求相当报酬的权利。但报酬不得超过埋藏物本身价值的半数。"
② 《物权法草案》第119条规定:"拾得漂流物、发现埋藏物或者隐藏物的,参照拾得遗失物的有关规定。《中华人民共和国文物保护法》等法律另有规定的,依照其规定。"
③ 日本学者我妻荣先生认为,在理论上埋藏物不应仅限于动产,例如,建筑物也可被埋藏。参见前揭郑玉波:《民法物权》,第104页。
④ 参见前揭郑玉波:《民法物权》,第104页。

发现埋藏物,还须有对埋藏物的占有,发现与占有的结合才构成发现埋藏物。①虽然拾得遗失物和发现埋藏物均以发现与占有为其构成要件,但两者的重点不同。前者占有优于发现,而后者发现优于占有。

(3) 他人的埋藏物。埋藏物仅限于他人的物,而不是自己的物。如果自己埋藏自己发掘,则根本没有属于发现埋藏物的必要。埋藏的时间通常应较为久远,但又不以此为必要。《德国民法典》第 984 条和《瑞士民法典》第 723 条规定以经过较长的期间为必要。

三、发现埋藏物的效力

发现埋藏物的效力,取决于不同国家的立法例,既可归发现人所有,也可归国家所有。大多数国家的立法例规定发现埋藏物归发现人所有,或者发现人与包藏物的所有人各取一半;② 少数国家采取归国家所有的立法例,我国属于这种立法例。《民法通则》规定埋藏物归国家所有,值得探讨。在现代社会主义市场经济条件下,立法要求发现埋藏物归国家所有,脱离了我国社会现实,起不到应有效果。因此,除具有历史、艺术、文化和科学价值的文物归国家所有之外,其他的埋藏物应采纳大多数国家通行的规则,归埋藏物的发现人所有。

第五节 添　　附

添附是附合、混合及加工的统称。附合、混合及加工均为动产所有权取得的原因,在法律效果上具有共同特点,因而合称为添附。添附是法律事实,因添附而取得动产所有权属于原始取得,与先占、拾得遗失物、发现埋藏物等性质完全相同。

---

① 根据《日本民法典》第 241 条的规定,仅有发现即可构成发现埋藏物而无须占有。而根据《德国民法典》第 984 条的规定,在发现之外,还须有占有,才构成发现埋藏物。

② 《德国民法典》第 984 条规定:"发现因长期埋藏而不能查明所有权人的物,并因发现而占有该物时,其所有权的一半归发现人,另一半归属于宝藏埋藏所在地的物的所有权人。"《法国民法典》第 716 条规定:"埋藏物的所有权,属于在自己土地内发现的人;如埋藏物发现在他人土地内时,其半数属于发现人,半数属于土地所有权人。"

第六章 动产所有权

添附,是指不同所有权人物的结合而形成一个不可分的物。添附起源于罗马法,①是罗马法以来一种公认的动产所有权取得的方式。②由于因添附而形成的物,事实上不可能恢复原状,或者经济上不合理,因而各国立法根据添附的事实,重新确认物的归属问题。③

数个物的结合形成一个独立的物,导致所有权的单一化是添附的特点。添附必须是不同所有权人之间物的结合,可能是动产与动产的结合,也可能是动产与不动产的结合。添附制度旨在鼓励创造经济价值,以避免恢复原状给社会经济产生的破坏,以维护社会经济的稳定。因此,在法律上因添附而结合成为一个独立的物,应由一人取得合成物的所有权或者共有该合成物,即所有权的单一化,这也是"一物一权"原则的体现。添附物的归属问题,在法律上属于任意性规范,根据私法自治原则,可由当事人之间协商确定。我国的司法解释对添附物的归属问题有明确的规定,④但该规定有不合理之处,有待进一步完善。但是,我国现行立法还没有添附——附合、混合和加工的规定,这是我国物权立法的一个重大缺漏。⑤

一、附合

附合,是指一物附合于他物成为该物的重要组成部分,不是不损毁物就

---

① 在罗马法中,添附是指两物(其中一物为主物,另一物为附属物)合并而发生的所有权取得,它发生在附属物被主物吸收而变成主物的组成部分或构成要素,主物的所有者就是这个整体的所有者。参见前揭〔意〕彼德罗·彭梵得:《罗马法教科书》,第 201 页。

② "罗马的法学家并不认为添附是取得所有权的方法,而认为是主物所有权的扩大和增加。但后世的注释法学家则将添附作为取得所有权的方式之一。"参见前揭周枏:《罗马法原论》(上册),第 340 页。

③ 关于添附物的归属有三种方式:(1)恢复原状,各归其主;(2)维持现状,使各物的所有权人之间形成共有关系;(3)维持现状,使物归属于一个人独有。第一种方式虽然不是不可能,但造成社会资源的浪费;第二种方式容易产生纠纷;第三种方式则是各国立法的通行方式。参见前揭郑玉波:《民法物权》,第 106 页。

④ 《民法通则司法解释》第 86 条规定:"非产权人在使用他人的财产上增添附属物,财产所有人同意增添,并就财产返还时附属物如何处理有约定的,按约定办理;没有约定又协商不成,能够拆除的,可以责令拆除;不能拆除的,也可以折价归财产所有人;造成财产所有人损失的,应当负赔偿责任。"

⑤ 《物权法草案》第 122 条规定:"因加工、附合、混合而产生的物的归属,有约定的,按照约定;没有约定或者约定不明确的,依照法律规定;法律没有规定的,按照充分发挥物的效用以及保护无过错的当事人的原则确定。因一方当事人的过错或者确定物的归属给另一方当事人造成损失的,应当给予赔偿。"

不可分离,就是虽可分离但费用过大。附合有不动产与动产的附合、动产与动产的附合两种情形。①

(一) 动产与不动产的附合

动产与不动产的附合,简称为不动产附合,是指动产与他人不动产的结合而成为不动产的不可分割的组成部分,从而发生动产所有权变动的法律事实。不动产附合的构成要件如下:

(1) 动产与不动产的附合。动产是附合者,而不动产是被附合者。动产附合于不动产之上。至于附合的原因可以是自然的,也可以是人为的;可以是当事人的行为,也可以是第三人的行为。人的行为可以是善意的,也可以是恶意的。

(2) 动产因附合而丧失其独立性。动产因附合的法律事实的发生而丧失其自身的独立性,不动产所有权人因此取得附合物的所有权。动产附合于不动产,成为不动产不可分割的组成部分。一旦动产与不动产分离,不是损毁就是改变其性质。动产附合于不动产之后,其固定性和持续性表明动产已经丧失其独立性。例如,甲在装修时,误将乙的地砖铺设到自己家,将乙的涂料刷到自己家墙上。

(3) 动产、不动产为不同的所有权人。动产与不动产必须分别属于不同的权利主体。如果动产与不动产均属于同一权利主体,则不可能发生因附合而取得动产所有权问题。只有在动产属于他人的情况下,不动产所有权人才因附合而取得动产的所有权。

符合上述条件的,构成动产与不动产的附合。不动产附合成立,即产生相应的法律效力。动产与不动产的附合导致不动产所有权人取得动产所有权。由于不动产所有权人取得动产是事实行为,而不是根据法律行为取得,属于原始取得。因此,在动产上所设立的一切负担,因动产所有权的消灭而归于消灭。动产所有权也因附合而归于消灭,动产的原所有权人因附合而受到损害的,可以根据不当得利的规定,请求不动产所有权人进行赔偿。

(二) 动产与动产的附合

动产与动产的附合,简称为动产附合,是指动产与动产结合成为一个独

---

① 在罗马法中,附合分为不动产与动产的附合、动产与动产的附合以及不动产与动产的附合三种形式。参见前揭周枏:《罗马法原论》(上册),第 340—343 页。

立物,从而产生动产所有权变动的法律事实。动产附合的构成要件如下:

(1) 动产与动产的附合。附合者与被附合者均为动产,附合是人为的还是自然的,是善意的还是恶意的,则在所不问。

(2) 动产附合后成为一体而丧失独立性。一动产在附合后,丧失其本身的独立性而成为另一动产的组成部分。两个动产无法分离,或者分离后会损毁动产。例如,甲将乙的颜料涂画在自己的画布上。

(3) 动产分属不同的权利主体。动产属于同一所有权人,则不会发生动产附合问题,产生所有权的变动。

符合上述条件的,构成动产与动产的附合,形成的结合物称为合成物。动产附合成立即产生相应的法律效力,原则上各动产所有权人按动产附合时的价值共有合成物。但是,如果两个动产,一个可以视为主物,另一个可以视为从物,则主物的所有权人获得合成物的所有权。

二、混合

混合,是指所有权人不同的动产相互搀和在一起,难以分开并形成新的财产,从而发生所有权变动的法律事实。因混合而产生的动产,称为混合物。混合的成立应具备如下要件:

(1) 动产与动产的混合。混合必须是动产与动产的混合,动产与不动产不可能发生混合。动产可以是固态物、液态物和气态物,固态物之间的混合(如米与米的混合),称为混淆;液态物之间的混合(如酒与酒的混合),称为混和。①

(2) 不能识别或者识别的费用过高。动产与动产的混合必须达到不能识别或者识别费用过高的程度。例如,茅台酒与五粮液酒的混合,是不能识别;大米与糯米之间的混合,虽然能够识别但识别的费用过高。在附合的情形下,动产虽然不能分离,但能够识别;而混合之后的动产不仅不能分离,而且还难以识别。

(3) 动产分属不同的权利主体。混合的动产与被混合的动产应分属不同的所有权人,如果属于同一所有权人,则不会产生所有权的变动,也不会产生混合的问题。

---

① 参见前揭史尚宽:《物权法论》,第146页。

符合上述条件的,即产生混合的效力,发生物权的变动。①原则上,各动产所有权人按其混合时的价值共有混合物。如果有主物、从物之分的,则主物的所有权人取得混合物的所有权,例如,咖啡和糖的混合,咖啡可以视为主物,咖啡的所有权人取得混合物的所有权。在我国司法实践中,对混合物归属问题的处理,通常根据原动产价值的高低来决定,混合物一般归动产价值高的一方当事人所有,而对价值低的当事人则给予与原动产相对应的补充。②

三、加工

加工,是指对他人动产进行制作或者改造而产生所有权变动的法律事实。加工起源于罗马法,③近代大陆法系国家通过民法典确立了加工制度。加工的构成要件如下:

(1)标的物仅限于动产。加工的标的物仅限于动产,通常是利用他人的动产进行制作或者改造,从而形成新的动产。但对动产加工后,制作的新物为不动产的,是否属于加工,日本学者对此持肯定态度。④对不动产的"加工",例如,对土地的开垦等,不会导致所有权的变动,仅可产生无因管理或者不当得利问题。

(2)加工的动产应属于他人。加工的材料应当属于他人,而不是加工人自己的材料。如果是加工人自己的材料,则不会产生所有权变动问题,因而就没有适用加工制度的必要。即使在加工过程中加入了部分自己的材料,也不影响加工的成立。被加工的材料,既可以是原材料,也可以是粗制品或者半制品。

(3)因加工行为而制作成为加工物。加工必须有加工行为,以及因加工行为而产生的加工物,即加工行为与加工物之间具有因果关系。加工行

---

① "……无论混合具有怎样的性质,罗马法文献均不承认所有权的改变……"参见前揭〔意〕彼德罗·彭梵得:《罗马法教科书》,第207—208页。

② 参见前揭王利明:《物权法论》(修订本),第197页。

③ "加工(specificazione)是对原材料的改造,以使物获得一种自己特有的性质,即它的经济—社会功能,比如:人们用葡萄制成葡萄酒,用青铜或大理石制造雕像,用羊毛制作毛衣。"参见前揭〔意〕彼德罗·彭梵得:《罗马法教科书》,第206页。

④ 参见前揭谢在全:《民法物权论》(上册),第266页。

为就是对他人的原材料进行制作或者改造的劳动,投入了劳力、知识、技术以及时间等。加工行为属于事实行为。加工之后所制作的物必须是一个新物,否则不会产生加工问题。①例如,将他人的布料制成衣服,将他人的皮革制成皮具。如果仅对他人的物品进行修补,则不构成加工。例如,修补皮鞋。

符合上述条件的,产生加工的效力,引发加工物的归属问题。罗马法对加工后的新物归属问题,存在较大争议。一种观点强调对加工人利益的保护,主张新物归加工人所有;另一种观点则强调对原材料所有人利益的保护,主张新物归材料所有人所有。②随着社会经济的发展,法律逐渐强调对加工人利益的保护。现代大陆法系国家或地区有两种立法例:

(1) 以材料主义为原则,以加工主义为例外。这种立法例规定,加工物的所有权以归属于材料所有权人为原则,以归属于加工人为例外。《法国民法典》第570条规定:"手工工人或者其他人以不属于自己所有的材料制成新的物体时,不问能否回复材料的原状,材料所有人偿付工作代价,即有权请求取得制成的新物。"《日本民法典》和我国台湾地区民法也采取这种立法例。

(2) 以加工主义为原则,以材料主义为例外。这种立法例规定,加工物的所有权以归属于加工人为原则,而以归属于材料所有权人为例外。《德国民法典》第950条规定:"将一件或者数件材料加工或者改造制成一个新的动产的人,取得对新物的所有权,但以加工或者改造价值不明显少于材料的价值为限……"《瑞士民法典》也采取这种立法例。

---

① 参见前揭谢在全:《民法物权论》(上册),第267页。
② 参见前揭周枏:《罗马法原论》(上册),第344页。

第七章 共　　有

共有,是指两个或者两个以上权利主体对一物共同享有所有权。[①]多数人共同所有一物,是多数人所有关系。近代以来,除单独所有权外,各国立法承认共同所有权,简称为共有,即一物的所有权同时为数人共同享有的状态。根据一物一权原则,一物上仅能设立一个所有权,但一个所有权能够同时为两个或者两个以上的人享有。权利应当有主体,但是权利主体的数量并没有限制的必要,因此,各国立法承认共有制度。[②]

第一节　共有的历史形态

从共有制度的历史发展看,共有经历了罗马法的共有、日耳曼法的总有和合有三种形态。

（1）罗马法的共有。共有"是指数人共享一物的所有权"[③]。共有是罗马法共同所有的一种形态。在罗马法中,共有没有按份共有与共同共有之分,主要是指按份共有。[④]罗马法的共有是建立在个人权利基础上的,共有人各自独立,其应有部分明确。共有人对共有物的权利表现为抽象的、观念上

[①] 《物权法草案》第98条规定:"不动产或者动产可以由两个以上单位、个人共有。共有分为按份共有和共同共有。"该条表述不规范,"单位"和"个人"并非法律术语,应代之以"法人"和"自然人"。

[②] 参见前揭郑玉波:《民法物权》,第114页。

[③] 前揭周枏:《罗马法原论》(上册),第309页;前揭〔意〕彼德罗·彭梵得:《罗马法教科书》,第230—234页。

[④] 参见前揭周枏:《罗马法原论》(上册),第309页。

的,①共有人对整个共有物享有所有权,能够独立地行使所有权,但是共有人行使权利的范围不得超过其共有的份额。共有人不必事先获得其他共有人的同意,即可转让或者抛弃其共有份额。②共有是对所有权量的分割,而不是质的分割。共有人对于标的物均保有管理及收益的权能,但对标的物的管理则采取多数决定的方式。在共有物的分割上,共有人可以协商解决,罗马法有实物分割、折价、变卖等三种方式。③共有人不能协商解决共有物的分割问题时,可以申请仲裁,也可以诉请法院解决。

(2) 日耳曼法的总有。总有是多数人结合的一种共同体,以团体成员资格而享有财产收益权的状态。日耳曼的村落共同体的所有形态是总有的典型。④在日耳曼法中,总有是对所有权的内容,按照团体内部的规约加以分割,是对所有权的一种质的分割,⑤所有物的管理权能和处分权能属于村落团体,村落的成员仅享有所有物的使用和收益权能,各个成员不能单独让与这个权能,也没有应有部分可言,更不能请求分割。⑥收益权能是基于村落的成员资格而享有,同时也因该村落成员资格的丧失而丧失。⑦总之,日耳曼法的总有制度是其法律团体本位的具体体现,是团体色彩最为强烈的共同所有形态。⑧

在近代所有权制度形成之前,这种共有所有形态在农村共同生活中极为普遍,在现代社会仍有残留的痕迹,例如,日本的入会权⑨,我国习惯上的祀产、祠堂、学田等宗族财产、会馆等与日耳曼法上的总有类似。⑩

(3) 合有。合有,又称为公同共有,是介于总有与共有之间的一种共有所有的形态,数人基于公同关系而共同享有一物所有权的状态。合有起源

---

① 参见前揭〔意〕彼德罗·彭梵得:《罗马法教科书》,第231页。
② 同上书,第232页。
③ 参见前揭周枏:《罗马法原论》(上册),第312页。
④ 参见前揭郑玉波:《民法物权》,第116页。
⑤ 参见前揭谢在全:《民法物权论》(上册),第274页。
⑥ 参见前揭李宜琛:《日耳曼法概说》,第75—76页。
⑦ 同上书,第76页。
⑧ 随着生产生活的发展,总有团体转化为法人,总有权也相应成为法人的单独所有权。参见前揭梁慧星主编:《中国物权法研究》(上册),第550页。
⑨ "入会权谓某村之住民于一定之山林原野,依其村习惯上之规则,共为收益之权利。"前揭史尚宽:《物权法论》,第154页。
⑩ 参见前揭郑玉波:《民法物权》,第116页。

于日耳曼法的总有,是团体色彩较浓的共同所有形态。①共有人之间具有共同目的,而共同所有是其实现共同目的的手段而已。共有人对共有物的管理权能受到为实现共同目的而设立的规则的限制,在共同目的存续期间,各共有人不得处分其应有部分,也不得请求分割。换言之,各共有人的应有部分在共同目的存续期间,是潜在的;仅在共同目的终了时,其应有部分确定并可处分。德国和瑞士的民法典有合有的规定,德国民法上的合伙财产、共同继承财产及夫妻共同财产属于合有形态的共同所有。

总有与合有之间的区别在于:一是总有的构成人员较多,且结为团体;而合有的所有人,人数较少,仅为共同态而已。二是总有财产的管理、处分权归属于构成成员的团体,而不是单个的成员;合有的构成成员均享有管理、处分的权利,只不过其管理、处分权应由各个构成成员结合一致、共同行使而已。②

总之,共有是量的分割,而总有是质的分割,合有是介于共有与总有中间的一种共同所有的形态。共有是个人主义本位法律的共同所有形态,而总有是团体本位法律的共同所有形态。共有为近代以来各国立法所普遍采纳,合有也有被采纳,但总有几乎消失,其原因有两个方面:一是所有权质的分割已经被地上权、永佃权和典权等用益物权所替代;二是团体共有的形态已经为现代法人制度所替代,③成为单独所有。

第二节 按份共有

一、按份共有的概念及性质

按份共有,又称为分别共有,是指两个或者两个以上的共有人按照一定

---

① 合有制度的起源,原来是古代亲属法上的家族共同态,因共同继承等身份关系而发生。参见前揭李宜琛:《日耳曼法概说》,第75页。
② 参见前揭李宜琛:《日耳曼法概说》,第78页。
③ 即为社团法人和财团法人所替代。在有一定数量的成员的情形下,设立社团法人,其共有物形式上属于社团法人单独所有,而不是共有。在共用人不特定的情形下,设立财团法人,其共有物形式上也属于财团法人单独所有,而不是共用人的共有。参见前揭郑玉波:《民法物权》,第118页。

的份额分别对共有财产享有权利和承担义务的一种共有关系。按份共有是最为常见的共有方式。按份共有制度起源于罗马法的共同所有形态,现代各国的按份共有制度直接继受了罗马法的按份共有制度。我国确立了共有制度,共有分为按份共有和共同共有。《民法通则》第78条第2款规定:"……按份共有人按照各自的份额,对共有财产分享权利,分担义务。共同共有人对共有财产享有权利,承担义务。"①

按份共有是对所有权的量的分割,②而不是对所有权质的分割。③共有人对共有物的权利并非局限于共有物的特定部分,而是及于共有物的全部。共有人对共有物享有一定的份额,按照该份额享有权利。共有份额由当事人约定,或者按照出资比例决定。如果各个共有人共有份额不明确,则推定各共有人份额相等。共有人对共有物的份额是抽象的存在,既不是共有物量上的分割,也不是共有物的使用部分。共有人对共有物的份额并不局限于共有物的特定部分,而是存在于共有物的整体。④共有人的权利义务及于整个共有物,即共有人按照各自的份额对整个共有物享有权利并承担义务。

关于按份共有的性质,存在以下五种学说:⑤一是实在部分说。该说认为,按份共有物,确实有实在部分存在,各个共有人在其实在的部分上,各享有一个所有权。由于该说违反一物一权原则,因此,未被各国立法承认。

二是理想分割说。该说认为,各个共有人在其标的物上,进行想象中的部分分割,从而各自享有一个所有权。但是,如果理想中的所有权成立,那么,实在的所有权又如何处理?因此,该说与共有观念不符。

三是内容分属说。该说认为,所有权的各种作用,分别由共有人享有。

---

① 《物权法草案》第99条规定:"按份共有人按照其份额对共有的不动产或者动产享有占有、使用、收益和处分的权利。"
② 在所有权量的分割情形下,每个共有人均享有占有、使用、收益及处分的权能,仅仅是因份额不同而在行使的权利范围上不同而已。参见前揭王利明:《物权法论》(修订本),第310页。
③ 参见前揭谢在全:《民法物权论》(上册),第277页。
所有权质的分割是指所有权权能与所有权相分离,即占有、使用、收益及处分等所有权的各项权能的分割。例如,一共有人享有使用权,另一共有人享有处分权,即构成所有权的质的分割。
④ 参见前揭谢在全:《民法物权论》(上册),第277页。
⑤ 参见前揭郑玉波:《民法物权》,第121页。

这种学说实际主张对所有权质的分割,违反共有的本质属性。

四是计算部分说。该说认为,所有权可以用金钱计算其价格,共有人按照其价格比例分享共有物。价格是物的价值表现,与物的本身并非一回事,共有人是对物的共有,而不是价格的共有,因此,该说也不足采信。

五是权利范围说。数人对一物共同享有所有权,为避免共有人行使权利的冲突,因而确立权利行使的范围,使共有人在其范围内行使其权利,这个范围就是各个共有人对共有物的份额。

上述五种学说中,权利范围说充分说明了按份共有的性质,为各国立法所采纳。

二、按份共有的内部关系

按份共有的内部关系,是指按份共有人之间的权利义务关系,即共有人对共有物的占有、使用、收益和处分过程中所产生的权利义务关系。按份共有的内部关系主要表现在以下几方面:

(一)应有部分

(1)应有部分的确定。应有部分,是指共有人对共有物所持有的份额,即对共有物所有权所享有权利的比例。在按份共有中,一共有物由数个共有人共同享有所有权,则数个共有人应如何直接支配共有物,应当有一定的范围限制,作为行使所有权的标准。按份共有的应有部分,通常应根据共有发生的原因来确定,通常有以下几种情形:一是基于共有人的意思而产生的共有关系,则根据共有人的意思确定共有的应有部分,充分体现意思自治原则;二是基于法律规定而产生的共有关系,则根据法律的规定确定共有人的应有部分;①三是如果共有人没有约定应有部分,法律对此又没有规定的,则以等额原则推定各共有人的应有部分均等。②共有物为不动产的,在办理不动产所有权登记时,应同时登记各共有人对共有的不动产的应有部分。

(2)应有部分的处分。应有部分的处分包括对应有部分的分出、出让、

---

① 我国台湾地区民法第 808 条规定:"发见埋藏物而占有者,取得其所有权。但埋藏物系在他人所有之动产或不动产中发见者,该动产或不动产之所有人与发见人,各取得埋藏物之半。"

② 我国台湾地区民法第 817 条第 2 款规定:"各共有人之应有部分不明者,推定其为均等。"

负担的设立及抛弃。应有部分的分出,是指共有人将其在共有物上的份额分割出去。在法律或者共有人对分出有限制的情况下,共有人应遵从其规定。共有人分出其应有部分之后,退出共有关系。《民法通则》规定共有人可以出让其应有部分。①

应有部分的转让,是指共有人将其在共有物上的份额转让给第三人。由于共有人对共有物的应有部分是其对共有物享有权利的比例,体现了各共有人的个人意志和利益,因而共有人可以自由转让其应有部分,而无须其他共有人的同意。但是,如果共有人对共有物的应有部分的转让有明文限制,则应根据共有人之间的约定处理。否则,转让方的行为即构成违约,对其他共有人应承担违约责任。

由于共有关系通常是建立在共有人之间的相互信赖基础上的,为防止某一共有人转让其份额可能对其他共有人造成损害,法律对转让行为进行了一定的限制,规定了转让份额的共有人的事先通知义务以及其他共有人的优先购买权。为此,《民法通则》第78条第3款规定:"……其他共有人在同等条件下,有优先购买的权利。"转让方在转让其份额之前应通知其他共有人,共有人应在一定期限内行使优先购买权,否则,共有人的优先购买权丧失,转让方可以将其份额转让给非共有人。

应有部分负担的设立,存在否定与肯定两种观点。一是否定说。该说认为,应有部分不能设定负担,以应有部分设定负担的无效。二是肯定说。该说认为,应有部分可以设定负担。共有人可以自己的份额在共有物上设定负担。既然应有部分可以转让,那么,应有部分就可以设定负担。"处分系高度行为,设定负担系低度行为,处分既得自由为之,设定负担应无不许之理。况设定抵押权后,实行抵押权之结果,充其量亦不过就抵押标的物之应有部分为转移所有权之处分,与应有部分之处分同。"肯定说是通说。关于应有部分设定负担问题,我国《担保法》没有明文规定,但是《民法通则》允许应有部分的转让,因而应有部分可以设定负担。

应有部分的抛弃,是指共有人放弃其在共有物的份额。应有部分具有所有权的效力,共有人可以作法律上的处分,有权抛弃其份额。在性质上,

---

① 《民法通则》第78条第3款规定:"按份共有财产的每个共有人有权要求将自己的份额分出或者转让。但在出售时,其他共有人在同等条件下,有优先购买的权利。"

抛弃行为属于法律上的处分。共有人为抛弃行为后,其他共有人是否能够取得被抛弃部分的所有权,有肯定说与否定说两种观点。肯定说认为,应有部分与所有权具有相同的性质即弹力性,某一应有部分消灭,就解除了对其他部分的限制,其他应有部分随之扩张。因此,共有人抛弃的应有部分不得适用先占规则,也不能收归国库所有,而应按比例归其他共有人所有。《日本民法典》采用这种观点。① 否定说认为,所有权的弹力性仅表现在限制物权消灭时,所有权回复原来的圆满状态;应有部分是共有人对共有物所有权的比例,既不是限制物权对应有部分的限制,也不是应有部分相互之间的限制,因而在共有人抛弃其应有部分时,不会使其他共有人的应有部分产生回复圆满状态的问题。我国现行立法对此没有明文规定,但是共有人抛弃的其应有部分,应归属于其他共有人所有。因为一方面共有关系的基础是共有人之间的信赖关系,任何第三人的加入,都可能使共有关系不稳定,并产生纠纷;另一方面应有部分不仅仅体现为一种权利,同时还可能是一种责任和义务。例如,在合伙关系中,合伙人对合伙组织的债务承担无限连带责任。

(二) 共有物的使用及收益

由于按份共有是两个或者两个以上共有人按照其应有部分对一物享有所有权,共有人按照其应有部分,对共有物的全部享有使用、收益的权利。② 使用,是指根据物的性质,在保持物的性质不发生变化的前提下对物的利用,以满足一定的需要。收益则是指通过对物的利用而获得经济利益。收益不仅可以获得法定孳息和天然孳息,而且还可以获得其他利益。共有人对共有物的使用不得按照共有人的应有部分进行分割,每个共有人均享有使用权。如果使用权没有限制,则每个共有人可以自由使用共有物;如果使用权有限制,则按照应有部分的比例,在时间和空间上分配使用权。③

共有人的共有权遭到其他共有人的侵害,如共有人未经其他共有人的同意而直接对共有物进行占有、使用、收益,是对其他共有人共有权的侵害,

---

① 《日本民法典》第255条规定:"共有人之一人,抛弃其应有部分时,或者无继承人而死亡时,其应有部分归属于其他共有人。"
② 参见前揭史尚宽:《物权法论》,第157页。
③ 同上书,第158页。

第七章 共 有

共有人可以对实施加害行为的共有人行使共有物返还请求权。①

（三）共有物的管理

共有物的管理，是指共有人对共有物行使的管理权能，包括保存行为、改良行为和利用行为。

（1）保存行为。共有物的保存行为，是指对共有物物质上的保全和权利上的保全行为。②保存行为旨在防止共有物的灭失、损毁或者共有人权利的丧失、限制，以维持其现状。对共有物的简单修缮及其他的保存行为，应当由共有人单独进行。③保存行为是为维持共有物现状所必备的，大多属于刻不容缓的事情，而且对其他共有人有好处，因此，各共有人享有独断权。保存行为是对共有物上所实施的事实行为或者维护共有人权利的法律上的行为，前者如为保存上的必要而实施的简单修缮；后者如第三人对共有物将完成取得时效时，为保存共有人对共有物的权利所实施的登记申请。总之，保存行为是共有人的个人单独行为，无须征得其他共有物的同意。

关于易腐烂物品，如鱼虾、蔬菜、水果等，共有人给予变卖以保全价值的，是否属于保存行为，存在肯定说与否定说。肯定说认为，易于腐烂物品有立即变卖的必要，变价行为虽然属于处分，但该行为是为了保存其价值，因而仍然属于保存行为；④否定说则认为，保存行为是以维持共有物的现状为目的，而物的变卖则属于处分行为，两者性质完全不同。⑤

（2）改良行为。共有物的改良行为，是指不改变共有物的性质而增加共有物的价值或者效用的行为。与保存行为不同，改良行为既不是必要行为，也不是急迫行为。例如，对房屋的修缮属于保存行为，而对房屋的装潢则属于改良行为。前者是维持房屋存在所必要的，而后者则增加房屋的观赏性、舒适度。由于改良行为不具有保存行为的急迫性和必要性，而且其所

---

① 参见前揭梁慧星主编：《中国物权法研究》（上册），第569—570页；前揭王利明：《物权法论》（修订本），第314—315页。
② 参见前揭郑玉波：《民法物权》，第122页。
③ 《德国民法典》第744条第2款规定：“各共有人有权，不经其他共有人的同意，为保存共有物采取必要的措施；该共有人可以要求其他共有人事先同意采取此类措施。”
《日本民法典》第252条规定：“关于共有物的管理事项，除前条情形外，按各共有人应有部分的价格，以其过半数而决定。但保存行为，各共有人均可实行。”
④ 参见前揭史尚宽：《物权法论》，第159页。
⑤ 参见前揭谢在全：《民法物权论》（上册），第293页。

需的费用较高,与其他共有人的利益密切,因此,不能由共有人单独处理。但是又不像处分行为关系重大,必须由全体共有人同意。立法通常采取折衷的办法,介于处分行为与保存行为之间,规定共有物的改良行为必须经多数共有人同意即可。①

(3) 利用行为。共有物的利用行为,是指以满足共有人共同需要为目的,在共有物性质不发生变化的情形下,决定共有物的使用收益方法的行为。例如,共有人将共有的汽车出租给第三人使用。对共有物的利用既不涉及共有物权利的转移或者在共有物上设定负担,又不涉及防止共有物的灭失或者增加共有物的效用和价值。因此,利用行为与处分行为、保存行为和改良行为均不同。

(4) 分管协议。分管协议,是指共有人之间就共有物的使用、收益或者管理方法等事项的合意。分管协议仅对共有物的管理达成协议,而不是对共有物的分割达成协议。共有物的所有权仍然属于全体共有人,只是由不同的共有人分别行使管理权。根据分管协议的规定,共有人对共有物的分管部分享有占有、使用、管理的权利,分管的共有人不得任意处分分管的共有物,任何处分行为均需获得全体共有人的同意。分管协议属于债权合同,仅在共有人之间有效,不具有对抗第三人的效力。②

(四) 共有物的处分

共有物的处分有法律上的处分与事实上的处分之分。无论是法律上的处分还是事实上的处分,均应获得全体共有人的同意。未经全体共有人同意而实施法律上的处分行为,如出让、互易等处分行为无效。但如果共有物是动产,占有动产共有物的共有人未经其他共有人同意而实施处分行为的,

---

① 《瑞士民法典》第647条第3款规定:"为保护物的价值及使用性能而进行必要的养护、重建及更新,须经绝对多数共有人的事先同意……"

《日本民法典》第252条规定:"关于共有物的管理事项,除前条情形外,按各共有人应有部分的价格,以其过半数者决定……"

《物权法草案》第102条规定:"处分共有的不动产或者动产以及对共有的不动产或者动产作重大修缮的,应当经占份额三分之二以上的按份共有人或者全体共同共有人同意,但共有人之间另有约定的除外。"

② 根据《德国民法典》第746条和第1010条规定,经登记的分管协议,具有对抗第三人的效力。实际上,这种情形仅限于不动产共有物;而以占有为公示方式的动产共有物,就不具有对抗第三人的效力。

善意受让第三人取得其权利。未经全体共有人同意而实施事实上的处分，实施处分行为的共有人应对其他共有人承担侵权责任。

（五）保管费用的负担

共有物的管理费用是指保存、利用、改良费用以及其他有关费用，如保险费、税费等。共有物的管理费用及其他负担，除共有人另有约定外，应当由各共有人按照其应有部分分担。共有人既按照应有部分对共有物享有所有权，又对共有物的负担按照应有部分分担，才符合公平、正义原则。由于共有关系属于共有人之间的私的关系，与社会公共利益没有关系，根据私法自治原则，共有物费用的承担由共有人协商决定。各国立法规定，共有物费用应按照共有人的应有部分负担。《德国民法典》第748条规定："共有人对其他共有人有义务，按其份额比例承担共有物的负担以及为保存、管理和共同使用所支出的费用。"《日本民法典》第253条规定："各共有人应按其份额支付管理费用及其他共有物的负担。"

共有人所承担的费用超过其应负担份额的，该共有人有权就超过部分向其他共有人追偿。

三、按份共有的外部关系

按份共有的外部关系，是指共有人与第三人之间的法律关系，即共有人因共有物对外的权利义务关系。

（一）对第三人的权利

共有人按照应有部分对共有物享有权利，而且其权利及于整个共有物，因此，共有人基于其对共有物的应有部分，为全体共有人的利益，可以就共有物的全部单独向第三人行使请求权。第三人对共有物为妨害行为时，共有人基于应有部分圆满状态的回复，有除去共有物全部妨害的必要，因而有权要求第三人除去对物的全部妨害。第三人侵占共有物，共有人行使所有物返还请求权时，应将利益返还给全体共有人，而不得将利益返还给共有人本人。例如，《德国民法典》第1011条规定："各共有人均可以对第三人主张由所有权产生的各项请求权，但返还请求权仅可以根据第432条的规定为之。"①

（二）对第三人的义务

共有人对外承担义务通常有两种方式：连带责任与按份责任。根据法律规定或者共有人之间的约定，各共有人应以全部债务对债权人承担清偿责任的，属于连带责任；共有人仅以自己的应有部分对债权人承担清偿责任的，属于按份责任。

共有人对第三人应承担连带责任还是按份责任，应根据共有人与第三人义务的性质来确定。如果义务是可分的，共有人则承担按份责任；如果义务是不可分的，共有人则承担连带责任。例如，共有的建筑物坍塌造成相邻房屋损毁的，共有人承担连带责任。

四、共有物的分割

按份共有关系因共有物的灭失、共有物转让、共有物归属于一共有人以及被征收等而终止。在按份共有关系终止时，通常要对共有物进行分割。在按份共有中，各共有人相互间不存在一种团体性质的共有关系，共有人的所有权因共有物而受到限制，近现代各国法律在个人主义思潮的影响下，基于个人主义所有权概念，承认共有人享有对共有物的分割请求权。分割请求权是与共有人地位不可分离的权利，在应有部分转让时，受让人当然享有分割请求权。分割请求权是消灭共有关系的意思表示，具有形成权行使的性质。共有人可以随时行使分割请求权，请求分割共有物，②但因共有物的使用目的不能分割或者在合同约定不能分割的期间内除外。③法律禁止共有人约定永久不得分割，《日本民法典》第 256 条规定最长期限为 5 年；我国台湾地区民法第 823 条规定，最长期限为 5 年，共有人约定超过 5 年的，缩短为 5 年。④

---

① 《德国民法典》第 432 条规定："数人可以要求履行同一不可分给付时，如果他们不是连带债权人，债务人可以对全体债权人共同履行给付，而各债权人也只能为全体债权人要求给付。"

② 《德国民法典》第 749 条第 1 款规定："共有人可以随时要求解除共有关系。"

③ 参见前揭史尚宽：《物权法论》，第 166—167 页。

④ 我国台湾地区民法第 823 条规定："各共有人，得随时请求分割共有物。但因物之使用目的不能分割或契约订有不分割之期限者，不在此限。前项契约所定不分割之期限，不得逾五年。逾五年者，缩短为五年。"

共有物的分割方法有协议分割与裁判分割两种方式:

(1) 协议分割。协议分割是指共有人之间就共有物的分割达成协议。协议分割应当获得全体共有人的同意,如果共有人没有参与分割协议,或者不同意的,分割协议不发生效力。分割协议不以书面为必要,凡是明示或者默示的意思表示,对分割事先或者事后的同意,均构成分割协议。分割协议一旦生效,不仅对共有人产生效力,而且也对应有部分的受让人产生约束力。

共有人在分割共有物时,在不损害共有物价值的前提下,可以选择实物分割、变价分割和作价分割的方式。一是实物分割。在共有物是可分物时,可以对共有物按照共有人各自的份额进行实物分割,共有物在分割之后,其价值没有任何损害。例如,共有物为牛肉,则可以进行实物分割。二是变价分割。在共有物为不可分物时,如果对物进行实物分割,将破坏物的价值,共有人可以将共有物变卖,按照各自的份额取得共有物的价款。例如,一头牛、一套房子、一辆汽车等。三是作价补偿。在共有物为不可分物时,其中一共有人希望获得共有物的,可以将共有物作价,并对其他共有人的应有部分进行补偿,从而取得整个共有物的所有权。

(2) 裁判分割。共有人对共有物的分割不能达成协议时,可以诉请法院分割。[①]由于共有关系的终止,对全体共有人均有利害关系,因此,希望分割的共有人应对其余反对分割的全体共有人为共同被告提起诉讼。分割共有物的诉讼,是请求法院决定共有物的分割方法,判决导致共有人之间共有关系终止,从而创设了共有人之间的权利义务关系,是形成之诉。

审判上的分割方法,限于原物分割与变价分割两种。《德国民法典》和《日本民法典》以原物分割为原则,变价分割为例外。

共有物分割后产生相应的法律效力,即各按份共有人分别取得其所得部分的单独所有权。但单独部分所有权取得的效力发生的时间,有两种不同的立法例:一是认定主义,又称为宣示主义,即认为共有物的分割,是各共有人权利的认定,因此,取得单独所有权的效力应溯及到共有关系产生之

[①] 《瑞士民法典》第651条第2款规定:"共有人对终止共有关系的方法不能达成协议时,应根据法院的命令分割实物,或者如既分割又不严重减损该物价值是不可能的,则应公开或者在共有人中间拍卖之。"

《日本民法典》第258条第1款规定:"共有人分割协议不成时,可以请求法院分割。"

际,这是法国法系国家的立法例;二是转移主义,又称为交付主义,即认为共有物的分割,是各共有人各以其应有部分相互转移,因此,其取得单独所有权的效力不能溯及既往,而是在分割完毕后发生,这是德国法系国家的立法例。

共有物分割后,共有人之间还存在担保义务。各共有人对于其他共有人因分割而取得的物,按照其应有部分,承担与出让人相同的担保责任。[①]这种担保责任有权利瑕疵担保与物质瑕疵担保,前者又称为追夺担保,后者又称为瑕疵担保。[②] 担保责任的内容是请求减少价金以及损害赔偿。

共有物分割后,共有人应妥善保存分割物证书,在共有人之间或者与第三人发生纠纷时证明其权利的存在。根据我国台湾地区的民法规定,共有物分割后,各分割物有证书的,由各共有人保存其所得物的证书;共有物的证书,应由取得最大部分的分割人保存。

分割物的证书,各分割人如果有使用的必要,可以请求使用其他分割人所保存的证书,其他分割人不得拒绝。如果保存人拒绝或者因故意、过失而导致证书灭失的,应承担责任。

第三节 共同共有

一、共同共有的概念

共同共有,又称为公同共有,是指基于一定原因而形成共同关系的两个或者两个以上共有人,对共有物享有权利和承担义务的一种共有关系。广义的共同共有包括总有和合有,[③]狭义的共同共有仅指合有,[④]民法上的共同共有通常是指狭义上的共同共有。[⑤]

共同共有是基于共同关系而共有一物,即以共有关系存在为前提条件,

[①] 《日本民法典》第261条规定:"各共有人,按其应有部分,对于其他共有人因分割而得到的物,负与出卖人相同的担保责任。"
[②] 参见前揭史尚宽:《物权法论》,第171页;前揭郑玉波:《民法物权》,第127页。
[③] 参见前揭史尚宽:《物权法论》,第175页。
[④] 同上书,第174页。
[⑤] 参见前揭梁慧星主编:《中国物权法研究》(上册),第553页。

而这种共有关系仅存在于婚姻家庭领域以及具有一定亲属身份关系的自然人之间,即以夫妻关系、家庭关系以及共同继承关系为前提,超越这个领域的共有关系则不是共同共有,而是按份共有。①《德国民法典》在物权编的所有权中,即第1008—1011条规定了"按份共有",而在家庭编中规定夫妻共同财产制。但是,我国台湾地区民法超越了共有关系上述范畴,合伙之类的合同关系也可构成共同共有关系。②

我国学界基本认为,共同共有是不分份额的共有,在共同共有关系存续期间,共有人不能确定其对共同共有物的份额,只有在共同共有关系终止时,才能确定各共有人对共有物的份额。③实际上,共同共有的份额应该也是确定的,否则,共同共有关系消灭时,共有人对共同共有物的份额确定的依据是什么,应如何确定?但立法和理论并未对此作出回答。由于在共同共有关系中,共有人之间存在一定的身份关系而身份关系又无法转让,因此,在共同共有关系消灭之前,共有人不能向非共有人转让其共有的份额,但这并不能说明共有份额不存在或者不确定。由于共有人对共有物享有平等的权利,承担平等的义务,④换言之,共有人对共有物的全部享有平等的占有、使用、收益和处分的权利,同时也承担等同的义务。⑤而且共同共有物的分割通常也是以平均分割方式进行的,因而共同共有人对共有物是等额的按份共有,其份额是确定的。⑥

共同共有与按份共有存在如下差异:⑦(1)成立的基础不同。共同共有的成立基础是共有人之间的具有一定身份关系的共有关系;而按份共有不以共有关系为前提,而是基于共有人之间的协议。(2)权利的享有不同。

---

① 参见前揭彭万林主编:《民法学》,第324页。
② 参见前揭郑玉波:《民法物权》,第128页。
③ 参见前揭梁慧星主编:《中国物权法研究》(上册),第533页;前揭王利明:《物权法论》(修订本),第321页。
④ 《民法通则》第78条第2款规定:"共有分为按份共有和共同共有。按份共有人按照各自的份额,对共有财产分享权利,分担义务。共同共有人对共有财产享有权利,承担义务。"
⑤ 实际上,这也是我国理论和实践对共同共有物分割的依据。
⑥ "共同共有没有共有份额。共同共有是份额不确定的共有……在共同共有中,各个共有人的份额是一种潜在的份额。"前揭魏振瀛主编:《民法》,第252页。一方面不承认共同共有存在份额,另一方面又承认其存在潜在的份额。这种矛盾的论述,也为共同共有是一种等额的按份共有提供了一个强有力的佐证。
⑦ 参见前揭谢在全:《民法物权论》(上册),第341页。

按份共有人虽然按照其对共有物的份额对共有物的整体享有权利,但其使用和收益权是按照其份额来确定的;共同共有人对共有物的权利及于共有物的整体,而不是按照其对共有物的份额享有所有权,经共有人全体同意之后,即可对共有物行使使用和收益权。(3)对份额的处分不同。按份共有人可以自由处分其对共有物的份额;而在共同共有中,共有人在共同共有关系终止前,不得处分其对共有物的份额。(4)分割的限制不同。在按份共有中,除因共有物的使用目的不能分割或者共有人约定的期限内不能分割外,共有人可以随时请求分割共有物;而在共同共有中,共有人在共同共有关系存续期间不得请求分割共有物。(5)共有物管理不同。在按份共有中,除共有人有特别约定外,对共有物的保存行为,通常由共有人单独进行,改良行为则由共有人的半数以上通过;在共同共有中,除法律另有规定或者共有人另有约定外,对共有物的管理应由全体共有人同意。(6)存续期间不同。按份共有存续的期间通常较短;共同共有是以共有人一定身份关系为存续前提的,其存续期间通常较长,例如,夫妻关系、家庭关系。

二、共同共有的类型

按照我国现行的立法和理论,共同共有主要包括三种类型:[①]

(一) 夫妻共有财产

夫妻共有财产,是指夫妻关系存续期间所形成的各种财产。夫妻共有财产是我国共同共有财产的基本类型,其法律依据是《婚姻法》第17条的规定,[②]包括夫妻关系存续期间各自的合法收入、共同劳动收入、因继承或者接受赠与而取得的财产。夫妻婚前的财产属于一方的个人财产,而不是夫妻共有财产。在婚姻存续期间,夫妻一方或者双方劳动所得,难以确定为一方个人财产还是夫妻共有财产的,应属于夫妻共有财产。婚前个人财产,婚后使用夫妻共有财产进行重大修理和改造的,财产的增值部分应属于夫妻共有财产。

---

① 《物权法草案》虽然规定了共同共有制度,但并未规定共同共有产生的原因或者类型。
② 《婚姻法》第17条规定:"夫妻在婚姻关系存续期间所得的下列财产,归夫妻共同所有:(一)工资、奖金;(二)生产、经营的收益;(三)知识产权的收益;(四)继承或赠与所得的财产,但本法第十八条第三项规定的除外;(五)其他应当归共同所有的财产。夫妻对共同所有的财产,有平等的处理权。"

夫妻双方对夫妻共有财产享有平等的占有、使用、收益和处分的权利。对夫妻共有财产的处分,应双方一致同意,一方明知对方处分夫妻共有财产而未直接表示反对的,视为同意。

夫妻可以自由约定财产的归属,有约定的从约定;没有约定的,则根据法律的规定,为夫妻共有财产。①夫妻共有财产只有在婚姻关系终止或者夫妻一方死亡时,才能进行分割。

(二) 家庭共有财产

家庭共有财产,是指家庭成员在家庭共同生活关系存续期间共同创造、共同取得的全部财产。家庭关系不仅包括夫妻关系,还包括父母子女关系、祖父母、外祖父母、孙子女、外孙子女、兄弟姐妹等关系。家庭共有财产以家庭共同生活关系存在为前提条件,其来源是家庭成员在共有生活期间的共同劳动收入和所得,包括父母和成年子女的劳动收入、未成年子女通过接受遗赠或者赠与的收益,其主体是对家庭共有财产的形成有过贡献的家庭成员。未对家庭共有财产作出贡献的成年子女离家独立生活,"分"得父母的部分财产,属于父母的赠与而不是家庭共有财产的分割。

家庭成员对家庭共有财产享有平等的权利,对家庭共有财产的占有、使用、收益和处分,应获得全体家庭成员的同意,但是,法律另有规定或者家庭成员另有约定的除外。通常只有在分家析产时,家庭成员才对家庭共有财产进行分割。对家庭共有财产的分割应在协商一致的基础上进行,协商不成的,可以通过诉讼解决。

(三) 遗产分割前的共有

继承开始之后、遗产分割之前,如果有两个或者两个以上的继承人,则各继承人对遗产的共有为共同共有。共同共有的遗产,由继承人推举一人为管理人,继承人对被继承人的债务承担以遗产为限,超过部分不承担责任。②继承人可以随时请求分割遗产,分割溯及继承开始之际。

---

① 《婚姻法》第 19 条规定:"夫妻可以约定婚姻关系存续期间所得的财产以及婚前财产归各自所有、共同所有或部分各自所有、部分共同所有。约定应当采用书面形式。没有约定或约定不明确的,适用本法第十七条、第十八条的规定。"

② 《继承法》第 33 条规定:"继承遗产应当清偿被继承人依法应当缴纳的税款和债务,缴纳税款和清偿债务以他的遗产实际价值为限。"

三、共同共有的效力

共同共有的效力表现在对内和对外两个方面,即共同共有人之间的内部关系和共同共有人与第三人之间的外部关系。

(一) 共同共有人之间的内部关系

共同共有人之间的内部关系表现为,共同共有是基于共同关系而产生的,共有人的权利及于整个共有物,共有人对共有物享有平等的使用、收益权。在共有关系存续期间,共有人不得处分共有物,不得请求分割共有物。

关于共有人对共有物份额的抛弃问题,应视共有关系而定。在夫妻共有财产关系中,任何一方不得抛弃其共有物的份额,抛弃行为无效。在继承关系中,继承人可以抛弃共有物的份额,抛弃行为有效。

(二) 共同共有人与第三人之间的外部关系

共同共有的外部关系是指共同共有的对物效力,是共有人与第三人之间的权利义务关系,是一种连带权利义务关系。共有人对第三人的权利为连带债权,任何一个共有人均有权请求第三人清偿全部债权;共有人对第三人的义务为连带义务,第三人有权请求任何一个共有人清偿全部的债务。例如,因共有物对第三人造成损害的,共有人对外承担连带责任。

第四节 准 共 有

准共有,是指两个或者两个以上人按份共有或者共同共有所有权之外的其他物权。[①] 按份共有和共同共有主要是为所有权而设立的共有制度,物权中的其他权利,例如,用益物权、担保物权、准物权、著作权等知识产权以及债权等,也可能产生按份共有和共同共有的情形。因此,学说将所有权之外的其他财产的按份共有和共同共有,称为准共有。准共有的标的是所有权之外的其他财产权:

[①] 我国台湾地区民法第831条规定:"本节规定,于所有权以外之财产权,由数人共有或公同共有者准用之。"《物权法草案》第98条将共有限于动产或者不动产,因此,不承认准共有。

（1）以财产权为限，人格权、身份权不是准共有的标的。例如，用益物权和担保物权，均可为准共有的标的。例如，甲、乙、丙分别借款给丁，三个人就丁的房屋设定一个抵押权，并办理抵押权登记，即产生该抵押权的准共有。甲、乙、丙共有一个抵押权，该抵押权的行使应获得全体准共有抵押权人的同意。

（2）知识产权，例如，著作权、商标权、专利权等也可为准共有的标的。甲、乙、丙及丁共同完成《合同法》一书，该书的著作权由甲、乙、丙及丁共有。

（3）债权也可成为准共有的标的。虽然债权是一种期待权，但仍然体现为一定的财产利益。

第三编

用益物权

第八章 用益物权

物权是权利人对物的直接支配并享有其利益的权利。所有权是典型的物权,是在法律规定的范围内对物的全面支配,即占有、使用、收益和处分其物的权利。由于物具有使用价值和交换价值,为发挥物的使用价值,在物上设定用益物权,例如,地上权、永佃权、典权等;为发挥物的交换价值,在物上设定担保物权,例如,抵押权、质权及留置权等。用益物权和担保物权合称为限制物权。在所有权上设定限制物权后,所有权的支配力受到所设定的限制物权的限制;限制物权消灭,则所有权自动回复其完全支配力,即回复所有权的圆满状态。

第一节 用益物权的历史沿革

用益物权制度起源于罗马法。从历史发展进程看,罗马法上的用益物权经历了从地役权到人役权,再到永佃权和地上权这样一个逐渐演变的过程。[①]在罗马法中,用益物权包括役权、永佃权、地上权。[②]而近现代大陆法系各国的用益物权制度基本上是在继受罗马法的用益物权制度的基础上,结合本国的实际情况而发展起来的。从各国物权法的规定看,各国国情不同,物权法规定的用益物权的种类也不尽相同。其中役权分为地役权和人役权,人役权又包括用益权、使用权、居住权和奴畜使用权;[③]《法国民法典》规定了用益权、使用权和居住权、地役权。这种规定沿袭了罗马法中的用益

---

① 参见前揭〔意〕彼德罗·彭梵得:《罗马法教科书》,第251—269页。
② 参见前揭周枏:《罗马法原论》(上册),第360页。
③ 同上书,第368—376页。

物权的分类,即把役权分为人役权和地役权,①而用益权、使用权和居住权则属于人役权的范围。《德国民法典》规定的用益物权包括:地上权、先买权、土地负担、役权,其中役权包括地役权、用益权和人的限制役权;《日本民法典》规定了地上权、永佃权和地役权三种用益物权;《瑞士民法典》只规定了役权及土地负担,役权的具体种类包括地役权、用益权、居住权、建筑权、对泉水的权利。各国用益物权的立法表明:一是用益物权大多是以土地为标的的不动产物权;二是地役权、地上权、用益权是用益物权的基本形态。

在我国古代法中,用益物权包括地上权、地役权、地基权、永佃权、典权。②这些用益物权基本上都是以土地为用益物的,反映了我国古代农业经济的特点。在清末起草的《大清民律草案》中,规定了地上权、永佃权和地役权三种用益物权。北洋政府时期的民法典草案增加了典权,1929—1931年南京国民政府颁布的《中华民国民法》物权编规定的用益物权有地上权、永佃权、地役权和典权,从而构建了完整的用益物权体系。

1949年新中国成立后的土地制度改革消灭了用益物权制度,用益物权在我国一度消失,直到《民法通则》颁布。1950年6月30日中央人民政府公布的《中华人民共和国土地改革法》和1950年11月21日公布的《城市郊区土地改革条例》规定,没收地主的土地,分配给无地和少地的农民所有。对于土地改革后私人的土地所有权,法律上给予严格的保护,在一定程度上也承认土地的他项权利。1952—1957年,我国进行了土地改革。随着1956年生产资料所有制的社会主义改造的完成,建立了社会主义公有制,私人土地所有权便不复存在了。这个时期我国法学界认为,所有权以外的他物权是私有制之下的特有现象,而在社会主义国家,由于社会主义公有制的建立,特别是土地的社会主义公有,也就不存在所有权以外的其他物权,特别是用益物权。与此相适应的是,在法律上也仅承认所有权一种物权形态。例如,1982年颁布的《土地管理法》第6条规定:"城市市区的土地属于全民所有即国家所有。农村和城市郊区的土地,除法律规定属于国家所有的以外,属于集体所有。"另外,通过《民法通则》及其他法律、法规的规定,明确了国家、集体及其他法人组织、个人对房屋以及其他建筑物的所有权。在土

---

① 参见前揭周枏:《罗马法原论》(上册),第362—376页。
② 参见前揭钱明星:《物权法原理》,第103页。

地利用问题上,我国在1986年以前的较长历史时期中,一直实行国有土地无偿、无期限使用的制度。后来,为适应商品经济发展的需要,我国立法规定了一些用益物权。《民法通则》在"与财产所有权有关的财产权"中规定了国有土地使用权、农村土地承包经营权、国有自然资源使用权、采矿权、国有企业经营权、相邻权,并在一些特别法中规定了捕捞权、狩猎权、放牧权、水权。此外,最高人民法院通过司法解释确认了典权、地上权。①

第二节 用益物权的概念及性质

用益物权,是指对他人所有物在一定范围内使用、收益的一种限制物权。②用益物权是基于物的使用价值而产生的一种物权,是人类为解决物质资料的所有与需求之间的矛盾而形成发展起来的,是所有权与其权能相分离的必然结果。这种权能的分离适应了商品经济要求扩大所有权、扩展财产使用价值的需求。

人类社会的物权观念经历了从对物的"所有"到对物的"利用"的发展过程。人类社会早期的两种物权制度,分别反映了对物的"所有"和对物的"利用"的物权观念。罗马法的物权制度是简单商品经济在法律上的反映,以"个人主义"为立法思想,形成了以所有权为中心的物权法体系,强调物的

---

① 例如,1951年4月16日颁布的《最高人民法院华东分院关于解答房屋纠纷及诉讼程序等问题的批复》、1951年9月8日颁布的《最高人民法院就山西省院请示联合提出意见希研究转知的指复》、1981年6月22日颁布的《最高人民法院关于地主家庭出身的能否回赎土改前出当给劳动人民的房屋的请示的复函》、1990年4月9日颁布的《最高人民法院关于公私合营中典权入股的房屋应如何处理问题的函》、1993年12月5日颁布的《最高人民法院复云南省高级人民法院的函》、1993年12月4日颁布的《最高人民法院关于李秀萍、李生华诉朱伯华房产纠纷一案如何处理的复函》、1992年9月14日颁布的《最高人民法院关于郑松宽与郑道瀛、吴惠芳等房屋典当卖断纠纷案如何处理的复函》等均承认典权。

此外,1950年1月17日东北人民政府公布的《东北区土地暂行条例》第16条规定:"土地所有权人,如因正当理由(一时丧失劳力或参加其他生产建设事业者),可自由出典其私有土地之一部分或全部。"第8条规定了土地出典必须按法律规定登记并缴纳典税,而且"土地之地上权、地役权之设定,亦与同此。"转引自前揭钱明星:《物权法原理》,第91页。

② 《物权法草案》第266条规定:"……(四)'用益物权',指当事人依照法律规定,对他人所有的不动产,享有占有、使用和收益的权利,包括土地承包经营权、建设用地使用权、宅基地使用权、地役权、居住权等。"

"所有"而非"利用",这种物权观念直接影响了近代大陆法系国家的物权法。日耳曼法的物权制度是农业经济在法律上的反映,以"团体主义"为立法思想,形成了以物的"利用"为中心的物权法体系,这种物权观念直接影响了英美法系国家的财产法。罗马法以"所有"为中心的物权观念适应了资本主义初期经济发展的需要,为大多数资本主义国家所接受。但随着资本主义经济的发展,这种观念逐渐不再适应社会经济发展的需要,而日耳曼法以"利用"为中心的物权观念,却满足了社会经济发展的要求,因而为越来越多的国家所采纳。现代物权法充分体现了以"利用"为中心的物权观念,以物的"所有"为中心的传统物权观念,已经被以物的"利用"为中心的现代物权概念所取代。用益物权作为以物的使用、收益为内容的物权,反映了现代物权法以"利用"为中心的物权观念。① 由此可见用益物权在现代物权法中的地位和作用,② 但所有权在物权法中的核心地位仍然没有动摇。③

用益物权是与所有权、担保物权相关的一种物权,与此相适应,用益物权具有如下性质:

(1)用益物权是一种他物权、限制物权及有期限物权。用益物权是建立在他人物权之上的一种权利,即以他人对物享有所有权为前提,对他人的物享有使用、收益的权利。用益物权是与所有权相对的,以他人对物的所有

---

① 参见房绍坤、丁海湖、张洪伟:《用益物权三论》,载《中国法学》1996年第2期。

② 房绍坤先生认为,用益物权是现代物权法的核心(前揭房绍坤、丁海湖、张洪伟:《用益物权三论》)。这一观点可能高估了用益物权的地位和作用,在法律发展史上,从未存在过绝对无限制的所有权。在个人主义思想居于支配地位的罗马法中,虽然必须尊重个人意思,但也禁止有加害意思的权利行使。用益物权起源于罗马法,罗马法虽然强调"所有",但并未否定"利用",否则用益物权难以产生。实际上,传统民法物权法是以所有(归属)与利用并重为基本观念的。所有权本身具有使用、收益的权能,可以取得物的使用价值、价值。此外,所有权还具有处分权能。通过对物的事实上的处分,可以在生产、生活中对物予以利用,实现物的价值或者价值增值。而通过对物的法律上的处分,可以使所有权具有流转性和转化性,实现物与物(不同种类的)之间的交换,与债权、股权等权利发生转化,从而在不同形式上实现物的利用。这种法律上的处分还包括在物上设定用益物权等形式的物权或债权,由非所有人直接取得对物的使用、收益权。可见,利用的观念是内在于传统的物权法中的,用益物权之独立、其具有的限制所有权的效力是传统物权法的应有之义。参见钱明星:《论用益物权的特征及其社会作用》,http://article.chinalawinfo.com/article/user/article_display.asp?ArticleID=6188。

③ "尽管用益物权对所有权的限制,但是用益物权的存在仍须以对所有权的尊重为基础。"梁慧星主编:《中国物权法研究》(下册),法律出版社1998年版,第586页。

权为基础而设立的一种物权。

基于用益物权的他物权性质,用益物权还是限制物权和有期限物权。用益物权是一种限制物权,具有两方面的含义:[①]一是用益物权自身的限制,即表现为仅在一定方面支配标的物的权利,没有完全的支配权。例如,地上权仅限于特定的方面使用他人的土地,而不像所有权那样作为一种完全的权利,全面支配标的物。二是用益物权对所有权的限制。在权利效力上,用益物权效力高于所有权的效力。例如,土地所有人在自己的土地上为他人设定了地役权,则地役权人在其权利范围内限制土地所有人使用土地。

所有权是没有一定存续期限而永久存续的物权。用益物权则有一定期限,存续期限届满,用益物权即归于消灭。用益物权的存续期限,既可表现为一个确定的期限,也可表现为一个不定期的期限。用益物权之所以附有一定的存续期限,是因为用益物权是在他人之物上设定的权利,是对所有权的限制。如果允许设定永久无期的用益物权,则所有权会处于一种有名无实的境地,有损所有权的本质。

(2)用益物权是以使用、收益为目的的权利。用益物权以对标的物的占有为前提,以对标的物的使用、收益为目的。用益物权必须将标的物的占有移转给用益物权人,由用益物权人在实体上支配标的物。否则,用益物权的目的就无法实现。例如,在地上权中,如果土地所有权人不移转对土地的占有,地上权人不占有土地就根本不可能在土地上营造建筑物。可见,用益物权是对标的物的一种有形的支配,而且这种有形的支配是对物利用的前提条件。与用益物权不同,担保物权在于获得物的交换价值,因而不是以对物的有形支配为必要,对物的无形支配即可实现其担保的目的。[②]

由于用益物权的目的在于对物的使用和收益,因而不可能具有担保物权的变价受偿性和物上代位性等属性。换言之,用益物权不涉及以用益物的价值清偿债务问题,也不涉及用益物灭失后以其他物代替的问题。用益物权因种类不同而存在着范围和程度上的差别。例如,传统民法上的地上权和永佃权都是以土地为用益物的权利,但两者的用益范围和程度却存在

---

① 参见前揭梁慧星主编:《中国物权法研究》(下册),第583页。
② 在质权和留置权中,虽然以对标的物的占有为必要,但这种占有是权利的保持和公示的方法,并不是对标的物利用的前提。

着明显的不同：地上权以在土地上营造建筑物和种植树木为用益范围,而永佃权则以在土地上耕作或牧畜为用益范围。

（3）用益物权是一种独立的物权。用益物权不以用益物权人对所有人享有其他财产权利为存在前提。用益物权的独立性表明,用益物权不具有担保物权所具有的从属性。换言之,用益物权不以他权利存在为前提,不因他权利消灭而消灭。在用益物权独立性问题上,只有地役权是例外,地役权具有从属性。[①]但地役权的从属性与担保物权的从属性存在明显的差别。地役权的从属性是指地役权不得与需役地所有权分离而存在,不得保留地役权而处分需役地所有权。这种从属性具体表现为地役权必须与需役地所有权一同让与,地役权不得与需役地分离而成为其他权利的标的。

（4）用益物权的客体仅限于不动产。用益物权是不动产物权。用益物权的标的物只限于不动产,动产不能成为用益物权的客体。这是与所有权和担保物权客体的不同之处,所有权和担保物权的标的物既包括不动产,也包括动产。不动产一般是指土地及其定着物（主要是房屋）。用益物权的标的物主要是土地,如地上权、永佃权、地役权等权利都是以土地为其标的物,但典权、居住权等权利则主要是以房屋作为其标的物。

第三节　中国的用益物权制度

尽管我国仍然没有完整的物权法,但通过《土地管理法》和《民法通则》以来所颁布的各种物权立法,已初步形成了我国的用益物权法体系。从整体上说,我国的用益物权制度还是比较杂乱的,还存在着相当多的缺陷,主要表现为以下两个方面：

（1）法律概念不准确、立法技术不完善。在传统民法物权法中,物权、自物权、他物权、用益物权及担保物权等,是一个用语准确、内容严谨、具有内在逻辑结构的概念体系。与债权法不同,物权法调整财产支配关系的手段有物权法定主义、一物一权主义、物权优先效力、公示及公信原则等。但我国物权立法,一直没有使用物权、用益物权等概念,也没有运用物权法应

---

① 参见前揭钱明星：《物权法原理》,第321页。

有的调整手段调整物权关系,这使得用益物权形态内容范围不清、效力不明、性质不清、概念不准,不利于权利的保护,从而影响了社会经济的发展。

（2）用益物权立法内容不完整、体系杂乱。《民法通则》涉及用益物权规定的条文仅有4条,应当在基本法中予以规定的用益物权却缺乏相应的规定,如地上权、典权、地役权等;而应当以特别法的形式予以规定的用益物权却规定在基本法中,如采矿权;已规定的用益物权之间的内容交叉重叠、界限不清,例如,国有土地使用权与国有资源使用权、国有自然资源使用权与采矿权等。此外,这个体系对现实的土地利用关系的规定有很多重大遗漏,例如,个人房屋的地上权、对房屋的居住权等。从罗马法到《德国民法典》,尽管各国设立的用益物权种类不尽相同,但各国民法均有完备的用益物权体系,以涵盖本国所有权与其权能相分离的各种形式。我国《民法通则》虽然规定了一些用益物权,司法解释中也确认了某些用益物权,但我国用益物权立法尚未形成一个科学、完整的体系。

我国用益物权立法存在的缺陷严重影响了用益物权作用的发挥。为适应市场经济条件下,优化资源配置的需要,解决资产闲置和资源缺乏的矛盾,必须建立完善的用益物权制度。但对于构建我国的用益物权体系,学界存在较大的差异,主要有以下几种观点：[①]一是用益物权包括经营权、承包经营权、地上权、典权、采矿权、地役权;二是用益物权包括地上权、地役权、用益权、永佃权、典权;三是用益物权包括经营权、承包经营权、地上权、地役权（相邻权）、典权、采矿权、租赁权;四是用益物权包括经营权（国有企业经营权、农村集体组织成员的承包经营权）、国有自然资源使用权（国有土地使用权、水面滩涂养殖使用权、草原使用权、水使用权、采矿权）、地上权、地役权、典权。以上四种观点的共同之处在于以现行的立法为依据,讨论我国用益物权问题。然而,由于我国用益物权立法的局限性,这些观点存在的明显缺陷就不言自明了。

我国未来的用益物权体系应当包括下列用益物权:地上权、永佃权、地役权,[②]而承包经营权、国有企业经营权、国有自然资源使用权、租赁权等,则不能成为我国未来的用益物权。

---

① 前揭房绍坤、丁海湖、张洪伟:《用益物权三论》。
② 物权法草案第三次审议稿删除了典权。

第九章 地上权与土地使用权

地上权是传统民法物权中的一种用益物权,起源于古代罗马法;而土地使用权是我国立法所规定的一种用益物权,是一种新型的用益物权。[①]土地使用权,主要是指城市国有土地使用权,[②]由于涉及土地使用权的出让、转让、出租和抵押等问题,属于合同关系,[③]因而又具有债权性质。

第一节 地 上 权

一、地上权的概念及意义

地上权,是指在他人土地上以建造建筑物、其他工作物或者种植竹木为目的而使用他人土地的权利。[④]地上权起源于罗马法,"在罗马,地上权是指支付地租(solrium),利用他人的土地建筑房屋而使用的权利"[⑤]。罗马法的地上权仅限于建筑物的建造,竹木的种植并不包含在内。

根据罗马市民法的"地上物属于土地"原则,房屋从属于土地,房屋的所

[①] 参见前揭王卫国:《中国土地权利研究》,第135页。
[②] 参见前揭王利明:《物权法论》(修订本),第418页。
[③] 同上书,第415页。
[④] "地上权,是指在他人的土地上营造建筑物或种植树木而长期使用该他人土地的权利。"前揭张俊浩主编:《民法学原理》(上册),第447页。
"地上权者,谓以在他人土地上有建筑物或其他工作物或竹木为目的,而使用其土地之权。"前揭谢在全:《民法物权论》(上册),第345—348页。
"地上权是因在他人所有的土地上拥有建筑物等作业物或竹木而使用该土地的权利。"前揭〔日〕田山辉明:《物权法》,第199页。
[⑤] 前揭周枏:《罗马法原论》(上册),第389页。

有权应从属于土地所有人。换言之,古罗马时期,依照所有权制度中的添附原则,建筑人支付地租后,在他人土地上营造的房屋、工作物,应当由土地所有人取得所有权,建筑物营造者不能取得充分的权利,这给非所有人的实际生活带来了许多不便,也有失公允。然而,在罗马后期,出现了在一定条件下使用他人土地并享有其房屋或者工作物所有权的地上权的规定。地上权人对其建筑物享有占有、使用、出租、转让、继承、抵押及设定役权等权利,而且转让时,土地所有权人并没有优先购买权,也不能收取手续费。①罗马法的地上权制度为现代各国民法所继承和发展,但是各国或地区地上权存在两种不同的立法例:一是强调土地定作物的所有权,即认为地上权为在他人土地上的建筑、林木等附着物的所有权,而对土地的使用仅视为附着物所有权的间接效果。例如,《法国民法典》第553条②、德国《土地法》第12条均有类似规定。二是强调土地本身的使用,即地上权以使用土地为目的,而不以现有工作物或竹木存在于土地上为必要,地上权可以就无建筑物或其他工作物存在的土地而设定,也不因建筑物的灭失而灭失。例如,《日本民法典》第265条和我国台湾地区民法第832条有此规定。③

地上权以在他人土地上建造并保有建筑物和其他工作物或者种植竹木并享有所有权为目的,而使用他人土地,因而具有以下三方面的意义:

(1)地上权是建立在他人土地之上的物权。地上权虽是一种不动产物权,但其仅以土地为限,在建筑物或者工作物上不得设立地上权。地上权不以"地上"为限,"地下"也可。④设立地上权的土地应归属于他人,不得在自己的土地上设立地上权。

(2)地上权是保有建筑物、工作物或者竹木所有权为目的的物权。建筑物是指在地上或者地下所建造的房屋;工作物是指建筑物之外的其他地

---

① 参见前揭周枏:《罗马法原论》(上册),第389页。
② 《法国民法典》第553条规定:"地上或者地下的一切建筑物、植物及工作物,在无相反证据前,推定土地所有人以自己费用所设置并归其所有……"
③ 《日本民法典》第265条规定:"地上权人,因于他人土地上有工作物或者竹木,有使用该土地的权利。"
我国台湾地区民法第832条规定:"称地上权者,谓以在他人土地上有建筑物,或其他工作物,或竹木为目的而使用其土地之权。"
第841条规定:"地上权不因工作物或竹木之灭失而消灭。"
④ 参见前揭郑玉波:《民法物权》,第159—160页。

上或者地下的一切设施,例如,桥梁、隧道、引水渠、池塘、水库、雕像、纪念碑、地窖等;竹木是指以植树造林为目的的竹木,而以耕作为目的种植的茶树、桑树、果树等,则属于永佃权的范围。关于地上权的客体,各国或地区有两种立法例,一是沿袭罗马法的规定,将地上权的客体限定在建筑物和工作物上,《德国民法典》即属于这种立法例;二是地上权的客体除建筑物和工作物外,还包括竹木,《日本民法典》和我国台湾地区民法均属于这种立法例。

（3）地上权是以使用他人土地为目的的限定物权。地上权是以使用土地为目的的权利,因而是用益物权,同时又因地上权的设定,土地所有人的权利因此受到了限制,因而地上权又是限制物权。地上权以使用土地为目的,对于地上没有建筑物、工作物或者竹木的,地上权人可以建造或者种植,而且地上权不因建筑物、工作物或者竹木的灭失而消灭。《德国民法典》第1016条和我国台湾地区民法第841条规定,均不承认因地上物灭失而导致地上权的消灭。①

二、地上权的设立及效力

地上权属于不动产物权,不动产物权取得原因均适用于地上权。地上权的取得,可分为因法律行为与法律行为以外原因的取得。一是基于法律行为而取得的地上权。基于法律行为而取得的地上权有创设取得和移转取得两种,前者如基于当事人的合意或者遗嘱而设立的地上权,后者是指基于地上权人的让与行为而取得的地上权。地上权的取得应以书面方式且履行登记手续。二是基于法律行为之外的原因取得地上权。基于法律行为之外的原因取得地上权有时效取得、继承、法定地上权等。②例如,根据我国台湾地区民法第876条的规定,③成立的地上权,为法定地上权。基于法律行为而取得的地上权,以登记为生效条件,而基于法律规定而取得的地上权,在

---

① 《德国民法典》第1016条规定:"地上权不因建筑物灭失而消灭。"
我国台湾地区民法第841条规定:"地上权不因工作物或竹木之灭失而消灭。"
② 参见前揭史尚宽:《物权法论》,第193页。
③ 我国台湾地区民法第876条规定:"土地及其土地上之建筑物,同属于一人所有,而仅以土地或仅以建筑物为抵者,于抵押物拍卖时,视为已有地上权之设定,其地租由当事人协议定之,协议不谐时,得声请法院定之。土地及其土地上之建筑物,同属于一人所有,而以土地及建筑物为抵押者,如经拍卖,其土地与建筑物之拍定人各异时,适用前项之规定。"

登记之前即取得地上权,但在登记之前不得处分。①

地上权的存续期间,②法律没有明文规定时按照通说,当事人有约定的从其约定,没有约定的从习惯,例如,工作物的自然生命期、竹木的采伐期。如果没有习惯,则由法院决定。③如果地上权人的工作物是建筑物,在地上权因存续期间届满而消灭之前,应地上权人请求,在建筑物可使用期限内,延长地上权的期间。地上权人拒绝延长的,不得请求就该建筑物进行补偿。④如果土地所有权人拒绝延长地上权期间的,应对地上权人进行补偿。

地上权的效力表现为地上权人的权利与义务。地上权人的权利为土地使用收益权、相邻权、处分权、收回地上物、补偿请求等。地上权人的义务为有地租约定的有支付地租的义务、土地原状恢复义务。

地上权人的权利表现为:(1) 土地使用收益权。地上权是以在他人土地上有建筑物、工作物或者竹木为目的而使用他人的土地,因此,地上权人的首要权利是对土地的使用权。使用应在设定行为所定的目的范围内进行。设定行为不仅可就建筑物、工作物或者竹木的全部或者一部分限定其目的范围,例如,以保有建筑物及竹木为目的或者仅以保有竹木为目的;也可对其种类加以限定,例如,限于建造平房或者限于种植松林,从而地上权人使用土地不得超过限定的范围。此外,地上权既然是以使用土地为目的的物权,则为实现地上权的内容,对土地的占有是使用土地的前提,因此,准许地上权人直接占有使用土地,并排除他人的妨害,享有物上请求权。

(2) 占有的土地及建筑物的相邻权。地上权人对于地上标的物依附的土地,与所有人享有同样的相邻权,以保护其权益;对于地上建筑物、工作

---

① 我国台湾地区民法第759条规定:"因继承、强制执行、公用征收或法院之判决,于登记前已取得不动产物权者,非经登记,不得处分其物权。"

② "关于地上权的最长期间有无限制,通说均认为无最长期限之限制……"前揭谢在全:《民法物权论》(上册),第363页。

③ 参见前揭郑玉波:《民法物权》,第162—163页。

④ 我国台湾地区民法第840条规定:"地上权人之工作物为建筑物者,如地上权因存续期间届满而消灭,土地所有人,应按该建筑物之时价为补偿。但契约另有订定者,从其订定。土地所有人,于地上权存续期间届满前,得请求地上权人,于建筑物可得使用之期限内,延长地上权之期间。地上权人拒绝延长者,不得请求前项之补偿。"

物,因其享有所有权,也享有相邻权。①

(3) 地上财产及地上权的处分权。地上权是财产权,除合同另有约定外,地上权人可以自由处分其权利。地上权人对地上权的处分有转让、抵押及抛弃三种方式。一是地上权的让与。让与是指地上权人将其权利让与第三人。地上权与地上物应一并转让,②以免地上物失去其存在的权源,有违地上权设定的目的。二是地上权的抵押。地上权可以作为抵押权的标的,地上权人以其权利设定抵押权,以担保债务的履行。三是地上权的抛弃。地上权的抛弃虽然是单方行为,但由于地上权与土地所有权人具有利害关系,因此,我国台湾地区的法律规定须向土地所有人以意思表示方式进行。③

(4) 取回权的补偿请求权。地上权期限届满或因其他原因而消灭,地上权人在归还土地时,可以请求取回地上设置物。在地上权人的工作物为建筑物的情形下,如果地上权因存续期间届满而消灭,土地所有人应按该建筑物的市场价格对地上权人进行补偿。

地上权人在享有上述权利的同时,也承担相应的义务,地上权人的义务主要表现为以下两方面:

(1) 支付地租的义务。地上权的设定既可是有偿的,也可是无偿的,因此,地租的约定或者支付并非地上权的成立要件。因此,在有地租约定时,地租的支付义务属于债权债务的关系,而地上权则属于物权关系,但两者之间的关系如何,学界存在不同的认识:④一是单纯的债权债务关系说。该说认为地租为单纯的债权债务关系。二是物上负担说。该说认为地租是一种物上负担,地租与地上权结合为一体,有不可分割的关系。三是折衷说。该说以地租是否需要登记为依据,未经登记的地租为单纯的债权债务关系;已经登记的地租则与地上权结合为一体,应当与地上权一同转移。折衷说是

---

① 我国台湾地区民法第833条规定:"第七百七十四条至第七百九十八条之规定,于地上权人间,或地上权人与土地所有人间,准用之。"

② 参见前揭史尚宽:《物权法论》,第198页。

③ 我国台湾地区民法第834条规定:"地上权未定有期限者,地上权人得随时抛弃其权利。但另有习惯者,不在此限。前项抛弃,应向土地所有人以意思表示为之。"

④ 参见前揭郑玉波:《民法物权》,第165—166页。

近代的通说。①

地租的支付方式有一次支付和分期支付两种,当事人可以约定具体的支付方式。地租通常以金钱的方式支付,但不以金钱支付为限,当事人可以约定以金钱之外的其他物进行给付。

(2) 恢复原状义务。地上权消灭时,土地所有人恢复其对于土地的支配权,地上权人应负恢复原状的义务。地上权人处分其地上物,土地所有人有先买权,地上权人负有准予其先买的义务。

地上权是物权的一种,物权通常的消灭原因均适用,但地上权特别的消灭原因有:一是地上权的存续期间届满。地上权是有期限物权,当其存续期限届满时,原则上归于消灭。二是地上权的抛弃。地上权的抛弃是地上权消灭的原因之一,前文已有论述。三是因欠地租而被撤销。在以分期支付方式交付地租的地上权中,地上权人欠付地租,经土地所有人适当催告之后,可撤销地上权。②四是出现约定解除地上权的事由。当事人在设定地上权时,如果约定特定事由出现地上权解除,则一旦约定事由出现,地上权即告解除。

地上权因存续期届满(定有期限者)、地上权的抛弃、地上权因法定原因被撤销、约定事由发生、土地丧失、土地被征用等原因归于消灭。地上权消灭后,地上权人负有交还土地的义务,并注销地上权登记。地上权人有权收回工作物和竹木,恢复土地原状。如有建筑物遗留在土地上时,土地所有人可以时价购买,地上权人不得拒绝。

---

① 日本学者我妻荣对折衷说有过详细的论述:"定期支付地租之地上权,其土地所有权与地租请求权,地上权与地租支付义务究立于何等关系?地租请求权本系一种债权,然在此情形,地租债权乃是实现土地所有权作用之手段,而与土地所有权结合;其反面,地租债务乃实现地上权内容之负担,而与地上权结合。从而在法律之构成上,地租债权从属于土地所有权,地租债务从属于地上权,而各别的结果构成一个法律的地位,但此种结合之地位,须依不动产上之物权关系予以登记始生对抗力自不待言。此种结论,不唯为多数学者所是认,而判例亦同。"转引自前揭郑玉波:《民法物权》,第168页。

② 我国台湾地区民法第836条规定:"地上权人积欠地租达二年之总额者,除另有习惯外,土地所有人,得撤销其地上权。前项撤销,应向地上权人以意思表示为之。"

第二节 土地使用权

土地使用权是指以开发利用、生产经营、社会公益事业为目的,在国家所有或集体所有的土地上营造建筑物或者其他附着物并进行占有、使用、收益的权利。土地使用权并不是经过法学上严格论证后提出的法律概念,[①]因此,这个概念在法律意义上的内涵、外延、内容及种类等缺乏明确、科学的规定。[②]土地使用权概念的重大缺陷不仅表现为其规范含义与词语含义之间存在很大的差异,而且还表现为其规范含义的不确定性。[③]例如,《宪法》第10条第3款、《城镇国有土地使用权出让和转让暂行条例》第8条、《民法通则》第80条、《土地管理法》第7条以及《城市房地产管理法》第2条等所规定的土地使用权概念的内涵和外延并不确定,因其法律条文规定的具体情形不同而存在两种不同的情形。

(1)宽泛的土地使用权与特定的土地使用权。《宪法》第10条第3款规定:"任何组织或个人不得侵占、买卖或以其他形式非法转让土地。土地的使用权可以依照法律的规定转让。"《土地管理法》第13条规定:"依法登

[①] 土地所有权的形成与发展是与我国改革开放和经济发展密切相关的。1979年颁布的《中外合资经营企业法》第5条作了规定,其后的《中外合资经营企业法实施细则》又对场地使用费的收费办法作出了进一步的规定。1987年,深圳公布了《深圳经济特区土地管理条例》,率先在全国范围内试行土地所有权和使用权分离,建立了全国第一个土地使用权市场,从而为国有土地使用权承认和转让制度立法迈出了第一步。1988年,国务院发布了《中华人民共和国城镇土地使用税暂行条例》,国有土地使用权从此成为一种相对独立并且十分重要的土地权利。同年,宪法修正案的通过,正式确立了"土地使用权可以依照法律的规定转让"。同年,修改后的《土地管理法》第2条第4款规定:"国有土地和集体所有土地的使用权可以依法转让,土地使用权转让的具体办法,由国务院另行规定。"这为国有土地有偿使用提供了基本法律依据,标志着我国土地有偿使用制度的法制化。1989年国务院发布的《关于加强国有土地使用权有偿出让收入管理的通知》,是具体贯彻土地有偿使用制度的重要规范性文件,由地方政府与中央政府共同分享土地出让收益。1990年,国务院发布的《城镇国有土地使用权出让与转让暂行条例》和《外商投资开发经营成片土地暂行管理办法》,又进一步促进了土地权利的发展。1994年的《城市房地产管理法》使国有土地使用权的出让和转让制度,不但在内容上得到了一定的完善,而且在法律形式和效力上得到了较大程度的提升。

[②] 参见前揭梁慧星主编:《中国物权法研究》(下册),第610页。

[③] 同上。

记的土地所有权和使用权受法律保护……"这些规定是从概括性、综合性角度使用土地使用权的概念,将其定义为依法对各类土地的占有、使用、收益的权利,例如,土地承包经营权、建设用地使用权、宅基地使用权等,是宽泛的土地使用权。而《城市房地产管理法》第7条规定:"土地使用权出让,是指国家将国有土地使用权(以下简称土地使用权)在一定年限内出让给土地使用者,由土地使用者向国家支付土地使用权出让金的行为。"《城镇国有土地使用权出让和转让暂行条例》第8条规定:"土地使用权出让是指国家以土地所有者的身份将土地使用权在一定年限内让与土地使用者,并由土地使用者向国家支付土地使用权出让金的行为。"以上两部立法的土地使用权仅限于国有土地使用权,并不包含其他土地使用权。

(2) 物权性质的土地使用权与债权性质的土地使用权。土地使用权内涵和外延的不确定,导致土地所有权性质的多样性,即存在物权性质和债权性质的土地使用权。物权性质的土地使用权,是指根据我国现行法律规定而设立的,按照物权法理论应属于用益物权范围的土地使用权。从现行立法看,主要有以下四种:[①]一是根据《城镇国有土地使用权出让和转让暂行条例》的规定而设定的国有土地使用权;二是根据《土地管理法》的规定而设立的乡镇建设用地使用权;三是根据《民法通则》规定的相邻关系而取得的邻地使用权,如取水、排水、通行等权利;四是根据《农村土地承包法》规定对农用地上为农业目的而设立的农业用地使用权,即土地承包经营权。

债权性质的土地使用权,是指根据土地租赁合同、借用合同、经营承包合同等取得的,按照民法理论应属于债权的土地使用权。一是根据土地租赁合同而取得土地使用权,是指土地使用权的租赁,即土地使用权人与承租人通过租赁合同进行土地使用权的租赁,从而使承租人获得土地使用权。《城镇国有土地使用权出让和转让暂行条例》第28条规定:"土地使用权出租是指土地使用者作为出租人将土地使用权随同地上建筑物、其他附着物租赁给承租人使用,由承租人向出租人支付租金的行为。"第31条规定:"土地使用权和地上建筑物、其他附着物出租,出租人应当依照规定办理登记。"二是根据土地借用合同而取得土地使用权。土地借用,是指土地所有权人或者使用权人无偿将土地交由他人占有、使用。土地借用权的产生是我国

[①] 参见前揭梁慧星主编:《中国物权法研究》(下册),第613页。

长期以来国有土地无偿划拨制度的产物,①由于没有土地市场,剩余土地通过借用在土地使用人之间流转,一定程度上缓解了土地供需矛盾,提高了土地利用率。三是根据土地承包经营合同而取得的土地使用权。土地承包经营合同有两种:其一,根据《农村土地承包法》的规定,集体经济组织与集体经济组织成员之间签订的土地承包合同,属于物权性质的承包经营合同;其二,集体经济组织与集体经济组织成员之外的自然人或者法人签订的土地承包经营合同以及《农村土地承包法》第二章第五节"土地承包经营权的流转"中规定,土地承包经营合同流转到集体经济组织之外的自然人或者法人,均为债权性质的土地承包经营合同。因此,土地使用权缺乏一个明确、清晰的概念。

此外,我国现行法律是以权利主体的性质为依据将土地使用权分为国有土地使用权、集体土地使用权,集体土地使用权又分为农用地使用权、乡镇企业建设用地使用权、宅基地使用权等。这种以权利主体身份状态作为权利的确定标准,带有浓厚的计划经济色彩,与社会主义市场经济体制格格不入,从而表明了我国现行的土地使用权存在的种种缺陷和不足。

第三节 地上权与土地使用权

关于土地使用权与地上权两者之间的关系,学界有两种截然相反的观点,即肯定说和否定说。肯定说认为,我国现行的土地使用权与大陆法系传统物权法上的地上权是一致的,有学者直接使用地上权的概念解说土地使用权,例如,"地上权是因建筑物或者其他工作物而使用国家或者集体所有的土地的权利"②。有学者主张直接以地上权概念取代土地使用权,即"土地使用权与地上权并没有什么差别,完全可以用地上权这一准确、统一的概念取代土地使用权的概念"③。鉴于土地使用权在我国大陆地区已经使用多

---

① 参见前揭王卫国:《中国土地权利研究》,第232页。
② 前揭钱明星:《物权法原理》,第293页。
③ 前揭房绍坤、丁海湖、张洪伟:《用益物权三论》。"地上权。它包括我国现行法规定的土地使用权、宅基地使用权。"崔建远:《物权:生长与成型》,中国人民大学出版社2004年版,第7页。

年,虽然相当于大陆法系的地上权,但还是以基地使用权为宜。① 否定说认为,物权法应当继续采用土地使用权的概念,②"以地上权代替土地使用权是不妥当的,我国现行立法规定的土地使用权的范围是非常广泛的,包含了地上权的内容。土地使用权不仅在内容上可以涵盖地上权,而且比地上权更具灵活性和合理性"③。

从立法草案看,梁慧星先生起草的建议稿以基地使用权代替了土地使用权,《物权法草案》则以建设用地使用权代替土地使用权,④只有王利明先生起草的建议稿仍然保留土地使用权(第 233—270 条)。王利明先生建议稿中的土地使用权涵盖了城市土地使用权、农村土地承包经营权、宅基地使用权、地役权、空间利用权和特许物权,其中特许物权中养殖权、采矿权、林业权与土地利用有关。土地使用权保留的优点体现在两个方面:一是土地使用权的概念是在我国改革开放二十年来土地使用权制度立法的基础上整合形成的,在社会生活中已经广为人们所接受,忠于现行法律的规定。一旦物权立法采纳土地使用权的概念,可以实现物权法与以往法律、法规的平稳过渡。二是土地使用权的保留有利于我国物权法和其他法律之间的衔接,不必因物权法的颁行而对其他法律作大的修改,节省了立法的成本。然而,这种土地使用权的构造明显的不足表现为,对具体的土地使用权的划分过于琐碎,土地使用权、宅基地使用权、空间利用权,均为在国家所有或者集体所有的土地上或者土地下的一定空间营造建筑物或者其他附着物的权利,与传统民法中的地上权没有任何差别。土地使用权和宅基地使用权都是利用土地地表营造建筑物,唯一不同的是享有土地使用权而营造建筑物是以

---

① 参见中国社会科学院法学研究所物权法研究课题组:《制定中国物权法的基本思路》,载《法学研究》1995 年第 3 期。
② 参见前揭王利明:《物权法论》(修订本),第 420 页;前揭王卫国:《中国土地权利研究》,第 145 页。
③ 前揭王利明:《物权法论》(修订本),第 419 页。
④ 《物权法草案》第 140 条规定:"建设用地使用权人依法享有对国家所有的土地占有、使用和收益的权利,有权自主利用该土地建造并经营建筑物、构筑物及其附属设施。"
第 141 条规定:"建设用地使用权可以在土地的地表、地上或者地下分别设立。新设立的建设用地使用权,不得损害已设立的用益物权人的权利。"

开发利用、生产经营、社会公益事业为目的,而宅基地使用权是以居住为目的。① 为弥补土地使用权、宅基地使用权仅对土地地表利用予以保护的缺陷,又增加了空间利用权,以保护地表上、下一定范围空间的利用。同样,地基使用权和建设用地使用权两个概念的创设和引入,②不如直接引入传统民法的地上权,以免引起物权法律制度和理论不必要的"混乱"。

根据传统民法物权理论,地上权是指建筑建筑物或者工作物及种植竹木而使用他人土地的权利。我国现行民事法律中虽然没有地上权制度,但现行法律所规定的城镇国有土地使用权和宅基地使用权,是利用国家所有或者集体所有的土地营造建筑物或其他工作物并取得建筑物、工作物的所有权,实际上就是传统民法上的地上权,与地上权不存在差异,两者在取得方式、权利义务、消灭的原因及后果等方面基本相同。

(1)地上权和土地使用权的取得方式相同。地上权取得分为通过法律行为取得和通过法律行为以外的原因取得。前者包括地上权的设立与地上权的让与,两者均以登记为有效要件;后者包括继承、取得时效和法定地上权,其中法定地上权是指土地及土地上的建筑物同属一人所有,而仅以土地或建筑物抵押,在拍卖土地或者建筑物时,视为已有地上权的设定。在我国,城镇国有土地使用权的取得方式也可以分为通过法律行为取得和法律行为以外的原因取得。前者包括土地使用权的出让、划拨和转让,《城镇国有土地使用权出让和转让暂行条例》详细规定了土地使用权的出让、划拨;后者只有继承一种形式。城镇国有土地使用权的取得,必须经过登记才能生效。

(2)地上权和土地使用权的权利义务相同。从权利义务看,地上权人的权利义务主要表现为土地的使用权、基于地上权的物上请求权、出租权、

---

① 根据现行的立法及物权法草案的规定,宅基地使用权仅指农户对集体土地的占有和使用的权利。例如《物权法草案》第158条规定:"宅基地使用权人依法享有对集体所有的土地占有和使用的权利,有权自主利用该土地建造住房及其附属设施。"

② "基地使用权,是指在他人所有的土地上建造并所有建筑物或其他附着物而使用他人土地的权利。""基地使用权,是一个基本与传统民法中的地上权相对应的法律概念。……'地基使用权'……可以作为'地上权'一词通俗而恰当的替代词。"前揭梁慧星:《中国物权法建议草案》,第446、448条。

既然基地使用权与地上权可以相互替代,那么,是否有必要创设一个新的术语来替代传统民法的地上权?

地上权的让与、地上权的担保、相邻关系的适用、地租的支付等。我国城镇国有土地使用权人和宅基地使用权人的权利义务与地上权人基本相同,也具有土地的使用、基于使用权的物上请求权、出租权、出让权、设定担保权、土地使用费的支付等。

(3) 地上权和土地使用权消灭的原因及法律效果相同。地上权消灭原因包括地上权的抛弃、地上权被撤销、约定事由的发生、第三人因时效取得地上权等。地上权消灭的法律效果包括地上权人取回工作物、恢复原状、土地所有人的购买权、土地所有人的补偿义务以及土地所有人延长地上权期间的请求权等。《城镇国有土地使用权出让和转让暂行条例》第39条规定了土地使用权消灭的原因,包括使用年限界满、提前收回以及土地灭失等。

随着社会的发展,除了在物权体系中逐渐强化之外,地上权还具有客体扩大化的趋势,即一方面地上权的地上物的客体不仅有建筑物,还包括其他工作物和竹木;另一方面,空间也成为地上权的客体。但在我国物权立法中没有单独设立空间利用权的必要,而应顺应现代地上权的发展潮流,扩大地上权的客体范围,就可以对空间的利用予以规范,即将地表上、下一定范围的空间利用的规制,视为地上权延伸。鉴于现有的农用地和建设用地的划分,不将竹木列为地上权的客体,使地上权与我国现行立法有效衔接,地上权的客体仅限于建筑物和其他工作物。

第十章　永佃权与土地承包经营权

永佃制度是我国固有的制度,起源于宋朝,①明清时期在我国南方地区广泛施行。欧洲大陆各国以及日本的永佃权制度,起源于罗马法,是传统民法的用益物权。土地承包经营权是基于土地承包经营合同而产生的权利,属于债权性质的权利。永佃权是一种无期限的用益物权,而土地承包经营权是一种有期限的债权,②因而两者存在本质上的差异,但两者的共同之处在于均以种植、养殖、畜牧为目的而长期地使用他人所有的土地。

第一节　永　佃　权

一、永佃权的概念及起源

永佃权,是指永佃权人通过支付佃租而取得永久在他人土地上进行耕作或者畜牧的用益物权。③永佃权最早出现于古希腊,④"在希腊的城邦,就像把我们带到公元前五世纪的铭文所记述的那样,存在着将未耕耘的土地

---

① 参见前揭张晋藩主编:《中国民法通史》,第468页。但是,我国台湾地区学者认为永佃权的起源不详。前揭史尚宽:《物权法论》,第206页;前揭郑玉波:《民法物权》,第172页。
② "土地承包经营权必须物权化,其原因在于……""土地承包经营权并不是直接依法律规定取得的,需要由发包人和承包人之间签订承包合同……"前揭王利明:《物权法论》,第455、459页。
③ 参见前揭史尚宽:《物权法论》,第206页;前揭谢在全:《民法物权论》(上册),第394页。
④ "永佃权在罗马法和希腊—东罗马法中有各种各样的先例和历史联系。"前揭〔意〕彼德罗·彭梵得:《罗马法教科书》,第264页。

长期或永久地出租以便加以开垦的情况,和对已开垦土地的类似出租情况"①。在永佃权之前的罗马法制度是"赋税田的出租","赋税田"是指那些没有被分配或者出卖、也未被任何人占据而是被以一百年期限或者永久出租的土地,以及被长期或者永久出租的市政当局和僧侣团体的土地。承租人只要正常纳税,即可平安地无限享有土地。②因此,在罗马法中,永佃权起源于"赋税田的出租"。

古罗马时,由于罗马的侵略扩展,国家获得了大量的土地。为避免土地荒芜,国家将土地永久地租借给市民,从事耕作而征收地租。后来,寺院和个人也采取这种方式将自己所有的土地租借给他人耕种而收取地租。这种租赁的性质虽为债权,但因其期限非常长,因而大法官承认承租人的权利,赋予其物权效力。4世纪中叶,国家继续将国有土地租给市民,租期以永久为原则,于是佃租权改称永佃权(jus perpetuum)。③在查士丁尼法中,永佃权是"一种可以转让的并可转移给继承人的物权,它使人可以充分享用土地同时负担不毁坏土地并交纳年租金的义务"④。

罗马法上的永佃权主要因契约、遗嘱或者遗赠、司法裁判而设定。永佃权人的权利包括:长期或者永久地享有对永佃物及其附属物的使用、收益的权利;以不减损永佃物的价值为前提,可改良标的物或变更其用途;收取永佃地的孳息;任意处分其永佃权,或转让或以遗嘱处分,但不得抛弃永佃权;永佃期内可设定他物权。永佃权人所负担的义务主要有:按期缴纳租金,否则将丧失其权利,即使遭遇天灾战祸而歉收,也不得请求减免租金;负担管理和一般修缮费用,缴纳赋税;以善良人的注意来耕种土地,使用房屋;转让永佃权时,须提前两个月通知土地所有人,并以受益价值的2%给付土地所有人。⑤近代大陆法系国家继受了罗马法的永佃权制度,《法国民法典》、《德国民法典》、《瑞士民法典》及《日本民法典》等都规定了永佃权。

"中国的永佃权,旧称之为佃,户部则例'民人佃种旗地,地虽易主,佃户仍旧,地主不得无故增租夺佃',盖即永佃权之意。……我亦间有田面权(永

---

① 前揭〔意〕彼德罗·彭梵得:《罗马法教科书》,第265页。
② 同上书,第264页。
③ 参见前揭周枏:《罗马法原论》(上册),第383页。
④ 前揭〔意〕彼德罗·彭梵得:《罗马法教科书》,第267页。
⑤ 参见前揭谢在全:《民法物权论》(上册),第397页。

佃权)与田底权(土地所有权)之称。"① 学界对我国永佃权的起源认识不一。"秦汉时以'假田'形式向农民出租公田,即允许农民永久占有公田,向政府缴纳'假税'可以看作是永佃权。"② 或者"永佃权在北宋时已出现"③。实际上,中国古代的"永佃"与西方的"永佃权",确有相似之处,但决不能完全等同起来。④ 中国古代虽有永佃权某些内容的实践,但没有出现"永佃权"这一概念,也不可能形成有关"永佃权"的理论。

到了宋代,有关永佃制的记载较多。国家将公田(包括荒闲田土)长期或者永久地出租给农民,收取地租,其租额一般高于税额;公田归国家所有,国家可以将其出卖。佃农将承租的土地视为自己的"永业";永佃户对公田可使用、收益和处分:从事农业生产、"种植园林"、建房修坟;"子孙相承";准许出卖、出租、转租;享有先买土地的优待;永佃户的权能以缴租为条件。伴随永佃制的发展,在江南逐渐形成了一种新的土地习惯,即"一田两主"制。把同一地块分为上下两层,上地(称田皮、田面等)与底地(称为田根、田骨等)分属不同人所有,这种习惯上的权利关系就是"一田两主"。田面权与田底权并列,也是一个永久性的独立物权。底地所有人的权利,是每年可以从享有土地使用收益权的上地所有人那里收租,但是欠租一般不成为解约原因。

在明清时期盛行的"一田两主"制,到清末民国时,在许多地区仍然非常流行。天津县的习惯规定,土地"自租之后,准租主不租,亦准转租转兑;如至期租价不到,准许业主将地撤回;如至开种地亩之时租价不到,有中人一面承管。此系同中三面言明'倒东不倒典',各持一纸,各无反悔"⑤。闽清县习惯规定,"闽清之田多分根、面。该田如归一主所有,其契约或阄书上必载明根面全;如属两主所有,则面主应向官厅完粮,根主应向面主纳租,但该

---

① 前揭史尚宽:《物权法论》,第206—207页。
② 前揭叶孝信:《中国民法史》,第549页。
③ 张晋藩、怀效锋:《中国法制通史》(第七卷),法律出版社1999年版,第222页。
④ "永佃权与'永佃',虽仅一字之差,其渊源、内涵及意义等则相去甚远。'永佃'如同'世耕'、'永耕',乃清代民间契约用语,它们直接反映某种租佃关系。永佃权则否,它是一个分析概念,其确定内涵首先来自于现代民法,其渊源又可以追溯至古代罗马。"梁治平:《清代习惯法:社会与国家》,中国政法大学出版社1996年版,第88页。
⑤ 《民事习惯调查报告录》(上),中国政法大学出版社2000年版,第13页。

两主皆得自由移转其所有权,不得互相干涉"①。绥远全区习惯规定,"绥区土地系蒙古原产,迨后汉人渐多,由蒙人手中租典垦种之地,历年既久,遂以取得永佃权。转典、转卖随意处分,蒙人不得干预。惟无论移转何人,均须按年向蒙人纳租若干"②。这些地区的习惯表明,永佃人可对永佃土地的田面自由处分,而且田底人与田面人各自行使自己的权能,互不受对方的影响。

《大清民律草案》在第三编物权中第一次设"永佃权"专章,从 1086 条到 1101 条,共 16 条。"永佃权"之内容,主要仿照《日本民法典》第五章"永小作权"而定。北洋政府时期的《中华民国民律草案》的"永佃权"内容与《大清民律草案》基本相同,但更近于日本民法"永小作权"的规定。南京国民政府时期颁布的《中华民国民法》正式确立了永佃权制度。《六法全书》被废除后,永佃权制度在我国大陆地区消失。在我国台湾地区永佃制度仍然存在,但后来因台湾实行扶持自耕农及自行使用土地为原则,又于 1953 年 1 月 26 日颁布实施了耕地改革条例,农民有田自耕,因此,永佃权制度也已基本在我国台湾地区消失。

二、永佃权制度

永佃权是以耕种或者畜牧为目的而长期使用他人的用益物权。③永佃权是以使用他人土地为目的的物权,永佃权的标的物仅限于土地,建筑物不能设立永佃权。永佃权是以耕种或者畜牧为目的的物权,即在他人的土地上进行耕种或者放牧,与地上权存在重大差异,即以建造建筑物或者其他工作物或者种植竹木为目的而使用他人土地。耕种是栽培植物,植物不以稻、麦等五谷及菜蔬为限,草本或者木本植物,例如,桑树、果树的种植也包括在内。但是,以植树造林为目的而种植竹木的,则属于地上权。畜牧则是以繁殖为目的而饲养各种家禽或者家畜。永佃权虽然以耕种或者畜牧为目的,但在耕种或者畜牧的必要范围内而建造供农作、养殖、畜牧使用的建筑物,或者建造与其经营关系密切的房屋、晒场、仓库、畜舍等附属工作物,属于永

---

① 前揭《民事习惯调查报告录》(上),第 306 页。
② 同上书,第 416 页。
③ 我国台湾地区民法第 842 条第 1 款规定:"称永佃权者,谓支付佃租永久在他人土地上为耕作或牧畜之权。"

佃权的范围,无须另设地上权。永佃权是以支付佃租而永久使用他人土地的物权。永佃权的设立以有偿为条件,而地上权的设立可以是无偿的。永佃权是永久在他人土地上耕种或者畜牧的权利,不得附期限,附有期限的永佃权,则是适用租赁的有关规定;①而地上权是否可以永久存续,存在不同的观点。②

永佃权与地上权有相似之处,均为使用他人土地的用益物权,两者均可转让,可以抵押,但它们因使用目的、期限规定、成立要件(是否支付佃租)、土地是否可以出租(永佃权不能出租)等方面的不同而存在差异。永佃权与土地租赁的区别则更为明显,永佃权为物权,土地租赁为债权;永佃权须经登记方生效力,土地租赁在其交付时即可生效;永佃权系永久存续,租赁则设有明确的期限;永佃权可以让与他人,土地承租人则不得转让权利。

永佃权的设定与地上权大致相似,有基于法律行为而设立以及基于法律行为之外的原因而设立。前者有永佃权的设立和永佃权的让与两种,基于法律行为而设立的永佃权必须以书面方式进行,而且必须办理登记手续后,才产生永佃权的效力。后者主要有继承,继承开始之际,继承人即当然享有永佃权,无须登记,但未经登记的永佃权不能处分。

永佃权的效力表现为永佃权人的权利和义务,根据我国台湾地区民法的规定,永佃权人的权利有使用收益权、让与及设定担保权、相邻权、优先承买及承典权收买请求权;永佃权人的义务有支付佃租和恢复土地原状。

永佃权是永久利用他人土地的权利,似乎没有消灭的可能性,实际上,永佃权仍然存在消灭的情形。只是永佃权没有存续的期间,因而不会因期限届满而消灭。但标的物的消灭、国家征用、混同等物权消灭的一般原因,在永佃权中仍然适用。永佃权特有的消灭原因有所有权人撤佃③和抛弃。

一旦永佃权消灭,将产生相应的法律后果。永佃权人应涂销永佃权的登记并将土地交还给土地所有权人;永佃权人取回土地上的物及设备,恢复土地原状。土地所有权人应按照市场价格购买永佃权人的地上物及设备,

---

① 我国台湾地区民法第 842 条第 2 款规定:"永佃权之设定,定有期限者,视为租赁,适用关于租赁之规定。"
② 参见前揭谢在全:《民法物权论》(上册),第 363 页。
③ 永佃权人违反禁止出租的规定和欠租高达两年的总额,均为所有权人撤销永佃权的事由。

并负有生产用具等附属物的返还以及特别改良费用的偿还的义务。

第二节 土地承包经营权

一、土地承包经营权的概念

土地承包经营权,是指农民、集体经济组织在法律规范和土地承包经营合同约定范围内对农业用地的占有、使用、收益的权利。[①]我国关于土地承包经营权的法律规定有:一是《民法通则》第 80 条第 2 款规定:"公民、集体依法对集体所有的或者国家所有由集体使用的土地的承包经营权,受法律保护。承包双方的权利和义务,依照法律由承包合同规定。"二是《土地管理法》第 14 条规定:"农民集体所有的土地由本集体经济组织的成员承包经营,从事种植业、林业、畜牧业、渔业生产。土地承包经营期限为三十年。发包方和承包方应当订立承包合同,约定双方的权利和义务。承包经营土地的农民有保护和按照承包合同约定的用途合理利用土地的义务。农民的土地承包经营权受法律保护。"三是《农村土地承包法》第 3 条第 1 款规定:"国家实行农村土地承包经营制度。"第 4 条第 1 款规定:"国家依法保护农村土地承包关系的长期稳定。"

关于土地承包经营权在农村土地使用权体系中的地位,有两种不同的观点:一是认为土地承包经营权是农村土地使用权的一种并列的概念;[②]二是认为土地承包经营权是基于土地所有权或者土地使用权而产生的权利。[③]

我国的立法与理论对农村土地的使用权有不同的称谓,但是"土地承包经营权"是最为恰当的概括。[④]土地承包经营权在表述上呈现出多样性,说

[①] "土地承包经营权,是指农民、集体在法律规范和合同约定的范围内对于集体所有的或者国家所有的由全民所有制单位、集体所有制单位使用的土地占有、使用、收益的权利。"王家福、黄明川:《土地法的理论与实践》,人民日报出版社 1991 年版,第 56 页。

[②] "由于土地使用权与承包经营权同为使用收益土地之权,系互不相容的权利,因此设定了土地承包经营权后,该块土地上即不会再设定土地使用权。"前揭崔建远:《物权:生长与成型》,第 143—144 页。

[③] 参见前揭王家福、黄明川:《土地法的理论与实践》,第 56—57 页。

[④] 参见前揭梁慧星主编:《中国物权法研究》(下册),第 703 页。

明存在以下三方面的问题：①一是现阶段农村土地使用权制度中存在并列或者交叉的使用权，还没有经严谨明确的法律规范整合，形成规范、统一的使用权制度体系；二是现阶段农村的基本土地制度，特别是农业用地的使用权制度，仍然处于快速发展变化的时期，导致立法和理论对农业土地使用权的内容与形式的表述，具有不确定性；三是土地使用权和土地承包经营权，均为不规范的法律术语，应当重新予以界定。

土地承包经营权是在我国实践中逐步形成的。农地承包经营制是我国农民在实践中自发创造的，在一定程度上促进了农业生产效率的提高和农村经济的发展，但这种制度的产生既缺乏系统的理论准备和制度设计，又不是自上而下有组织有计划实施的，而且该制度一直缺乏系统的物权制度和理论的支持，因而存在很多缺陷，伴随社会经济的发展，这种缺陷日渐凸现，并成为阻碍农村经济发展的因素。

二、土地承包经营权的性质

关于农地承包经营权的性质一直有争议，有债权说、物权说、债权兼物权说、物权兼债权说、（复合）所有权说、田面权说等，②债权说和物权说是两种主要学说。物权说认为，"从这一（承包）合同作为法律事实产生的承包经营权，并非债权，而是一种物权"③，或者"土地使用权和承包经营权，也是物权"④，或者"中国民法上的土地承包经营权相当于上述的永佃权"⑤。其主要理由如下：⑥一是土地承包经营权是《民法通则》第五章第一节"财产所有权和与财产所有权有关的财产权"所规定的权利，表明《民法通则》实际上是将该权利作为物权来规定的；二是土地承包经营权是在法律和承包合同约定的范围内对承包土地的直接控制、利用的权利；三是土地承包经营权是具有排他性的财产权。

债权说则认为，"联产承包经营合同，属于债权关系，基于联产承包经营

---

① 参见前揭梁慧星主编：《中国物权法研究》（下册），第703—704页。
② 参见丁关良：《农村土地承包经营权性质的探讨》，载《中国农村经济》1999年第7期。
③ 前揭王家福、黄明川：《土地法的理论与实践》，第57页。
④ 钱介敏、倪江生：《完善农村土地法律制度的对策》，载《中国法学》1990年第6期。
⑤ 前揭崔建远：《物权：生长与成型》，第143页。
⑥ 参见前揭梁慧星：《中国物权法研究》（下册），第704—705页。

合同所取得的农地使用权(即目前的土地承包经营权),属于债权性质"[1],"……表明民法通则实际上是将该权利作为物权来规定的,但是司法实践中,历来认为土地承包经营权只是一种债权"[2]。其主要理由如下:[3]一是土地承包经营关系的实质表现为集体内部分工、分配的权利义务关系,是发包人与承包人之间的内部关系。承包人的身份充分体现了这种内部关系,从承包经营责任制实行到现在,承包人仅限于本集体经济组织的成员——本村的农民。因此,基于这种内部关系而取得的土地承包经营权,实际上仅对相对人——作为土地所有权人的集体具有约束力,而对任何第三人没有约束力,即缺乏对世权。二是承包人不得自行转让土地承包经营权。物权人能够自主地转让其权利,是物权的一个基本特征。例如,作为物权的永佃权,永佃权人可以自行转让,而无须土地所有权人同意。[4]而我国则对土地承包经营权的转让进行限制。例如,1999年6月5日,最高人民法院颁布的《最高人民法院关于审理农业承包合同纠纷案件若干问题的规定(试行)》第14条规定:"承包方未经发包方同意,转让承包合同,转包或者互换承包经营标的物的,人民法院应当认定该转让、转包、互换行为无效。"[5]但是最近颁布的法律取消了对承包经营权流转的限制,例如,《农村土地承包法》第10条规定:"国家保护承包方依法、自愿、有偿地进行土地承包经营权流转。"三是承包经营权的设立基础是土地所有权和土地使用权,因而形成了这样一种物权体系结构,即土地所有权之上设土地使用权,土地使用权之上又再设立一个土地承包经营权。显然,在农用地上设立使用权后,就不可能再设定具有物权性质的土地承包经营权。

由于法律对土地承包经营权的性质没有明确规定,物权说与债权说均

---

[1] 前揭中国社会科学院法学研究所物权法研究课题组:《制定中国物权法的基本思路》。
[2] 前揭王利明:《物权法论》,第454页。
[3] 参见前揭梁慧星:《中国物权法研究》(下册),第705—709页。
[4] 《日本民法典》第272条规定:"永佃权人可以将其权利让与他人,或者于其权利存续期间,为耕作或者牧畜而出租土地。但是,以设定行为加以禁止时,不在此限。"
我国台湾地区民法第843条规定:"永佃权人得将其权利让与他人。"
[5] 1986年4月14日最高人民法院颁布的《关于审理农村承包经营权纠纷案件若干问题的意见》第3条规定:"承包人将承包合同转让或转包给第三者,必须经发包人同意,并不得擅自改变原承包合同的生产经营等内容,否则转让或转包合同无效。"该司法解释已经被废除。

有一定的合理性,但债权说理由更为充分。对土地承包经营权保护的核心问题,并非其性质是物权还是债权,而是守法意识和执政为民思想的贯彻执行。①当然,在此并无意否认物权对保护土地承包经营权人利益的效力。

三、土地承包经营权的弊端

《民法通则》在第五章第一节"所有权和所有权有关的财产权"中规定土地承包经营权,即在物权法的框架下设计土地承包经营权制度,因此,土地承包经营权应当是一种独立的物权。但由于当时理论准备不足,又缺乏实践反馈,《民法通则》所赋予的物权性,在具体的土地承包经营实践中体现得不充分,背离了立法者的初衷。在实践中,对土地承包经营权没有真正按物权法的方法加以规范,而是由债权方式加以调整,从而表现出一些弊端,主要体现在如下几方面:

(1)根据物权法定主义原则,物权的种类、内容概受法律的限制,不允许当事人任意创设和变更,而债的发生实行任意原则,合同的形式、内容均由当事人任意约定。《民法通则》第80条第2款对土地承包经营权仅作原则性规定,而对权利的内容、权利的取得、权利的消灭等均未作出规定。②这些事项因没有法定标准而由合同加以约定,发包方完全可以利用自己的优势地位,通过合同条款对承包人加以限制或者附加各种不合理的义务和条件。尽管《农村土地承包法》第16条规定:"承包方享有下列权利:(一)依法享有承包地使用、收益和土地承包经营权流转的权利,有权自主组织生产经营和处置产品……"但是,由于土地承包经营权的债权属性已经在实践中产生了很大的影响,《农村土地承包法》的规定可能难以落实到位。

(2)由于物权的直接支配性和独立性,物权人可根据自己的意思,无须他人的意思或者行为介入,对标的物为管领处分、实现权利内容,而债权是相对权、请求权,债权人必须借助于相对人的意思和行为,才能实现其权利、享受其利益。现行的土地承包经营制度要求承包人按承包合同享有合同规

---

① 在过去几年中,全国各地大规模城市房地产开发中的拆迁存在的问题是,城市居民对其居住的房屋是否享有所有权。显而易见,城市居民对其居住的房屋是享有物权而不是债权,但这种物权就能够对抗开发商的野蛮拆迁吗?

② 正是由于《民法通则》立法上的缺陷,导致土地承包经营权在形式上属于物权,而实质上却沦为债权。

定的权利,承包人的自主经营权受到较大限制,不利于充分调动农民的生产积极性,提高土地使用效率。在土地承包制实行初期,承包人取得土地承包权后,其经营权在很大程度上受发包人的支配,经营什么、如何经营,取决于发包人的意思,并且承包人只能自己经营,不得将土地转包、出租、抵押、互换、入股等。随着改革的深入,在新一轮土地承包经营过程中,国务院批转农业部《关于稳定和完善土地承包关系的意见》和最高人民法院颁布《最高人民法院关于审理农业承包合同纠纷案件若干问题的规定(试行)》,规定承包人可以将承包合同转让或转包给第三者,但必须经发包人同意。因此,承包人的支配权仍受到很大程度的限制,土地承包经营权应有的物权性特征仍未得到体现。《农村土地承包法》虽然肯定了对土地承包经营权的流转的权利,①但是又进行了限制,②实际上与其他立法没有实质性的差异,并没有确认土地承包经营权的自主流转。

(3) 土地承包经营权自主转让与土地承包经营权的长期稳定,关系密切。统一的基础是土地承包经营权的物权化。土地承包经营权的长周期性需要承包人作长期投入,而长期投入的前提就是土地承包制度的长期稳定与土地承包经营权的自主转让。土地经营的投入收益周期长,意味着加大了风险预期的不确定性,承包人因各种原因,很可能需要在承包期限内作投资转移。只有土地承包经营权能够自主转让,承包人才有可能在必要时以转让费的形式收回投资。因此,与承包经营权的长期稳定一样,土地承包经营权的自主转让也是农业经营投入长期化的必要保障。我国土地承包经营制实行初期,虽然国家政策规定可以承包15年,但各地落实时往往只签3年或5年。期满后,因缺乏刚性约束,往往会出现不续签的情形。《土地管理法》第14条和第15条规定,农村集体所有土地的承包经营期限依承包人的不同而区分为两种情况:一种是本集体组织的成员承包的,承包期限为30

---

① 《农村土地承包法》第10条规定:"国家保护承包方依法、自愿、有偿地进行土地承包经营权流转。"

第32条规定:"通过家庭承包取得的土地承包经营权可以依法采取转包、出租、互换、转让或者其他方式流转。"

第34条规定:"土地承包经营权流转的主体是承包方。承包方有权依法自主决定土地承包经营权是否流转和流转的方式。"

② 《农村土地承包法》第37条规定,"采取转让方式流转的,应当经发包方同意"。

年;另一种是本集体经济组织以外的单位或个人承包的,承包期限由双方当事人通过承包合同进行约定。《农村土地承包法》沿袭了《土地管理法》的规定,确定了耕地的承包期限为30年。①30年的承包期限并不短,但由于承包人不能自主转让其承包经营权,不能排除引起土地经营中的短期行为的可能。

（4）农地承包经营权主体具有身份限制。农地承包经营权是农地承包经营制在法律上的表现形式,《农村土地承包法》第15条规定,家庭承包的承包方是本集体经济组织的农户。这一规定具有明确的身份限制。如果本集体经济组织以外的单位或个人需要承包农民集体所有的土地时,《农村土地承包法》第48条规定:"……应当事先经过本集体经济组织成员的村民会议三分之二以上成员或者三分之二以上村民代表的同意,并报乡（镇）人民政府批准。"而且本集体经济组织以外的单位和个人只能直接承包不宜采取家庭承包方式承包荒山、荒沟、荒丘、荒滩等农村土地。②这种区别对待在我国以往农业生产力发展水平相对落后,农业生产社会化、现代化程度较低的情况下,是符合农村大部分地区的现实状况的,是有利于保护本集体经济组织成员利益的。然而,我们还应看到,在我国经济较发达地区,一些农民依靠务工经商发家致富,放弃对土地的耕种蓄养。以广东省为例,据不完全统计,1996年来全省约有丢荒、闲置土地21780亩,占耕地面积的0.08%,其中耕地面积减少量中丢荒比例曾一度高达4.1%。③这显然违背了《土地管理法》的"十分珍惜、合理利用土地和切实保护耕地是我国的基本国策"的宗旨。在这种情况下,对于本集体经济组织以外的单位与个人经营使用农民集体所有的土地仍然给予如此严格的限制,只会导致土地闲置,阻碍土地使用权的自由流转和土地资源效益的发挥,进而阻碍农村经济的发展。

---

① 《农村土地承包法》第20条规定:"耕地的承包期为三十年。草地的承包期为三十年至五十年。林地的承包期为三十年至七十年;特殊林木的林地承包期,经国务院林业行政主管部门批准可以延长。"

② 《农村土地承包法》第44条规定:"不宜采取家庭承包方式的荒山、荒沟、荒丘、荒滩等农村土地,通过招标、拍卖、公开协商等方式承包的,适用本章规定。"

③ 参见蒋海、时旭辉、齐洁、高卓然:《广东农地利用现状及其合理性分析》,载《农业经济问题》1999年第5期。

第三节 永佃权与土地承包经营权

永佃制度,在我国起源于封建时代初期,延续数千年。永佃权制度之所以源远流长,其根本原因在于该制度能够使佃户安心耕作、有助于社会经济稳定。[①]各国永佃权制度,无论其表现形式如何,均具有如下特征:

(1)永佃权具有永久性,一般无期限限制。永久性的特点一方面符合农业生产的长周期性,永佃权人可以对农业生产进行长期投入,有利于农作物的改良和土地资源合理高效利用;另一方面,也使永佃权人安心生产,有利于农村社会的稳定和农村经济的持续发展。

(2)永佃权是以支付佃租为对价存在于他人土地上的限制物权,永佃权主体已超出本集体经济组织及其内部成员的范围,有利于各种农业技术专门人才及组织的合理流动,有利于资源的优化配置。

(3)永佃权是以耕作、畜牧为目的,存在于他人土地之上的一种独立的用益物权。永佃权所具有的物权性有利于永佃权人权利的行使和保护,从而有利于维护永佃权人劳动生产的积极性。在权利行使上,永佃权人享有占有、使用并在他人土地上收益的权利。因此,永佃权人在他人土地上不论耕作什么、畜牧什么,也不论怎样耕作、怎样畜牧,均享有充分的自主决定权,不受包括土地所有者在内的一切人的干涉。另外,基于永佃权的物权性,永佃权人也可以自主决定转让或抛弃此项权利,而无须事先征得土地所有人的同意。在永佃权受到侵害时,永佃权人可以直接行使物上请求权,包括妨害除去请求权、消除危险请求权和妨害防止请求权。在不破坏土地的前提下,永佃权人可以不受任何限制享有土地权利。永佃权人除可以获取孳息外,还可以设立役权和抵押权。

永佃权的上述特征恰好弥补了土地承包经营权的缺陷,可以永佃权替

[①] 参见前揭史尚宽:《物权法论》,第206页。

代农村土地承包经营权。但是,学界对此存有疑虑,①强调其国家、民族特性,即固有性,要将土地承包经营权在民法典中加以规定,这无疑会影响民法典的稳定性和科学性。②

永佃权是否具有现代价值,最根本的不是看其是否建立在土地私有或者公有制基础上,而是看它是否还具有现代的活力,是否能确保农民的根本利益,是否有助于农民生活的改善、社会的稳定、经济的发展等。永佃权作为一种用益物权,使获得永佃土地的农民得到物权而非债权上的保护。

永佃权的剥削性并非来自永佃权本身,在本质上,永佃权反映的是一种长久的或永久的租佃关系,永佃权的剥削性与社会的根本性的政治制度、经济制度等相关。换言之,在个人与个人之间,在国家与个人之间都可以就农地产生永佃关系;永佃权并不是封建社会的特有制度,其本身并不具有剥削性。在社会主义制度下,完全可以建立起社会主义的永佃权制度,即农村集体组织成员,支付佃租长久或永久地享有租佃集体组织的土地为耕作或畜牧之权。没有必要担心永佃权制的封建性和剥削性。

以日本永佃权制度在现实生活中已渐趋消亡以及我国台湾地区已经开始对永佃权制度进行修正为依据,学界出现了无论制定物权法还是制定民法典,都必须舍弃使用"永佃权"概念的主张。日本和我国台湾地区永佃权的衰落已成定局,但这能否成为我们否定永佃权的理由,要具体问题具体

---

① "依本人见解,重建永佃权制度似有动摇公有制之嫌,为社会接受的可能性甚微。尤其该制度在历史上从来就是地主等剥削者受益,广大劳动人民根本无法成为权利主体,因而,现代中国的亿万农民,在感情上会难以容忍,如果将其在现代法中发达起来,实在有些勉强,未必可行。但站在健全农村承包经营责任制,保护国有耕地,从而凭借法律手段杜绝承包经营中出现的短期行为等不良现象的立场观之,在立法中借鉴永佃权制度中的某些合理的成分及其做法,则不失为一条可行的思路,颇值立法者参考。"陈小君:《论传统民法中的用益物权及其现实意义》,载《法商研究》1995年第4期。

② 虽然2002年8月29日颁布了《农村土地承包法》,但并不意味着农地承包经营制及农地承包经营权在制度设计、性质等方面已经成熟和完善。相反,《农村土地承包法》在农地承包经营方面的许多问题仍然没有解决,物权立法正在紧锣密鼓地起草之时仓促出台,不仅难以有效规范和保障农地使用制度的发展与完善,而且也制约了物权立法中我国农地使用权制度的重新设计与完善,影响物权立法的稳定性,增加立法成本。

此外,《农村土地承包法》在2003年3月1日起实施,但在此前,我国绝大部分农村地区的第二轮土地承包工作均已结束,土地承包期为30年。根据"法无溯及力"的基本原则,也许《农村土地承包法》中的许多内容要到30年后才能有机会广泛适用。因此,《农村土地承包法》的制定和颁布,仍然遵循"头痛医头,脚痛医脚"的立法思路。

分析。日本明治32年(公元1899年),《民法施行法》第47条中增加第3款规定:"于民法典施行前设定的可永久存续的永佃权,自民法典施行之日起经过五十年后一年内,所有人可以支付相当偿金,请求消灭永佃权。如所有人抛弃此权利或于一年内不行使此权利,则于其后一年内,永佃权人可以支付相当代价,收买其所有权。"因此,日本的永佃土地面积逐渐减少,直至永佃权在实际生活中已逐渐趋于消失。我国台湾地区通过《耕者有其田条例》的实施,使农民拥有土地所有权。农民有田自耕,不愿将自己的土地永久地供他人使用;再者,由于农业生产的"经济效益极低",少有人愿"于他人之土地设定永佃权",永佃权失去其存在的价值。但在我国大陆,土地归集体或者国家所有,农民对土地不享有所有权,不存在日本或我国台湾地区的情形。相反,土地归集体或者国家所有,与罗马永佃权产生时的条件相似。在中国古代,永佃制的一种形式,就是在国家与私人间形成的。在未来的物权法中,可以借鉴古代"一田两主"制的某些内容,通过规定永佃权制度,使农民长期或长久地享有"田面权",国家拥有"田底权"。这既利于保障农民的土地耕作权,又能保证我国土地的公有制性质。因此,当代中国具有永佃权存在的基础。

第十一章 地役权

地役权是一种古老的物权形式,是为实现自己土地的利益而利用他人土地的权利。不仅大陆法系国家普遍存在地役权,而且英美法系国家也确认地役权,但是我国立法却没有地役权的规定,《民法通则》只是规定了相邻关系。相邻关系与地役权颇为相似,立法例上也有将相邻关系作为一种地役权加以规定的。①但从法律性质上说,地役权与相邻关系是不同的:相邻关系属于自物权的范围,其创设目的是对所有权行使效力及范围进行直接限制;②而地役权属于他物权的范围,其创设目的在于利用他人土地以便于实现自己土地的利益。罗马法将相邻关系作为所有权行使的限制措施,纳入所有权体系,德国、日本、瑞士等国的民法都沿用。因此,在未来的用益物权中,应当将相邻关系与地役权区分开来,在用益物权体系中,地役权应具有其应有的地位。

第一节 地役权的概念

一、地役权的历史沿革

地役权发源于古罗马的法律制度。在罗马法中,役权有地役权和人役权之分。"在优士丁尼法中,役权这个词是从总体上指对他人物的最古老的古典权利。"③役权只能为了某一特定的土地或者某一特定的人设立,为某

---

① 例如,《法国民法典》在地役权篇第二章"法律规定的役权"中就规定了诸如流水、通风、采光、滴水、通行等相邻关系。
② 参见谢邦宇主编:《罗马法》,北京大学出版社1990年版,第177页。
③ 前揭〔意〕彼德罗·彭梵得:《罗马法教科书》,第251页。

一特定的土地而设立的称为地役权;为某一特定的人而设立的称为人役权。①役权本质上属于所有权的一种负担,即对有役权负担的所有人的物的所有权进行一定的限制,但役权又不是所有权的部分权能。②地役权是役权最原始的类型。③换言之,地役权是最早出现的一种役权,人役权的出现要晚于地役权,而且人役权在某种程度上源于地役权。

  随着古罗马原始公社的解体及土地私有的出现,地役权即开始形成。在王政时期,地役权是罗马他物权的唯一形式。伴随着罗马社会的发展,罗马人对土地、物的利用方式越来越丰富,从而"役权不再是典型的,当事人可以将其中任何一种同役权的一般品质相关的使用权确定为役权"④,极大地扩大了地役权的适用范围,产生了通行权、汲水权和放牧权等地役权。到罗马共和国时期,无夫权婚姻和解放的奴隶日渐增多,每遇家长亡故,那些没有继承权但又没有劳动能力的人的生活便成了问题,为使这些人生有所靠、老有所养,丈夫和家主就把一部分家产的使用权、收益权、居住权等遗赠给妻子或者被解放的奴隶,⑤从而出现了所谓的"特殊役权",即具有地役权内容的人役权。但随着地役权范围的不断扩大,罗马古典法基于其固有观念,便不再承认这些地役权。为使法律规则反映社会需求,"古典法学家们把这些役权解释为债权,现时的所有主或死者的继承人有义务接受依此权利而实行的通行等等并对设置的障碍负责"⑥。到了共和国晚期,出现了人役权的概念。⑦人役权包括用益权、使用权、居住权和奴畜使用权四种,其中最主要的是用益权。⑧用益权,是指在不毁坏物的实体的情形下使用他人物品并收取利息的权利。⑨用益权人应当承担维护用益物所必需的一切费用以及一切与该物相关的义务。用益权是为了照顾某一特定人而设立的,最长期限是该人的生存期间。使用权,是指使用他人之物并包括按照自己的需求收

---

① 参见前揭〔意〕彼德罗·彭梵得:《罗马法教科书》,第252页。
② 参见前揭周枏:《罗马法原论》(上册),第360页。
③ 参见前揭〔意〕彼德罗·彭梵得:《罗马法教科书》,第252页。
④ 同上书,第253页。
⑤ 参见前揭周枏:《罗马法原论》(上册),第361页。
⑥ 前揭〔意〕彼德罗·彭梵得:《罗马法教科书》,第256页。
⑦ 同上书,第252页。
⑧ 同上书,第256页。
⑨ 同上书,第257页。

取孳息的权利。①居住权,是指居住和出租他人之房屋的权利。②

关于役权的罗马法规范对现代大陆法系国家产生了深远的影响,对德国法系国家的影响尤为明显。用益权体现了大陆法系的基本特点,实际上成为大陆法系识别的标志。③《法国民法典》废弃了那些可能使人联想不受限制的封建劳役术语,继受了罗马法除奴畜使用权之外的人役权制度。《法国民法典》第578—624条规定了用益权,第625—636条规定了使用权和居住权,第637—710条规定了役权或者地役权。《意大利民法典》基本继受了《法国民法典》的做法。《德国民法典》在第五章"役权"中规定了地役权、用益权和限制的人役权。

清朝末年的《大清民律草案》采纳了德国法、日本法和瑞士法地役权制度的规定,在物权编中规定了地役权。北洋政府时期,为了收回领事裁判权,加速司法改革并进行民、刑法典的编纂。在民法典草案中,保留了《大清民律草案》中确定的地役权名称及其制度内容。国民政府时期颁布的《中华民国民法》,保持了地役权的名称和制度规范,强调地役权是以他人土地增加自己土地经济效用的权利,适用于通行、用水等情形。新中国成立后,我国废除了地役权,但目前学界基本承认地役权概念。

二、地役权的概念

地役权,是指为自己土地便利而使用他人土地的权利。④民法为调整相邻土地之间的利用,规定了相邻关系,地役权的作用与相邻关系基本相同。⑤相邻关系,是所有权本身所具有的效力,是法律规定的对所有权最低限度的限制,而地役权则是根据当事人的意思,对相邻关系由外部从属于所有权的物权性质进行最大限度的调整。相邻关系,《法国民法典》视为法定地役

---

① 参见前揭〔意〕彼德罗·彭梵得:《罗马法教科书》,第259页。
② 同上。
③ 参见前揭〔英〕巴里·尼古拉斯:《罗马法概论》,第156页。
④ "所谓地役权,是指土地上的权利人(包括土地所有人、地上权人、农地使用权人、典权人乃至土地的承租人),为了自己使用土地的方便或者土地利用价值的提高,通过约定得以利用他人土地的一种定限物权。"申卫星:《地役权制度的立法价值与模式选择》,载《现代法学》2004年第5期。
⑤ 参见前揭史尚宽:《物权法论》,第221页。

权,[①]而《德国民法典》却认为是所有权的当然内容。

关于地役权的概念,[②]《法国民法典》第637条规定:"役权系为另一所有权人的不动产的使用及需要对另一不动产所加的负担。"《德国民法典》第1018条规定:"一块土地为了另一块土地的现时所有人的利益,得设定权利,使需役地的所有人得以某种方式使用该土地,或使在该土地上不得实施某种行为,或排除本于供役地的所有权对需役地行使权利(地役权)。"无论是《法国民法典》的"负担",还是《德国民法典》的"使用"、"不得实施"均未明确地役权的实际内容,而是根据需役地的利益由当事人设定时确定。日本、意大利、瑞士等国民法典中,对于地役权内容的规定也大致如此。

在地役权关系中,为自己土地的便利而使用他人土地的一方称为地役权人,又称为需地役人;而将自己的土地供他人使用的一方称为供役地人。需要提供便利的土地称为需役地;供地役权人使用的土地称为供役地。地役权包含以下几方面的内容:

(1)地役权是使用他人土地的权利。地役权的客体是土地,而该土地是属于他人所有或者使用的。地役权存在于他人的土地上,因此,在自己的土地原则上不存在地役权的问题。一般情况下,所有权人可以任意使用自己的土地,没有设定地役权的必要。地役权设定的目的在于调整土地利用关系,而不是土地所有权关系。

(2)地役权是为使用自己土地的便利而设立的权利。使用供役地的目的,是为了需役地的便利。否则,如果供役地不能满足需役地的便利,那就没有必要设定地役权。设定地役权的目的并不在于使用他人的土地,而在于为自己土地的使用提供便利,以增加自己土地的效用,提高利用价值。所谓的"便利",泛指开发、利用需役地的各种需要,其内容只要不违反法律的强制性规定以及不违反公序良俗,可以由当事人根据实际情况约定。常见的地役权有:一是通行地役权;二是引水地役权以及排水地役权;三是汲水地役权,即汲用供役地的泉水或者井水的权利;四是建筑物地役权,即观望地役权与光线地役权。观望地役权,是供役地不建造超过一定高度的建筑

---

① 《法国民法典》第637—685条规定。
② 《物权法草案》第266条规定:"(5)'地役权',指在法律规定的相邻关系之外按照合同利用他人的不动产,以提高自己不动产效益的权利。"

物;光线地役权,是使供役地不遮挡需役地所需要光线的权利。

(3) 地役权具有从属性与不可分性。地役权的设立必须是需役地与供役地同时存在。因此,在法律属性上,地役权与其他物权不同。地役权虽然是一种独立的权利,并不是需役地所有权或者使用权的扩张,但是它仍然与需役地的所有权或者使用权共命运。①地役权的从属性主要表现在两方面:一是地役权必须与需役地所有权或者使用权一同转移,不能与需役地分离而让与,即需役地所有人或者使用人,不得自己保留需役地所有权或者使用权,而单独将地役权让与他人,不得自己保留地役权而将需役地所有权或者使用权让与他人,也不得将地役权与需役地的所有权或者使用权分别转让给两个人;二是地役权不得与需役地分离而为其他权利的标的,如果在需役地上设定其他权利,则地役权也包括在内,例如,在需役地上设定地上权,则地上权人也可以行使地役权。不能单独将地役权作为其他权利的标的,例如,单独以地役权抵押、出租等。

地役权的不可分性,是指地役权为不可分的权利,即地役权不得被分割为两个以上的权利,也不得使其一部分消灭。在需役地分割时,地役权在分割后的地块的利益仍然存在。例如,A 地在 B 地拥有通行地役权,后来,A 地分割为 C 地、D 地,则 C 地与 D 地所有权人仍然各自拥有从 B 地的通行权。地役权的不可分性,是罗马法以来所确立的原则,也为现代各国或地区法律所承认。②

---

① 参见前揭谢在全:《民法物权论》(上册),第 424 页。
② 《德国民法典》第 1025 条规定:"地役权人的土地被分割的,其地役权在各个部分继续存在;但在发生疑问时,仅在地役权的行使未对供役地所有权人造成困难时,始得准许。地役权仅对需役地的一部分有利的,地役权在其余部分消灭。"

第 1026 条规定:"供役地被分割的,如果地役权的行使仅限于供役地的一部分,对行使范围以外的其他部分,地役权不再存在。"

《法国民法典》第 694 条规定:"所有人有两个不动产,其间有役权的标志存在,所有人处分其中之一而未于契约中记载有关役权的约款时,役权仍消极地或者积极地继续存在于出让的土地上或者继续为出让土地的利益而存在。"

第 700 条规定:"如果享有地役权的土地分割时,役权仍为各该部分继续存在,但负担役权的土地的负担,不得因而加重。例如,关于通行权,一切共有人应就同一线路行使其通行的役权。"

我国台湾地区民法第 857 条规定:"供役地经分割者,地役权就其各部分,仍为存续。但地役权之行使,依其性质,只关于供役地之一部分者,仅对于该部分仍为存续。"

第二节　地役权的内容

一、地役权的主体与客体

地役权的主体为需役地的所有权人，地上权人、永佃权人、典权人在其权利存续期间也可使用供役地而成为地役权人。因此，在已经设定地役权的需役地上设定地上权、永佃权、典权、租赁权的，则地上权人、永佃权人、典权人、租赁权人可以行使地上权。

地役权的客体是他人的土地，地役权上不得再设定地役权，共有之应有部分，也不得设立地役权。①地役权不得为建筑物而设定。土地所有权人同时为建筑物所有权人，如果为其土地设定地役权，则其建筑物也同样享有地役权；建筑物所有权人与土地所有权人不一致时，建筑物所有权人基于地上权、永佃权、典权、租赁权等，也可行使地役权。可见，不得为使用建筑物的便利而设定地役权。

二、地役权的种类

地役权的种类繁多，按照不同标准，有如下分类：

（1）田野地役权与城市地役权。以地役权的客体功能为标准，地役权可以分为田野地役权与城市地役权。田野地役权，是指为土地耕作便利而设定的地役权，例如，排水、通行等；城市地役权，是指为房屋建造便利而设定的地役权，也称为建筑物地役权，例如，眺望、采光等。早在罗马时期就存在这种地役权的分类。②

（2）积极地役权与消极地役权。以地役权行使的内容为标准，地役权可以分为积极地役权与消极地役权。积极地役权，是指以地役权人在供役地为一定行为为内容的地役权，例如，通行、排水等；消极地役权，是指以供役地所有人在供役地上不得为一定行为为内容的地役权，例如，采光、远眺、禁止气体、声音污染等。

---

① 参见前揭史尚宽：《物权法论》，第230页。
② 参见前揭〔意〕彼德罗·彭梵得：《罗马法教科书》，第253页。

(3) 继续地役权与非继续地役权。以地役权行使的方式为标准,地役权可以分为继续地役权与非继续地役权。继续地役权,是指地役权内容的实现,不必每次都有地役权人的行为,而在时间上能够继续不间断的地役权,例如,已经开通的道路通行地役权、装设水管汲水地役权、眺望地役权等。消极地役权,通常为继续地役权。非继续地役权,是指地役权内容的实现,每次均以有地役权人的行为为必要的地役权。例如,汲水地役权、未开设通路的通行地役权。

(4) 表见地役权与非表见地役权。以地役权行使的状态为标准,地役权可以分为表见地役权与非表见地役权。表见地役权,是指地役权的存在,有外在的事实为表现,能够从外部认识,例如,通行、地面汲水与地面排水的地役权等;非表见地役权,是指地役权的存在,无外形事实为表现,不能自外部认识,例如,埋设涵管的汲水、排水地役权、眺望、采光等消极地役权。

三、地役权的取得

地役权的取得,即地役权的发生,基于法律行为和基于法律行为以外的事实。

基于法律行为取得地役权,包括地役权的设定和让与两种行为。一是地役权的设定。地役权主要通过合同方式设定,此外,地役权还可以遗嘱等单方行为设定。地役权的设定,可以是有偿的,也可以是无偿的;可以有期限,也可以无期限。二是地役权的让与。地役权可以通过让与方式取得,但是由于地役权的从属性,地役权应当与需役地一同让与。

基于法律行为之外的原因取得地役权的,主要是指继承。需役地权利人死亡时,需役地的权利由其继承人继承,地役权当然也由其继承人继承。但是通过继承取得的地役权,非经登记不得处分。

四、地役权的效力

地役权的效力表现为地役权人的权利义务和供役地人的权利义务。

(1) 地役权人的权利义务。地役权人的权利表现为如下几个方面:一是对供役地的使用权利。地役权既然是以他人土地供自己土地使用的便利而设立的权利,则地役权人有权在其目的范围内使用供役地,但不得超越目的范围使用供役地。地役权因设立而取得的,其范围应由设立合同和登记内容确定;因继承而取得的,其范围应与原地役权相同。地役权人超越范围行使地役权的,供役地所有权人不但可以请求地役权人停止,而且还享有损害赔偿请求权。二是行使必要的附属行为的权利。在特定情形下,地役权人为维持或者行使其地役权,有权从事必要的附属行为。例如,为实现汲水地役权的目的,可以实施通行地役权的行为,或者埋设涵管以引水到需役地;为实现通行地役权的目的,必要时可以开挖建筑道路,而没有必要在原地役权之外另行设立地上权或者地役权。这些行为在学理上称为附属行为。附属行为不仅包括单纯的行为,而且还包括工作物的设置。地役权人负有设置物的维持义务。地役权人既然在供役地上设置一定的工作物,就对设置的工作物负有维持的义务,避免供役地人因工作物的毁坏而受到损害。

(2) 供役地所有权人的权利义务。供役地所有权人的权利义务,大致与地役权人的权利义务相对应,因此,不再论述。

五、地役权的消灭

地役权是一种不动产物权,不动产物权消灭的原因均对地役权适用,因此,引起地役权消灭的原因有:地役权设定的期限届满、供役地的所有权人依法或者根据约定终止地役权设定合同、地役权的抛弃、地役权的混同、法院的判决等。而与其他物权消灭原因不同的是土地灭失。在通常情形下,土地一旦灭失,在该土地上设立的物权则随之消灭。地役权不仅因供役地的灭失而消灭,而且还因需役地的灭失而消灭。虽然供役地没有灭失,但因无法提供原有的便利时,[①]地役权也随之消灭。

第三节 地役权与相邻关系

作为调节相毗邻不动产利用关系的两种相似法律制度,在发生条件和效力方面,相邻关系和地役权有重叠或交叉之处,两者大多以调和相邻不动产利用过程中权利人的冲突为目的,其具体效力主要体现在邻地的通行、取

[①] 例如,汲水地役权的水源已经干枯。

水、排水、铺设管线、眺望等方面权利的限制或扩张上。但两者之间自古以来就有明确的界限,①存在以下区别:

(1) 产生原因不同。相邻关系是不动产所有权内容的当然扩张或者限制,是基于法律的直接规定而产生的;地役权是不动产所有权人之间基于合同关系而对所有权内容的扩张或者限制,是基于当事人之间的合同约定而产生的。相邻关系是法律上当然而生的最小限度的不动产利用的调整;而地役权则是当事人双方逾越相邻关系限度而约定的权利义务关系,相对更高限度的不动产利用的调整。

(2) 对所有权限制的程度不同。相邻关系和地役权都是对所有权的限制,但是限制的程度不同。相邻关系是不动产所有权内容的最低程度的限制;地役权对不动产的限制程度则依当事人的约定而定,其程度一般大于相邻关系。

(3) 产生的前提不同。相邻关系既可以发生在相邻的土地之间,也可以发生在相邻的建筑物之间,还可以发生在相邻的土地与建筑物之间;地役权则只能发生在相邻的土地之间。相邻关系以土地、房屋等相互毗邻为条件;而地役权不以土地、房屋等相互毗邻为条件。

(4) 享有的权利不同。相邻关系属于法律对所有权内容的限制或者扩张,当事人不能因此而取得独立的权利,这种权利与所有权共存,不可能单独取得或者丧失;地役权则属于当事人约定的对所有权内容的扩张或者限制,当事人因此取得独立的他物权,可以单独取得或者丧失。此外,相邻关系是基于法律的直接规定,因此,相邻人没有给相邻他方造成损失的,通常是无偿的;而地役权是当事人约定产生的,可以是有偿的,也可以是无偿的。

从相邻关系与地役权的联系和区别可以看出相邻关系制度存在的局限

---

① "地役权与相邻关系,除在利用邻地供自己便利上存有相同之处外,两者明显的区别点已为各国民法理论与社会实践所证实:相邻关系是直接由法律来确认,它属于所有权范畴,是所有权的延伸或限制,地役权则主要是依当事人间设定的地役权合同而发生,是用益物权的种类之一;相邻关系是法律对土地间利用关系的最窄小最基本限度的调节,谈不上有偿问题,而地役权则是在相邻权调节之外的一种更为宽泛的权利义务的有偿调节,目的在于充分利用土地,发挥土地效益,实为弥补相邻关系之不足;相邻关系必须以相互毗邻的土地为发生前提,其关系范围也十分广泛,情况亦很复杂,而地役权通常情况下反映的是土地相邻关系,但也不一定以需役地与供役地相互毗邻为限度,有时即使两地并不相连,但只要有事实上利用之需要,也可以设定地役权。"前揭陈小君:《论传统民法中的用益物权及其现实意义》。

性,首先是其行使有严格的条件限制,只有在相邻的不动产之间才可能发生相邻关系,不相邻的不动产之间不发生相邻关系;其次,只有在"必须"的情况下才能行使相邻权,若可以通过其他方式实现其不动产权利,则不能行使相邻权;最后,相邻关系必须由法律直接规定,否则不能行使。随着社会的发展,土地资源的有限性与经济发展对土地需要之间的矛盾日益突出,相邻关系制度已经不能适应人们高度利用不动产的客观需要了。而地役权是当事人之间依法设立的一项独立的用益物权,其成立不以需役地和供役地相邻为必要条件,在需役地和供役地登记簿上记载有关地役权的内容有利于使第三人了解到土地的真实状况,保障交易的公正与安全,它可以突破相邻权所受到的限制,对土地利用关系进行更为有效的调整,促进土地利用的发展,从而弥补相邻关系的不足。相邻关系制度只有与地役权制度相互配合,才能实现对不动产的充分利用。所以,地役权是对相邻关系的必要补充,具有适应现代社会经济需要的巨大发展空间,我国物权法规定地役权制度是适应时代发展需要而吸纳先进立法经验成功的一个重大进步。

在《中国物权法草案建议稿》中,梁慧星先生以"邻地利用权"来代替"地役权"。[①]"考虑到在现代社会中,地役权制度仍有广泛利用的余地,例如在他人土地上下铺设管线等,物权法应当规定地役权制度。因此本法专设一章,并改称邻地利用权。邻地利用权一语,利用与本法第三章规定的基地使用权和第四章规定的农地使用权相互匹配,并能够准确表述地役权概念的内涵和外延,为人们容易理解。"[②]邻地利用权与基地使用权、农地使用权和典权共同使用,构成用益物权的独立体系,邻地利用权有其存在的逻辑性和体系性。但是,当用益物权的立法体系并非上述情形时,使用"邻地利用权"名称则丧失了其存在的理论基础,并且或多或少与其他用益物权不匹配。此外,还必须不断地解释,所谓的"邻地利用权"就是传统民法物权理论中的"地役权",并且还需要进一步解释两者之间是否存在着不同还是完全相同。因此,无论是立法体系上,还是立法理论基础上,或是内涵与外延信息的披露程度上,"地役权"的名称比"邻地利用权"的名称更为合适。因

---

① "本法所称'邻地利用权',相当于德、日民法及我国台湾地区民法所称'地役权'。"前揭梁慧星:《中国物权法草案建议稿》,第553页。
② 前揭梁慧星:《中国物权法草案建议稿》,第550页。

此,应当恢复"地役权"名称的使用。在构建我国物权法制度和理论时,如果传统民法物权制度和理论,能够满足构建社会主义市场经济物权法律制度的需要,那么,就不应当过多创设新的概念和术语,而应尽可能使用现有的概念和术语,这样,既可避免现有的法律理论资源的浪费,也可避免由于新概念和术语的引入而可能产生的新的混乱。

第十二章 典 权

典权是我国的传统法律制度,是完全未受外国法律影响而独立存在的我国固有的一项法律制度。"典为我国数千年来特有的习惯,而著于法令者,则始于满清之大清律例。"[①]典权制度与土地和房屋的买卖制度有密切关系。[②]典权之所以产生和兴起,缘于中国传统的伦理道德对祖财的重视,尤其是不动产,出卖祖产称为"败家",为人所不齿,因而产生折衷方法,即将不动产出典于他人,获得相当于卖价的金额以解急需,日后以原价赎回典物,从而避免了出卖祖产"败家"的恶名。新中国成立以后相当长的一个历史时期,由于我国实行土地公有制和福利分房制度,典权失去其存在的现实社会基础。

第一节 典权制度的历史沿革

我国典权制度有着漫长的发展历史,可以分为三个阶段:

(1)《大清律例》前的历史时期。中国典权制度起源于民间可以自由买卖土地的秦汉时期,[③]北齐出现的"帖(贴)卖"及唐代的"贴赁",则反映了典权的要素,但汉代典权的真相以及与后世典权的关系如何,目前难知其详。[④]典权因典卖、典当、质典等观念而在唐朝形成,但清晰完整的典权制度则在明清时期确立。明清时期,典权的标的物不以不动产为限,即包括不动

---

① 梅仲协:《民法要义》,中国政法大学出版社1998年版,第571页。
② 参见李婉丽:《中国典权法律制度研究》,载梁慧星主编:《民商法论丛》第1卷,法律出版社1994年版。
③ 参见前揭张晋藩主编:《中国民法通史》,第340页。
④ 同上书,第175页。

产、动产甚至人身。①

由于中国古代法律物权思想的浅陋,未能厘清典的实质内涵,因而通常典卖不分、典当不分、典质不分。"不论动产,不动产或人身,如让给他方占有,以作担保,均称为质。例如周礼地官,质人掌稽市之书契,长曰质,短曰剂,及春秋战国时,有周郑交质,秦昭王之子质与赵,燕太子质于秦。两汉以来,则往往以典代质,例如唐杜甫诗,'朝回日日典春衣',宋戴复古诗,'丝未落车图赎典',宋陆游诗,'新寒换典衣',此均指动产质而言。旧唐书卷一四○列传'节度使姚南仲先寓居郑州,典质良田数顷'。唐书列传七十二卷一四七载'卢群化节度,尝客于郾,质良田以耕'。此即指不动产之典而言,或典质并用或单称质,或有称典为当亦有典当并称,例如后汉书刘虞传,有虞所赉赏典当胡夷之说。"②例如,《宋刑统·户婚律》引略:"应典买依当物业,先问亲家,次问四邻,房亲若价不尽,亦任就得价高处交易。"此处即将典与卖并用,混淆了转移占有与转移所有权的区别。总之,我国古代对典、卖、当、质的性质、含义还存在许多模糊不清的认识。

宋代至明代在典权制度的形成中是最为关键的时期,现代意义的典权制度的直接渊源——"典卖"制度逐渐产生、完善并推广开来。我国古代法典礼法合一化的过程在唐代已经完成,儒家思想对法律制度的广泛的、根深蒂固的影响完全地建立起来,并通过法典予以推行。而商品经济的发展,导致土地兼并的加剧及社会阶级的进一步分化,这与变卖祖产的伦理压力及闲置土地买卖的法律要求产生了冲突。而此时已经吸收了"当"的形式价值关联的"典"再一次应时而出,由于"典"与"卖"形式上都表现为支付对价、转移占有、用益不动产,而"典"本身又保留着形式上的担保意义,因而将"典"与"卖"联系在一起,将"典"改造成为一种附条件的出卖,同时保留对土地的所有权,在约定的期限届满内回赎。其意义在于出典人得到相当于或略少于土地实际价值的对价,已经基本上摆脱了"借贷"的形象,出典人不必再支付利息,从而强化了"典"的用益意义,使其逐步背离其本意,产生了新的内涵,为近代意义的典权制度的最终确立奠定了坚实的基础。

"典"实际上不过是"卖"的遮羞布,在这个时代出典人往往在经济上处

---

① 参见前揭张晋藩主编:《中国民法通史》,第340页。
② 前揭史尚宽:《物权法论》,第433页。

于弱势地位,真正能够回赎的是少数,权利人可能更多的是出于以较低价格取得土地所有权的考虑而适用典卖制度,这极不利于保护出典人的利益,也使得所有权长期处于不确定的状态,不利于经济的发展。

(2)《大清律例》颁布后到新中国成立前的历史时期。清代中期到民国民法典的制定,最终确立了我国的典权制度。乾隆年间所订户部则例规定:"民间活契,典当田房,其契载10年以内者,概不纳税。"此项规定,是以不纳税为手段,鼓励缩短典期。该则例又规定:"民人典当田房,其契载年份,统以10年为率,倘于契内多载年份,一经发觉追缴税银,照例治罪。"这是对典期最长期限的强制性规定。《大清律例》以法律的形式正式确立了典权制度,该律例规定:"凡典卖田宅不税契者,笞五十……"此后,清朝又陆续制定了一些规制典权制度的法令,对典权制度的发展起到了一定的推动作用。到了民国时期,民国政府先后颁布了《清理不动产典当办法》和《中华民国民法》,用于规制和处理有关典权问题。民法典专设一章规定典权制度,并清楚地区别典与质的不同性质,从而将典权制度上升到前所未有的高度。

(3)新中国成立后的历史时期。新中国成立后,典权制度被废除。典权制度再次沦为习惯法。但为了规制民间的典权行为,中央政府和最高人民法院又陆续制定了一系列法规条例。例如,1950年9月30日,内务部《关于土地改革地区典当房屋问题的处理意见(草案)》第3项规定:"农民间的典当关系,其契约继续有效,可继续承典,亦可依契约自由回赎。"1965年12月3日,国家房产管理局《关于私房改造处理典当房屋问题的意见》规定,今后对于出典房屋一般仍应按照典当关系处理。1984年9月8日,最高人民法院《关于贯彻执行民事政策法律若干问题的意见》第58条规定:"对法律、政策允许范围内的房屋典当关系,应予承认。"①

---

① 新中国成立以来,最高人民法院颁布了大量有关典权案件的批复:(1) 1962年9月28日的《最高人民法院关于处理房屋典当期满后逾期十年未赎,出典人及其继承人下落不明的案件的批复》;(2) 1962年6月11日的《最高人民法院关于姜兴基与闫进才房屋典当回赎案的批复》;(3) 1979年11月5日的《最高人民法院关于雷龙江与雷济川房屋典当关系应予承认的批复》;(4) 1980年12月2日的《最高人民法院关于对房屋典当回赎案的批复》;(5) 1984年12月2日的《最高人民法院关于房屋典当回赎问题的批复》;(6) 1986年4月11日的《最高人民法院关于典当房屋在"文革"期间未能按期回赎,应作时效中止处理的批复》;(7) 1986年5月27日的《最高人民法院关于典当房屋回赎中几个有关问题的批复》;(8) 1986年5月27日的《最高人民法院关于典当房屋回赎期限计算问题的批复》;(9) 1988年9月8日的《关于处理私房社会主义改造中房屋典当回赎案件中的两个问题的批复》;(10) 1989年10月

可见,在典权历史上长期存在着典、当、质三个概念模糊不清、混用的状况,因而民国时期民法典颁布之前,由于法没有明文规定典权的标的,完全根据民间习惯由当事人自行决定,不动产、动产、产生收益的不动产物权,甚至妻子儿女也可出典。民国时期的民法将上述法律关系明确区分开来,规定质为移转动产占有的担保制度,而典权的标的仅限于不动产。

在物权法的起草过程中,对典权制度的建立与否存在激烈的争论,而物权法草案也反映了理论上的争议,在第一次、第二次审议稿中规定了典权制度,而在第三次审议稿中删除了典权制度。从典权形成的原因及我国现状看,典权制度已经没有存在的价值,《物权法草案》对典权制度的处理是非常妥当的。

第二节 典权的概念

一、典权的概念和特征

典权,是指典权人通过支付一定的典价,占有出典人的房屋或者土地等不动产而进行使用收益的权利。典权取得他人房屋或者土地使用收益权,以转移占有为必要条件,属于用益物权。典权具有如下几个方面的特征:

(1) 典权是一种用益物权。典权是一种用益物权,而不是担保物权,更非兼具用益物权和担保物权双重性质的特种物权。典权不具有担保物权的法律性质,基于如下几个方面的理由:

一是典权不具有变价受偿性。担保物权的变价受偿性是指当债务人不履行债务时,债权人得将担保物变价,以优先清偿其债权。变价受偿性是担

---

17 日的《最高人民法院关于黄金珠等与张顺芬房屋典当回赎纠纷一案的函》;(11) 1991 年 7 月 9 日的《最高人民法院关于罗超华与王辉明房屋典当纠纷案的函》;(12) 1992 年 3 月 16 日的《最高人民法院关于金德辉诉佳木斯市永恒典当商行房屋典当案件应如何处理问题的复函》;(13) 1992 年 6 月 5 日的《最高人民法院关于谢元福、王琪与黄长明房屋典当纠纷一案适用法律政策问题的复函》;(14) 1992 年 9 月 14 日的《最高人民法院关于郑松宽与郑道瀛、吴惠芳等房屋典当卖断纠纷案如何处理的复函》;(15) 1993 年 2 月 16 日的《最高人民法院关于吴连胜等诉烟台市房地产管理局房屋典当回赎一案如何处理的复函》;(16) 1989 年 7 月 24 日的《关于典当房屋被视为绝卖以后确认产权程序问题的批复》。

保物权为价值权的集中表现。在典权关系中,典权人在典期届满,出典人不回赎典物时,典权人并不是将典物变价,以使典价得到补偿,而是直接取得典物的所有权,因而典权不体现为价值权。

二是典权不具有不可分性。担保物权的不可分性是指担保物权的效力就债权的全部及于担保物的全部,即债权人在债权没有全部清偿前,可对于担保物整体上主张担保物权;担保物的部分变化或者债权的部分变化,均不影响担保物权的整体性。在典权关系中,如果典物部分丧失,则典权范围相应减少。[①]

三是典权不具有物上代位性。担保物权的物上代位性,是指担保物权的效力及于担保物的代替物,即可以从担保物的代替物中实现债权清偿。担保物权的物上代位性取决于担保物权的价值权属性。典权不具有物上代位性。典物灭失,典权便不复存在;典物部分灭失,除重建修缮外,典权就典物灭失部分消灭。例如,我国台湾地区民法第920条的规定。因此,典权为物的有限责任。典权之所以不具有物上代位性,是因为典权是以获取典权的使用价值为目的,是一种使用价值权。如果典物不存在,其使用价值就无法实现,其他物无法代替。

四是典权不具有从属性。担保物权的从属性是指担保物权的发生与存在必须以一定的债权关系为前提,即担保物权从属于其所担保的债权,它们之间形成主从关系。没有主债权的存在,就不存在担保物权。典权的发生与存在不具有从属性。典权人与出典人之间不存在债权关系,出典人接受典价并非借款。因此,典权并不存在担保的对象,而是一种独立存在的权利。出典人可以视情况决定是否归还典价而回赎典物,出典人只有回赎的权利,而没有回赎的义务。

(2)典权的设定。典权的取得有基于法律行为与基于法律行为之外的其他事实两种情形。基于法律行为而取得的典权有典权的设定与典权的让与两种;基于法律行为之外的其他事实而取得的典权有继承和时效取得两种。典权取得的主要方式是典权的设立,是创设典权的法律行为。典权的

[①] 我国台湾地区民法第920条规定:"典权存续中,典物因不可抗力致全部或一部灭失者,就其灭失之部分,典权与回赎权,均归消灭。前项情形,出典人就典物之余存部分,为回赎时,得由原典价中扣灭典物灭失部分灭失时之价值之半数。但以扣尽原典价为限。"

设立属于典权的原始取得方式。设定典权,须符合法律的规定。就一般情况而言,当事人之间设定典权,须符合下列条件:

一是标的物仅限于不动产,动产不能成为标的物。典权标的物,即典物,应为不动产,因而典权为不动产物权。出典人就其所有的不动产设典,可以是不动产所有权的全部设典,也可是不动产所有权的部分设典。不动产共有人,可以就其应有部分设典。在传统民法中,典物包括房屋和土地。

二是典权人必须向出典人支付典价。典价是取得典权的对价,支付典价是典权设定的要件。典价应一次性支付,数额由当事人约定。典价不能超过卖价,但通常接近卖价。典价一般以金钱计算,也可以用实物计算,但用实物计算的,应折算为金钱。根据《民法通则司法解释》第120条规定:"在房屋出典期间或者典期届满时,当事人之间约定延长典期或者增减典价的,应当准许。承典人要求出典人高于原典价回赎的,一般不予支持。以合法流通物作典价的,应当按照回赎时市场零售价格折算。"典价包括原典价和找价。原典价是指典权设定时所支付的典价;找价是指典权设定后所增加的典价。

三是典期不得超过最高法定期限。典期,是指阻止出典人行使回赎权的期限。在典期内,出典人不得回赎典物。典期届满后,出典人方可行使回赎权。因此,典期届满,典权并不消灭,只有在出典人回赎典物或者在回赎期内不回赎典物,典权才归于消灭。在传统民法中,按照典期的不同,典权可以分三种:其一,定有期限的典权,即指定有限制回赎权行使的期限。该期限为典权人占有典物并使用收益的最短期限。典期得由当事人自行约定,其约定方式有两种,即约定典期的期间和约定出典后一定期限内不得回赎的期间,但典权的最长期限均不得超过法定期限。我国台湾地区民法第912条规定:"典权约定期限不得逾30年,逾30年者,缩短为30年。"我国的司法实践也是如此解释。定有期限的典权,在典期内或者典期届满时,当事人可以延长。但是,在典期内延长典期,前后典期合并计算不能超过法定典权最长期限;在典期届满后,延长典期,实际上是更设一种新典权,其约定期限也不能超过法定典权最长期限。其二,未定期限的典权。当事人没有约定典期,出典人可以随时回赎典物。我国台湾地区民法第924条规定:"典权未定期限者,出典人得随时以原典价回赎典物。但自出典后经过30年不回赎者,典权人即取得典物所有权。"我国司法解释也有类似规定:"典契未载明期限经过30年未赎的,原则上应视为绝卖。"没有约定期限的典权,当事人可以在典期存续期间,改为有期限的典权,但改定前后的合并期限不能超过法定典权的最长期限。其三,不得附绝卖条款的典权。绝卖条款,是指在典期届满后,如果出典人不回赎典物,即作绝卖的条款。从典期而言,虽可由当事人自由约定,但为保护出典人利益,则不得不对典期作一定的限制。这种限制就是典权合同不得附绝卖条款。我国台湾地区民法第913条规定:"典权之约定期限不满15年者,不得附有到期不赎即作绝卖之条款。"可见,典权期限不满15年的,即为不得附绝卖条款的期限。如果当事人规定了这类条款,则该条款无效,出典人仍可按回赎期回赎典物。如果典期在15年以上,且当事人设定了绝卖条款,则该条款有效,出典人典期届满不赎的,即视为绝卖。

四是典权应当以合同的方式设立,并办理登记手续。由于典权关系涉及的内容比较复杂,因而典权的设定应采取书面合同的形式。典权当事人应当签订典权合同,即典契。合同中应载明标的物、典价、当事人的权利义务、典期、回赎期等内容,双方要签字盖章。典权合同是转移不动产占有的合同,因此,必须进行登记。

二、典权的性质

典权是用益物权还是担保物权,争议较大。关于典权的性质,主要有以下三种学说:

(1)用益物权说。该说认为,典权是一种用益物权,主要基于以下理由:一是民国时期民法第911条明确规定典权为使用收益权。[①]二是典字有两种意义:其一,为典当,以借债为前提,属担保物权性质;其二,为典卖,视典与卖有同种法律关系,并无担保性质。典权制度是由典卖演变而来,应属用益物权性质。三是担保物权应当有债权存在,典权人向出典人支付典价是取得典权的代价,当事人之间并未成立债权。四是典权为主物权,非从物权,其权利自身始终因物的关系而存在,而担保物权应从属于债权而存在。五是出典人如抛弃回赎权,即可使典权关系归于消灭,出典人对典物价值低

---

① 即我国台湾地区民法第911条规定:"称典权者,谓支付典价,占有他人之不动产,而为使用及收益之权。"

于典价部分不负清偿责任,而债务人对担保物不足部分仍要负清偿责任。①

(2)担保物权说。该说认为,典权是一种担保物权,主要基于以下理由:一是民国时期的民法将典权列于抵押权、质权与留置权之间,因此,法律视其为担保物权。二是典权的设立大多出于出典人融通资金,而以典物作为借款的担保。三是在中国法制发展史上,典质并无严格区别。四是典权如果是用益物权,典权人则以支付典价作为设定典权的对价,那么,典权消灭时应没有返还对价的义务。因此,出典人以原典价回赎典物,实际上具有清偿债务的性质。

(3)特种物权说。该说认为,典权是一种兼具担保物权及用益物权性质的特种物权,主要基于以下理由:一是典权虽有使用、收益的权能,但并非其主要目的,而是以典权人取得典物所有权为最终目的。因此,不能以法条对典权人规定有使用收益字样,作为认定典权为用益物权的依据。二是典权虽具有担保作用,但也不是纯粹的担保物权。因为担保物权是从权利,必须以主权利的存在为前提,而典权则否,因而典权与抵押权等担保物权不相同。可见,典权既不是单纯的用益物权,也不是单纯的担保物权,而是兼具双重性质的特种物权。②

以上三种学说,第一种学说是通说,理由如上所述。为进一步说明典权的性质,将典权与抵押权、不动产质等之间的差异进行比较。

(1)典权与抵押权的差异表现为:一是设立抵押通常不影响占有,抵押物将由抵押权人继续占有;但在设立典权以后,典物将转移占有,即出典人不再占有典物,而应当由典权人行使对典权的占有、使用和收益权。如果某人的房屋暂时闲置,例如,因出国留学而导致房屋空置,则以该房屋设立典权,由典权人行使对该房屋的占有、使用和收益权,从而能够充分发挥对该房屋的利用效率。二是通过抵押借款尽管可能从借款人处借得比典价更高的价款,但债务人对借款要支付利息;如果以房屋设立典权,出典人获得典价通常要低于房屋的卖价,而且可能大大低于借款的数额,但出典人对典权人交付的典价无须支付利息。可见,典权与抵押权具有不同特色,各自在其范围内发挥作用,不能相互取代。

---

① 参见前揭郑玉波:《民法物权》,第138页。
② 参见前揭史尚宽:《物权法论》,第434—435页。

(2) 典权与不动产质之间的差异。清末起草民法典时,将典权误认为是法国和日本法的不动产质,仅规定了不动产质,而没有规定典权。民国政府时期起草民法时,才将不动产质与典权区分开来,并设专章规定典权制度。不动产质是指因担保债权,债权人占有债务人或者第三人移交的不动产,并就其卖得价金优先受偿的权利。典权与不动产质的区别在于:一是不动产质在性质上属于担保物权,以担保债权为目的,因而从属于主债权;而典权是用益物权,以使用收益典物为目的,因而是一种独立性的物权。二是在不动产质权中,出质人对于原债务仍承担清偿责任。如果质物的价值不足以清偿债务时,出质人仍然承担清偿责任;而典权人则不承担清偿义务。三是出典人对于典物有回赎的权利而没有回赎的义务,因此,典权人不能请求出典人偿还典价以回赎典物;而不动产质权人可以请求债务人清偿质物所担保的债务。四是出典人放弃回赎时,典物的价值即使少于原典价,典权人也不能请求偿还差额;而不动产质物所卖得的价金,如果不足以清偿所担保的债务时,质权人仍可以向债务人请求偿还不足部分的债务。五是在典权设立时,当事人可以约定如果典期届满不回赎,典权人即取得典物的所有权;而不动产质权设定时,应遵循流质契约的禁止性规定。

(3) 典权与买回合同之间的差异。买回合同,是指在不动产买卖合同中,双方当事人附有买回的特别规定,到一定期限以后,出卖人将已经受领的价金或者以约定的价金买回已出卖的不动产。买回合同与典权是两种类似的法律关系,但二者区别如下:一是典权设定时,仅转移标的物的占有,并不转移其所有权;而买回合同必须转移标的物的所有权于买受人。二是买回合同是债权债务关系,根据债的相对性原理,不能对抗第三人;而典权则为物权关系,可以对抗第三人。三是典权的期限,既是典权人行使典权的期间,也是出典人行使回赎权的限制期间,在此期间,出典人不行使回赎权典物视为绝卖,即出典人应放弃所有权;而买回期限为出卖人得行使买回权的期间,逾此期间买回权消灭,出卖人不得行使买回权。

(4) 典与当之间的差异。典与当,是我国民法史上两种不同的制度,但我国民间往往典当并称,造成混淆。当,是指借款人向当铺借钱而将自己的动产交给当铺质押,在约定期限内,清偿借款赎回原物,如超过约定期限则由当铺变卖质押物充抵借款。在法律性质上,当是营业质权,是担保中质权的一种。在我国的经济生活中,典当业是以动产占有转移形式,为中小企业和自然人提供临时性质押贷款的金融性行业。实践中,集体企业、私营企业和自然人向银行贷款难,企业之间相互借款又为现行金融制度所禁止,从而为典当业的存在和发展提供了机会。自从1984年我国出现了第一家典当行以后,典当业在各地发展很快,1996年中国人民银行发布了《典当行管理暂行办法》,对典当行进行了规范,但目前对于典、当在法律上仍缺乏明确的规定,应当对其权利性质加以认定。典与当的区别如下:一是典是支付典价占有他人不动产而进行使用收益的一种用益物权;当的标的物限于动产,我国担保法仅规定了动产质权而不承认不动产质权。二是典权人抵押典物得使用收益,并可以出租或者设定抵押;而当铺对于质押物不得为使用收益,更不得出租或者设定抵押。三是风险责任承担上,典权因不可抗力灭失时,由出典人和典权人分担;而在当物因不可抗力灭失时,则由债务人承担责任。四是在典权关系中,如果典期届满以后出典人不回赎或者经过法定期间不回赎,视为绝卖,典权人取得典物的所有权;但在典当关系中,出典人如到期不能回赎,当铺不能取得所有权。

第三节 典权的效力

典权的效力主要表现在典权合同当事人的权利上。典权合同的当事人是典权人和出典人,典权合同是双务合同,合同双方的权利义务对等,一方的权利即是另一方的义务,因此,从典权人和出典人的权利,足以了解典权人和出典人的义务。

一、典权人的权利

(1) 典权人对典物的占有、使用、收益权。典权人占有典物是典权人行使用益权的前提。典权人必须占有典物,否则,典权不能成立。至于典权人对典物的占有是直接占有,还是间接占有,则不影响典权的成立。但无论何种形式的占有,典权人都享有物上请求权及追及权。典权人的用益权是典权法律属性的必然反映,也是典权人设定典权的目的之所在。典权的用益方法比其他用益物权更为广泛。除当事人另有约定外,凡根据典物的性质,可实现有益目的的方法,典权人均可行使。例如,典权人可以将承典房屋用于生活居住,也可以用于生产经营,出典人均无权干涉。

(2)典权人的典物的转典权、出租权。转典权,是指在典权存续期间,典权人有权将典物出典于他人。典权人无须征得出典人的同意即可转典,但转典必须符合下列条件:一是转典不得超过典权的存续期间。原典权约定期限的,转典不得超过该期限。原典权未约定期限的,转典也不得约定期限。二是转典价不得超过原典价。如果转典价超过原典价的,其超过部分不得对抗原出典人。原出典人只须支付原典价,即可回赎典物,不足部分由原典权人承担清偿责任。三是应没有禁止转典的约定。转典后,转典权人取得转典权,在原典权范围内,享受转典权的利益。但典权人对典物因转典所受的损害,应承担赔偿责任。转典后,原典权关系不受影响,因此,出典人回赎典物,既可向原典权人行使,也可向转典权人行使,转典权人不得拒绝。

出租权,是指典权人有权将典物出租给他人。出租权是典权人用益权的必然延伸。典权人无须征得出典人的同意即可出租典物,但典物出租的期限不得超过典权的存续期间,典权未约定期限的,租赁也不得约定期限;[①]典权人虽享有出租典物的权利,但典物因出租而受到损害的,典权人应承担赔偿责任。

(3)典权的让与与抵押权的设定。典权的让与,是指典权人将典权让与第三人。典权人让与典权,俗称退典,实际上是典权合同权利的转移。典权人让与典权无须征得出典人的同意。[②]一是典权是一种用益物权,典权人享有处分权;二是典权的让与对出典人的利益没有影响,只是典权人变更而已,原典权人退出典权关系,由受让人取得典权人地位。转让典权是否有偿,取决于转让人与受让人的约定,因此,买卖、赠与等均可。如果是有偿转让,其价格不受典价的影响。但无论让与价格的高低,出典人回赎时,只按原典权人支付的典价回赎典物。

典权人就其所取得的典权设定抵押权以担保债权。典权作为一种有价值的权利,与其他有价值的权利一样,可以设定抵押。[③]例如,我国台湾地区民法第882条规定:典权得为抵押之标的物。[④]

---

① 参见前揭谢在全:《民法物权论》(上册),第485—486页。
② 参见前揭史尚宽:《物权法论》,第453页。
③ 同上书,第454页。另参见前揭谢在全:《民法物权论》(上册),第488页。
④ 我国台湾地区民法第882条规定:"地上权、永佃权及典权,均得为抵押权之标的物。"

(4) 优先购买权。在典期内,出典人出卖典物时,典权人在同等条件下,有优先购买的权利。①典权人优先购买权具有何种效力,学界存在不同的认识。一是优先购买权仅具有债权效力;二是优先购买权具有物权效力。典权人优先购买权具有物权效力的理由如下:其一,如果不赋予优先购买权以物权效力,则典权人优先购买权将形同虚设,不利于保护典权人利益;其二,典权人优先购买权与共有人优先购买权、承租人优先购买权应具有相同性质,即都应具有物权效力;其三,典权人对典物占有、使用、收益的权能,具有排他性,基于这种排他性,典权人优先购买权也应具有排他性。

(5) 修缮重建权及费用求偿权。修缮重建权,是指典权人在典权存续中,对典物因不可抗力发生毁损灭失的,有权修缮或重建,以继续使用收益。例如,我国台湾地区民法第921条规定:"典权存续中,典物因不可抗力致全部或一部灭失者,典权人,除经出典人同意外,仅得于灭失时灭失部分之价值限度内为重建或修缮。"由于典权为用益物权,因而典权人有权修缮重建因不可抗力而毁损灭失的物,以继续其对典物的用益。除不可抗力的原因外,典物因其他原因而毁损灭失的,典权人仍可享有修缮重建权,因而典物因第三人、出典人、典权人的原因而毁损灭失的,典权人均有权修缮重建。

费用求偿权,是指典权人就典物所支出的费用,有权要求出典人偿还。例如,我国台湾地区民法第927条规定:"典权人因支付有益费用,使典物价值增加,或依第九百二十一条之规定,重建或修缮者,于典物回赎时,得于现存利益之限度内,请求偿还。"典权人就典物支出的费用有三种:一是必要费用,即为保存典物所不可缺少的费用;二是有益费用,即为增加典物价值所支出的改良费用;三是修缮重建费用,即修缮或者重建毁损灭失的典物所支出的费用。这种费用应结合典物毁损灭失的原因及典物意外灭失风险责任的负担原则,在修缮重建部分现存利益限度内予以偿还。

二、出典人的权利

(1) 对典物的所有权。典权是一种他物权,出典人只是将典物的占有、使用、收益权转移给典权人,所有权仍属于出典人。因此,典权设定后,出典

---

① 我国台湾地区民法第919条规定:"出典人将典物之所有权让与他人时,如典权人声明提出同一之价额留买者,出典人非有正当理由,不得拒绝。"

人有权处分典物,如出卖、赠与等。但典权人的典权并不因此而受影响,只是出典人发生变化而已。

虽然出典人有权处分典物,但是,在出卖时,典权人有优先购买权,并得按时价找贴,即按照典物的时价,将原典价抵消卖价的一部分,然后由典权人支付其差额。找贴后,典权人取得典物所有权,典权关系因混同而消灭。

(2)对典物的抵押权。出典人对典物享有所有权,可以就典物之上再行设定权利。但出典人不得在典物上设定与典权相抵触的权利,如不得重典等。出典人在典物之上能否设定抵押权,学界存在着否定说与肯定说。否定说认为,同一不动产设定典权后,不得再设定抵押权,理由如下:一是既然允许典权得为抵押权之标的物,如果再允许出典人以典物抵押,则不但权利行使发生冲突,而且使法律关系趋于复杂。二是典权设定后,出典权人已不能对典物行使用益权,如果再允许出典人以典物抵押,则无抵押拍卖之内容。肯定说认为,同一不动产设定典权后,仍可设定抵押权,理由如下:一是不动产所有人将不动产出典他人后,依法虽有不得重典的限制,但所有权并未丧失,因而在不妨害典权范围内,仍得为他人设定抵押权。二是抵押权是一种价值权,不以用益为目的,与典权效力并无抵触。三是典权人可以典权设定抵押权,乃以典权为标的物,而非以典物为标的物,二者标的不相同,其权利之行使,不致发生冲突,亦不致使法律关系趋于复杂。我国台湾地区大多数学者持肯定说。

在典权与抵押权并存时,其优先顺序当以设定先后而定。在先典后押的情况下,典权优先于抵押权。典权人因绝卖而取得典物所有权时,抵押权不能继续存在,归于消灭。否则,将对典权人取得所有权构成妨害。抵押权人行使抵押权,不能妨害典权人的典权。所以,抵押权人在出典人不履行债务时,可将典物折价取得所有权,而成为出典;也可以将典物变卖,而使受让人取得所有权,成为出典人。如果典权人为受让人,则典权因混同而消灭。在先押后典的情况下,抵押权优先于典权。抵押权人行使抵押权时,可以对抗典权,即抵押权人行使抵押权可导致典权的消灭,出典人应返还典价与典权人。如第三人愿意购买设有典权的抵押物,则典权可继续存在。

(3)对典物的回赎权。回赎权,是指出典人向典权人提出原典价,回赎典物,以消灭典权的一种权利。从性质上讲,回赎权是一种形成权。①所以,只要出典人行使回赎权,典权即归于消灭。②回赎典物是出典人的权利,但典权人无权要求出典人回赎。

出典人按照如下两个条件行使回赎权:一是出典人应在回赎期限内行使回赎权。回赎权的期限是出典人得行使回赎权的法定期间。该期间为除斥期间,期限届满而不回赎的,回赎权即归于消灭,典权人取得典物的所有权。定有期限的典权的回赎期,我国台湾地区民法第923条规定为2年;③我国司法实践,一般确定为10年。典期为15年以上,而附有绝卖条款的,典期届满时应即行回赎,否则,回赎权消灭。未定期限的典权,出典人可以随时回赎,但应提前一定时间通知典权人。我国台湾地区民法第925条规定为应提前6个月通知典权人;我国最高人民法院《关于贯彻执行民事政策法律若干问题的意见》第58条规定,如果自出典后经过30年不赎的,回赎权消灭。二是出典人应提出原典价。出典人仅有回赎典物的意思表示,如果不提出原典价,则不发生回赎的效力。原典价包括典权人在设定典权时所支付的典价和出典后增加支付的典价。出典人只需向典权人提出原典价,表示回赎典物的意思,即可产生消灭典权的效力。根据最高人民法院的解释,典权人要求出典人高于原典价回赎的,一般不予支持。我国台湾地区民法第923条、第924条规定,④出典人应按照原典价回赎典物,而不得加价回赎。

---

① 参见前揭谢在全:《民法物权论》(上册),第508页。

② "回赎乃出典人之权利,属于形成权之一种,只须出典人只一方意思表示并提出原典价为已足(只须提出典价,故为要物行为),不必经典权人之同意,即生效力。"前揭郑玉波:《民法物权》,第152页。

③ 我国台湾地区民法第923条规定:"典权定有期限者,于期限届满后,出典人得以原典价回赎典物。出典人于典期届满后,经过二年,不以原典价回赎者,典权人即取得典物所有权。"

④ 我国台湾地区民法第924条规定:"典权未定期限者,出典人得随时以原典价回赎典物。但自出典后经过三十年不回赎者,典权人即取得典物所有权。"

第四节　典权的消灭

典权是一种物权,物权消灭的一般原因,除了性质与典权不相容的原因外(如债务、清偿),均可以适用,例如,标的物的灭失、抛弃、混同等均构成典权的消灭原因,而作为典权的特别消灭原因则有回赎与找贴。回赎问题前文已有论述,下文将论述找贴问题。

找贴,又称为"找贴作绝",俗称为"告找",是指在典权存续期间,出典人将典物所有权让与典权人,而找回典物时价与典价之间的差额,从而导致典权的消灭。关于找贴的性质,有两种观点:一种观点认为找贴是典权人的权利;另一种观点认为找贴是出典人的权利。实际上,找贴既不是典权人的权利,也不是出典人的权利,而是典权人与出典人之间关于典物的买卖合同而已,找贴必须基于双方当事人的合意,并非一方当事人单一的意思表示,[①]因此,并不是任何一方当事人独有的权利。

在我国习惯上,典价通常远远低于典物的市场价值,因此,经常发生找贴的事情。出典人经告找作绝之后,仍然借故纠缠,希望得到额外的找贴,影响原典权人的生活。在清朝嘉庆六年制定了条例,规定找贴仅能一次。国民时期制定的民法沿袭了清朝的制度,找贴以一次为限。[②]

[①]　参见前揭郑玉波:《民法物权》,第154页。
[②]　我国台湾地区民法第926条规定:"出典人于典权存续中,表示让与其典物之所有权于典权人者,典权人得按时价找贴,取得典物所有权。前项找贴,以一次为限。"

第四编

担保物权

第十三章　担 保 物 权

所有权是以对标的物的占有、使用、收益和处分为目的的权利。用益物权是以对标的物的占有、使用和收益为目的的权利。担保物权则是以优先支配标的物的交换价值为目的的权利,可直接将标的物的交换价值变换为价金或者其他足以使债权获得满足的某种价值。典权既有用益物权的属性又有担保物权的属性,出典人仅在典价范围内以典物的价值限度对典权人承担有限责任。[①]

担保是债权的保全制度,担保物权是以物来担保债权,从而达到债权保全的目的。[②]这种以物提供担保的制度,称为担保物权制度。

第一节　担保物权的历史沿革

一、罗马法的担保物权制度

大陆法系国家的担保物权制度起源于罗马法。罗马法先后产生了三种担保物权,即信托(fiducia)、质权(pignus)与抵押权(hypotheca)。担保物权是指债务人或者第三人为保证债务的履行而设定的物权。担保物权是他物权,是债权人在他人所有物上设定的权利,是从属于债权的从权利,其效力随债权而定。

1. 信托。信托(fiducia),原为一方当事人以市民法转让的方式,将其物的所有权移转给另一方当事人,另一方则凭借信用,在双方当事人约定的情

[①] 参见前揭史尚宽:《物权法论》,第251页。
[②] 参见〔日〕近江幸治:《担保物权法》,祝娅、王卫军译,法律出版社2000年版,第1页。

况下,仍把原物归还物的所有权人。①信托是当时一种非常普遍的制度,并非专门适用于担保。②在罗马法早期,由于要物契约和诺成契约还没有出现,信托广泛适用于借用、寄托、担保。在债务担保中,信托具有很重要的作用,其效力表现为:一是债权人因经过要式买卖或者拟弃权而取得担保物的市民法所有权,对担保物享有一切物权。但是为了避免债务人丧失对物的使用、收益,因而通常又以假占有或者租赁的方式使担保物仍然由债务人保留。二是债权人在其债权受偿之后,应将担保物归还债务人;债权届满而未受清偿的,债权人可以处分担保物,使债权获得清偿。信托的缺陷表现在:一是在债务清偿之前,担保物的所有权已经转移给债权人,一旦债权人将担保物转让给第三人,债务人无法追还担保物。二是在债权人拒绝提供担保物给债务人假占有或者租赁时,债务人即丧失使用、收益担保物的利益。三是担保物的价值不论高低,只能向一个债权人提供担保,从而使债务人失去利用该物向其他人提供担保的可能,不能发挥物的最大效用。

2. 质权。质权(pignus),是指债务人或者第三人将担保物交付给债权人占有,作为债务人履行债务的担保,债务人或者第三人仍然保留担保物的所有权。质权有一个发展过程。最初,法律仅承认质权人持有质物而不发生物权转移或者占有转移的效力。债务人对质物仍然居于所有人和占有人的地位。质权形同虚设,缺乏相应的法律保障。后来,大法官虽然承认质权人可以受到"占有令状"的保护,但占有是事实而不是权利,质权人对质物仍然缺乏相应的物权保障。在抵押权制度实行之后,大法官承认质权人与抵押权人享有同等的权利,即对质物享有物权。换言之,在债权已届清偿期而未获清偿的,质权人有权追及质物并将其出卖,就质物卖得的价金优先受偿。起初,债权人处分质物的权利应有当事人的特别约定,后来因相沿成习,只要没有相反的约定,大法官即认为当事人之间有默契,到查士丁尼时期进而成为设定质权的当然条件。③

3. 抵押权。抵押权(hypotheca),是指债权人对于债务人或者第三人提供担保而不转移占有的物,在债权到期而未获清偿时,享有变卖担保物而受

---

① 参见前揭周枏:《罗马法原论》(上册),第391页。
② 参见前揭〔意〕彼德罗·彭梵得:《罗马法教科书》,第341页。
③ 参见前揭周枏:《罗马法原论》(上册),第393页。

清偿的权利。抵押权是对质权的一种完善。①由于质权的缺陷对地主和佃农之间的质权而言尤为突出,因而引进了希腊的法律制度,形成了抵押权制度。②在罗马法中,抵押权与质权的区别在于债权人是否占有提供担保的物,占有担保物的为质权,不占有担保物的则为抵押权,而不论标的物是动产还是不动产。③但是,实际上,质权的标的物多为动产,而抵押权的标的物多为不动产。④罗马法上的抵押权没有登记制度,在同一个标的物上设定两个或者两个以上抵押权的,成立在先的抵押权优先于成立在后的抵押权。⑤

在查士丁尼法中,质权和抵押权完全取代了信托。⑥抵押权和质权的设定方式有三种,即合意设定、法定设定和司法设定。⑦

二、日耳曼法的担保物权制度

日耳曼法的担保物权制度也经历了一个漫长的历史发展。日耳曼法对担保物进行了区分,担保物因动产与不动产而存在差异。担保物权有动产质与不动产质两种。

1. 动产质。动产质的客体仅限于动产。动产质的产生原因有两种:一是因公、私扣押而产生;二是根据契约而设定。⑧动产质的性质,原来是债权的预期清偿,因此,在出质人债务清偿之后,质权人应将质物返还给出质人,如果没有特别的约定,债权人不能使用、处分或者转质质物。如果因可归责于债权人的事由导致质物损毁的,质权人应承担赔偿责任。

起初,动产质为归属质,即当债权履行期届满而未获清偿时,质物归债权人所有。动产质是完全的物上责任,即仅以质物代替债务的偿付责任,债务人在质物之外,无须承担其他任何责任。换言之,债务人不履行债务时,

---

① "在罗马法中,质权和抵押权似乎是一个统一的制度,因为抵押只不过表现为是对质权的完善……"前揭〔意〕彼德罗·彭梵得:《罗马法教科书》,第344页。

② 参见前揭周枏:《罗马法原论》(上册),第394页;前揭〔意〕彼德罗·彭梵得:《罗马法教科书》,第342页。

③ 参见前揭〔意〕彼德罗·彭梵得:《罗马法教科书》,第344页。

④ 参见前揭周枏:《罗马法原论》(上册),第395页。

⑤ 同上。

⑥ 参见前揭〔意〕彼德罗·彭梵得:《罗马法教科书》,第343页。

⑦ 同上书,第346—348页。

⑧ 参见前揭李宜琛:《日耳曼法概说》,第141页。

债权人以质物清偿其债权,质物的价值不足以清偿债权的,债权人不得请求债务人以其他财产清偿不足部分;质物价值超过债权数额的,债权人也没有义务返还给债务人。①13世纪之后,动产质由归属质演变成为变卖质。在债务人不履行债务时,债权人可以变卖质物,就其价金优先受偿。质物的变卖,如果没有特别的约定,应交由法院处理。②

动产质的成立,起初以质权人对质物的占有为条件,后来逐渐承认无占有质的制度,即不转移质物的占有,也可成立质权。③

2. 不动产质。不动产质权制度产生于公元7世纪之后,在此之前,日耳曼法存在所有质。所有质,是指将不动产所有权作为附条件的让与,用以担保债权的履行。④不动产附条件的让与方法有两种:一是附解除条件的让与。附解除条件的让与,是指由债务人作成不动产出让证书交付给债权人;债权人则另行制作返还证书,载明债权清偿之后,债务人的出卖证书即归于无效,即应将不动产返还给债务人。因此,债权人取得了不动产的附解除条件的所有权及占有。根据不动产附条件让与制度,债务人或者第三人将不动产让与债权人,在债权获得清偿之后,债权人再将担保物的所有权返还给债务人或者第三人。日耳曼法的这种制度与罗马法的信托极为相似。这种附解除条件的让与方法,在不动产质权发达之后仍然继续存在,到了中世纪之后,与附买回约款的买卖相混同。⑤二是附停止条件的让与。附停止条件的让与,是指由债务人在责任债务证书上约定,如果债权清偿期届满而未获清偿的,债权人即可扣押指定的不动产,或者即以本证书视为出卖证书等字样,交付给债权人,从而使债权人取得该不动产的附停止条件的所有权。换言之,在条件成就之前,债务人占有担保物并享有所有权;在条件成就之后,债权人取得担保物的所有权。⑥

到了法兰克时代晚期,不动产质权制度逐渐形成并发展起来。不动产质权制度有古质和新质之分。古质是不动产质的最古老的形式,以债务人

---

① 参见前揭李宜琛:《日耳曼法概说》,第142页。
② 同上书,第142—143页。
③ 同上书,第143页。
④ 同上书,第143—144页。
⑤ 同上书,第144页。
⑥ 同上书,第145页。

将质物转移给债权人为其成立要件。所有质仅将质物的所有权转移给债权人,以保证债权的清偿;而古质则仅将质物的使用收益权转移给债权人,为债权的清偿提供担保。因此,古质,又称为收益质。古质又可以分为以下两种:①一是死质或者销除质。质物的收益,不仅可以充抵债务的利息,而且还可以充抵债务的本身。在债务本息全部充抵完毕之后,债权人应将质物返还给债务人。这种古质因收益而使债权逐渐趋于消灭,因而称为死质,又因其以收益抵消债务的本息,又称为销除质。二是利质。债权人以质物的全部收益,充抵借贷的利息,但不充抵借贷本身。在中世纪,利质是最为普遍的收益质。②利质是以质物为债务的唯一担保物,如果当事人没有特别的约定,债务人不承担人上责任。因此,利质是单纯的物上责任。③债权人没有处分质物的权利,如果债务人不清偿债务,则债权人既不能取得质物的所有权,也不能变卖质物。质物的所有权仍然归属于债务人,债务人有返还借款、回赎质物的自由。债务人回赎质物是其权利而不是义务,因而债权人不得要求债务人清偿债务,回赎质物。债务人回赎权的行使没有期限的限制,因而学者又将利质称为永久质。但是,当事人之间通常对回赎权的行使规定了一定的限制,或者约定债务人在一定期间内不得回赎;或者约定债务人在回赎之前应预先通知;甚至约定,如果在一定期限内未回赎的,则其回赎权归于消灭,债权人对质物的收益权则成为永久的权利,但质物的所有权仍然归属于债务人,因而学者称为无回赎权的永久质。

13 世纪以来,日耳曼法出现了新质制度。新质,是指不以转移质物占有为要件的担保,因而又称为无占有质。在新质中,债务人仍然保留对质物的占有及收益,但不得对质物行使不利于债权人的处分行为。在债务履行期届满,债务人未履行债务时,债权人可以强制执行不动产,或者取得质物代为清偿债权,或者变卖质物,以其价金受偿。但是,学者对债权人的权利性质仍然存在争议。到了 14 世纪之后,基本承认债权人权利的物权性。

新质的性质,起初与古质相同,仅为单纯的物上责任,质权人仅得质物以满足其债权。后来,逐渐承认质物不足以清偿债权时,债权人可以就债务

---

① 参见前揭李宜琛:《日耳曼法概说》,第 146 页。
② 同上。
③ 同上书,第 148 页。

人的其他财产进行清偿；同样，如果质物在清偿债权之后仍有剩余，也应当返还给债务人。①

日耳曼法的担保制度的演变，从不动产占有质形式向不动产非占有质形式的方向发展，逐渐形成了近现代担保物权制度中的抵押；动产担保以动产的占有转移为条件，形成近现代担保物权制度中的质权。可见，日耳曼法担保物权制度对近现代担保物权制度影响深远。

三、近现代大陆法系国家的担保物权制度

大陆法系近现代担保物权是从中世纪担保物权制度演变而来的。中世纪晚期，伴随商品经济的发展，与商业交易相关的法律制度得到了长足的发展，形成了一些新的制度。

近代大陆法系国家的担保物权制度以 1804 年的《法国民法典》与 1900 年的《德国民法典》为代表。《法国民法典》规定了动产质权与不动产质权、优先权与抵押权，其中第十七章规定了动产质权和不动产用益质权，第十八章规定了优先权和抵押权。《德国民法典》规定了一般抵押权，土地债务、定期土地债务、动产质权与权利质权等制度。留置权被视为债权关系，并非担保物权。1898 年的《日本民法典》，建立了包括留置权、先取特权、质权及抵押权在内的完整的担保物权体系。

第二节　担保物权的概念及性质

一、担保物权的概念

担保物权，是指为保证债权的实现，由债务人或者第三人提供特定的物或者权利为担保的标的物而设定的限定物权。②担保物权由抵押权、质权、留置权及优先权等构成，是以提供一定的物作为履行债务的担保，一旦债务人

---

① 参见前揭李宜琛：《日耳曼法概说》，第 148—149 页。
② 《物权法草案》第 266 条规定："……（六）'担保物权'，指债权人对债务人或者第三人提供的担保财产或者债权人合法占有的财产，当债务人不履行债务时，享有优先受偿的权利，包括抵押权、质权和留置权。"

在债务履行期届满而未能履行债务,债权人可以变卖担保物而优先受偿,因而担保物权称为物的担保,与保证制度中的人的担保不同。担保物权具有以下特征:

(1)担保物权是为保证主债权的实现而设立的从权利。担保物权是为保证主债权的实现而设立的物权,是以一定的物为担保来保证债权的实现,是物的交换价值的体现。担保物权的设立以主债权为前提,与债权具有不可分割的效力,主债权有效,担保物权有效;主债权被撤销或者无效,担保物权也归于无效;主债权转让,担保物权也随之转让。

由于担保物权是为担保债权的实现而设立的,担保物权具有两个方面的效力:[1]一是优先受偿的效力。担保物权具有优先支配标的物的交换价值,在被担保的债权履行期届满而未受清偿的,担保物权人可以行使变价权,就变卖担保物所得价款而优先受偿。二是留置效力。债务人在未履行其义务之前,担保物权人可以留置担保物,以迫使债务人履行其清偿义务。

(2)担保物权是设定在债务人或者第三人的物或者权利上的限制物权。由于担保物权的设定是为了以他人的财产确保债务的清偿,因此,只能在债权人之外的其他人的财产上设定担保物权,而且仅限于财产或者财产权利为担保的标的物,而不能以信用为担保。信用担保属于人的担保,是保证关系。

担保物权通常是在债务人的特定财产或者财产性权利上设定的权利,也可以在第三人的财产或者财产性权利上设定权利,但是可以成为担保物权标的物的财产必须是有体物、特定化,作为标的物的财产性权利必须是可以转让的财产权利。[2]

(3)担保物权所支配的是物的交换价值。物具有使用价值和交换价值,用益物权支配物的使用价值,而担保物权则支配物的交换价值。抵押权不以占有抵押物为内容,也不具有直接支配标的物的效力;质权、留置权虽然占有标的物,但占有并非其目的所在,而是其发生效力的基础而已。担保物权担保债权受偿的功能是通过支配标的物的交换价值而实现的,因此,担保物权是以获得标的物的交换价值的支配为实质内容的权利。

---

[1] 参见前揭谢在全:《民法物权论》(下册),第529页。
[2] 参见前揭王利明:《物权法论》(修订本),第540页。

二、担保物权的性质

在大陆法系国家,对担保物权的性质是债权还是物权认识不一,理论上的认识对各国担保物权的立法产生了深远的影响。对担保物权的性质,有"债权说"、"物权说"及"准物权说"三种学说。

(1)债权说。债权说认为,担保物权本质上属于债权,不应规定在物权法之中,理由如下:一是担保物权不具支配性,担保物权人不能现实地支配物。交换价值的提法是不科学的,不符合政治经济学的原理。二是担保物权主要是基于当事人的意思,因合同而产生的,因而属于债权,应当在债权编中规定担保物权。①

(2)物权说。物权说认为,担保物权与所有权、用益物权相比虽然存在差异,但从本质上看,仍属于物权的范畴,理由如下:

一是立法和实践肯定担保物权的物权性。从各国立法的实践来看,大多将担保物权作为物权。有些国家,尽管在法律上没有将担保物权定为物权,但在理论上还是将其视为物权。例如,我国《民法通则》在债权中规定担保物权,但学界普遍认为担保物权属于物权而不是债权。

二是担保物权的优先性。由于担保物权具有优先于债权的效力,从而保障担保物权人对担保物的交换价值的支配性。在效力上,物权具有优先于债权的效力,而担保物权的优先性表现为优先受偿性。换言之,在债务人不履行债务时,担保权人可以就拍卖、变卖标的物的价款优先于一般债权人受偿。在担保物权中,抵押权是担保债权最有效的方法,正是因为抵押权具有优先于债权等效力,才能有效地保证交易安全。

三是担保物权的支配性。担保物权中,权利人既可以支配提供担保的标的物,也可以支配标的物的价值。担保物权人支配的主要是标的物的交换价值,设立担保物权的目的主要也是为了支配标的物的交换价值,并能够在债务不能清偿时就拍卖、变卖标的物所得的借款优先受偿,这是完全符合物权的支配性的特征的。物上代位性进一步扩大了担保物权可支配的范围。正是由于担保物权人可以对担保人所提供的担保物进行有效的支配,才能充分地发挥担保物权在保障债权方面的巨大作用。在担保物权中,有

---

① 参见前揭孟勤国:《物权二元结构论》,第 344 页。

的担保物权可以现实地支配物,如质权;有的担保物权,虽然不能现实地支配物,但能支配物的交换价值,因而仍不失其支配性,如抵押权。

四是担保物权的排他性。担保权人享有的担保物权可以排除来自任何人的干涉,有效地对抗第三人。在第三人侵害抵押物而造成抵押物毁损时,抵押权人就可以行使物上请求权,表明担保物权能够对抗第三人。有观点认为,由于在一物之上可以设立数个抵押权或者其他形式的担保物权,因而抵押权不具有排他性。实际上,这与抵押权的物权特征并不矛盾,因为抵押权在本质上是对抵押物的交换价值的支配,而交换价值是可以分割的,完全可以由多人共同支配。在一物之上存在着的数个抵押权必须根据成立时间分别实现,因而担保物权人对不同价值的支配,也是担保物权支配性效力的体现,同时,担保物权实现上的先后顺序,也是其排他性的另一种表现。

五是担保物权的追及性。在抵押权中,担保物权的追及性表现得尤为明显。在他人非法占有抵押物时,抵押权人享有追及权。但在质押和留置中,由于占有是其成立和存续的要件,因而当权利人丧失对担保标的物的占有时,质权和留置权归于消灭。但对于非法侵害人,质权人和留置权人仍然享有追及权。但是,这并不影响各种类型的担保物权的物权性,这种现象仅说明了质权和留置权的物权性较其他物权稍弱,但并不能从根本上否定其所具有的物权属性。事实上,整个物权的追及性随着善意取得制度的确立已经大为减弱,特别是在动产方面,其追及性受到了很多限制,因而不能以追及性的有无及强弱作为判断物权属性的标准。

(3)准物权说。准物权说认为,从债权或者物权的角度,均不能准确揭示担保物权的本质属性。实际上,担保物权既不是物权,也不是债权,而是介于债权与物权之间的一种财产权利,理由如下:

一是担保物权的支配性。在担保期间,担保权人对担保物的价值享有支配权,而且对所有有害于担保物权的行为,享有排除请求权,从而表明了担保物权具有物权性;但是,这种支配性必须借助于担保物所有人的协助方可完成,这又表现出担保物权对人权的一面。

二是担保物权行使。对主债权的清偿,是在担保物的价值范围之内,由担保物承担清偿责任的,因而权利人应当对担保物主张权利。但权利人向法院提出的优先受偿请求权,表面上是针对担保物,实际上却是针对担保物的所有人的,因而又具有对人权的性质。如果因放弃而丧失担保物的所有权,或者债权人成为担保物的所有人时,担保物权仍得以担保物为客体而继续存在,又表现出担保物权的物权性。

以上三种学说从不同的角度揭示了担保物权制度与物权和债权制度之间的联系与区别,从这个意义上讲,三种学说都有其存在的价值。但物权说是通说,从性质上看,抵押权、质权、留置权应为物权而不是债权,当然也不是介于物权与债权之间的一种权利。尽管担保物权的效力有强有弱,物权性的强弱从抵押权、质权、留置权依次递减,但这并不影响其物权效力。

三、担保物权与用益物权

担保物权与用益物权同属他物权,担保物权是以物的交换价值为基础而设立的物权,注重物的价值权,不以占有为必要;而用益物权则是以物的使用价值为基础而设立的物权,以对他人之物的占有、使用和收益为目的。担保物权与用益物权具有的共同之处为:一是支配权、绝对权。用益物权人与担保物权人都在一定程度上或者一定范围内直接支配权利客体,可以向权利人以外的其他任何人主张权利,不需要义务人的积极行为,就可以直接实现其权利。二是客体具有特定性。用益物权与担保物权的客体只能是特定的,不能在不特定的财产上设立用益物权和担保物权。三是限制物权。用益物权与担保物权均不得对物进行全面的支配,均为限定物权。同时,无论是用益物权还是担保物权,其设定均对所有权人的权利进行了一定的限制。

担保物权与用益物权的区别在于:一是两者的内容不同。用益物权以占有标的物的实体为目的,以便取得标的物的使用价值。而担保物权不以占有标的物为目的,而是以取得标的物的交换价值为目的,仅以对标的物的价值加以排他支配为必要。二是两者实现的时间不同。用益物权人取得权利,就可以对标的物进行使用和收益,用益物权的权利实现与权利取得的时间是一致的。而担保物权取得后,权利人并不能立即实现其权利,只有在所担保的债权已经超过清偿期,而债务人又不履行债务时,权利人才可以行使权利。担保物权的权利实现之际,就是权利消灭之际,权利的实现与权利的取得不是同时发生的。三是两者的功能与社会价值不同。用益物权的功能在于对物的实体利用,通过对物的直接利用,以直接满足权利人的物质生活需要或者创造新的更多的社会财富。因此,用益物权的社会价值在于充分利用物的使用价值,发挥物的使用效用。而担保物权的功能不在于对物的使用价值的利用,而在于对物的价值的利用,通过对物的变价来优先受偿,以满足权利人原来的债权利益。因此,担保物权的社会价值在于确保债权的实现,维护信用和交易秩序。四是两者的客体范围不同。由于用益物权是以持有或者利用标的物的实体为目的的物权,所以用益物权的客体即标的物只能为物,不包括权利。而担保物权是以取得标的物的价值为目的的,无须对标的物直接占有,所以担保物权的客体不限于物,也可以包括权利。例如,用益物权、债权、知识产权等都可以成为担保物权的客体。五是两者的性质不同。用益物权为独立权,而担保物权为从属权。用益物权依当事人的约定或者法律的直接规定而发生,不以用益物权人对财产享有的其他权利为前提。而担保物权的存在是以担保物权人对担保物的所有权人或者前提关系人享有的债权为前提,一旦债权消灭,担保物权也随之消灭。

第三节　担保物权的种类

罗马法的担保物权有信托、质权及抵押权。从各国的物权立法与实践来看,担保物权大致可以归纳为四种:抵押权、质权、留置权、优先权,其中前三种为学界公认的担保物权,但对于优先权是否具有担保物权的属性仍存有争议。担保物权根据不同标准,可以分为以下几种:

（1）法定担保物权与意定担保物权。根据担保物权发生的原因的不同,可以分为法定担保物权与意定担保物权。法定担保物权,是在一定条件下基于法律的直接规定而产生的担保物权,例如,留置权和法定抵押权。海商法、破产法规定的优先权,也是法定担保物权。[①]留置权、法定抵押权及优先权虽然均为法定担保物权,但是其性质却各不相同。留置权与同时履行抗辩权相似,债权与物的返还义务之间有履行上的牵连关系,以维护交易上的公平。优先权与法定抵押权,是对抗特殊事件而成立的债权,在债务人的

[①] 例如,《日本民法典》第303条规定:"先取特权人,依本法及其他法律的,就其债务人的财产,有先于其他债权人受自己债权清偿的权利。"

一般或者特定财产上,设立了具有排他的优先受偿权,体现了社会政策因素。①意定担保物权,是指根据当事人的意思而设立的担保物权,例如,抵押权、质权。让与担保是近年来出现的一种新的担保物权。

法定担保物权与意定担保物权的区别,并非在于意定担保物权是完全基于当事人的意思表示而产生的担保物权。根据物权法定原则,任何一种物权的设立都是基于法律的规定而不能由当事人任意创设。意定担保物权的产生应当有当事人之间事先订立的设定担保物权的合同,但是这些物权的产生仍然需要符合法律规定的要件;而法定担保物权的产生则完全基于法律的规定。区分两者的意义在于,担保物权的设定是否需要订立担保合同。

(2) 留置性担保物权与优先清偿性担保物权。根据担保物权的主要效力的不同,可以分为留置性担保物权与优先清偿性担保物权。留置性担保物权,是指债权人占有债务人价值较高的财产,以迫使其清偿债务,例如,留置权。优先清偿性担保物权,是指将标的物的使用价值归属于债务人,而债权人仅控制其交换价值,将来即就此而享有优先清偿的效力,例如,抵押权。除了留置性、优先清偿性的担保物权之外,还有兼具留置性和优先清偿性两种属性的担保物权,例如,质权。留置性的担保物权的缺陷在于不能使物的利用最大化,造成物质资源的浪费,不利于社会经济的发展,因此,留置性担保物权不如优先清偿性担保物权使用广泛。

(3) 动产担保物权、不动产担保物权、权利担保物权与特定财产担保权。根据担保物权的标的物的不同,可以分为动产担保物权、不动产担保物权、权利担保物权与特定财产担保物权。动产担保物权,是指以动产为标的物而设立的担保物权,例如,动产质权、留置权。不动产担保物权,是指以不动产为标的物而设定的担保物权,例如,抵押权。权利担保物权,是指以动产和不动产之外的财产性权利为标的物而设定的担保物权。②特定财产担保

---

① 参见前揭郑玉波:《民法物权》,第 200 页。
"从保护特别的债权的政策性判断出发,法律上当然承认这种关系的成立。民法上的法定担保物权,有留置权(295 条)和先取特权(369 条)……"前揭〔日〕近江幸治:《担保物权法》,第 7 页。
② 例如,我国台湾地区民法第 882 条规定:"地上权、永佃权、及典权,均得为抵押权之标的物。"第 900 条规定:"可让与之债权及其他权利,均得为质权之标的物。"

物权,是指以特定的财产而设定的担保物权。例如,以一公司所有的财产,包括其土地和厂房等不动产、机器和设备等动产以及专利和商标等无形资产,总括设定一个担保物权的企业担保。日本工厂抵押法、矿业抵押权法、铁道抵押法、渔业财团抵押法等所规定的财团抵押和企业抵押,属于特定财产担保物权。①

(4) 典型担保物权与非典型担保物权。根据担保物权是否在民法典中有规定,可以分为典型担保物权与非典型担保物权。典型担保物权,是指民法典中所规定的担保物权。由于我国现在还没有民法典,因而《民法通则》、《担保法》、《海商法》、《破产法》等法律规定的抵押权、质权、留置权、优先权等为典型担保物权。非典型担保物权,是指根据交易惯例发展而来的,并非民法典所规定的担保物权形态。例如,让与担保、附条件买卖、买回、融资租赁等。②这些担保物权又称为变态担保、不规则担保。

(5) 占有担保物权与非占有担保物权。根据担保物权是否转移标的物的占有,可以分为占有担保物权与非占有担保物权。占有担保物权,是指债务人或者第三人以标的物的占有转移给债权人为其成立及存续要件的担保物权,例如,质权、留置权。非占有担保物权,是指债务人或者第三人不以标的物转移给债权人为其成立及存续要件的担保物权。

(6) 限定型担保物权与权利转移型担保物权。根据担保物权的构造型态的不同,可以分为限定型担保物权与权利转移型担保物权。限定型担保物权,是指在标的物上以设定限制物权的方式而设立的担保物权。这种担保物权是典型的担保物权,目的在于限定权利的转移,标的物上的所有权仍然保留在设定人手中。例如,抵押权、质权。权利转移型担保物权,是指以将标的物的所有权转移给债权人的方式而设立的担保物权。在权利的外观上,标的物的所有权转移给担保权人,让与担保是典型的权利转移型担保物权。

---

① 参见前揭〔日〕近江幸治:《担保物权法》,第9—10页。
② 参见谢在全:《民法物权论》(下册),中国政法大学出版社1999年版,第537页。

第四节　担保物权的竞存

担保物权的竞存,是指同一标的物上存在不同种类的担保物权而且其效力相互冲突,哪一个担保物权的位次在前、效力优先的问题。[①] 担保物权的竞存,出现了担保物权的效力判断上的矛盾,因而要解决竞存的数个担保物权的效力顺序。确认效力顺序的前提,是解决数个担保物权是否成立及在何种情况下能够在同一担保物上设定数个效力相互冲突的担保物权。《担保法》未对担保物权竞存作出规定,仅规定了抵押权、质权、留置权设立的条件,因而只能解决各类担保物权成立的判断问题,而不能从根本上解决担保物权竞存问题。

根据物权法定原则,物权的类型、物权的内容应由法律规定,禁止任何人创设法律没有规定的物权。担保物权系一种限定物权,因而讨论担保物权竞存问题也应遵循物权法的原则。担保物权竞存的成立,应具备以下条件:

(1) 在同一标的物上设立的数个担保物权,必须基于不同的法律事实而产生。数个担保物权要形成竞存,必须是由于数个不同的法律事实而产生的。基于同一法律事实设定的不同担保物权及基于不同法律事实而设定的同一种类的担保物权,均不能成立担保物权的竞存。例如,最高额抵押,在最高额限度内,以抵押物对一定期间内连续发生的债权作担保,其"连续发生的债权"是基于同一法律事实,因而不发生竞存。

(2) 数个担保物权是不同种类。担保物权竞存制度,担保物上不同类

---

① 竞合,是指争相符合的意思。民法上的权利竞合或者责任竞合,是指由于某一法律事实的出现而导致两种以上的权利或者责任产生,并使这些权利或者责任之间发生冲突的现象。竞合现象的出现是因同一个法律事实而引起,法律关系中的双方当事人相同,竞合问题的处理规则,通常是允许权利的选择行使。

担保物权的竞存,是由数个不同的法律事实所引起的。在通常情况下,数个担保物权关系中的权利人是不同的,即权利冲突通常在不同的权利人之间发生;竞存现象的处理,主要是规制竞存的数个担保物权中的哪一个位次在前、效力优先的问题,而不是权利的选择行使问题。可见,担保物权的竞存问题与民法上的权利竞合问题存在差异,因而"担保物权的竞合"的称谓不妥当。

型的担保物权的效力冲突,而同一种类的担保物权不存在严格意义上的效力冲突,只存在公示和时间顺序上的效力顺位,数个担保物权要成立竞存,该数个担保物权必须是不同种类的。例如,在同一担保物上为两个以上债权人设定抵押,根据《担保法》第 54 条的规定,抵押合同以登记生效的,按登记的先后顺序清偿,顺序相同的,按比例清偿。抵押合同自签订之日生效的,已登记的,优先受偿;未登记的,按合同生效的顺序清偿,顺序相同的,按比例清偿。这实际上规定了抵押权次序。因此,在同一担保物上为两个以上债权人设定抵押,不存在担保物权的竞存。

(3) 同一担保物上设定数个担保物权。同一债权可以有数个担保物权,但如果不在同一担保物上,就不构成担保物权的竞存。担保物权是以担保物的交换价值为实质内容,通过直接支配标的物的交换价值而实现担保目的,担保物权不在同一标的物上设定,并不影响担保物权人对标的物交换价值的支配,因而也就不存在竞存问题。

(4) 同一标的物上设定的数个担保物权,均有效并持续存在。数个担保物权必须均成立并生效,而且必须持续的存在。持续存在是指各个担保物权不但已经生效,而且期限还未届满或者其效力还未消灭,否则,也不能构成担保物权的竞存。尚未生效、期限届满和已经灭失的担保物权,也不能引起竞存。

由于在同一物上设立数个同种类的担保物权并非担保物权的竞存,因此,担保物权的竞存的形式有四种,即抵押权与质权竞存、抵押权与留置权竞存、质权与留置权竞存及优先权与抵押权、质权和留置权竞存,具体分述如下:

(1) 抵押权与质权的竞存。抵押权与质权的竞存,是指在同一担保标的物上同时存在抵押权和质权的情形。抵押权以不转移占有为特征,抵押物的所有人在设立抵押权后,仍然可以对抵押物进行使用、收益,因而就有可能产生抵押权与其他担保物权的冲突。担保人以担保物为债权设定抵押担保后,又以该担保物为另一债权设定质押,从而出现了抵押权与质权的竞存。根据我国《担保法》的规定,抵押权分为不动产抵押权和动产抵押权两类,①只有在动产抵押的情形下,才有可能产生抵押权与质权的竞存。《担保法司法解释》第79条第1款规定:"同一财产法定登记的抵押权与质权并存时,抵押权人优先于质权人受偿。"

抵押权与质权的竞存主要表现为两种情形,其效力应存在差异:

一是先押后质。先设立的抵押权应优先于后设立的质权;例外情形是,先设立的抵押权并未登记,因而不具有对抗第三人的效力,不能优先于后设立的质权,质权具有优先效力。

二是先质后押。先设立的质权的效力优先;但是,在质权人以其占有的质物为善意第三人设定抵押权的,则后成立的抵押权应优先于质权人的质权。

(2)抵押权与留置权的竞存。抵押权和留置权的竞存,是指在同一担保标的物上同时存在抵押权与留置权的情形。根据《担保法》的规定,留置是指因保管合同、运输合同、加工承揽合同发生的债权,债权人按照合同的约定占有债务人的动产,债务人不按照合同约定的期限履行债务的,债权人有权留置该财产,以该财产折价或者以拍卖、变卖该财产的价款优先受偿。留置的标的物仅限于动产,因此,仅在动产范围内,抵押权与留置权发生竞存。关于抵押权与留置权竞存的效力,《担保法司法解释》第79条第2款规定:"同一财产抵押权与留置权并存时,留置权人优先于抵押权人受偿。"

实际上,抵押权与留置权发生竞存有两种不同的情形,其效力也存在差异:

一是先抵押,后留置。抵押人在抵押物上设定抵押权后,将抵押物交第三人修理或者运输,因抵押人未能清偿修理费、运费,该第三人依法将修理、运输的财产留置。此时,留置权应优于抵押权,因为留置权是法定物权,抵押权是意定物权,法定物权的效力优于意定物权。在留置权与抵押权发生竞存时,留置物被留置权人占有,占有作为动产公示的方式,其效力可以对抗第三人。由于留置权人占有留置物,如果规定抵押权优先,在实践中会影

---

① 《担保法》第34条规定:"下列财产可以抵押:(一)抵押人所有的房屋和其他地上定着物;(二)抵押人所有的机器、交通运输工具和其他财产;(三)抵押人依法有权处分的国有的土地使用权、房屋和其他地上定着物;(四)抵押人依法有权处分的国有的机器、交通运输工具和其他财产;(五)抵押人依法承包并经发包方同意抵押的荒山、荒沟、荒丘、荒滩等荒地的土地使用权;(六)依法可以抵押的其他财产。"

响抵押权的行使,从而引起更多纠纷。此外,留置权担保的债权与留置物有直接关联,留置权债权的发生,使抵押物增加新的价值,留置权的债权只是这一新增价值的代价,并且这一新增价值原本处于抵押物价值之外,抵押权人不应对此享有优先权。

二是先留置,后抵押。在留置物上又设定抵押权,根据抵押权设定人的不同,可分为两种情形:其一,动产的所有人在留置权发生后,又以留置物为他人设定抵押权。在这种情形下,先发生的留置权应优先于后设立的抵押权。其二,留置权人以其占有的留置物向第三人,例如,留置权人的债权人,设定抵押权。在这种情况下,抵押权优先于留置权。

(3) 留置权与质权的竞存。留置权与质权的竞存,是指在同一个担保标的物上同时存在留置权和质权的情形。由于留置权的标的物是动产,质权的标的物也是动产,因而留置权与质权经常发生竞存。留置权与质权的竞存,有两种情形:

一是先质押,后留置。质物上成立留置权,又有两种情形:其一,债权人取得动产质权后,又基于对质物加工、修理等原因而对该财产享有了留置权。在这种情形下,通常是留置权优先,但由于质权人与留置权人重合,因而权利人有权选择留置权或者质权。其二,质物上又成立他人的留置权。例如,质权人将质物交由第三人代为保管而自己为间接占有时,第三人得对其保管的质物依法取得留置权。在这种情形下,留置权应优先于质权。

二是先留置,后质押。留置物上又设定质权,因设定人的不同又有两种情形:其一,留置权成立后,动产所有人为担保同一债权人的其他债权又以该留置物为其设定质权。在这种情形下,留置权优先于质权。二是留置权人擅自以留置物向第三人出质。在这种情况下,善意第三人的质权优先于留置权。

(4) 优先权与抵押权、质权、留置权的竞存。优先权与抵押权的竞存,是指在同一标的物上同时存在抵押权和优先权的情形。我国《民法通则》及《担保法》并未规定优先权与留置权的竞存问题,但是《海商法》和《合同法》规定了优先权与抵押权竞存的效力。《海商法》规定了船舶优先权与船舶抵押权竞存的效力。船舶优先权,是指海事请求人向船舶所有人、光船承租人、船舶经营人提出海事请求,对产生该海事请求的船舶具有优先受偿的权利。《海商法》第22条规定的船舶优先权有:一是船长、船员和在船上工作的其他在编人员根据劳动法律、行政法规或者劳动合同所产生的工资、其他劳动报酬、船员遣返费用和社会保险费用的给付请求;二是在船舶营运中发生的人身伤亡的赔偿请求;三是船舶吨税、引航费、港务费和其他港口规费的缴付请求;四是海难救助的救助款项的给付请求;五是船舶在营运中因侵权行为产生的财产赔偿请求。根据《海商法》的规定,船舶优先权先于船舶抵押权受偿。① 另外,《合同法》规定了建设工程价款优先于抵押权受偿。②

优先权与质权的竞存,是指在同一物上同时存在优先权与质权的情形。我国现行立法没有涉及这个问题。《日本民法典》对这个问题有明确的规定,在动产质权与优先权竞存的情况下,动产质权人与第一顺位的优先权人有同一权利。第一顺位的优先权,是指《日本民法典》第334条规定的不动产出租、旅店住宿及运送的优先权。动产质权与第一位次以外的动产优先权竞存时,原则上动产质权优先于动产优先权。一般认为,根据《日本民法典》的规定,除共益费用优先权外,动产质权原则上优先于一般优先权。③

优先权与留置权的竞存,是指在同一物上同时存在优先权与留置权的情形。《海商法》对这个问题有明确的规定,船舶优先权先于船舶留置权受偿。

---

① 《海商法》第25条第1款规定:"船舶优先权先于船舶留置权受偿,船舶抵押权后于船舶留置权受偿。"

② 《合同法》第286条规定:"发包人未按照约定支付价款的,承包人可以催告发包人在合理期限内支付价款。发包人逾期不支付的,除按照建设工程的性质不宜折价、拍卖的以外,承包人可以与发包人协议将该工程折价,也可以申请人民法院将该工程依法拍卖。建设工程的价款就该工程折价或者拍卖的价款优先受偿。"

关于该条的性质,学界存在争议。对承包人权利性质,有留置权说、优先权说、法定抵押权说三种不同的认识。

③ 参见申卫星:《论优先权同其他担保物权之区别与竞合》,载《法制与社会发展》2001年第3期。

第十四章　抵押权(一)

——普通抵押权

抵押权是典型的担保物权。由于抵押权与质权的设定是基于当事人的意思表示,属于约定担保物权,与法定担保物权相对。抵押权对抵押物的支配是一种价值权的支配,即交换价值的支配,而不是抵押物实体权的支配。抵押权人对抵押物享有变价权和优先受偿权,抵押权的标的物必须以登记为公示方法。基于标的物的构造不同,即以抵押权标的物是否为不动产为标准,抵押权有普通抵押权与特殊抵押权之分,普通抵押权是以不动产为标的物而设定的抵押权。

第一节　抵押权的概念

一、抵押权的概念及特征

抵押权,是指债权人对于债务人或者第三人不转移占有而提供担保的物,债务人在债务履行期届满时仍未履行债务的,债权人根据法律规定将担保的物变价并优先受偿的一种担保物权。[1]抵押权是根据法律的规定,由当事人约定为债权提供担保的物权,抵押权的设立主要是通过当事人的合意,而且抵押权的设定不以占有转移抵押物为必要,债务人或者第三人仍然占

---

[1] 参见前揭梅仲协:《民法要义》,第590页;前揭谢在全:《民法物权论》(下册),第540页;前揭〔日〕近江幸治:《担保物权法》,第88页。
《物权法草案》第201条规定:"为担保债务的履行,债务人或者第三人不转移财产的占有,将该财产抵押给债权人的,债务人未履行债务时,债权人有权就该财产优先受偿。"

有抵押物,而保留抵押物的使用价值,仅以交换价值供与抵押权人,从而最大限度地发挥了物的使用价值和交换价值两种效用。在抵押关系中,提供担保财产的债务人或者第三人称为抵押人,享有抵押权的债权人称为抵押权人,抵押人所提供用以担保债务履行的财产称为抵押物。

《民法通则》第89条规定:"……债务人或者第三人可以提供一定的财产作为抵押物。债务人不履行债务的,债权人有权依照法律的规定以抵押物折价或者以变卖抵押物的价款优先得到偿还。……"从本条规定看,《民法通则》并未区分抵押与质押,抵押的概念涵盖了质押。抵押与质押不分是受苏联观念的影响,①为我国学界所批判。②1995年颁布的《担保法》对抵押与质押进行了区分,该法第33条第1款规定:"本法所称抵押,是指债务人或者第三人不转移对本法第三十四条所列财产的占有,将该财产作为债权的担保。债务人不履行债务时,债权人有权依照本法规定以该财产折价或者以拍卖、变卖该财产的价款优先受偿。"《城市房地产管理法》第46条规定:"房地产抵押,是指抵押人以其合法的房地产以不转移占有的方式向抵押权人提供债务履行担保的行为。债务人不履行债务时,抵押权人有权依法以抵押的房地产拍卖所得的价款优先受偿。"

从大陆法系的抵押权及我国抵押权的立法和理论看,抵押权具有如下特征:

(1)抵押权是一种物权。抵押权是物权还是债权,学界一直存在争议。由于抵押权是基于抵押合同而产生的,而且抵押权的设立是为了保障债权的实现,因而认为抵押权主要是债权。《民法通则》在第五章第二节债权中规定抵押权,实际上是接受了债权说的观点。与债权说相对的是物权说。物权说认为,抵押权人对抵押物享有支配权,虽然抵押物的占有并不发生转移,但抵押权人仍然可以支配抵押权的价值,即使抵押人转让抵押物,抵押权也不会受到让与的影响。抵押物被第三人非法侵占时,抵押权人可以行使返还请求权。③在债务履行期届满而未履行的,债权人有权处分抵押物,变卖抵押物受偿。物权说是通说。

---

① 参见佟柔主编:《民法原理》,法律出版社1983年版,第215页。
② 参见李由义、李志敏、钱明星:《论建立我国民法物权体系的必要性及其意义》,载《中国法学》1987年第1期。
③ 参见郭明瑞:《担保法原理与实务》,中国方正出版社1995年版,第83页。

（2）抵押权是一种担保物权。抵押权是一种物权,而且是以确保债务的履行为目的的物权,一旦债务人不能清偿其被担保的债务,债权人则有权变卖抵押物而受偿,因而抵押权是担保物权。抵押权的担保性体现在以下三个方面：

一是抵押权的从属性。抵押权的从属性表现为抵押权的成立、处分及消灭均从属于主债权：[1]其一,抵押权的成立应以主债权的成立为前提条件。以担保特定债权为目的而设立的抵押权,在主债权不能确定或者无效的情形下,不可能成立,即没有担保的债权,抵押权就不能成立。其二,抵押权的处分不能与其所担保的主债权相分离,抵押权应随债权的转移而转移。《担保法》第50条规定："抵押权不得与债权分离而单独转让或者作为其他债权的担保。"因此,抵押权人既不能将债权让与第三人而自己保有抵押权,也不能将抵押权让与第三人而自己保有债权,更不能将抵押权和债权分别让与不同的第三人。[2] 其三,抵押权因被担保债权的消灭而归于消灭。被担保的债权因清偿、提存、抵消、免除、混同等原因而全部归于消灭时,抵押权也随之消灭。《担保法》第52条规定："抵押权与其担保的债权同时存在,债权消灭的,抵押权也消灭。"

二是抵押权的不可分性。抵押权的不可分性,在立法例和学说上存在三种观点：第一种观点认为,抵押权与债权是不可分的,[3]抵押权人可以就抵押物的全部行使抵押权。抵押权是以抵押物的全部为债权的各个部分提供担保,以抵押物的各个部分为债权的全部提供担保。[4]第二种观点认为,抵押权的全部既存在于抵押物的全部,又存在于抵押物的各个部分。抵押权人既可对抵押物的全部行使抵押权,也可对抵押物的部分行使抵押权。第三种观点认为,抵押权不因抵押物的分割或者让与等而发生变化,抵押权人仍

---

[1] 参见前揭谢在全：《民法物权论》（下册）,第552—560页。
[2] 《德国民法典》第1153条规定："(1) 债权一经转让,抵押权也一并转让给新所有权人。(2) 债权不得不随抵押权一并转让,抵押权不得不随债权一并转让。"
[3] 参见前揭王利明：《物权法论》,第567页。
[4] 《法国民法典》第2114条第2款规定："抵押权在其性质上为不可分的,并就设定抵押权的数个不动产的全部和每个不动产的每一部分上存在之。"

然可以抵押物的全部为债权的全部提供担保。①我国《担保法》对不可分性没有明文规定,但司法解释对此有详细的规定。《担保法司法解释》第71条规定:"主债权未受全部清偿的,抵押权人可以就抵押物的全部行使其抵押权。抵押物被分割或者部分转让的,抵押权人可以就分割或者转让后的抵押物行使抵押权。"第72条规定:"主债权被分割或者部分转让的,各债权人可以就其享有的债权份额行使抵押权。主债务被分割或者部分转让的,抵押人仍以其抵押物担保数个债务人履行债务。但是,第三人提供抵押的,债权人许可债务人转让债务未经抵押人书面同意的,抵押人对未经其同意转让的债务,不再承担担保责任。"

三是抵押权具有物上代位性。在抵押物因转让、出租、灭失或者损毁等变成金钱或者其他物的情形下,抵押权人对这种代偿物也能行使抵押权。在抵押人因抵押物的损毁或者灭失而获得赔偿、其他对待给付或者保险赔付时,抵押权人有权就赔偿金优先受偿。②抵押权的效力及于抵押物的代位物或者替代物,对此我国的担保立法和司法解释均有明确规定。《担保法》第58条规定:"抵押权因抵押物灭失而消灭。因灭失所得的赔偿金,应当作为抵押财产。"《担保法司法解释》第80条规定:"在抵押物灭失、毁损或者被征用的情况下,抵押权人可以就该抵押物的保险金、赔偿金或者补偿金优先受偿。抵押物灭失、毁损或者被征用的情况下,抵押权所担保的债权未届清偿期的,抵押权人可以请求人民法院对保险金、赔偿金或补偿金等采取保全措施。"

(3)抵押权是不转移抵押物的占有而享有抵押物变价优先受偿的权利。抵押权的设立不以抵押物的占有转移为必要,抵押物仍然由抵押人占有、使用、收益,充分发挥了物的使用价值,同时也避免了抵押权人因占有抵押物而承担的保管责任。对标的物占有与否,是抵押权与质权最为重要的区别。抵押权由于不转移标的物的占有,因此,就不能以占有为公示的方法,而应当以登记为其公示方法。正是由于这个原因,抵押权的标的物,传

---

① 我国台湾地区民法第868条规定:"抵押之不动产如经分割,或让与其一部,或担保一债权之数不动产而以其一让与他人者,其抵押权不因此而受影响。"
第869条规定:"以抵押权担保之债权,如经分割或让与其一部者,其抵押权不因此而受影响。前项规定,于债务分割时适用之。"
② 参见前揭梁慧星:《中国物权法研究》(下册),第819页。

统上仅限于不动产,现在虽然不限于不动产,但仅以登记为公示方法的物权为限。

对抵押物的变价优先受偿,是抵押权作为担保物权的一个重要特征,意味着债务履行期届满,债务人仍然不能履行债务的,债权人可以对抵押物行使处分权,变卖抵押物,并从变卖所得价款中优先受偿。因此,抵押权是一种价值权、变价权、优先受偿权。①抵押权的优先受偿表现为:一是与债务人的其他普通债权人相比,抵押权人就抵押物变卖所得价金,有优先于普通债权人受清偿的权利;二是与债务人的其他债权人相比,成立在先的抵押权人有优先于在其后成立的抵押权人受偿的权利;三是在债务人宣告破产时,抵押权人享有别除权,对抵押物变卖所得价金优先受偿。②

二、抵押权的分类

世界各国的抵押权种类存在很大的差异,而且随着社会经济的发展,不断会产生新的抵押权。根据不同的标准,抵押权有不同的分类。

(1) 不动产抵押权、动产抵押权与权利抵押权。以抵押权的标的物为标准,抵押权可以分为不动产抵押权、动产抵押权与权利抵押权三种。

不动产抵押权,是指以不动产为标的物的抵押权。抵押权是由非占有质演化而来的,最初其标的物仅限于不动产。③不动产抵押权是典型的抵押权,由于抵押权是以不转移标的物的占有为必要而成立的担保物权,因此以在不动产上设定抵押权为原则,而以在动产上设定抵押权为例外。在我国,由于实行土地公有制,城市土地归国家所有,城市郊区和农村的土地归集体所有,自然人和法人不可能获得土地的所有权,因而不动产抵押权的标的物仅为土地上的定着物。

动产抵押权,是指以动产为标的物的抵押权。由于动产的公示方式是占有,而抵押权是不以占有转移为条件而设定的担保物权,因而一旦在动产上设立抵押权,就缺乏相应的公示方法。但随着社会经济的发展,动产在社会经济生活中的重要性日渐凸现,各国法律对一些重要的动产采取登记的

---

① 参见前揭郭明瑞:《担保权法原理与实务》,第 83 页。
② 参见前揭谢在全:《民法物权论》(下册),第 542 页。
③ 参见前揭郭明瑞:《担保权法原理与实务》,第 97 页。

方式进行公示,从而为动产成为抵押权的标的物创造了必要条件。①在现代社会中,动产抵押权已经为世界各国的法律所承认。例如,我国《担保法》第34条规定:"……抵押人所有的机器、交通运输工具和其他财产……"我国《海商法》第11条规定:"船舶抵押权,是指抵押人对于抵押权人提供的作为债务担保的船舶,在抵押人不履行债务时,可以依法拍卖,从卖得的价款中优先受偿的权利。"

权利抵押权,是指以权利为标的物的抵押权。世界各国立法对可成为抵押权客体的权利范围规定不一。在我国,由于实行土地公有制,土地不能成为抵押权的标的物,但土地的使用权可以成为抵押权的标的物,而且以土地使用权为标的物的抵押权是我国最为典型的权利抵押权。例如,《城市房地产管理法》第47条规定:"依法取得的房屋所有权连同该房屋占用范围内的土地使用权,可以设定抵押权。以出让方式取得的土地使用权,可以设定抵押权。"

(2) 流通抵押权与保全抵押权。以抵押权设定的目的为标准,抵押权可以分为流通抵押权与保全抵押权。

流通抵押权,是指以确保债权流通为目的的抵押权。②在德国,流通抵押权是抵押权最普通的形态。③抵押权的流通成为抵押权的发展方向,抵押权可以成为投资的客体,在金融市场上流通。④抵押证券是使抵押权流通的典型。⑤这里从以下两个方面说明流通抵押权:⑥一是流通抵押权的设定。流通抵押权的设定应有双方当事人的合意并办理相应的登记手续。登记机关根据职权作成抵押证券,交付给土地所有权人。⑦土地所有权人将抵押证券

---

① 参见前揭〔日〕近江幸治:《担保物权法》,第90页。
② 史尚宽先生认为,在德国民法上"流通抵押,谓关于债权亦有土地登记簿的公信力及推定力之抵押权"。参见史尚宽:《物权法论》,第264页。
③ 参见前揭史尚宽:《物权法论》,第265页;前揭〔日〕近江幸治:《担保物权法》,第93页。
④ 参见前揭〔日〕近江幸治:《担保物权法》,第94页。
⑤ 同上。
⑥ 参见前揭史尚宽:《物权法论》,第264—266页。
⑦ 《德国民法典》第1116条第1款规定:"(1)关于抵押权应给予抵押权证书。"

交付给债权人,债权人基于所有权人的交付而取得抵押权。①在交付之前,抵押权属于所有权人,所有权人因交付而丧失抵押权。②因此,抵押权的转让应以抵押证券的交付为必要条件,否则,不产生抵押权转移的效力。对抵押证券的占有是享有抵押权的前提,也是处分抵押权的必要条件。在行使抵押权时,应以提示抵押证券为必要。二是流通抵押权的让与。流通抵押权与所担保的债权不能分离而让与。抵押权所担保的债权转让,抵押权也应随之转让,③而且两者的让与方式也应相同。但是,抵押权所担保的债权的效力并不影响抵押权的效力,即债权无效,抵押权仍然有效。利用登记的公信力,切断债权与原因关系,促进抵押权的流通性,从而在债权即使不存在的情形下,受让人也能取得抵押权。④我国不承认流通抵押权的存在。

保全抵押权,是指以确保债权实现为目的的抵押权。⑤保全抵押不适于流通,仅适于担保。世界大多数国家仅承认保全抵押,如日本⑥,我国也是如此。保全抵押权的设定不得发行抵押证券;其转让时,受让人仅在债权有效存在时,才能取得抵押权。

(3) 普通抵押权与特殊抵押权。以抵押权是否具有特殊性为标准,抵押权可以分为普通抵押权与特殊抵押权。

普通抵押权,是指法律上没有特别规定的抵押权。特殊抵押权,则是指法律上有特别规定的抵押权。普通抵押权与特殊抵押权的划分是基于抵押权标的物的构造,一般说来,不动产抵押权为普通抵押权,动产抵押权、权利

---

① 《德国民法典》第1117条第1款规定:"(1) 如果未免除给予抵押权证书,债权人仅在土地所有权人向其移交证书时,始取得抵押权。对上述移交适用第929条第2款和第930条的规定。"

② 《德国民法典》第1163条第2款规定:"(2) 未免除给予抵押权证书的抵押权,在证书移转于债权人之前,属于所有权人。"

③ 《德国民法典》第1153条规定:"(1) 债权一经转让,抵押权也一并转让给新所有权人。(2) 债权不得不随抵押权一并转让,抵押权不得不随债权一并转让。"第1154条第1、2款规定:"(1) 让与债权需以书面形式给予让与的意思表示,并交付抵押权证书;于此适用第1117条的规定。经新债权人要求,原债权人应由自己负担费用,由公证机构对让与的意思表示加以认证。(2) 可以通过在土地登记簿中登记让与来代替让与的意思的书面形式。"

④ 参见前揭〔日〕近江幸治:《担保物权法》,第93页。

⑤ 史尚宽先生认为,在德国民法上"保全抵押,谓关于债权无登记公信力及推定力之抵押权"。前揭史尚宽:《物权法论》,第266页。

⑥ "在日本的抵押权是保全抵押,流通抵押没有被承认。"前揭〔日〕近江幸治:《担保物权法》,第93页。

抵押权均为特殊抵押权。特殊抵押权主要有以下几种：

一是共同抵押权。共同抵押权，又称为总括抵押权，是指以数个财产为同一债权共同提供担保，从而在数个财产上为同一债权设定一个抵押权。在通常情形下，在一个物上设定一个抵押权为债权提供担保，是一般抵押权。因此，共同抵押权为特殊抵押权。

二是最高额抵押权。最高额抵押权，是指在特定的期限内为在一定范围连续发生的不特定的债权提供担保的物权。《担保法》对最高额抵押权有明文规定。

三是所有人抵押权。所有人抵押权，是指所有人在自己的物上设定自己的抵押权。抵押权是他物权，在通常情形下，仅能在他人之物上设定抵押权，所有人抵押权仅是抵押权的一种例外情形。

四是财团抵押权。财团抵押权，是指以法人的全部财产为抵押权标的的担保物权。法人的全部财产，又称为财团，是法人全部财产的集合，既有不动产，又有动产、权利等。财团抵押权的标的是不动产、动产、权利的集合体，而不是一个单一物。世界各国关于财团抵押权的立法例有两种：英美法的浮动担保与大陆法系以德国为代表的财团抵押。

五是法定抵押权。法定抵押权，是指根据法律规定直接产生的抵押权，而无须当事人的意思表示。抵押权原则上为意定担保物权，由当事人自愿设定，以由法律直接规定而产生为例外。基于社会政策和公共利益方面的考虑，法律规定某些情形下，自动产生抵押权。例如，《合同法》第286条规定的工程款的优先受偿权，即为法定抵押权。

第二节　抵押权的设定

一、抵押权的取得

抵押权的取得有两种方式，即基于法律行为而取得抵押权及基于法律行为之外的其他方式而取得抵押权。

（一）基于法律行为而取得的抵押权

基于法律行为而取得抵押权有抵押权的设定和让与两种。抵押权的设定是典型的抵押权取得的方式,因设定而产生的抵押权,学理上称为意定抵押权。抵押权的设定行为属于要式法律行为,通常采取书面的方式,我国立法明文规定应采取书面方式。例如,《担保法》第 38 条规定:"抵押人和抵押权人应当以书面形式订立抵押合同。"抵押权的设立,不仅要采取书面的方式,而且还须办理登记手续。在办理登记手续之后,抵押权生效。例如,《担保法》第 41 条规定:"当事人以本法第四十二条规定的财产抵押的,应当办理抵押物登记,抵押合同自登记之日起生效。"我国台湾地区也规定应订立书面的抵押合同,[①]并办理抵押登记手续。[②]

抵押权的让与,是基于抵押权的从属性,应与其所担保的债权一同让与。[③]

（二）基于法律行为之外的其他行为而取得的抵押权

基于法律行为之外的其他行为而取得的抵押权,有两种情形:一是基于法律的规定而取得的抵押权。基于法律规定而直接取得的抵押权,是法定抵押权,例如,《合同法》第 286 条规定的法定抵押权。二是基于继承关系而取得的抵押权。被继承人死亡时,被继承人的债权连同抵押权,由继承人当然取得,而且无须登记即生效。

二、抵押合同

（一）抵押合同的成立与生效

抵押合同的成立与生效,应当具备合同成立与生效的一般要件。[④]但是,由于抵押合同涉及不动产,涉及的交易数额较大,对合同双方当事人利益影响巨大,因此,为保护交易安全,法律对抵押合同的成立与生效有特别的规定。

抵押合同除了应具备合同一般的成立要件,即当事人就抵押意思表示一致外,法律还有特别的规定。根据《担保法》第 38 条的规定,抵押合同是

[①] 我国台湾地区民法第 760 条规定:"不动产物权之移转或设定,应以书面为之。"
[②] 我国台湾地区民法第 758 条规定:"不动产物权,依法律行为而取得设定、丧失、及变更者,非经登记,不生效力。"
[③] 我国台湾地区民法第 870 条规定:"抵押权不得由债权分离而为让与,或为其他债权之担保。"
[④] 参见前揭郑云瑞:《民法总论》,第 222—231 页。

要式合同,因此,当事人意思表示合致之外,还要满足形式要件,即订立书面合同,抵押合同才告成立。换言之,抵押权合同成立应当是双方当事人订立书面的抵押合同,而不仅仅是当事人之间的意思表示一致。①

关于抵押合同的生效,有两种情形:一是根据《担保法》第42条的规定应当办理登记的抵押,即以土地使用权、房屋、林木、航空器、船舶、车辆、企业的设备和其他动产抵押的,②《担保法》第41条明文规定,当事人办理登记手续之后,抵押合同生效。③在当事人办理抵押登记之前,抵押合同成立但未生效。因此,抵押登记是抵押合同的生效条件,而不是成立条件。④二是以《担保法》第42条之外的其他财产为抵押物的,根据《担保法》第43条的规定,抵押合同从双方当事人签字之时生效。没有办理抵押登记的,不能对抗第三人。⑤

流质合同无效,是从罗马法以来的多数国家立法例的规定。⑥流质合同是指抵押人与抵押权人在订立合同时约定,在债务人不履行债务时,抵押物的所有权归抵押权人所有。《担保法》明文禁止流质合同,该法第40条规定:"订立抵押合同时,抵押权人和抵押人在合同中不得约定在债务履行期届满抵押权人未受清偿时,抵押物的所有权转移为债权人所有。"但是,流质

---

① 参见前揭郑云瑞:《民法总论》,第224页。
② 《担保法》第42条规定:"办理抵押物登记的部门如下:(一)以无地上定着物的土地使用权抵押的,为核发土地使用权证书的土地管理部门;(二)以城市房地产或者乡(镇)、村企业的厂房等建筑物抵押的,为县级以上地方人民政府规定的部门;(三)以林木抵押的,为县级以上林木主管部门;(四)以航空器、船舶、车辆抵押的,为运输工具的登记部门;(五)以企业的设备和其他动产抵押的,为财产所在地的工商行政管理部门。"
③ 参见前揭郭明瑞:《担保法原理与实务》,第150页。
④ 学界对此争议较大,或者认为是成立要件,或者认为是生效要件。根据法律行为成立与生效的理论以及我国《担保法》的具体规定,抵押登记应当是抵押合同的生效要件,而不是抵押合同的成立要件。
⑤ 《担保法》第43条规定:"当事人以其他财产抵押的,可以自愿办理抵押物登记,抵押合同自签订之日起生效。当事人未办理抵押物登记的,不得对抗第三人。当事人办理抵押物登记的,登记部门为抵押人所在地的公证部门。"
⑥ 《德国民法典》第1149条规定:"以债权对所有人尚未到期者为限,所有权不得给予债权人请求转移土地所有权以充抵债权的权利,也不得给予以强制执行以外的其他方法让与土地权利。"
《瑞士民法典》第816条第2款规定:"债权人的不动产担保权未受清偿时,其担保物的所有权归债权人所有权的约定,无效。"

合同无效,并非指设定抵押权的抵押行为无效,而是对抵押物归属问题的条款无效。

(二) 抵押合同当事人

抵押合同的当事人是指抵押权法律关系的主体,即抵押合同的双方,包括抵押权人和抵押人。抵押权人是享有抵押权的债权人,抵押人是在自己的财产上为债权人设定抵押权的债务人或者第三人。

(1) 抵押人。抵押人,是指在自己的财产上为债权人设定抵押权的债务人或者第三人。抵押人通常是债务人本人,但也可由第三人为债务人设定抵押。第三人为债务人的债务设定抵押的,该第三人称为物上保证人。抵押人既可以是自然人,也可以是法人。由于抵押的设定行为是一种法律行为,因而行为人应具有相应的行为能力。就自然人而言,应具有完全行为能力,无行为能力人或者限制行为能力人,均不得擅自设定抵押权,无行为能力和限制行为能力人设立抵押权的行为无效。然而,虽然《担保法》对机关和公益性的事业单位作为保证人有严格的法律限制,但对抵押人却没有明文规定,因此,任何法人均可以成为抵押人,抵押人的身份上没有任何法律限制。

由于抵押权是一种处分财产的行为,因此,抵押人应当是财产的所有权人或者享有处分权的人。《民法通则司法解释》第113条第1款规定:"以自己不享有所有权或者经营管理权的财产作抵押物的,应当认定抵押无效。"该条款的规定缺乏对善意第三人的保护,但在共有人未经其他共有人同意的情形下,擅自将共有物抵押的,司法解释保护了善意第三人的利益。《民法通则司法解释》第89条:"共同共有人对共有财产享有共同的权利,承担共同的义务。在共同共有关系存续期间,部分共有人擅自处分共有财产的,一般认定无效。但第三人善意、有偿取得该财产的,应当维护第三人的合法权益,对其他共有人的损失,由擅自处分共有财产的人赔偿。"

(2) 抵押权人。抵押权人,是指对债务人或者第三人的财产享有抵押权的债权人。抵押权人是债权人,抵押权因债权的存在而存在,同时也因债权的消灭而归于消灭。抵押权人既可以是自然人,也可以是法人。

关于限制行为能力人和无行为能力人能否作为抵押权人,学界存在争议,多数意见认为可以成为抵押权人。但是,实际上,限制行为能力人与无行为能力人,能否成为抵押权人,应视情况而定:一是在基于法律行为而取得的抵押权中,涉及当事人的行为能力问题,在这种情形下,限制行为能力人和无行为能力人成为当事人的可能性不大;①二是在基于法律行为之外的其他行为而取得的抵押权中,不涉及当事人的行为能力问题。

(三)抵押合同的标的物

抵押合同的标的物,是指抵押权的客体。抵押权是以取得抵押物的交换价值为实质内容的,被抵押的标的物应具有独立的交换价值并能依法变价,虽具有交换价值,但为法律所禁止的物不得作为抵押物。抵押合同标的物应满足以下两个条件:②一是形式要件。标的物必须以登记为取得、变更要件,即标的物必须以登记为物权的公示方式。不动产最适合于抵押权的设定,以登记为所有权取得、转移公示方式的动产也可以成为抵押权的标的物,例如,船舶、航空器、汽车等。二是实质要件。设定抵押权的标的物是设定人有使用收益必要的物,而且对物的使用收益不会损毁物的价值及形状,并可明显区别于抵押人的其他财产。

抵押合同的标的物仅限于流通物与限制流通物,普通抵押权的标的物以不动产为限,特殊抵押权的标的物则有动产、权利、财团。《担保法》明确规定了抵押权的标的物,该法第 34 条第 1 款规定:"下列财产可以抵押:(一)抵押人所有的房屋和其他地上定着物;(二)抵押人所有的机器、交通运输工具和其他财产;(三)抵押人依法有权处分的国有的土地使用权、房屋和其他地上定着物;(四)抵押人依法有权处分的国有的机器、交通运输工具和其他财产;(五)抵押人依法承包并经发包方同意抵押的荒山、荒沟、荒丘、荒滩等荒地的土地使用权;(六)依法可以抵押的其他财产。"③

但是禁止流通物,不得成为抵押权的标的物,法律禁止的其他物也不得成为抵押权的标的物。《担保法》第 37 条规定:"下列财产不得抵押:(一)土地所有权;(二)耕地、宅基地、自留地、自留山等集体所有的土地使用权,

---

① 法律行为的生效涉及当事人的行为能力问题,因此,无行为能力人或者限制行为能力人不得设定抵押权。

② 参见前揭史尚宽:《物权法论》,第 273 页。

③ 《物权法草案》第 202 条规定:"债务人或者第三人有权处分的下列财产可以抵押:(一)建筑物和其他土地附着物;(二)建设用地使用权;(三)抵押人依法承包并经发包方同意抵押的荒山、荒沟、荒丘、荒滩等荒地的土地使用权;(四)企业、个体工商户、农村承包经营户的机器设备、原材料、产成品等动产;(五)正在建造的建筑物、船舶、飞行器;(六)交通工具;(七)法律、行政法规规定可以抵押的其他财产。抵押人可以将前款所列财产一并抵押。"

但本法第三十四条第(五)项、第三十六条第三款规定的除外;(三)学校、幼儿园、医院等以公益为目的的事业单位、社会团体的教育设施、医疗卫生设施和其他社会公益设施;(四)所有权、使用权不明或者有争议的财产;(五)依法被查封、扣押、监管的财产;(六)依法不得抵押的其他财产。"①

(四)被担保的债权

抵押权具有从属性,以被担保的债权的存在而存在。被担保的债权是抵押权存在的前提。被担保的债权仅限于金钱债权,在不履行时可以变为金钱债权的,也可以成为被担保的债权。②但是,无法以金钱清偿的债权,则不适于设定抵押权。但是,对下列债权是否可以成为抵押权所担保的债权,存在不同的意见:

一是消费借贷所产生的将来债权。由于消费借贷属于要物法律行为,标的物的交付为法律行为成立的要件,在标的物交付之前,消费借贷合同没有效力可言,因而抵押权也未生效。然而,为消费借贷债权设定抵押权大多在消费借贷合同订立之后,标的物交付之前,然后才开始金钱的交付。如果认为此时设定的抵押权无效,则交易安全无法保障,因此,应认定抵押权有效。③

二是附条件的债权。关于附条件的债权,德国、日本民法持肯定态度。例如,《德国民法典》第1113条第2款规定:"(2)抵押权也可以为将来的或者附条件的债权而设定。"《日本民法典》第129条规定:"当事人在条件成否未定期间的权利义务,可以根据一般规定予以处分、继承、保存或者担保。"

三是消灭时效完成后的债权。我国台湾地区的理论认为,即使消灭时效完成后的债权,也可以设定抵押权。④根据我国台湾地区民法的规定,消灭时效完成后的债权并未消灭,仅对债务人产生拒绝给付抗辩权而已,债务人

---

① 《物权法草案》的规定与《担保法》基本相同。
② 参见前揭史尚宽:《物权法论》,第272页。
"对可以设定抵押的'债权',没有特别的限制。即使是金钱债权以外的债权,为了因债务不履行而转化成损害赔偿债权的抵押权的设定也是有可能的。"前揭〔日〕近江幸治:《担保物权法》,第106页。
③ 参见前揭郑玉波:《民法物权》,第224页。
④ 同上。

的债务由法定债务变为自然债务,债务人如果愿意给付,仍然有效。《民法通则》关于消灭时效的规定与我国台湾地区是一致的,消灭时效完成后的债权,债务人自愿履行的,债权并不因消灭时效的完成而归于无效。既然债权存在,那么,第三人或者债务人对债权提供抵押担保,并未违反法律的强制性规定,因此,抵押人不得以不知消灭时效完成为由否认抵押权的效力。①

第三节 抵押权的效力

抵押权的效力是指生效的抵押合同所产生的效力,表现为抵押权的效力范围、抵押权对抵押权人的效力以及抵押权对抵押人的效力三个方面。

一、抵押权的效力范围

抵押权的效力范围包括抵押权所担保的债权范围与抵押权标的物的范围两个方面内容。

(一) 抵押权所担保的债权范围

抵押权所担保债权的范围,是抵押权人实行抵押权时,应优先清偿的范围。抵押权是债权的担保,其所担保的范围,是仅限于债权,还是包括利息及其他,《担保法》第46条有明文规定:"抵押担保的范围包括主债权及利息、违约金、损害赔偿金和实现抵押权的费用。抵押合同另有约定的,按照约定。"可见,除当事人另有约定的,抵押权所担保的债权范围如下:

(1) 主债权。主债权,又称为原债权或者本债权,抵押权是为担保主债权的实现而设立的,因而主债权是抵押权担保的主要对象。债权设定抵押权时,应对债权的种类、数额以及债务人等一并登记。这是基于抵押权的特定原则的要求,抵押权的标的物及担保的债权均应特定化,这也是不动产物权公示的基本要求。债权的特定化,是确定抵押权人应优先受偿的范围,即是确定债权可以支配抵押物的交换价值的范围,而债权的种类、数额等也是债权特定化的基本要求。

---

① 参见前揭梁慧星:《中国物权法研究》(下册),第 831—832 页。

（2）利息。利息是指主债权所产生的利息，仅指约定利息，①法定利息属于迟延履行的范围。②《担保法》明确规定抵押合同应当记载主债权的种类和数额，但并未特别强调约定利息，因此，抵押人和抵押权人在办理抵押合同登记时，法律没有强制规定必须登记利息或者利率。由于《担保法》规定主债权及利息属于抵押权担保的法定债权范围，因而即使不登记也不得将利息排除在外。但是，如果办理抵押登记时，不登记利息，则抵押登记缺乏公示效果，由于向第三人提供的抵押登记信息不完整，可能对第三人的利益构成侵害，因此，在办理抵押登记时，不仅要登记主债权，而且还要登记利息。

关于抵押权所担保利息的范围，立法例有限制主义与非限制主义两种。前者有《法国民法典》第2151条的规定、《日本民法典》第374条的规定及《瑞士民法典》第818条的规定，即在一定年限内的利息是抵押权的担保范围。作出该限制的理由，是利息期届满清偿期后，由于抵押权人的懈怠，可以请求给付却不向抵押人提出请求，导致利息积欠过多，从而可能影响其他抵押权人的利益，法律没有保护的必要。非限制主义的立法例则对抵押权人的不作为没有任何法律上的限制。

（3）迟延利息。迟延利息，是指在金钱债务履行迟延时，债权人可以请求给付法定的利息。对于迟延利息，当事人有约定的从约定，没有约定的，则根据法律的规定，即使约定的利息高于法定的利息，也是有效的。《日本民法典》第419条规定："（1）不履行以金钱债务为标的的债务时，其损害赔偿额，依法定率利确定。但是，约定率利超过法定率利时，依约定率利确定。（2）关于前款损害赔偿，债权人无须提出损害证明，债务人也不得以不可抗力进行抗辩。""迟延利息，为原本债务不履行时法律上当然发生之附随债权，当事人间虽无特约，无须登记而得就抵押标的物，行使抵押权"③

（4）违约金和赔偿金。债务人不履行债务的，对债权人应承担赔付违约金或者损害赔偿金的责任。迟延利息属于债务人承担履行迟延的赔偿责任的一种情形，而且仅限于金钱债务。以金钱或者非金钱为给付标的的债

---

① 关于是约定利息，还是法定利息，学界认识不一。王利明先生认为："利息是主债权产生的法定利息。"前揭王利明：《物权法论》（修订本），第611页。

② 参见前揭谢在全：《民法物权论》（下册），第576页。

③ 前揭史尚宽：《物权法论》，第277页。

务,债务人不能履行或者迟延履行的,应向债权人给付违约金或者损害赔偿金。《民法通则》第 111 条规定:"当事人一方不履行合同义务或者履行合同义务不符合约定条件的,另一方有权要求履行或者采取补救措施,并有权要求赔偿损失。"由于《担保法》第 46 条已经明文规定违约金和损害赔偿金属于抵押担保债权范围内,因此,在办理抵押登记时无须登记,也当然属于抵押权的效力范围。

(5) 实行抵押权的费用与保全抵押权的费用。抵押权人因实行抵押权所支出的费用,应当由债务人承担,属于抵押权效力范围。实行抵押权的费用包括拍卖、变价抵押物所支出的费用。由于抵押权人实行抵押权是因债务人不履行债务而产生的,债务人应承担由此而产生的费用。如果抵押物的价值不足以清偿所担保的债权的,当事人应约定债权的清偿顺序,没有约定的,根据有关法律处理。《担保法司法解释》第 74 条规定:"抵押物折价或者拍卖、变卖所得的价款,当事人没有约定的,按下列顺序清偿:(一) 实现抵押权的费用;(二) 主债权的利息;(三) 主债权。"

保全抵押权的费用,是指抵押权人因抵押人的行为足以导致抵押物价值减少,在情事急迫的情形下,抵押权人为保全抵押物而支出的费用。通说认为,这项费用因保全抵押物而产生,对抵押权人、抵押人均有利,因而具有优先受偿权,属于抵押权所担保的范围。[①]《瑞士民法典》第 808 条第 3 款规定:"(3) 前款防卫措施的费用,担保权人可请求所有人补偿,担保权人虽未在不动产登记簿上登记,也有这种权利,且该权利优先于任何已经登记的其他权利。"

(二) 抵押权标的物的范围

"普通抵押权之标的物既以不动产充之,则抵押权效力之所及,自亦应以该不动产为限,但法律为巩固抵押权基础起见,乃予以扩张……"[②] 可见,抵押权标的物不仅指设定抵押权的物,而且还有与之相关的其他物及权利。

(1) 抵押物的从物及从权利。从物是与主物相对的,是辅助主物的效用而归属于一人的物。抵押权的效力是否及于从物,应视情形而定:一是在抵

---

① 参见前揭谢在全:《民法物权论》(下册),第 579 页;前揭郑玉波:《民法物权》,第 226 页。
② 前揭郑玉波:《民法物权》,第 227 页。

押权设立之前已经存在的从物,抵押权的效力应及于从物。我国的司法实践也是这样操作的。《担保法司法解释》第63条规定:"抵押权设定前为抵押物的从物的,抵押权的效力及于抵押物的从物。但是,抵押物与其从物为两个以上的人分别所有时,抵押权的效力不及于抵押物的从物。"但该解释受到了学界的批评,因为一旦从物与主物分离而成为其他之物,从物与主物之间就不存在主从关系,而成为一个独立的物。该解释违反了民法的基本原理。二是抵押权设定之后存在的抵押物的从物,抵押权的效力不得及于该从物。①抵押权的效力及于抵押物的从物,有害于普通债权人的利益。

抵押权的效力是否及于附合物,《法国民法典》第2133条、《德国民法典》第1120条、《瑞士民法典》第805条及《日本民法典》第307条的规定,均采取肯定态度,承认抵押权的效力及于附合物。我国的立法没有明文规定,但《担保法司法解释》第62条规定:"抵押物因附合、混合或者加工使抵押物的所有权为第三人所有的,抵押权的效力及于补偿金;抵押物所有人为附合物、混合物或者加工物的所有人的,抵押权的效力及于附合物、混合物或者加工物;第三人与抵押物所有人为附合物、混合物或者加工物的共有人的,抵押权的效力及于抵押人对共有物享有的份额。"可见,我国的司法实践承认抵押权的效力及于附合物。实际上,抵押权的效力及于添附物违反民法的基本原理。债权债务关系一旦成立,债务人以其全部财产为债权人的债权提供担保。因添附使抵押物的价值增加的同时,导致债务人的其他财产减少,从而损害了普通债权人的利益。因此,抵押权的效力不应及于添附物。

从权利是为辅助主权利的效力而存在的权利,其关系如同从物与主物。例如,对土地使用权设定抵押权时,其效力应及于作为从权利的邻地通行权,如果抵押权的效力不及于从权利,则抵押物的价值无法实现。

(2)孳息。孳息包括法定孳息和天然孳息两种。在抵押权设定之后,无论是法定孳息还是天然孳息,均归抵押人所有。但是,在债务履行期届满而债务人未履行债务,导致法院扣押抵押物的,从扣押之日起,抵押权人有权收取孳息。换言之,抵押权的效力及于孳息。世界各国的立法例均是如此。我国《担保法司法解释》第46条规定:"债务履行期届满,债务人不履

---

① 参见前揭王利明:《物权法论》(修订本),第613页。

行债务致使抵押物被人民法院依法扣押的,自扣押之日起抵押权人收取的由抵押物分离的天然孳息和法定孳息,按照下列顺序清偿:(一)收取孳息的费用;(二)主债权的利息;(三)主债权。"

(3)抵押物的代位物。民法上的代位有两种:人的代位与物上代位。人的代位是指一个权利主体取代另一个权利主体的位置行使权利。人的代位又有两种:一是债权代位权,即合同法上的代位权,是指债权人为保全其债权,有权以自己的名义行使债务人对次债务人的权利。①例如,《合同法》第 37 条规定,因债务人怠于行使其到期债权,对债权人造成损害的,债权人可以向人民法院请求以自己的名义代位行使债务人的债权,此乃人的代位,其宗旨在于保全债权。二是保险代位权。保险代位权,是指保险人在给付保险金之后,如果第三人对保险事故的发生或者保险标的损害负有赔偿责任的,保险人在其已经承担的保险赔偿金额范围内取得了被保险人对第三人的损害赔偿请求权。②《保险法》第 45 条第 1 款规定:"因第三者对保险标的的损害而造成保险事故的,保险人自向被保险人赔偿保险金之日起,在赔偿金额范围内代位行使被保险人对第三者请求赔偿的权利。"

物上代位,即抵押物的代位物,是指抵押权的标的物因灭失、损毁而获得赔偿金的,该赔偿金为抵押物的代位物或者代偿物。由于抵押权人就抵押权的标的物赔偿金行使权利,因而称为抵押权的代位性。抵押权是以支配抵押物的交换价值,保障债权优先受偿为目的的物权,因而在抵押物损毁灭失后,只要有交换价值的存在,无论其存在的形态如何,仍然是抵押权可以支配的对象。

关于抵押物的代位理论基础,学界存在三种不同的观点:③(1)物权说。该说强调抵押权的物权性,认为根据物权法的基本原则,物权因标的物的灭失而消灭。由于抵押权是物权的一种,抵押标的物灭失的,抵押权随之消灭,即使变形物有价值,也不应认为抵押权效力可及于该变形物。因此,抵押权物上代位并非是因抵押权当然产生的,而是法律为保护抵押权所设的特别规定。日本学者梅谦次郎持该学说。(2)价值权说。该说认为抵押权

---

① 参见郑玉波:《民法债编总论》,陈荣隆修订,中国政法大学出版社 2004 年版,第 292—297 页。

② 参见郑云瑞:《财产保险法》,中国公安大学出版社 2004 年版,第 192—203 页。

③ 参见前揭谢在全:《民法物权论》(下册),第 595 页。

并非以标的物的实体即使用价值为目的,而是以标的物的交换价值为目的的权利,通常称为价值权。因此,当标的物价值转变为金钱或者其他形态时,抵押权的效力当然可追及到其变形物上。日本学者我妻荣持该学说。(3)公平说。由于抵押权的实质是支配抵押物的交换价值,抵押物因灭失、毁损而取得的金钱等变形物,仅仅是抵押物价值的提前实现而已,如果抵押权效力不能及于该变形物,抵押权得不到保护,抵押人反而取得该变形物的利益,不仅不能实现担保的目的,而且还违反公平原则。因此,抵押权物上代位与人的代位制度一样,均是基于公平原则而设定的。

物权说将抵押权物上代位简单地归结为法律为保护抵押权所作出的特别规定,这将使抵押权物上代位的功能具有很大的局限性。价值权说与公平说,均通过揭示抵押权的本质特性,即价值权,说明抵押物的变形物或者替代物与抵押物具有同一性,抵押权的效力当然及于变形物或者替代物,克服了物权说的局限性。然而,公平说在价值权说的基础上,进一步论证抵押权转移到替代物之上,则"既可贯彻抵押权的价值权性,又可避免抵押权因抵押物消灭而消灭,抵押人却可保有赔偿金之利益,不足以实现当事人之公平"①。

关于物上代位权的性质,有两种学说:②一是以日本学者为代表的原抵押权。该说认为,抵押权的本质为价值权,抵押权物上代位只不过是抵押权效力的延长,而不是新设立的权利。二是以德国、瑞士学者为代表的法定债权质。该说认为,抵押权物上代位是在抵押物的变形物请求权之上新成立一种债权质权,该债权质权的次序与原来抵押权的次序相同。原抵押权说是以价值权说或者公平说为理论依据的,是价值权说或者公平说的当然结论。原抵押权说与债权质权说的根本分歧,并非是对抵押权物上代位标的物的认识,而是对抵押权物上代位是否为新成立的另一种物权的认识。原抵押权说的倡导者认为,抵押物灭失、毁损时,抵押权的效力及于赔偿金及赔偿金的请求权。③由于抵押权本身具有优先效力、对抗第三人的效力,因而抵押权同样可以发挥债权质权说所要实现的功能及达到的效果。而债权质

---

① 前揭谢在全:《民法物权论》(下册),第595页。
② 参见前揭郑玉波:《民法物权》,第234页。
③ 参见前揭谢在全:《民法物权论》(下册),第597页。

权说"不仅使法律关系趋于复杂,且既认此项质权乃因抵押物灭失而新成立于抵押物之代位物上,则何以其次序与原抵押权相同,难作合理之说明……"①。可见,无论抵押权物上代位是原抵押权还是债权质权,均非问题的实质所在。

大陆法系国家关于抵押权代位物的立法例有两种:一是抵押权的效力及于代位物本身。例如,《日本民法典》第304条规定:"先取特权,对债务人因其标的物变卖、租赁、灭失或者损毁而应受的金钱或者其他物,也可行使……"我国《担保法》第58条规定:"抵押权因抵押物灭失而消灭。因灭失所得的赔偿金,应当作为抵押财产。"②二是抵押权的效力仅及于请求权。例如,《德国民法典》第1127条规定:"为土地所有权人或者土地自主占有人的利益而将属于抵押权的标的物提交保险的,抵押权扩于对保险人的债权。"

二、抵押权对抵押人的效力

抵押权是不以抵押物占有的转移为条件而提供债权担保的价值权,抵押权所支配的是抵押物的交换价值而不是其使用价值。由于抵押权并不转移抵押物的占有,抵押人在抵押物设定抵押权之后仍然占有、使用、收益抵押物,但抵押人的处分权受到一定的限制,抵押人可以自由地对抵押物进行法律上的处分,但不得对抵押物进行事实上的处分。抵押人享有的权利有:

(1) 抵押权的设定。抵押权不以占有抵押物为要件,从而使在一抵押物上设定两个或者两个以上抵押权成为可能。在有数个抵押权存在的情况下,抵押权的效力以抵押权登记的先后顺序来确定,登记在先的抵押权的效力不会受到登记在后的抵押权的影响。《担保法》第35条第2款规定:"财产抵押后,该财产的价值大于所担保债权的余额部分,可以再次抵押,但不

---

① 前揭谢在全:《民法物权论》(下册),第599—560页。
② 《担保法》将抵押权物上代位于赔偿金,《担保法司法解释》虽然扩大了抵押权代位的标的物范围,即增加了保险金、补偿金等,但仍未充分注意到将代位标的物局限于赔偿金等变形物本身的缺陷。然而,《担保法司法解释》关于抵押权所担保的债权未届清偿期的,抵押权人可以请求人民法院对保险金等采取保全措施的规定,是对这个漏洞的填补。但对于在采取保全措施之前已经支付保险金的,抵押权人的物上代位权仍然难以实现。因此,在审判实务中,不应拘泥于《担保法》及《担保法司法解释》的字面意思,而应理解为抵押权效力及于抵押物的变形物本身及其请求权。

得超出其余额部分。"

（2）用益物权的设定。抵押人在抵押物上设定抵押权之后，仍然可以在抵押物上设定用益物权。抵押权所支配的是抵押物的交换价值，而用益物权是支配抵押物的使用价值，以对抵押物的占有、使用、收益为目的，因此，两种权利并不冲突，用益物权的设定并不影响抵押权的行使。如果用益物权的设定影响抵押物的价值，拍卖抵押物的价值不足以清偿所担保的债权，抵押权人可以申请除去用益物权。例如，我国台湾地区民法第 866 条规定："不动产所有人，设定抵押权后，于同一不动产上，得设定地上权及其他权利。但其抵押权不因此而受影响。"

（3）所有权的让与。抵押人在抵押物上设定抵押权之后，仍然可以将抵押物的所有权让与第三人，即抵押人不会因抵押权的设定而丧失对抵押物法律上的处分权，而且抵押物所有权的让与对抵押权不产生任何影响。例如，我国台湾地区民法第 867 条规定："不动产所有人设定抵押权后，得将不动产让与他人。但其抵押权不因此而受影响。"

但是，根据我国法律的规定，抵押人在法律上的处分行为受到一定的限制，必须履行通知或者告知义务，否则，转让行为无效。《担保法》第 47 条规定："抵押期间，抵押人转让已办理登记的抵押物的，应当通知抵押权人并告知受让人转让物已经抵押的情况；抵押人未通知抵押权人或者未告知受让人的，转让行为无效。"①但是，司法解释的规定，在一定程度上修正了《担保法》的规定，体现了鼓励交易的原则。《担保法司法解释》第 67 条规定："抵押权存续期间，抵押人转让抵押物未通知抵押权人或者未告知受让人的，如果抵押物已经登记的，抵押权人仍可以行使抵押权；取得抵押物所有权的受让人，可以代替债务人清偿其全部债务，使抵押权消灭。受让人清偿债务后可以向抵押人追偿。"

三、抵押权对抵押权人的效力

抵押权对抵押权人的效力，学界认识不一。一是认为抵押权人享有抵

---

① 《物权法草案》基本沿袭了《担保法》的规定。《物权法草案》第 214 条规定："抵押期间，抵押人经抵押权人同意转让抵押财产的，应当将转让所得的价款向抵押权人提前清偿债权或者提存。转让的价款超过债权数额的部分归抵押人所有，不足部分由债务人清偿。抵押期间，抵押人未经抵押权人同意转让抵押财产的行为无效。"

押权的保全、处分及实行三个方面的权利;①二是认为抵押权人享有顺序权、抵押物的保全及处分权。②

(1) 抵押权的保全。由于抵押权人不占有抵押物,因此,抵押权人在实现抵押权之前,实际上对抵押物并无支配力。在抵押期间,抵押物价值的减少将损害抵押权人的利益,为保护抵押权人的利益,法律赋予抵押权人一定的权利,以保全抵押权,③主要表现在以下几个方面:一是抵押权价值减少的防止。抵押人的行为足以导致抵押物价值减少的,抵押权人有权请求抵押人停止其行为,行为包括作为和不作为。二是抵押物价值减少的救济。抵押物价值的减少有两种情形,一种情形是可归责于抵押人的事由。抵押权人有权要求抵押人恢复原状,或者提供相当的担保以充抵抵押物价值的减少。另一种情形是因不可归责于抵押人的事由。抵押权人仅在抵押人受偿范围内提出担保。

(2) 抵押权的处分。抵押权的处分包括抵押权的处分及抵押权顺位的处分。前者包括抵押权的让与及抵押权的抛弃。抵押权是财产权,因而抵押权不仅可以让与,而且还可以抛弃,但抵押权应与其所担保的债权同时让与,抵押权的抛弃应向抵押人以意思表示的方式进行,并涂销抵押登记。抵押权人抛弃抵押权之后,成为普通债权人,顺位在先的抵押权人将放弃其优先于其他抵押权人受偿的权利。

(3) 优先受偿权。优先受偿权,是指债务人在不履行债务时,抵押权人有权以抵押物折价或者变卖抵押物的方式优先于普通债权人受偿的权利。抵押权的本质在于担保债权的受偿。优先权有对内优先权与对外优先权之分,④前者是指同一抵押物上有两个以上抵押权时,应按照抵押权登记的时间先后确定其受偿的顺序;后者是指在抵押物被扣押、查封、被执行或者破

---

① 参见前揭郑玉波:《民法物权》,第238—260页。
② 参见前揭谢在全:《民法物权论》(下册),第614—633页。
③ 《担保法司法解释》第70条规定:"抵押人的行为足以使抵押物价值减少的,抵押权人请求抵押人恢复原状或提供担保遭到拒绝时,抵押权人可以请求债务人履行债务,也可以请求提前行使抵押权。"
我国台湾地区民法第871条规定:"抵押人之行为,足使抵押物之价值减少者,抵押权人得请求停止其行为,如有急迫之事情,抵押权人得自为必要之保全处分。因前项请求或处分所生之费用,由抵押人负担。"
④ 参见前揭王利明:《物权法论》(修订本),第619页。

产的情形下,抵押权优先于其他权利受偿。

第四节 抵押权顺位

抵押权的顺位,是指在同一标的物上存在数个抵押权时,各个抵押权优先受偿的顺序。顺位在先的抵押权优先于顺位在后的抵押权。关于抵押权的顺位有两种立法例:顺位固定主义和顺位递进主义。

(一) 顺位固定主义

这种立法例规定,抵押权设定之后,抵押权的顺位固定不变,顺位在先的抵押权消灭,顺位在后的抵押权并不递进,保持不变。顺位固定主义的立法例起源于古代罗马法,为现代德国、瑞士民法所继受。《瑞士民法典》第814条第2款规定:"同一土地设定不同顺位的数个抵押权的,当一土地抵押权消灭时,后顺位的土地抵押权人不得请求递补其空位。"

瑞士民法明文规定采取顺位固定原则,而德国民法却没有明文规定采取顺位固定原则,但一般认为《德国民法典》的所有人抵押权制度以顺位固定原则为必要,[①]因此,认为《德国民法典》采纳顺位固定原则。例如,《德国民法典》第1163条第1款规定:"为债权设定的抵押权,在债权不能成立时,该抵押权属于所有人。债权消灭时,所有人取得其抵押权。"可见,先次序抵押权消灭时,后次序抵押权并不能递进,而是由所有人取得该顺位的抵押权。顺位固定原则的采纳,使所有人抵押权有存在的可能。因此,顺位固定原则是所有人抵押权制度建立的基础。

顺位固定主义的立法例有两种不同的规定:

(1) 所有人抵押制度。所有人抵押制度,是指所有人在自己的不动产上设定抵押权的制度,由此而产生的抵押权,称为所有人抵押权,为德国民法所采纳。根据《德国民法典》的规定,所有人抵押权有原始的所有人抵押权与后发的所有人抵押权之分。原始的所有人抵押权,是指土地所有人预

---

① 《德国民法典》的第1196条第1款、第1163条第1款、第1143条第1款、第1153条规定了所有权人抵押权制度。

先以自己名义在自己的土地上所设定的土地债务,①是不具债权的所有人土地债务。这种土地债务的功能主要在于保留先顺位的抵押权,以便将其让与他人或者设定抵押权,以获取更为有利的融资。后发的所有人抵押权,是指抵押权所担保的债权消灭后,抵押权不消灭而归属于所有人的抵押权,以及物上保证人代债务人清偿债务时,为确保其求偿权,担保债权与抵押权共同移转于所有人(物上保证人)的抵押权。②顺位固定原则,一方面由于先顺位抵押权不因清偿等原因而消灭,从而阻止了后次顺位抵押权递进,获取不当利益的消极作用;另一方面所有人抵押权有成立的可能,因而又具有使所有人因此而获取有利融资的积极作用。

(2)空白担保位置制度。空白担保位置制度,是指同一不动产上设定先后顺位不同的数个抵押权的,先顺位的抵押权消灭时,后顺位抵押权人不能请求升进次序,而保留为空白的担保位置,不动产所有人可用以设定另一新抵押权。该制度为《瑞士民法典》所采纳。《瑞士民法典》将不动产抵押权消灭后之顺位,保留为空白担保位置,与《德国民法》成立所有人抵押权具有明显的区别。所保留的空白担保位置,在没有设定新抵押权以前,如果标的物的不动产变卖的,则变卖所得价金由后顺位的抵押权人按照抵押权的顺位进行分配,从而发生与后顺位抵押权递进顺位相同的效果。

所有人抵押权制度与空白担保位置制度两者之间的差异在于,前者的顺位是永久固定不变的,后一顺位的抵押权无论基于何种理由,抵押权的顺位均不得递进,如果债权不能清偿,只能以普通债权人的身份与其他债权人按比例清偿。而根据空白担保位置制度,在没有新设定的抵押权填补空白担保位置时,则由后顺位的抵押权递进,因此,可能产生与顺位递进主义相同的效果。

(二)顺位递进主义

同一抵押物上有数个抵押权存在时,各抵押权就抵押物卖得价金之优先受偿顺位,必须按照一定的标准决定。我国《担保法》是以登记的先后顺序确定抵押权的受偿顺序的,先登记的抵押权,顺位在先;后登记的抵押

---

① 《德国民法典》第1196条第1款的规定:"(1)土地债务也可以为所有权人设定。"
② 《德国民法典》第1143条第1款:"(1)所有权人并非负个人责任的债务人的,在所有权人向债权人清偿的范围内,债权转移于所有权人。于此准用第774条第1款关于保证人的规定。"参照第1153条。

权,顺位在后。先顺位的抵押权优先于后顺位的抵押权受偿。抵押权的优先顺位,在债务人不能清偿债务,抵押权人必须实行抵押权,才能实现担保机能时,具有重大意义。只有顺位在先的抵押权,才能就抵押物变卖所得的价金优先受偿,后顺位的抵押权仅能在先顺位的抵押权受偿有余额时,才能受偿。可见,先顺位抵押权就抵押物的交换价值取得优先支配的地位,后顺位抵押权仅就抵押物所剩余的交换价值取得支配地位。顺位递进主义的立法例起源于日耳曼法,为大多数大陆法系国家所继受,我国的立法和司法实践一直采纳这种立法例的规定。

无论是顺位固定主义的立法例还是顺位递进主义的立法例,均存在优先受偿顺序。优先受偿顺序,是指同一物上设定两个以上抵押权的,就拍卖、变卖抵押物所得的价款受偿的先后次序。《民法通则司法解释》第115条第2款规定:"债务人以抵押物清偿债务时,如果一项抵押物有数个抵押权人的,应当按照设定抵押权的先后顺序受偿。"《担保法》第54条规定:"同一财产向两个以上债权人抵押的,拍卖、变卖抵押物所得的价款按照以下规定清偿:(一)抵押合同以登记生效的,按照抵押物登记的先后顺序清偿;顺序相同的,按照债权比例清偿;(二)抵押合同自签订之日起生效的,该抵押物已登记的,按照本条第(一)项规定清偿;未登记的,按照合同生效时间的先后顺序清偿,顺序相同的,按照债权比例清偿。抵押物已登记的先于未登记的受偿。"可见,《担保法》及《担保法司法解释》规定了以下的清偿顺序:

(1)抵押合同以登记生效的,按照抵押物登记的先后顺序清偿;顺序相同的,按照债权比例清偿。先登记的抵押合同的效力优于后登记的抵押合同的效力,先登记的抵押合同的抵押权人优先受偿。受偿后抵押物处理有剩余的,由次等级的抵押合同的抵押权人受偿。如果数个办理抵押物登记的抵押合同的先后顺序相同的,按照各债权人的债权比例清偿。

(2)抵押合同从签订之日起生效的,如果抵押物已登记的,按照登记生效规则所确立的顺位进行清偿;如果没有登记的,则按照合同生效时间的先后顺序清偿,顺序相同的,按照债权比例清偿。抵押物已登记的先于未登记的受偿。

第五节 抵押权的消灭

抵押权的消灭,是指抵押权人与抵押人之间的抵押权利义务关系的终止。主债权的消灭、除斥期间的经过、抵押权标的物的灭失及抵押权的实行,均可导致抵押权的消灭。

一、主债权消灭

抵押权是为担保主债权而设立的,主债权消灭,抵押权即归于消灭。抵押权所担保的债权全部清偿,抵押权就没有存在的必要,因而随债权的消灭而归于消灭,这是抵押权从属性的表现。《担保法》第52条规定:"抵押权与其担保的债权同时存在,债权消灭的,抵押权也消灭。"主债权的消灭是抵押权消灭的主要原因之一。

二、抵押物的灭失

抵押物的灭失也可引起抵押权的消灭。抵押物的灭失包括法律上的灭失和事实上的灭失。但是,抵押权是价值权而不是实体物权,其注重的是标的物的价值而不是标的物的实体,因而在抵押物灭失之后,会产生抵押权的物上代位问题。对此,我国法律有明确规定,例如,《担保法》第58条规定:"抵押权因抵押物灭失而消灭。因灭失所得的赔偿金,应当作为抵押财产。"

三、除斥期间

抵押权原则上不会因其所担保的债权罹于消灭时效而消灭,作为物权的抵押权也不会因除斥期间的经过而消灭,[①]但存在例外情形,即抵押权人在消灭时效完成之后一定期限不实行抵押权的,抵押权消灭。[②]大陆法系国家立法例有类似的规定,例如,《瑞士民法典》第871条、《德国民法典》第

[①] 参见前揭史尚宽:《物权法论》,第316页。
[②] 我国台湾地区民法第880条规定:"以抵押权担保之债权,其请求权已因时效而消灭,如抵押权人,于消灭时效完成后,五年间不实行其抵押权者,其抵押权消灭。"

1170 条和第 1171 条规定,抵押权因除斥期间的经过而归于消灭。但是,我国《担保法》对此没有规定,而《担保法司法解释》第 12 条第 2 款则规定:"担保物权所担保的债权的诉讼时效结束后,担保权人在诉讼时效结束后的二年内行使担保物权的,人民法院应当予以支持。"司法解释关于抵押权行使期限的规定,应属于除斥期间,期间经过,抵押权人的权利消灭。

四、抵押权的实行

抵押权的实行,是指抵押物所担保的债权已届清偿期而债务人未履行债务的,抵押权人可以行使抵押权,以抵押物的价值优先受偿。抵押权的实行不仅是抵押权的一种消灭原因,而且是最为重要的原因。债务履行期届满而债务人未履行债务的,债权人实行抵押权,变卖抵押物而受偿,抵押权人设定抵押权的目的实现,抵押权彻底消灭。抵押权的实行应当满足以下条件:

(1) 有抵押权存在。有效抵押权的存在,是抵押权行使的前提。双方当事人签订抵押合同,但未办理抵押登记手续的,抵押权没有生效,抵押权无从行使。即使起初存在有效的抵押权,但其后被宣告无效或者被依法撤销的,也不存在有效的抵押权。

(2) 债务已届清偿期。抵押权的目的在于担保债权受偿,如果债权没有到期而允许抵押权人行使抵押权,债务人的利益将受到损害。债务人没有提前履行债务的义务。法律明文规定抵押权的行使条件为债务已届清偿期,例如,《担保法》第 53 条规定:"债务履行期届满抵押权人未受清偿的,可以与抵押人协议以抵押物折价或者以拍卖、变卖该抵押物所得的价款受偿……"当事人没有约定履行期限或者履行期限不明,根据《民法通则》第 88 条第 2 款第 2 项的规定及《合同法》第 62 条第 4 款的规定,①确定合同的履行期限。

(3) 债务人未履行到期债务。债务人未能履行到期的债务,与前两个

---

① 《民法通则》第 88 条第 2 款第 2 项规定:"(二) 履行期限不明确的,债务人可以随时向债权人履行义务,债权人也可以随时要求债务人履行义务,但应当给对方必要的准备时间。"

《合同法》第 62 条第 4 款:"(四) 履行期限不明确的,债务人可以随时履行,债权人也可以随时要求履行,但应当给对方必要的准备时间。"

条件共同构成抵押权行使的条件。未履行到期债务包括债务人拒绝履行、迟延履行及不当履行。但是,如果债务已届清偿期,而债务人存在行使法定抗辩权的情形下,抵押权人也不能行使抵押权。

关于抵押权的实行方法,《担保法》第53条规定抵押权实现的方法有抵押物的折价、拍卖、变卖三种方式。

(1) 抵押物折价。抵押物折价,是指抵押权人与抵押人之间就抵押物以折价的方式清偿债权达成协议,并由抵押权人取得抵押物的所有权。抵押物折价协议应在债权清偿期届满之后订立,如果在抵押合同订立时,双方当事人约定抵押物归抵押权人所有,则属于流质合同,为法律所禁止。从罗马法开始,世界各国的立法例基本禁止流质合同,例如,《德国民法典》第1149条规定:"如果债权对所有权人尚未到期,所有权人不得授予债权人为清偿目的而要求转让土地所有权的权利,或者以强制执行方式以及其他方式出让土地的权利。"《瑞士民法典》第816条第2款规定:"(2)债权人的不动产担保债权未受清偿时,其担保物的所有权即归债权人所有的约定,无效。"我国《担保法》第40条规定:"订立抵押合同时,抵押权人和抵押人在合同中不得约定在债务履行期届满抵押权人未受清偿时,抵押物的所有权转移为债权人所有。"

以折价方式实现抵押权,应根据市场价值确定抵押物价值数额,折价不得损害其他人的利益。所谓"其他人",指的是抵押人的其他债权人,包括同一抵押物之上的后顺位抵押权人和普通债权人。如果折价协议损害了其他债权人的利益,其他债权人可依法请求法院撤销该折价行为。

(2) 抵押物的拍卖。拍卖,是指通过公开竞价方式出卖抵押物。[①]拍卖是世界各国法律所规定的最主要的抵押权实现方法,因其是以公开竞价的方式将特定物品或者财产权利转让给最高应价者的买卖方式,通常由专门的机构进行,与其他方法相比,更能公平地实现抵押物的价值。

根据各国立法规定,拍卖分为任意拍卖与强制拍卖两种。任意拍卖,是指当事人根据约定自行委托拍卖机构依法拍卖。《担保法》规定,抵押人与

---

① 《担保法》第53条第1款规定:"债务履行期届满抵押权人未受清偿的,可以与抵押人协议以抵押物折价或者以拍卖、变卖该抵押物所得的价款受偿;协议不成的,抵押权人可以向人民法院提起诉讼。"

抵押权人可以协议拍卖抵押物。这种拍卖基于当事人的自由意思而发生，属于私法行为。强制拍卖，是指当事人根据民事诉讼法的规定，通过向法院提起拍卖抵押物的诉讼，并在法院裁判生效后，申请法院对抵押物进行拍卖的方式。这种拍卖是通过讼诉方式由法院强制执行，属于公法行为。

拍卖对抵押权人的效力表现在：一是拍卖所得价金的分配。以抵押物拍卖所得优先受偿，是抵押权实现的目的和内容，因此，以抵押物拍卖所得价金受偿，是拍卖对抵押权人发生的主要效力。在实践中，抵押物拍卖价金会多于或少于抵押所担保的债权额，依我国《担保法》的规定，当拍卖所得价金不足以清偿抵押担保的债权时，债权人只能以普通债权人的身份，就其不足额向债务人求偿；而当拍卖价金超过债权数额时，多余部分归抵押人所有。二是拍卖标的物的扩张。拍卖标的物的扩张，是指抵押权人在必要时得将不列入抵押权效力范围内的财产一并拍卖。①《担保法》第55条规定："城市房地产抵押合同签订后，土地上新增的房屋不属于抵押物。需要拍卖该抵押的房地产时，可以依法将该土地上新增的房屋与抵押物一同拍卖，但对拍卖新增房屋所得，抵押权人无权优先受偿。"土地上新增的房屋为独立物，不属于抵押物的从物、附合物，因而不在抵押权的效力范围之内。但是，如不将新增房屋与抵押物一并拍卖，则会影响抵押物的价值，致使其卖价过低；而将新增的房屋拆除，则会造成社会财富损失。因此，法律为保护抵押权人和其他债权人及抵押人的利益，对于在房地产抵押设定后在土地上新增的房屋，允许抵押权人将其与抵押物一并拍卖，但抵押权人不得就其卖得价金优先受偿。

拍卖对抵押人的效力表现在：一是抵押物所有权消灭。抵押物经拍卖转移给买受人后，抵押人对抵押物的所有权即告消灭。这是拍卖对于抵押人发生的一般效力。二是代位权与求偿权的发生。当抵押人不是债务人而是第三人时，拍卖对抵押人发生特别效力。我国《担保法》规定，为债务人抵押担保的第三人，在抵押权人实现抵押权后，有权向债务人追偿，此即为第三人的代位求偿权。

（3）变卖。变卖，是指由抵押权人出售抵押物，即以拍卖以外的方式将

---

① 《日本民法典》第389条规定："抵押权设定后，抵押人于抵押地上建造了建筑物时，抵押权人可以将建筑物与土地一起拍卖。但其优先权，只能就土地的代价行使……"

抵押物出卖，也是实现抵押权的一种方式。我国以变卖的形式实现抵押权的方法有两种：一是抵押权人与抵押人协议变卖；二是在法院强制实现抵押权时，如果无法以拍卖的方式对抵押物进行变价，则由法院主持对抵押物进行变卖。变卖的法律效力与拍卖相同。但以拍卖方式使抵押物变现的手续复杂、费用较高，对抵押人极为不利；而变卖的手续简便，费用低廉。

由于抵押权的设定以登记作为公示，因而抵押权的消灭也应办理涂销登记手续。以登记为生效要件而设定的抵押权，在消灭时，抵押权人负有涂销抵押登记的义务。抵押权消灭后，抵押人有权请求抵押权人负责涂销抵押登记。抵押权已经消灭的抵押物的取得人，也有权请求抵押权人涂销抵押登记。抵押权人不在抵押权消灭后进行抵押涂销登记的，抵押人或者抵押物的取得人可以通过诉讼请求法院强制抵押权人进行抵押涂销登记。以登记为对抗要件而设定的抵押权，抵押人和抵押权人已经办理登记的，在抵押权消灭时，抵押涂销登记的要求与上述相同。

第十五章 抵押权（二）
——特殊抵押权

特殊抵押权是与普通抵押权相对应的一个法律概念，是指以动产、权利、财产及财产权的集合等为抵押标的物而设定的抵押权，是抵押权的一种特殊形式。抵押权以不动产抵押为原则，以其他标的物的抵押为例外。不动产抵押权不仅是典型的抵押权，而且是最早的抵押权，因而称之为普通抵押权。特殊抵押权则是在普通抵押权之后逐步发展形成的新的抵押权，是普通抵押权的补充和发展。特殊抵押权有动产抵押权、权利抵押权、财团抵押权、所有人抵押权、最高额抵押权、法定抵押权及共同抵押权等七种形式，其中动产抵押权、权利抵押权、最高额抵押权、法定抵押权等为我国现行立法所确认，至于我国是否有财团抵押权和共同抵押权仍然存在不同观点，但我国目前还不存在所有人抵押权。

第一节 动产抵押权

一、动产抵押权的概念

动产抵押权，是指以动产为标的物而设定的抵押权。动产抵押权与普通抵押权即不动产抵押权，不同之处在于其标的物为动产，因而它是特殊抵押权的一种。我国《担保法》第 34 条规定："下列财产可以抵押：……（二）抵押人所有的机器、交通运输工具和其他财产；……"我国立法确立了动产抵押权制度，有四种动产抵押权：一是机器设备抵押权；二是汽车抵押权；三是船舶抵押权①；四是航空器抵押权②。

以债权人或者第三人的动产为抵押担保的债权人为动产的抵押权人，抵押权人对抵押的动产享有变价权；为抵押提供动产的债务人或者第三人为抵押人，抵押人享有动产的使用、收益及处分权。动产抵押权包含以下内容：一是动产抵押权的当事人与不动产抵押权的当事人并无不同之处，债务人或者第三人均可为抵押人，债权人为抵押权人。二是动产抵押权以动产为标的物，而且不以转移占有为必要。动产抵押权的标的物虽然是动产，但并非所有的动产均可成为抵押物，仅限于以登记为公示方式的动产。换言之，以占有为公示方式的动产不能成为动产抵押权的标的物。

动产抵押权的形成经历了一个漫长的发展过程。大陆法系国家在制定民法典时期，由于市场经济欠发达，动产在财富中的比重非常小，从而沿袭了罗马法的规则，以土地为中心构建抵押权制度。动产仅为质权的标的物，而不能成为抵押权的标的物。但随着市场经济的不断发展，一方面由于工商业的兴起对资金融通产生了巨大的需求，企业的资产除有限的厂房和土地外，绝大部分为机器设备等动产，单一的不动产担保融资已无法满足社会经济发展的需求，企业要求以机器设备等动产担保融资的呼声日渐高涨；另一方面，按照传统民法理论，在动产上只能设定质权，如果采用质押的方式，出质人则以转移质物的占有为必要。因此，如果按照传统的方式，企业的生产经营将无法进行。大陆法系国家对此采取了两种不同的态度。

以日本为代表的部分大陆法国家逐步放宽了对抵押标的的限制，允许部分动产进入抵押权领域，确立了动产抵押权制度。从 1933 年开始，日本以特别法的形式，先后制定颁布了《农业动产信用法》(1933 年)、《机动车抵押法》(1951 年)、《飞机抵押法》(1953 年)和《建筑机械抵押法》(1954 年)等四部动产抵押法，从而正式确立了动产抵押权在日本担保物权制度中的地位。③

日本创立动产抵押制度的本意，是为工商企业的动产担保融资提供便

---

① 《海商法》第 11 条规定："船舶抵押权，是指抵押人对于抵押权人提供的作为债务担保的船舶，在抵押人不履行债务时，可以依法拍卖，从卖得的价款中优先受偿的权利。"
② 《民用航空法》第 16 条规定："设定民用航空器抵押权，由抵押权人和抵押人共同向国务院民用航空主管部门办理抵押权登记；未经登记的，不得对抗第三人。"
③ 参见前揭〔日〕近江幸治：《担保物权法》，第 102 页。

利。但从首创动产抵押制度的日本来看,该制度并未达到预先所设计的效果。1933年颁布的《农业动产信用法》,因日本的自耕农较少,有土地的农民完全可以土地抵押融资,因而无须动产抵押制度;无土地的农民出卖劳力,无须担保融资。因此,该法被讥笑为"济贫法",在实际生活中未被利用。①1951年颁布的《机动车抵押法》,虽然在当时发挥过一定的作用,但随着机动车低价格化,加上机动车的折旧较快,以机动车来抵押变得无法接受,因而目前也基本被搁置不用。②1953年颁布的《飞机抵押法》因其适用对象是实力雄厚、信誉良好的航空公司,它们主要以融资租赁的方式购买飞机,没有利用飞机抵押的必要性。1954年颁布的《建筑机械抵押法》的命运与《飞机抵押法》相同,由于实际操作中手续繁杂、费时费钱,除了港湾作业的起重机船外,被登记的建筑机械是极少有的。在建筑机械领域,同样流行利用融资租赁方式,或者以直接金融的方式获得资金。日本四部动产抵押法被废弃的事实,值得我国物权立法借鉴。但对于动产抵押权,法、德两国仍然持否定态度。③我国的担保法对动产抵押权则持肯定态度。

二、动产抵押权的设定及效力

动产抵押权的设定应当采取书面方式,《担保法》第38条规定:"抵押人和抵押权人应当以书面形式订立抵押合同。"《担保法》第41条明确规定,以航空器、船舶、车辆抵押的,抵押合同以登记为生效要件。但是,《海商法》、《民用航空法》规定动产抵押权不以登记为生效要件,仅仅为对抗第三人的要件。④根据特别法优于普通法原则,则应适用《海商法》及《民用航空法》的规定,即以船舶、航空器为抵押物的动产抵押合同不以登记为生效要件,而仅为对抗第三人的要件。根据新法优于旧法原则,《海商法》先于《担保法》颁布,则应适用《担保法》的规定,即船舶抵押合同以登记为生效要件。由于《担保法》先于《民用航空法》颁布,因而民用航空器的抵押权不以

---

① 参见前揭〔日〕近江幸治:《担保物权法》,第219—221页。
② "现在,机动车抵押基本不被使用。机动车购入之际作为担保方法是采用所有权保留。"前揭〔日〕近江幸治:《担保物权法》,第220页。
③ 《法国民法典》第2119条规定:"不得就动产设定抵押权。"
④ 《民用航空法》第16条规定:"设定民用航空器抵押权,由抵押权人和抵押人共同向国务院民用航空主管部门办理抵押权登记;未经登记的,不得对抗第三人。"

登记为生效要件，而仅为对抗要件。

从我国现行的立法看，动产抵押权的标的物仅限于特殊的动产，即以登记为公示方式的动产，普通的动产不得作为抵押权的标的物。从抵押权的立法目的和历史发展进程来看，抵押权作为一种担保物权，主要功能在于确保债权的实现，因而抵押担保交易的安全，是抵押权制度的首要问题，抵押权人的利益是抵押权制度保护的目标，但这并非否定抵押物的交易安全，不保护善意第三人的利益。抵押权制度应当兼顾交易的安全及抵押权人与善意第三人的利益。普通动产成为抵押物，将有害于抵押物交易的安全，不能够充分保护善意受让人的利益，从而影响到整个社会交易的安全。

为了平衡抵押权人与第三人的利益，古罗马质权的标的物大多为动产，而抵押权的标的物大多为不动产。大陆法系国家在继受罗马法的担保物权制度时，对抵押制度进行了完善，大多数国家的法律明文将抵押物限定为不动产，例如，《法国民法典》、《日本民法典》等。换言之，大陆法系国家传统的抵押权标的物仅限于不动产。

由于抵押权是不以物的占有为要件的担保物权，抵押权设立的目的在于在以物的交换价值担保债权实现的同时，又能够使所有权人对物进行充分的使用和收益，使物的使用价值与交换价值同时得到利用，这就决定了抵押权的公示手段仅限于登记。普通动产所有权的公示方法是占有，而抵押权的公示方法是登记，两者之间产生矛盾及冲突。因此，在同一个物上设立不同种类的物权，例如，所有权与抵押权，其公示方法应该是一致的，不能够在一个动产上设定抵押权，其所有权的公示方法是占有，而在其上设定的抵押权的公示方法却是登记。

从我国现行立法来看，抵押权的标的物限于两大类：一是以登记为公示方式的交通工具，例如，汽车、船舶、航空器等；二是企业的机器设备及其他动产。第一类动产抵押，其标的物的公示方式与抵押权的公示方式完全一致，不会产生任何问题；但是第二类动产抵押的标的物，其公示方式为占有，与抵押权的公示方式不一致，以这种动产为抵押权的标的物，抵押权人的利益难以得到切实的保护。

动产抵押权的效力表现在：一是担保债权优先受偿。当债务人不履行债务时，债务人可以变卖抵押物而受偿，抵押权对债权的担保不仅限于原始债权，而且还包括利息、损害赔偿金及行使抵押权的费用。二是支配抵押物的交换价值。抵押权人对抵押物的支配,仅限于抵押物的交换价值。在债务履行期届满而债务人未履行债务时,抵押权人有权行使抵押权,变卖抵押物而受偿。若抵押物灭失的,抵押权人享有物上代位权。三是保全抵押物的交换价值。抵押人的行为造成抵押物的价值不当减少的,抵押权人有权要求抵押人停止其行为,并有权要求其恢复抵押物的价值,或者提供与减少价值相当的担保。在情况危急时,抵押权人有权采取必要措施,制止抵押人损害抵押物的行为,由此而产生的费用,应由抵押人承担。四是抵押权人对抵押物的变卖权。抵押权人对抵押物的变卖权,是抵押权担保债权实现的保障。如果抵押权人不享有变卖权,对债权的担保则流于形式,债权的实现缺乏保障。

第二节 权利抵押权

一、权利抵押权的概念

权利抵押权,是指以所有权以外的不动产物权或者准物权为抵押权的标的物而设定的抵押权。①普通抵押权是以物为标的,而权利抵押权则以权利为标的,因而是一种特殊的抵押权。权利抵押权的客体是权利,但并非所有的权利都能成为客体,仅指不动产所有权之外的用益物权或者准物权,即传统物权法的地上权、永佃权及典权等不动产用益物权,以及采矿权、渔业权和水权等准物权,因而又称为准抵押权。②

我国现行法律明文规定,权利可以成为抵押权的标的。法律规定土地使用权可以作为抵押权的标的,③例如,《担保法》第 34 条的规定④及《城市

---

① 参见前揭郑玉波:《民法物权》,第 265 页。
② 参见前揭史尚宽:《物权法论》,第 329 页。
③ 我国台湾地区则以地上权、永佃权、典权等用益物权以及采矿权、渔业权等准物权等为权利抵押权的标的。参见前揭郑玉波:《民法物权》,第 266 页。
④ 《担保法》第 34 条规定:"下列财产可以抵押:……(三)抵押人依法有权处分的国有的土地使用权、房屋和其他地上定着物;……(五)抵押人依法承包并经发包方同意抵押的荒山、荒沟、荒丘、荒滩等荒地的土地使用权。"

房地产管理法》第47条的规定①。我国的权利抵押权实际上仅指土地使用权抵押权。②权利抵押权具有如下特征:一是权利抵押权的标的是债务人或者第三人所享有的土地使用权。抵押人应对土地使用权享有处分权,抵押人可以是债务人本人,也可以是债务人之外的第三人。二是权利抵押权是抵押权人直接对土地使用权的交换价值的支配权。土地使用权不仅具有使用价值,而且还具有交换价值。抵押权以其交换价值为支配内容并以此担保债权的优先受偿。抵押权并不影响抵押人对土地使用权的使用和收益。三是权利抵押权担保债权的优先受偿。在债务人到期不履行债务时,抵押权人有权行使抵押物的变价权,变卖土地使用权而优先受偿。

二、权利抵押权的设定及效力

土地使用权抵押权的设定方式有两种,一是基于法律行为而设定;二是基于法律行为之外的其他方式而设定。

土地使用权抵押权基于法律行为而设定又有两种方式,一是基于双方当事人的合意而设定的土地使用权抵押权,双方当事人应订立书面合同,并办理登记手续而生效。土地使用权抵押合同的当事人是债权人与抵押人,抵押人可以是债务人,也可以是债务人之外的第三人。二是基于受让而获得的土地使用权抵押权,它是由于抵押权的受让而获得的。基于法律行为之外的其他行为而获得的土地使用权抵押权,主要是基于继承行为而获得的。

土地使用权抵押权的效力,关键在于对土地使用权与房屋所有权能否分别进行抵押,③对此理论与实务存在三种不同的观点。④

第一种观点认为,《担保法》第36条规定:"以依法取得的国有土地上的房屋抵押的,该房屋占用范围内的国有土地使用权同时抵押。以出让方

---

① 《城市房地产管理法》第47条规定:"依法取得的房屋所有权连同该房屋占用范围内的土地使用权,可以设定抵押权。以出让方式取得的土地使用权,可以设定抵押权。"
② 参见前揭梁慧星:《中国物权法研究》(下册),第883页。
③ 土地使用权与地上建筑物分别抵押的现象,在实务中已经不是一种偶然和个别的现象。房屋所有人和土地使用权人为充分发挥其不动产抵押的担保效益和融资功能,通常与抵押权人协商合意将房、地分别抵押。
④ 参见陈现杰:《土地使用权与地上建筑物分别抵押的效力问题》,载《人民法院报》2003年9月16日。

式取得的国有土地使用权抵押的,应当将抵押时该国有土地上的房屋同时抵押。"因此,法律禁止房屋和土地使用权分别抵押,①这种行为属于违反法律强制性规定的行为,两个抵押合同均无效,抵押权的设立也无效。

第二种观点认为,《担保法》第 36 条关于房屋和土地使用权同时抵押的规定属于法定抵押权的规定:以房屋登记设定抵押权的,当然发生其占用范围内的土地使用权同时设定抵押权的效力;以出让土地使用权登记设定抵押权的,当然发生其附着的房屋同时设定抵押权的效力;两种情形均无须对后一抵押权进行登记。因此,两个抵押合同均有效,但属于"一物二押"性质的重复抵押,应以登记时间先后确定抵押权的顺位。

第三种观点认为,房屋与土地使用权分别抵押与我国房地一体化原则并不矛盾,因此,房屋和土地使用权可以分别抵押,两个抵押合同均合法有效。

根据我国法律规定,土地所有权与附着于土地的建筑物所有权实行相互分离原则,但土地使用权与建筑物所有权在主体归属上应当保持一致,实行土地使用权与建筑物所有权一体化原则。这是由于房屋与其占用范围内的土地在物理上不能分离,为了维持既存建筑物的完整与经济价值,"土地使用权转让时,其地上建筑物及其他附着物所有权随之转让"②。这种一体化是归属主体一致意义上的一体化,而不是权利客体附合意义上的一体化。罗马法实行地上物归属于土地的附合原则,建筑物属于土地的一部分,其所有权应归属于土地使用权人。《德国民法典》继受罗马法地上物归属于土地的附合原则,将建筑物视为土地的重要组成部分。③

我国法律实行土地所有权与附着于土地的建筑物所有权相互分离的原则。《宪法》第 10 条规定,土地所有权实行国家所有和集体所有。但同时,《宪法》第 13 条又规定,自然人享有房屋所有权。法律承认建筑物与土地构成相互独立的物权客体。只有将房屋视为土地的附合物,在土地使用权抵押时,才必然导致其附着的地上建筑物同时抵押;而将建筑物等地上附着物

---

① 参见前揭梁慧星:《中国物权法研究》(下册),第 887 页。
② 《城镇国有土地使用权出让和转让暂行条例》第 23 条的规定。
③ 《德国民法典》第 94 条规定:"(1)附着于土地上的物,特别是建筑物,以及与土地尚未分离的出产物,属于土地的主要组成部分。种子自播种时起,植物自栽种时起,为土地的主要组成部分。(2)为完成建筑物而附加的物,属于建筑物的主要组成部分。"

视为土地的附合物,是与我国宪法确认的土地所有权和房屋所有权可以相互分离的财产权制度相冲突的。

现行法律实行土地使用权与其附着的建筑物所有权在归属主体上保持一致的一体化原则,意味着土地使用权转让时,其地上建筑物等附着物应当同时转让或者随之转让。但在逻辑上,并不能当然认为,土地使用权或者建筑物所有权抵押时,也要适用同样的规则:一是抵押权所支配的是抵押物的交换价值而非抵押物本身。抵押权是通过抵押权人从抵押物拍卖或者变卖的价款中优先受偿而实现的。无论土地使用权与建筑物所有权是同时抵押或者是分别抵押,并不妨碍两者归属主体的一致性。二是《担保法》第55条规定,抵押合同签订后,土地上新增的房屋不属于抵押物。需要拍卖该抵押的房地产时,可以依法将该土地上新增的房屋与抵押物一同拍卖,但对拍卖新增房屋所得,抵押权人无权优先受偿。可见,法律所强调的是土地及其附着物的同时转让,而对不同物权客体的交换价值的支配,则是完全可以根据经济上的必要性和可能性,区分不同的法律事实而相互分离的。

法律将土地使用权及其附着物的一体化转让,延伸到一体设定抵押权,是因为我国不动产登记机关不统一,房屋和土地使用权属于不同的登记机关。房屋抵押权的登记机关是房地产行政主管部门①,而土地使用权抵押权的登记机关是土地行政管理部门②。抵押权设立的一体化约束缺乏相应的技术条件,导致经济生活的现实与这种一体化制度约束之间的差异。在这种情形下,对有关法律规定采取目的解释方法和逻辑解释方法,将现行法律规定的土地使用权与建筑物所有权一体化原则解释为仅限于转让的一体化,是较为妥当的。

---

① 《城市房屋权属登记管理办法》第3条规定:"本办法所称房屋权属登记,是指房地产行政主管部门代表政府对房屋所有权以及由上述权利产生的抵押权、典权等房屋他项权利进行登记,并依法确认房屋产权归属关系的行为。"

② 《中华人民共和国土地管理法实施条例》第5条规定:"单位和个人依法使用的国有土地,由土地使用者向土地所在地的县级以上人民政府土地行政主管部门提出土地登记申请,由县级以上人民政府登记造册,核发国有土地使用权证书,确认使用权。其中,中央国家机关使用的国有土地的登记发证,由国务院土地行政主管部门负责,具体登记发证办法由国务院土地行政主管部门会同国务院机关事务管理局等有关部门制定。"

《担保法》第42条规定:"办理抵押物登记的部门如下:(一)以无地上定着物的土地使用权抵押的,为核发土地使用权证书的土地管理部门……"

第三节　财团抵押权

一、财团抵押权的概念

财团抵押权,是指以企业所有的有形资产和无形资产构成的整体为标的物而设定的抵押权,是一种特殊抵押权。财产的整体是由企业的全部或者部分财产集合而成的,是不动产、动产和权利的组合。企业不动产中的土地、厂房,动产中的机械设备、交通工具以及无形资产中的专利权、商标权的财产权等均可成为财团的组成部分,因而与一般抵押权仅由不动产、动产或者权利的单项构成存在差异。财团抵押权是随着市场经济的发展,企业需要不断地、大规模地融通资金而产生的。财团抵押权一般又可分为浮动式财团抵押和固定式财团抵押两种。

浮动式财团抵押(floating charge)起源于英国,现在英美法系国家普遍适用。在英国,浮动式财团抵押又称为浮动担保。浮动担保的标的物不特定化,是以企业财产的全部而设定的担保,但并不具体确定企业财产中用以担保的范围,既可以企业现在的财产作担保,也可以企业将来取得的财产作担保。在抵押权实现前,财团一直处于变动中,财产有可能增加,也有可能减少,而且在抵押权实现前,企业可以自由地使用、收益和处分其财产。

固定式财团抵押在大陆法系国家普遍适用,通常称之为财团抵押。在抵押权设立时,财团抵押的标的必须存在而且价值确定。在抵押期间,财团财产的分离受到严格限制,一般情况下,非经抵押权人的同意,不得将属于财团的组成部分的物与财团分离,即使被分离,其分离物仍要受到抵押权的约束。

财团抵押与浮动担保存在差异。财团抵押的标的在抵押权成立时已经特定,并且未经抵押权人同意,原则上不得任意处分财团中的任何物或者权利;而浮动担保的标的物范围在抵押权成立时仍未确定,而且其数量也不确定,既可增加也可减少。

日本对财团抵押权规定得较为完备,主要体现在日本民事单行法《工厂抵押法》和《企业担保法》中,《工厂抵押法》中规定的是财团抵押,[①]《企业担保法》中采用的是浮动担保方式。[②]《企业担保法》克服了《工厂抵押法》的缺陷。[③]

在浮动担保方式下,企业仍然可以继续利用其财产进行生产经营。在设定抵押权时,财产并未确定,企业仍可以根据生产经营的需要自由支配其财产。抵押权的设定不限制抵押人对抵押物的处分,有利于企业的经营活动。但是,企业一旦在经营过程中遇到困难,因经营不善就可能造成其财产的大量减少,从而影响债权人抵押权的实现。总的看来,浮动担保对债务人更为有利。

在财团抵押方式下,在抵押权设定时,财产已经特定化,即抵押权设定在特定的财产上。在通常情形下,财团中的财产不能随意分离出去,即抵押人不能自由处分抵押财产,抵押权人的利益因此就能得到更可靠的保证。但是,企业在特定的财产上设定抵押权后,该财产的处分权受到了一定的限制。因此,这种抵押方式对债权人更为有利。

财团抵押权是对企业财产集合体上成立的抵押权,具有如下几个方面的特征:

(1) 财团抵押权是抵押权人对企业财产集合体的交换价值享有支配的权利。抵押权以支配抵押物的交换价值为目的,而不在于支配抵押物本身,即使用价值,因而在企业财产的集合体上设定抵押权,不会影响企业对其财产的占有、使用和收益。抵押人用以设定抵押权的财产集合体必须具有特定的公示方法,从而与企业所占有、使用、收益的其他财产相区别。

(2) 财团抵押权是以债务人或者第三人的财产为标的所设定的抵押权。以企业财产的集合体设定抵押权,抵押人必须对设定财团抵押权的企业财产的集合体享有处分权。在通常情形下,抵押人是为债务履行而提供

---

① 《工厂抵押法》第 2 条规定:"工厂所有人在属于工厂的土地上设定抵押权,除建筑物外,及于附加于该土地成为一体的物,该土地上备附的机械、器具及其他工厂所用之物。"
第 11 条规定:"工厂财团可由下列所载物的全部或一部组成:(1) 属于工厂的土地及工作物;(2) 机械、器具、电杆、电线、配置管道、轨道及其他附属物;(3) 地上权;(4) 有出租人承诺时,物的承租权;(5) 工业所有权;(6) 堤坝使用权。《企业担保法》第一章第一条规定股分公司的总财产,为担保公司发行的公司债,可以作为一个整体充任担保权的标的。"
② 参见前揭〔日〕近江幸治:《担保物权法》,第 217 页。
③ 同上。

财产担保的人,可以是债务人,也可以是第三人。财团抵押权的标的是企业财产集合体,应归债务人所有或者债务人享有处分权。在第三人同意的情形下,债务人也可以第三人所有的企业财产集合体作为财团抵押权的标的。

(3) 财团抵押权是为保证债权优先受偿而提供的物的担保。在债务人不履行到期债务的情形下,抵押权人可以行使抵押权,变卖设定财团抵押权的企业财产集合体,并就变卖所得价款优先受偿。

对于我国《担保法》第 34 条的规定是否为财团抵押制度,[①]存在两种截然不同的观点:一是认为,第 34 条第 1 款第 4 项所规定的以企业设备及其他动产设定的抵押权,属于财团抵押;[②]二是认为,第 34 条第 2 款所规定的"一并抵押",并不是财团抵押而是共同抵押或者是狭义的企业抵押。[③]由于我国对企业财产集合体抵押缺乏相应的公示方式,实际上,我国并不存在财团抵押。[④]从第 34 条的规定本身看,确实符合财团抵押的特征,但缺乏相应的制度保障,因而我国未能构建真正的财团抵押权制度。

二、财团抵押权的设定及效力

财团抵押权是根据当事人的意思而创设的担保物权,抵押权人与抵押人应当以书面形式订立财团抵押合同,而且必须办理抵押登记手续。如果我国设立财团抵押权制度,抵押权的登记则应根据抵押物性质,分别由不同的部门办理登记手续。土地使用权由土地管理部门登记,建筑物由房产管理部门登记,林木由林木主管部门登记,航空器、船舶、车辆由运输工具的登

---

① 《担保法》第 34 条规定:"下列财产可以抵押:(一)抵押人所有的房屋和其他地上定着物;(二)抵押人所有的机器、交通运输工具和其他财产;(三)抵押人依法有权处分的国有的土地使用权、房屋和其他地上定着物;(四)抵押人依法有权处分的国有的机器、交通运输工具和其他财产;(五)抵押人依法承包并经发包方同意抵押的荒山、荒沟、荒丘、荒滩等荒地的土地使用权;(六)依法可以抵押的其他财产。抵押人可以将前款所列财产一并抵押。"

② 参见崔建远:《我国担保发的解释和适用初探》,载《吉林大学社会科学学报》1996 年第 2 期;前揭梁慧星主编:《中国物权法研究》(下),第 901 页。

③ 参见郭明瑞:《论担保物权的历史发展趋势》,载《法学》1996 年第 2 期。

④ 虽然《担保法》规定机器可以作为抵押权的标的,在工商管理部门进行登记,但实际上,在实务中很少以机器进行抵押登记的。其根本原因在于以机器作为抵押权标的担保债权的实现,抵押权人的利益缺乏保障。抵押人可以任意处分抵押物,而受让人根据善意取得制度获得抵押物的所有权,从而导致抵押物上的抵押权消灭,抵押权人丧失了对抵押物交换价值的支配。

记部门登记,设备、一般动产则由工商行政管理部门登记。繁琐的登记手续及高额的登记费用,实际上妨碍了财团抵押权制度的构建。

财团抵押权一旦生效,则财团抵押权所担保的债权人享有的权利有:一是优先受偿权。抵押权人可以直接支配抵押财产清单所载的财产的交换价值,在债务人不履行债务时,债权人可以变卖抵押财产清单上所载的标的物,并就变卖所得价款优先受偿。二是保全抵押物的交换价值。在企业财产集合体上设定抵押权之后,抵押人不得随意处分抵押物。在财团抵押权存续期间,非经抵押权人的同意,抵押人不得将抵押物转让给第三人或者进行其他形式的处分,以保障抵押权人届时能够通过抵押权的实现使其债权获得清偿。

第四节 所有人抵押权

一、所有人抵押权的概念及性质

所有人抵押权,是指所有人在自己的所有物上设定或者取得抵押权。① 由于抵押权通常是在债务人或者第三人提供的物上设定抵押权,属于他物权;在自己的物上设定抵押权是一种例外,因而所有人抵押权为特殊抵押权。所有人抵押权有原始所有人抵押权与后发所有人抵押权之分。原始所有人抵押权,是指所有人在自己的物上为自己所设定的抵押权。这种抵押权自始至终为所有人享有,而且并非为存在的债权而设定,而因所有人的设定而存在,因而又称为设定的所有人抵押。后发所有权抵押权,是指原来为担保他人债权而设定的抵押权,后来基于法定原因而归于抵押标的物的所有人。这种抵押权是基于法定原因而取得的,因而又称为法定抵押权。

所有人抵押权是德国和瑞士民法上的制度,特别是德国民法物权上的一项重要制度。由于罗马法坚持抵押权的从属性,因而在罗马法中未能形成所有人抵押权的观念。19世纪中叶之后,德国确立了不以债权存在为前提条件的土地债务制度,到了19世纪后半叶,法律正式承认所有人可在自

---

① "所有人抵押乃不动产所有人于该不动产上自己所存有之抵押权是也。"前揭郑玉波:《民法物权》,第280页。

己的土地上为自己设定抵押权。①

由于所有人抵押权与传统抵押权极不相同,因而学界对所有人抵押权的本质存在以下不同学说:

一是对自己物的权利说。该说认为,所有人抵押权的实质是所有权人对自己物的权利。但在该权利性质上又有三种学说:抵押权说、土地债务说和对将来之债的抵押权说。

二是顺位保留说。该学说认为,所有人抵押权仅为所有人的利益在不动产登记簿上所表现而已,即保留所有人的优先顺位。因此,所有人抵押不是权利,而仅为所有权人利益在登记簿上的反映,保留了所有人的优先次序。

三是价值分割说。该说认为,所有人抵押权是优先取得权的一种,可以使所有人取得抵押物的价值的一部分。换言之,所有人抵押权是所有权的表现,是所有权价值分割的结果。因此,它并非是真正意义上的抵押权,只不过是价值取得权而已。

四是所有权的消极效力说。该说认为,权利效力有积极和消极之分。积极的权利效力可以使权利人享有其法律地位;消极的权利效力是指权利的主体一时欠缺时,也能使权利的客体受到与积极效力相同的约束。权利的消极效力使得权利主体欠缺时,权利也存在,而所有人抵押权其实就是欠缺主体的权利类型。

五是所有权说。该说认为,所有人抵押权是对后次序抵押权排他权能的特种的所有权的表现而已,并非他物权,只是形式上登记为抵押权,是所有人对抵押物为拍卖时的价金享有的根据所有权而得的物上代位权。为了排除后次序担保权人的权利,便于所有人取得价金,才以抵押权的形式登记在册。

所有人抵押权的意义在于保护特殊情况下所有权人的利益,因为在抵押权与所有权混同时,抵押权因混同而归于消灭,后顺位抵押权递进,所有人因清偿债务而失去了抵押物上的担保利益,后一顺位的抵押权人反而因所有人的清偿行为而获得利益。

---

① 参见前揭陈华彬:《物权法原理》,第672页。

二、所有人抵押权的设立及效力

所有人抵押权的设立有两种方式,一是所谓的设定,即所有人为自己在自己所有的物上设定的抵押权,该抵押权自始至终为所有人自己所有,属于原始的所有人抵押权;二是所谓的法定,即为担保他人债权而设定的抵押权,后基于法定原因而归所有人取得,属于后发的所有人抵押权。法定原因主要指被担保的债权消灭,[①]或者抵押权与所有权的混同,[②]或者抵押权的绝对抛弃。[③]大陆法系国家只有德国和瑞士实行所有人抵押权制度,而且两者之间还存在差异。德国的所有人抵押权制度,有原始的所有人抵押权和后发的所有人抵押权两种。所有人抵押权制度是德国法特有的一种制度,其实质在于使抵押权可以独立存在,通过发行土地抵押证券或者将土地抵押权直接投入流通。如果所有人抵押权为先顺位抵押权,则在被担保的债权因清偿而归于消灭之后,该抵押权仍然存在,后顺位抵押权不能递进。

瑞士的所有人抵押权仅指后发的所有人抵押权,是指在同一不动产上设定的先后顺位的数个抵押权,在先顺位的抵押权消灭之后,后顺位的抵押权不能递进,而应当保留空白的担保位置,不动产所有人可以使用该空白担保位置设定一个新的抵押权。例如,《瑞士民法典》第814条规定:"同一土地设定若干顺序不动产担保权的,如一顺位担保权消灭时,其后的不动产担保债权人无请求升位的权利。优先的不动产担保权受清偿后,得设定另一个不动产担保权。"但是,如果所有人并未设定新的抵押权,则后顺位的抵押权人可能递进。因此,如果变卖抵押物的,则后顺位的抵押权人因空白担保未设定新的抵押权而可能使抵押权顺位递进,从而产生顺位递进主义立法例的效果。

所有人抵押权的效力表现在两个方面:一是保有债权的所有人抵押权的效力。所有人抵押权保有被担保的债权,在债权清偿期届满时,其抵押权

---

① 《德国民法典》第1163条第1款规定:"为了担保某债权已经设定抵押权,而该债权未成立者,其抵押权归属于土地所有人;债权消灭时,土地所有人取得抵押权。允许交付抵押证券的抵押权,在将证券交付给债权人以前,该抵押权属于所有人"。

② 《德国民法典》第889条规定:"存在于他人土地上的权利,不因土地所有人取得该权利,或该权利人取得土地所有权而消灭。"

③ 《德国民法典》第1163条第1款的规定。

应在可实行的状态,所有人对于自己所有的物,可根据抵押物实行的方法向法院申请拍卖抵押物,就拍卖所得价金按照登记顺序,优先受偿自己债权额的金额。二是不保有债权的所有人抵押权的效力。所有人抵押权中所有人对自己的不动产不得实行抵押权。后顺位的抵押权人申请拍卖抵押的不动产时,因有所有人抵押权的存在,后顺位抵押权不能递进,应按原登记的顺位优先受偿,从而拍卖所得价金,按照原有的债权额予以保留,作为所有人一般财产的一部分为一般债权人提供担保,而不是就拍卖所得价金优先受偿其债权额。

第五节 最高额抵押权

一、最高额抵押权的概念及特征

最高额抵押权,是指对债权人一定范围内、未来一定期间内连续发生的不确定的债权,由债务人或者第三人提供抵押物而设立的一种抵押权。[①]最高额抵押权是一种为将来产生的债权提供担保的特殊抵押权。[②]在通常情况下,抵押权是为现在已经存在的债权而设定的担保,换言之,先有债权,后有抵押权,债权的存在是抵押权设定的前提条件,这也是抵押权从属性的表现。而最高额抵押权的设定不以先有债权的存在为必要,不仅其债权为将来所发生,而且其债权的数额也没有确定,仅规定一个最高的限额作为抵押物担保范围的标准而已。

大多数大陆法系国家规定了最高额抵押权制度。《德国民法典》第1190条规定:"设定抵押权时,得仅规定土地应负担保责任的最高额,而除此以外,则保留债权之确定;其最高额应登入土地登记簿册;债权附有利息

---

① 《物权法草案》第225条规定:"为担保债务的履行,债务人或者第三人以抵押财产对一定期间将要发生的债权提供担保的,债务人未履行债务时,抵押权人有权在最高债权额限度内就该财产优先受偿。最高额抵押权设立前已经存在的债权,经当事人同意,可以转入最高额抵押担保的债权范围。"

② 关于为将来发生的不特定债权得否设定抵押权问题,《德国民法典》第1113条明确规定,抵押权可为将来或者附条件的债权而设定;《瑞士民法典》第824条也规定,不动产抵押,可为任意的、现在的、将来的或者仅为可能的债权提供担保。

者,利息应计入最高额;抵押权虽未在土地登记簿册中载明为保全抵押权者,也视为保全抵押权;此项债权得依债权转让之一般规定进行转让,债权依规定转让时,其抵押权并不随同转让。"《瑞士民法典》第 825 条规定:"不动产抵押,也可为金额不定或应变更的债权,以一定的抵押等级设定,并且不管有何变更,仍维持其登记顺序。"我国《担保法》明确规定了最高额抵押权制度,该法第 59 条规定:"本法所称最高额抵押,是指抵押人与抵押权人协议,在最高额限度内,以抵押物对一定期间内连续发生的债权作担保。"

最高额抵押权作为一种抵押权,应当具有抵押权的共性,但毕竟是一种特殊的抵押权,又应当具有不同于普通抵押权的特性。最高额抵押权具有如下法律特征:

(1) 从属性上的特殊性。从属性是普通抵押权的重要特性,抵押权在发生上、处分上和消灭上具有从属性。[1]最高额抵押权作为一种特殊的抵押权,其从属性与普通抵押权相比有其特殊性。最高额抵押权从属性的特殊性表现在以下三个方面:一是存续上的从属性。对抵押权的从属性,认定为成立上的从属性是不妥的,而应理解为存续上的从属性。在抵押权实现之时应有债权存在,抵押权无须自始就与债权并存,但在债权不存在时,抵押权就失去存在的条件。[2]最高额抵押权存续上的从属性的特殊性表现为最高额抵押权成立在先,而债权可能成立在后。二是处分上的从属性。最高额抵押权之所以不随同主债权转让而转让,并不是因为最高额抵押权不具有处分上的从属性,而是由于最高额抵押权在处分上的从属性具有特殊性。由于最高额抵押权所担保的债权是连续发生的债权,在最高额抵押权没有确定时,债权总额是不确定的,而且是随时发生变化的。尽管某一具体债权转让了,但将来还有发生债权的可能。基于抵押权的不可分性,最高额抵押权不能随之转让。因此,最高额抵押权并不随某一具体债权的转让而转让,而仅因基础法律关系的转让而转让。三是消灭上的从属性。在抵押存续期间内,最高额抵押权不因某一具体债权的消灭而消灭,并不能说明最高额抵押权没有处分上的从属性。由于最高额抵押权所担保的债权并不是某一特定的债权,因而某一特定债权的消灭并不意味着最高额抵押权所担保的债

---

[1] 参见前揭郑玉波:《民法物权》,第 217—218 页。
[2] 参见前揭郭明瑞:《担保法原理与实务》,第 86 页。

权全部消灭,即使某一具体债权消灭了,其后还有其他债权发生的可能。但在最高额抵押权确定时,全部债权都归于消灭,则最高额抵押权归于消灭,从而表现了其消灭上的从属性。

(2)特定性上的特殊性。抵押权的特定性包括抵押标的物的特定和抵押权所担保债权的特定两个方面,而抵押权所担保的债权的特定性是抵押权特定性的主要表现。最高额抵押权作为一种特殊的抵押权,其所担保的债权应特定,不能简单地理解为应在设定抵押权时确定担保债权的具体金额,而是指抵押权所担保的债权并非不受任何限制的一切债权。即使是在最高额抵押权中,抵押权所担保的债权也是范围特定的,尽管其具体数额不能确定,但并不是任意的、不受限制的。①最高额抵押权所担保的债权额虽然在抵押权设立时没有明确,而且在抵押权担保的范围内,债权额可以不断增加或者减少,甚至一度减至零,但这不影响最高额抵押权的特定性。最高额抵押权所担保的债权,以约定的最高额为限度。在最高额抵押权确定时,实际确定的债权额并不当然为抵押权所担保的债权。在最高额限度内的,以实际债权额为优先受偿债权额;超出最高额的,超出部分的债权额不受最高额抵押权的担保。

(3)适用范围上的特殊性。抵押权是为担保债权的实现而设定的物权。抵押权所担保的对象只能是债权。最高额抵押权仅为将来债权设定,但为将来债权设定的抵押权并不都是最高额抵押权。为将来债权设定的抵押权有两种:一是为将来特定债权担保所设定的抵押权。这种抵押权所担保的债权虽属将来发生,但其数额已预先确定,因此,这种抵押权仍属普通抵押权,如为附停止条件债权所设定的抵押权。②二是为将来不特定债权担保所设定的抵押权。这就是所谓的最高额抵押权。③最高额抵押权所担保的将来不特定的债权,必须是一定期间内连续发生的债权,因而最高额抵押权仅适用于连续发生债权的继续性法律关系,而不适用于仅发生一个独立债权的情形。

(4)实现上的特殊性。抵押权的实现是抵押权人行使抵押权,以抵押

---

① 参见前揭郭明瑞:《担保法原理与实务》,第90页。
② 参见前揭郑玉波:《民法物权》,第218页。
③ 同上书,第286页。

物的价值优先清偿其债权。最高额抵押权仅具备普通抵押权的实现条件是不够的，[①]还必须具备最高额确定的条件，即决算期届满。没有最高额的确定，最高额抵押权所担保的债权额就不能确定，最高额抵押权也就不能实现。

二、最高额抵押权的设立及效力

最高额抵押权的设立与普通抵押权的设立均以当事人合意并登记生效。设立最高额抵押权，当事人须订立书面抵押合同。最高额抵押合同与普通抵押合同的内容基本相同，但最高额抵押合同应明确两个方面的内容：最高额和决算期。最高额是最高额抵押权所担保债权的最高限度额，是最高额抵押合同必须明确的内容。最高额决定着债权人受担保的债权的最大范围，是最高额抵押权设立的必要条件。最高额没有规定的，该最高额抵押合同无效。决算期是确定最高额抵押权担保债权实际数额的时间，从性质上说应为期日。最高额抵押权所担保的债权为将来的不特定债权，在抵押权存续期间可自由增减变更。只有在债权额确定以后，最高额抵押权才得以实现，因此决算期在最高额抵押权中很重要。但决算期的约定与否，并不影响最高额抵押权合同的效力，即使抵押合同没有规定决算期，最高额抵押权依然存在，当事人可以事后另行约定。因此，决算期一般不属于最高额抵押合同的生效要件。当事人虽然可以自由约定决算期，但如果决算期与最高额抵押权的设定日期间隔时间过长，则使抵押物所有人长期受最高额抵押权的约束，对抵押人极为不利，因而法律对决算期的约定进行了限制。例如，《日本民法典》第 398 条之六规定，最高额抵押权约定的决算期应在抵押权设立之日起 5 年以内。相反，如果当事人约定的决算期距抵押权设定日期过短，则这种约定与设定最高额抵押权的意旨是相违背的，可以认定该约定无效。

根据大陆法系各国的立法例，设立最高额抵押权应当进行抵押权登记，但各国具体规定有所不同：一是登记成立要件主义，即最高额抵押权非经登记不得成立；二是登记对抗主义，即最高额抵押权未经登记的，在当事人之

---

① 在一般情况下，抵押权的实现应当具备的条件是：抵押权有效存在；债务人的债务清偿期限届满；债务人未清偿债务；债务人未清偿不是由于债权人方面的原因。

间成立,但不得对抗第三人。我国《担保法》对最高额抵押权的登记问题没有专门规定,而是适用普通抵押权的规定。根据《担保法》的规定,抵押权登记根据抵押标的物的性质分别采取了登记成立要件主义和登记对抗主义。换言之,法律明确规定必须登记的,非经登记不得成立;法律未要求必须登记的,非经登记不得对抗第三人。最高额抵押权的登记应属于对抗主义。

最高额抵押权的效力有最高额抵押权所担保的债权的范围、最高额抵押合同约款的变更、最高额抵押权的转让三个方面的问题。

(1)最高额抵押权所担保的债权范围。在抵押权设立时,最高额抵押权所担保的债权并没有确定具体的数额,仅确定了最高额和一定期间。在最高额抵押权没有确定时,债权额随时增加或者减少,即使债权一度为零,也不会影响最高额抵押权的效力,对其后发生的债权仍产生效力。当最高额抵押权确定时,债权额始得确定,债权以最高额为限度为抵押权所担保。因此,最高额抵押权所担保的债权仅以现在及将来的债权为限,而不能回溯至过去的债权。当最高额抵押权确定时,如果实际债权额不足最高额的,则以实际债权额为抵押权所担保的债权额;如果实际债权额超过最高额的,则以最高额为抵押权所担保的债权额,超出部分为普通债权,不受最高额抵押权担保,由债务人按一般债权承担清偿责任。

最高额抵押权所担保的债权应包括利息,例如,《德国民法典》第1190条规定:债权附有利息者,利息应计入最高额;《日本民法典》第398条之三规定:最高额抵押权人可就已确定的原本(主债权)、利息及其他定期金以及因债务不履行而产生的损害赔偿的全部,以最高额为限度,行使其最高额抵押权。根据我国《担保法》第62条的规定,最高额抵押权除特殊规定者外,适用普通抵押权的规定。而《担保法》第46条规定,抵押担保的范围包括主债权及利息、违约金、损害赔偿金和实现抵押权的费用。因此,我国最高额抵押权所担保的债权范围应当包括主债权及利息、违约金和损害赔偿金,但实现抵押权的费用不得算入最高额,而应在抵押物的拍卖、变卖所得价金中扣除。①

(2)最高额抵押合同条款的变更。当事人设立最高额抵押合同后,可以变更合同的条款。根据私法自治原则,当事人可以订立合同,也可以变更

---

① 参见前揭郭明瑞:《担保法原理与实务》,第106页。

合同。《德国民法典》和《日本民法典》关于最高额抵押合同约款可以变更的规定，体现了私法自治原则。最高额抵押合同条款的变更包括三个方面：最高额的变更、债权的变更及决算期的变更。第一，最高额抵押合同成立后，合同中约定的最高额可依当事人的合意增加或减少。①最高限额的变更，非经登记不生效力；增加最高限额时，不得以其增加部分对抗变更登记前已成立的后顺序抵押权利人。②第二，债权的变更就是最高额抵押权所担保的债权范围的变化，主要是指担保债权的更换。根据《德国民法典》的规定，设定抵押权的债权得以其他债权代替之，最高额抵押的债权，经土地所有人和债权人的一致同意并为登记也得为更换，不仅各个债权得以其他债权更换，而且也得将整个债权范围更换。③ 我国《担保法》第61条关于最高额抵押的主合同债权不得转让的规定，值得商榷，在不改变最高额抵押权存在基础的前提下，应当允许当事人变更债权，以满足当事人的利益需要。第三，决算期的变更。对于最高额抵押合同中约定的决算期，当事人也可以变更，既可以延长决算期，也可以缩短决算期。但决算期已经登记的，在变更时也应为变更登记，否则不得对抗第三人。

（3）最高额抵押权的转让。关于最高额抵押权的转让问题，《德国民法典》第1190条第4项规定，最高额抵押权所担保的债权得依债权转让的一般规定进行转让，但在转让时，其最高额抵押权不随同转让。但是，我国《担保法》没有对最高额抵押权的转让作出规定。④根据私法自治原则，抵押权的转让与否，应完全取决于当事人的自由意思，而没有理由对此加以限制。但是最高额抵押权的转让，应在其所担保的债权额确定后，才能随同其所担保的债权一并转让，如果在抵押权所担保的债权额确定之前转让抵押权的，应将该最高额抵押权的基础法律关系一并转让，否则，不得转让抵押权。这种转让除最高额抵押权人与受让人之外，还应有债务人的参加，即应以三方

---

① 《日本民法典》第398条之五规定："最高额之变更非经有利害关系人之承诺，不得为之。"

② 参见前揭史尚宽：《物权法论》，第324页。

③ 同上。

④ 《物权法草案》第226条规定："最高额抵押担保的债权确定前，部分债权转让的，最高额抵押权不得转让，但当事人另有约定的除外。"

合同的方式进行。①

最高额抵押权所担保的债权,如果确定不发生时,则最高额抵押权消灭。最高额抵押权变为普通抵押权时,则适用普通抵押权的规定。因此,最高额抵押权与普通抵押权消灭的原因相同。

第六节 法定抵押权

一、法定抵押权的概念

法定抵押权,是指基于法律的直接规定而当然发生,无须当事人意思设定的抵押权。抵押权的设定以意定的方式为原则,而以法定的方式为例外。因此,法定抵押权属于特别抵押权。法定抵押权的种类以《法国民法典》和《瑞士民法典》为最多,②《德国民法典》第648条与我国台湾地区民法第513条规定了承揽人法定抵押权。③

我国《合同法》第286条规定:"发包人未按照约定支付价款的,承包人可以催告发包人在合理期限内支付价款。发包人逾期不支付的,除按照建设工程的性质不宜折价、拍卖的以外,承包人可以与发包人协议将该工程折价,也可以申请人民法院将该工程依法拍卖。建设工程的价款就该工程折价或者拍卖的价款优先受偿。"对于第286条的规定是否构成法定抵押权,学界存在不同的认识,主要有三种观点:一是留置权说。该说认为,承包人优先受偿权的性质为不动产留置权。如果发包人不按约定支付工程价款,

---

① 参见前揭郑玉波:《民法物权》,第288页。
② 《法国民法典》第2121条第2款规定妻子法定抵押权,第3款规定被监护人的法定抵押权,第4款规定国家、公共团体及营造物之法定抵押权。商法和其他特别法也规定了法定抵押权。
《瑞士民法典》第836条、第837条规定了不同类型的法定抵押权。
③ 我国台湾地区民法第513条规定:"承揽之工作为建筑物或其他土地上之工作物,或为此等工作物之重大修缮者,承揽人得就承揽关系报酬额,对于其工作所附之定作人之不动产,请求定作人为抵押权之登记;或对于将来完成之定作人之不动产,请求预为抵押权之登记。前项请求,承揽人于开始工作前亦得为之。前二项之抵押权登记,如承揽契约已经公证者,承揽人得单独申请之。第一项及第二项就修缮报酬所登记之抵押权,于工作物因修缮所增加之价值限度内,优先于成立在先之抵押权。"

承包人即可留置该工程,并以此优先受偿。① 二是优先权说。该说认为,建设工程承包人的优先受偿权,在性质上既不是留置权也不是抵押权。留置权的标的物是动产,而不动产抵押权以登记为生效要件,因而承包人的优先受偿权在性质上应为优先权。② 三是抵押权说。该说认为,承包人的优先受偿权既不是不动产留置权,也不是不动产优先权,它符合抵押权的主要特征,与普通抵押权的区别仅在于成立原因:普通抵押权为意定担保物权,由当事人以合同方式自由设定;承包人优先受偿权因具备法定要件而当然成立。因此,承包人优先受偿权是一种法律直接规定的抵押权。③

主流观点认为《担保法》第 286 条的规定属于法定抵押权,其理由如下:第一,根据传统的物权法理论,留置权的标的物是动产,而承包人完成的工作的标的物却是不动产。此外,留置权以标的物的占有为成立和存续要件,如果债权人丧失标的物的占有,留置权则归于消灭;而承包人的优先受偿权不以占有标的物为要件,因此,承包人的优先受偿权在性质上不可能是留置权。第二,认为承包人的优先受偿权在性质上是优先权是不合适的。从我国现行的有关法律规定来看,优先权多为保障特别的债权而设,如职工的工资、船员的工资等,对于这些债权如果不赋予优先权予以特别保障,债权人的生存将成问题。因此,优先权关注的是社会弱势群体的生存权利,而建设工程承包人并非经济上的弱者。再者,登记不能作为区分抵押权与优先权的标准。有些优先权也需要登记,例如,《法国民法典》第 2106 条规定,不动产优先权不登记不能对抗其他债权人,而且登记的效力自登记之日起发生;《日本民法典》第 327 条规定,承揽人的优先权当然产生,但第 328 条又规定不经登记不能保存其效力。虽然德国和瑞士等国家以登记为法定抵押权的成立要件,但根据我国台湾地区民法第 513 条的规定,承揽人的法定抵押权无须登记即可成立生效。第三,承包人的优先受偿权更符合抵押权的特征。

---

① 参见江平主编:《中华人民共和国合同法精解》,中国政法大学出版社 1999 年版,第 223 页。
② 参见徐杰、赵景文:《合同法教程》,法律出版社 2000 年版,第 486 页。
③ 参见张学文:《建设工程承包人优先受偿权若干问题探讨》,载《法商研究》2000 年第 3 期;梁慧星:《合同法第二百八十六条的权利性质及其适用》,载《人民法院报》2000 年 12 月 1 日;余能斌、范中超:《论法定抵押权——对〈合同法〉第 286 条之解释》,载《法学评论》2002 年第 1 期;前揭王利明:《物权法研究》,第 569 页;前揭程啸:《中国抵押权制度的理论与实践》,第 431 页。

《合同法》规定发包人未按照约定支付价款的,承包人可以催告发包人在合理期限内支付价款,发包人逾期不支付的,承包人可以行使优先受偿权。优先受偿权符合抵押权的行使条件,而优先权的行使一般不需要这些条件。普通抵押权的成立生效以登记为要件,但对于承包人的法定抵押权来说,它是直接基于法律规定产生的,其公信力比登记更强更可靠。

二、法定抵押权的设定及效力

法定抵押权因具备法定条件而当然成立,这是与普通抵押权的一个根本区别。法定抵押权的成立,根据《合同法》第286条的规定应具备如下两个方面的条件:

(1)承包人因承包关系而产生的债权。法定抵押权所担保的债权,应当是承包人的债权,而且承包人的债权必须是因建设工程承包合同而产生的,如果是因其他关系而产生的债权,则不在此范围内。因建设工程承包合同所产生的债权,主要是指报酬请求权,但又不仅限于此,垫款请求权、损害赔偿请求权等均包括在内。

(2)法定抵押权的标的应为不动产。承包合同的对象仅限于建设工程,即土地上的工作物属于不动产。若承包人工作的对象是动产,则不能适用法定抵押权的规定而是应当适用留置权的规定。法定抵押权的标的物,应为发包人的不动产,第三人的不动产不能充任。发包人的不动产仅限于承包人所建造的建筑物,而不是发包人的其他建筑物。

满足以上两个条件的,法定抵押权成立。但关于法定抵押权成立的时间,有三种不同的观点:[①]一是认为在债权没有得到清偿时,法定抵押权成立。二是认为债权与法定抵押权同时产生,即建筑工程承包合同成立之时,法定抵押权即告成立。三是认为法定抵押权成立的时间应当根据法律事实来确定,可以分为三种情形:第一,经登记才成立的法定抵押权,[②]则以登记时间为法定抵押权成立时间;第二,以阶段性工程为担保的法定抵押权,则以该项阶段性工程完成时间为该法定抵押权成立时间;第三,以全部工程为

[①] 参见前揭余能斌、范中超:《论法定抵押权——对〈合同法〉第286条之解释》。
[②] 《瑞士民法典》第838条规定:"出卖人、共同继承人及共同权利人的法定抵押权,最迟须在所有权转让后的三个月内登记。"

担保的法定抵押权,其成立时间就是全部工程竣工的时间。第三种观点既符合抵押权理论,又能及时保护抵押权人的利益。①

根据我国《合同法》的规定,发包人未能按照约定支付工程价款的,承包人可以催告发包人在合理期限内支付价款。发包人逾期不支付工程价款的,承包人可以行使抵押权。

对于在同一建设工程上,既有法定抵押权又有普通抵押权时,应如何确定其优先次序,有以下四种不同的观点:② 一是法定抵押权优先说。该说认为,为了避免发包人在法定抵押权成立后设定普通抵押权,致使承包人的权益落空,应当使法定抵押权优先于普通抵押权。二是意定抵押权优先说。该说认为,法定抵押权未经登记,不具有公示作用,为保护交易安全,应使其顺位在普通抵押权之后。三是两者同一顺序说。该说认为,法律没有规定普通抵押权与法定抵押权的优先顺位,因而应按照各自债权额的比例平均分配。四是成立在先权利在先说。该说认为,根据成立的先后确定抵押权的顺位,不论法定抵押权还是普通抵押权,均应当按照成立时间的先后确定优先顺位。在这四种学说中,法定抵押权优先说符合立法本意,法律之所以特别规定承包人的法定抵押权,就是为了赋予某种特定债权以特别保护,如果以其他标准来确定法定抵押权和普通抵押权的优先顺位,法定抵押权制度则失去其应有的功能。

---

① "就同时生效说而言,在建设工程合同成立时,虽然债权已经成立,但是建设工程并不存在,而法定抵押权的标的物是建设工程,根据抵押权制度的一般原理,抵押权是支配标的物的交换价值,以确保债务清偿为目的的价值权。因此,一宗不动产能够成为抵押权的标的物,必须具有特定性,能够确定其价值。所以抵押物必须是抵押人现在已有之物,对于将来有可能取得的不动产不能成为抵押权的标的物。因此同时生效说的缺陷显而易见。就债权未受清偿说而言,这种见解混淆了抵押权的成立与抵押权的实行,债务人到期未能履行债务,以致债权未受清偿,是抵押权实行的条件。而在抵押权可以实行以前,抵押权必须是已经成立,否则即无权利行使之可能。"前揭余能斌、范中超:《论法定抵押权——对〈合同法〉第286条之解释》。

② 参见前揭谢在全:《民法物权论》(下册),第692—693页。

第七节　共同抵押权

共同抵押权是指在数个物上为同一债权而设定的一个抵押权。共同抵押权的标的物为不动产,这与普通抵押权相同。但共同抵押权是为担保同一债权,而在数个不动产上设定一个抵押权,这有别于普通抵押权。由于共同抵押权是在数个不动产上为同一债权设定抵押权,因而又称为总括抵押权。设定共同抵押权的标的物并非集合物,这与财团抵押权的标的物不同。共同抵押是数个不动产为担保同一债权而相互结合,像连带债务,因而又称为连带抵押。但它又与连带债务不同,连带债务人的连带属于同一债权关系,而共同抵押则是物的连带,属于一种物权关系。① 在共同抵押中,抵押的不动产所有人不必为债务人,因此关于连带债务的规定不适用于共同抵押。

大陆法系国家大多规定了共同抵押权制度,② 我国台湾地区也有规定,例如,台湾地区民法第 875 条规定:"为同一债权之担保,于数不动产上设定抵押权,而未限定各个不动产所负担之金额者,抵押权人得就各个不动产卖得之价金,受债权全部或一部之清偿。"

共同抵押权的设定与普通抵押权的设定并不存在差异,均以当事人意思表示方式设定。设定抵押的不动产不必属于债务人或者同一抵押人所有,数个抵押权也无须同时成立、同一顺位。③ 共同抵押权的效力与普通抵押权也不存在差异。共同抵押权的效力表现为两种期限:一是当事人就各抵押的不动产所担保的债权份额确定,在抵押权人实行抵押权时,应在双方约定的范围就各抵押的不动产变价所得价款优先受偿。担保债权份额的确定,不但有利于保护抵押物后一顺位抵押权人的利益,而且还有利于保护普通债权人的利益。二是如果当事人没有特别约定各抵押物所应担保债权份额,共同抵押人可以就抵押的不动产全部同时实行。没有约定抵押物所担保的债权份额,对债权人极为有利,但可能出现抵押人之间利益的失衡现

---

① 参见前揭郑玉波:《民法物权》,第 277 页。
② 《德国民法典》第 1132 条,《瑞士民法典》第 798 条、第 816 条第 3 款、第 833 条,《日本民法典》第 329 条、第 393 条的规定。
③ 参见前揭谢在全:《民法物权论》(下册),第 744 页。

象,或者损害后一顺位抵押权人利益的现象。为避免这种利益失衡现象的产生,各国法律采取了必要的措施。第一,分担主义或者分割主义。共同抵押权人同时就各抵押物变卖所得价款受偿时,应按照标的物的价格负担其债权份额。例如,《日本民法典》第392条第1款及《韩国民法典》第386条第1款的规定。第二,代位求偿主义。共同抵押权人就其中一个抵押物变卖所得价款受偿的,该抵押物上次顺位的抵押权人可以对其他的抵押物,在分担的比例限度内代位共同抵押权人行使抵押权。例如,《日本民法典》第392条第2款及《韩国民法典》第386条第2款的规定。

关于我国是否存在共同抵押制度,学界存在不同的观点:肯定说认为,根据《担保法》第34条第2款的规定,我国存在共同抵押权制度。[①]否定说认为,我国不存在共同抵押权制度。[②]我国是否存在共同抵押权制度,首先必须明确共同抵押权的标的,根据传统民法物权理论,共同抵押权的标的限定为不动产,[③]而且从大陆法系国家民法典的规定看,共同抵押权的标的仅限于不动产,不动产之外的其他财产不得成为共同抵押权的标的。然而,《担保法》第34条第1款所规定的抵押权的标的既有不动产又有动产,因此,以《担保法》第34条第2款的规定作为共同抵押权的依据,难以令人信服。

---

① 参见程啸:《中国抵押权制度的理论与实践》,法律出版社2002年版,第438页。
② 梁慧星先生在其主编的《中国物权法研究》中并未涉及共同抵押权问题,由其主持编纂的《中国物权法草案建议稿》也未涉及共同抵押问题。王利明先生在其《物权法论》中虽然详细论述了共同抵押权问题,但并未涉及我国是否存在共同抵押权问题。
③ "共同抵押……谓为同一债权之担保,于数个不动产或者不动产物权上设定抵押权。"前揭史尚宽:《物权法论》,第318页。
"共同抵押乃为同一债权之担保而就数个不动产上所设定之抵押权也。"前揭郑玉波:《民法物权》,第277页。

第十六章 质　　权

质权是典型的担保物权。质权是主要以动产为标的物并移转占有的一种担保物权,对标的物的支配是一种价值权的支配,即交换价值的支配,而不是标的物的实体权的支配。质权人对质物享有变价权和优先受偿权,质权的标的物以占有为公示方法,因而动产是质权主要的标的物。

第一节　质权的概念

一、质权的概念及特征

质权,是指债权人占有债务人或者第三人提供的动产或者可让与的财产权,以担保其债务的履行,在债务清偿期届满而未获清偿时,债权人根据法律规定将质物变价并优先受偿的一种担保物权。质权最初为动产质权,后来才逐渐出现了权利质权。在质权关系中,债务人或者第三人提供用以担保的财产,即质权的标的物,称为质物;占有质物的债权人称为质权人;为质权的设定提供标的物的债务人或者第三人称为出质人。[①]

质权是大陆法系国家基本的担保物权制度,属于意定担保物权。质权制度在我国的正式确立始于《担保法》。在《德国民法典》中,质权有两种不同的分类方式,一是以标的物为依据,将质权分为动产质权与权利质权两种;二是以产生方式为依据,将质权分为意定质权、法定质权及扣押质权三

[①]　《担保法》第63条第2款规定:"前款规定的债务人或者第三人为出质人,债权人为质权人,移交的动产为质物。"

种。[①]在《瑞士民法典》中，质权分为动产质权与不动产质权。[②]在《法国民法典》中，质权也分为动产质权与不动产质权两种。由于法国将债权、著作权、营业财产、定期金、股份等视为无体动产或者动产，[③]因此，不存在权利质权，而实际上，权利质权已经包含在动产质权之中。在《日本民法典》中，质权分为动产质权[④]、不动产质权[⑤]及权利质权[⑥]。根据《担保法》的规定，我国的质权分为动产质权与权利质权，而不承认不动产质权。

质权与抵押权同属意定担保物权，以支配标的物的交换价值，确保债权清偿为目的，但两者仍然存在较大的差异：一是标的物不同。抵押权的标的物以不动产为原则；而质权的标的物则以动产为原则。二是生效要件不同。抵押权以登记为生效要件；质权则以占有为生效要件。三是担保的作用不同。质权具有留置效力，质权人留置担保标的物给出质人造成心理压力，以促使其即时履行债务；抵押权没有留置担保标的物的效力。四是实行的方式不同。抵押权人实行抵押权通常应通过法院拍卖抵押物；质权人可以自行拍卖质物或者收取权利。

质权具有如下三个方面的特征：

一是质权的标的物是由债务人或者第三人提供的动产或者可让与的财产权。质权的标的物可以是债务人的动产或者可让与的财产权，也可以是第三人的动产或者可让与的财产权，但不能是债权人自己的动产或者可让与的财产权。

二是质权是一种担保物权。质权是为担保债权而设定的，但质权对标的物的交换价值享有直接且排他的支配权。质权的实质内容是占有质物并取得质物的交换价值。

三是质权是由债权人占有标的物的担保物权。在被担保的债权受清偿之前，质权人有权留置质物。质权人对质物的占有是质权成立和存续的要件。对标的物的占有，是质权与抵押权的区别所在。

---

① 法定质权不以占有为成立要件。
② 《瑞士民法典》第884—918条的规定。
③ 《法国民法典》第529条的规定。
④ 《日本民法典》第352—355条的规定。
⑤ 《日本民法典》第356—361条的规定。
⑥ 《日本民法典》第362—368条的规定。

二、质权的分类

根据不同的标准,质权可以进行不同的分类。通常的分类方式有以下几种:

(一) 动产质权、不动产质权及权利质权

以标的物为标准,质权可以分为动产质权、不动产质权及权利质权。动产质权,是指以动产为标的的质权。由于动产通常以占有为公示方式,而质权以转移占有为成立及存续的条件,大陆法系国家均以动产质权为原则,其他质权为例外。因此,动产质权是典型的质权。

不动产质权,是指以不动产为标的的质权。不动产质权是农业社会的产物,进入资本主义社会之后逐渐被淘汰。虽然法国、日本等国家规定了不动产质权,但是现在基本不用。德国及我国台湾地区民法没有规定不动产质权。我国《民法通则》的抵押权虽然包含了质权,但在实务中,以不动产提供担保的,通常不转移占有,因此,我国实际上不存在不动产质权。再者,《担保法》没有规定不动产质权。虽然在我国的习惯法中,典权是转移不动产的占有,而且具有担保性质,但其主要的功能在于对不动产的使用、收益而不是支配其价值权,因而通常认为其为用益物权而不是担保物权。

权利质权,是指以债权或者其他可让与的财产权为标的的质权。权利质权的标的范围广泛,有各种票据、股权及知识产权中的财产权等。

(二) 民事质、商事质和营业质

以质权适用的法律为标准,质权可以分为民事质、商事质和营业质三种。民事质,是指适用民法规范的质权。商事质,是指适用商法规范的质权。在民商分离的国家,有民事质与商事质的区分,而在民商合一的国家,则不存在这种区分。我国从民国时期开始实行民商合一的立法例,因此,不存在民事质与商事质的区分。

营业质是指当铺营业者的质权。营业质不属于民法质权的规则,即禁止流质的规定不适用于营业质。换言之,双方当事人可以约定,债务人期满不能赎回的当物即归当铺所有。营业质的设定,在实务中称为当,或者典当。

(三) 占有质、收益质与归属质

以质权的内容为标准,质权可以分为占有质、收益质与归属质。占有质,是指质权人对质权仅为占有,原则上不能使用、收益的质权。《担保法》规定的质权均属于占有质。

收益质,是指质权人不仅占有质物,而且还可以对其进行使用、收益的质权。收益质又分为利质与销偿质。利质是指以质物的收益充抵债权利息的质权;①销偿质是指以质物的收益充抵债权的质权。②

归属质,是指以质物代偿的质权。营业质属于归属质。由于现代民法禁止流质合同,因此,在民事质中不存在归属质。

(四) 意定质权与法定质权

以质权产生的原因为标准,质权可以分为意定质权与法定质权。意定质权是根据当事人的意思表示而设定的质权;法定质权是基于法律的规定而产生的质权。

第二节 动产质权

动产质权,是指债权人为担保债权而占有债务人或者第三人移交的动产,并对该动产享有变价、清偿其债权的权利。《担保法》第63条第1款规定:"本法所称动产质押,是指债务人或者第三人将其动产移交债权人占有,将该动产作为债权的担保。债务人不履行债务时,债权人有权依照本法规定以该动产折价或者以拍卖、变卖该动产的价款优先受偿。"③动产质权是为担保债权而设定的一种担保物权,是以动产为标的物而不是以不动产或者其他财产权为标的物设定的担保物权。动产质权人占有由债务人或者第三人提供的用以担保其债权的动产。

一、动产质权的设定

动产质权的取得有两种情形:基于法律行为或基于法律行为之外的其

---

① 《日本民法典》第356—358条规定的不动产质权属于利质。
② 《法国民法典》第2085条规定了销偿质。
③ 《物权法草案》第230条规定:"为担保债务的履行,债务人或者第三人将其动产出质给债权人占有的,债务人未履行债务时,债权人有权就该动产优先受偿。前款规定的债务人或者第三人为出质人,债权人为质权人,交付的动产为质押财产。"

他事实。动产质权的取得主要是因法律行为设定与让与两种情形,其中设定是动产质权取得的主要方式。

动产质权的设定,是指动产质权是以当事人的设定行为而取得的,通常以合同的方式设定,而且根据我国《担保法》的规定,必须采取书面形式。①例如,《担保法》第64条第1款规定:"出质人和质权人应当以书面形式订立质押合同。"质押合同除了双方当事人合意之外,还须交付标的物,合同才生效。②《担保法》第64条第2款规定:"质押合同自质物移交于质权人占有时生效。"可见,质押合同属于实践性合同。③但是,对质物的占有转移不以现实交付为限,简易交付和指示交付也能产生相应的法律效力。④然而,由于质权人占有质物是为确保质权的留置作用,出质人不能代替质权人占有质物,因而占有改定不能适用于动产质权的设定,否则,不产生动产质权设定的效力。⑤质权人可以使第三人占有或者保管质物,不会影响质权的效力。⑥

质押合同的当事人为出质人和质权人。出质人是质物的提供方,通常是债务人,也可是第三人,但无论是债务人还是第三人均为质物的所有权人,只有在转质的情形下例外。质权人是债权人,从质权关系看,为质权人;而从债权债务关系看,为债权人。

质权的标的物仅限于动产。可以设定质权的动产应具备以下条件:一是特定物。物权的标的物必须具有特定性,这是一切物权所应具备的条件。二是独立物。物权的标的物应具有独立性的必然结果是物的一部分不能成为质权的标的。设定质权的物必须具有独立性。三是可让与的物。禁止流通物,不得成为法律行为的客体,因而不能成为质权的标的物。四是可留置物。动产质权以占有质物为成立及存续的要件,从而具有留置的功能,在性质上不适宜留置的动产,不能成为质权的标的物。

被担保的债权是质权设定的目的所在。质权为其所担保的债权而设

---

① 《物权法草案》第231条规定:"设立质权,当事人应当采取书面形式订立质权合同。"
② 《物权法草案》第233条规定:"质权自出质人交付质押财产时发生效力。"
③ 传统民法认为,在要物合同中,物的交付是合同的成立要件而不是生效要件,但在通常情形下,合同成立的同时也宣告生效。但是,根据《担保法》第64条、第74条的规定,物的交付是质押合同的生效要件,显然与传统民法理论冲突。
④ 参见前揭谢在全:《民法物权论》(下册),第765页。
⑤ 同上。
⑥ 同上。

定,因而必须先有债权的存在。被担保的债权种类,法律上并没有任何限制,通常以金钱债权为主,其他债权也可以质权为担保。①被担保的债权通常为现存的债权,但也可为将来发生的债权设定质权。②

动产质权也可基于让与而取得。动产质权是非专属性的财产权,因而具有可让与性。质权的从属性,表明其与所担保的债权具有不可分性。债权让与时,质权原则上随债权一同让与受让人。

基于法律行为之外的其他事实取得质权的有三种情形:时效取得、善意取得及继承。

二、动产质权的效力

动产质权的效力表现为动产质权所担保的债权范围、动产质权标的物的范围、出质人的权利义务及质权人的权利义务。

(一) 动产质权担保债权的范围与标的物的范围

动产质权所担保债权的范围,根据《担保法》的规定,③有约定的从约定,没有约定的,则根据法律的规定,即包括债权、利息、违约金、损害赔偿金、质物保管费用及实现质权的费用,其他大陆法系国家民法典规定的动产质权担保的债权范围大致与我国的相同。④但是,从各国立法看,动产质权所担保的债权范围大于抵押权所担保的债权范围,我国的情形大致也是如此。⑤动产质权与抵押权所担保债权范围相同的是债权、利息、违约金、损害赔偿金及实现质权、抵押权的费用;两种担保物权所不同的是质物保管费用。动产质权所担保债权的范围之所以比抵押权更广,是由于质权转移标的物的占有,质权人占有质物从而产生了质物的保管费用及因质物内在的瑕疵而产生的损害赔偿。此外,同一抵押物上可能产生多个抵押权的竞存问题,而同一质物上通常则不会产生质权的竞存,因此,即使质权所担保的

---

① 参见前揭郑玉波:《民法物权》,第 302 页。
② 同上。
③ 《担保法》第 67 条规定:"质押担保的范围包括主债权及利息、违约金、损害赔偿金、质物保管费用和实现质权的费用。质押合同另有约定的,按照约定。"
④ 《德国民法典》第 1210 条、《法国民法典》第 2082 条第 1 款、《瑞士民法典》第 891 条第 2 款及《日本民法典》第 346 条关于动产质权所担保的债权范围大致相同。
⑤ 《担保法》第 46 条规定:"抵押担保的范围包括主债权及利息、违约金、损害赔偿金和实现抵押权的费用。抵押合同另有约定的,按照约定。"

债权扩张,也不会影响后一顺位担保权人的利益。①

　　动产质权标的物的范围包括从物、孳息、代位物。②动产质权的标的为质物,但其效力是否及于从物,学界有两种不同的观点:肯定说认为动产质权的效力及于从物;③否定说则认为动产质权的效力不能当然及于从物。④否定说为通说。主物设定质权之后,如果从物随同主物移转给质权人占有的,质权的效力自然及于从物;如果从物并未随同主物移转给质权人占有的,质权的效力则不能及于从物。虽然主物的处分及于从物是物权法的基本规则,但由于动产质权以质物占有移转为成立要件,因而从物只有移转给质权人占有时,才能成为质权的范围。

　　动产质权的效力及于孳息,既包括法定孳息,又包括自然孳息。《担保法》第 68 条第 1 款规定:"质权人有权收取质物所生的孳息。质押合同另有约定的,按照约定。"

　　代位物是指质权因有物上代位性,其效力当然及于质物的代位物,主要有两种情形:一是质物有损坏或者价值明显减少的可能,足以危害质权人权利的,质权人可以拍卖或者变卖质物,就其所得价金代替质物。⑤二是质权因质物灭失而消灭,但是因灭失所得的赔偿金,应当作为质物。⑥

　　(二) 出质人的权利义务

　　质权对出质人的效力表现为出质人的权利义务。出质人的权利包括质物的收益权和处分权。出质人在设定质权之后,因质物占有的转移,无法行使对质物的使用权。基于相同理由,出质人无法享有收益权。但作为例外规定,出质人可以保留质物的收益权,例如,《担保法》第 68 条第 1 款的规定。

---

① 参见前揭郑玉波:《民法物权》,第 306 页。
② 同上书,第 307 页。
③ 同上。
④ 参见前揭谢在全:《民法物权论》(下册),第 774 页。
⑤ 《担保法》第 70 条规定:"质物有损坏或者价值明显减少的可能,足以危害质权人权利的,质权人可以要求出质人提供相应的担保。出质人不提供的,质权人可以拍卖或者变卖质物,并与出质人协议将拍卖或者变卖所得的价款用于提前清偿所担保的债权或者向与出质人约定的第三人提存。"
⑥ 《担保法》第 73 条规定:"质权因质物灭失而消灭。因灭失所得的赔偿金,应当作为出质财产。"

质权设定之后，出质人仍然享有质物的所有权，因此，可以对质物享有法律上的处分权，但由于出质人已经丧失对质物的占有，因而不能对质物进行事实上的处分。如果出质人是债务人之外的第三人，则第三人在代为清偿债务或者因质权的行使而丧失质物所有权的，对债务人享有求偿权与代位权。

出质人的义务表现为两个方面：一是因质物内在的瑕疵而产生的损害赔偿责任；二是偿还质权人为保管质物而支付的必要费用。

（三）质权人的权利义务

质权对质权人的效力表现为质权人的权利义务。质权人的权利是质权效力的核心内容。质权人的权利有对质物的占有及留置权、质物孳息收取权、转质权、变价及优先受偿权、质权的实行。

（1）对质物的占有、留置权。质权是以质权人对标的物的占有为质权成立的前提条件，因而质权人当然享有对质物的占有。《德国民法典》第1227条及《日本民法典》第353条规定了质权人对质物的占有保护问题。质权人在质权成立之后，债权全部清偿之前，应留置质物，学理上称为质权人的留置权。对质物的留置是质权存续的必要条件，一旦质权人丧失对质物的留置，则质权归于消灭。

（2）孳息的收取权。质物所产生的孳息，除了当事人另有约定的之外，质权人有权收取质物所产生的孳息，收取的孳息应先充抵收取孳息的费用，[1]其次充抵债权的利息，再次充抵债权本身，目的在于防止质权人滥用权利，随意使用孳息，[2]侵害出质人的利益。

（3）对质物的转质权。转质是质权人的权利，是指质权人为自己债务的担保而将质物移转给其债权人占有而设定的新质权。转质是对质物的处分，而不是对质权的处分。[3]对于转质，大陆法系国家民法态度不一。《德国民法典》及《法国民法典》对此没有规定，而《瑞士民法典》及《日本民法典》对转质有明确规定。从大陆法系各国立法例看，转质有承诺转质与责任转质两种形式。

---

[1] 《担保法》第68条第1款的规定。
《物权法草案》第234条规定："质权人有权收取质押财产的孳息，但合同另有约定的除外。前款孳息应当先充抵收取孳息的费用。"
[2] 参见前揭郑玉波：《民法物权》，第309页。
[3] 同上书，第310页。对质权的处分，例如，质权人连同债权一并将质权转让给第三人。

承诺转质,是指质权人转质应当获得原出质人的同意,因此,又称为同意转质。①承诺转质与质权人的质权及被担保的债权没有关系,不受质权范围的限制,从而超过原质权范围的转质仍然有效。②此外,由于承诺转质并非基于质权人的质权而设定的新质权,因而与原质权的存续期间无关,可以自由约定存续期间。③但是,质权人在质物上设定的新质权不得加重质物所有人的责任。

我国的立法没有规定转质问题,但司法实践承认承诺转质。例如,《担保法司法解释》第 94 条第 1 款规定:"质权人在质权存续期间,为担保自己的债务,经出质人同意,以其所占有的质物为第三人设定质权的,应当在原质权所担保的债权范围之内,超过的部分不具有优先受偿的效力。转质权的效力优于原质权。"

责任转质,是指在质权存续期间,质权人无须获得出质人同意,以自己的责任在质物上为第三人设定新的质权。④责任转质与承诺转质的区别在于是否获得出质人的同意。责任转质是基于原有的质权,其转质的期间不得超过原质权的期间,即原质权消灭,转质权也随之消灭。为保护出质人的利益,法律规定质权人将质物转质给第三人时,由质权人承担因转质而产生的一切法律后果。换言之,转质人应承担质物因转质而产生的一切损害,既包括因转质人过失而造成的损害,又包括因不可抗力而产生的损害。

责任转质的效力表现为两个方面:一是转质虽然基于原质权而设定,但是转质的效力却优先于原质权。在质权实现时,对于质物变卖所得价款,应优先清偿转质权人的债权,然后再清偿转质人的债权。二是转质权人对其债权仅能在转质人原有的质权范围内清偿,即在质权所担保的债权额、清偿期限内清偿。⑤

我国的司法实践禁止责任转质,《担保法司法解释》第 94 条第 2 款规定:"质权人在质权存续期间,未经出质人同意,为担保自己的债务,在其所

---

① 《瑞士民法典》第 887 条规定:"质权人,经出质人同意后,可以将质物转质。"
② 参见前揭史尚宽:《物权法论》,第 368 页。
③ 同上。
④ 我国台湾地区民法第 891 条规定:"质权人于质权存续中,得以自己之责任,将质物转质于第三人。其因转质所受不可抗力之损失,亦应负责。"
⑤ 参见前揭郑玉波:《民法物权》,第 311 页。

占有的质物上为第三人设定质权的无效。质权人对因转质而发生的损害承担赔偿责任。"

（4）变价、优先受偿权。变价权又称为物上代位权，质物有损毁或者价值明显减少的可能并危害质权人的权利时，质权人可以公开拍卖或者变卖质物，以其变卖所得替代质物。《担保法》第70条规定："质物有损坏或者价值明显减少的可能，足以危害质权人权利的，质权人可以要求出质人提供相应的担保。出质人不提供的，质权人可以拍卖或者变卖质物，并与出质人协议将拍卖或者变卖所得的价款用于提前清偿所担保的债权或者向与出质人约定的第三人提存。"质物的变卖所得仅具有物上代位性质，质权人不得要求清偿。

质权是一种担保物权，具有优先于债权的效力，这种效力表现在质权人具有的优先受偿权。在债权履行期届满，债务人未能清偿债权的，质权人对质物享有优先受偿权。质权人可以对质物进行变价，并就变价所得价金优先受偿。①

（5）质权的实行。债权清偿期届满而未获清偿的，质权人就质物受偿称为质权的实行。《担保法》第71条第2款规定："债务履行期届满质权人未受清偿的，可以与出质人协议以质物折价，也可以依法拍卖、变卖质物。"可见，质权的实行方法有拍卖、变卖、折价三种。各国立法为保护债务人的利益，均规定了禁止流质，例如，我国《担保法》第66条规定："出质人和质权人在合同中不得约定在债务履行期届满质权人未受清偿时，质物的所有权转移为质权人所有。"流质合同对债务人极为不利，因此为维护公平，保护弱势当事人的利益，法律禁止流质合同。

质权人的义务表现在两个方面：一是保管质物。质物由质权人占有，质权人有妥善保管质物的义务。《担保法》第69条规定："质权人负有妥善保管质物的义务。因保管不善致使质物灭失或者毁损的，质权人应当承担民事责任。"我国台湾地区民法第888条规定："质权人应以善良管理人之注意，保管质物。"二是返还质物。质权人占有质物，是为了担保其债权的清

---

① 学界认为，质权人的优先受偿权表现在两个方面：一是质权人优先于普通债权人受偿；二是前一顺位的质权人优先于后一顺位的质权人受偿。参见前揭郑玉波：《民法物权》，第313页。

偿,一旦其债权消灭,则质权人无权继续占有质物,必须返还出质人。《担保法》第71条第1款规定:"债务履行期届满债务人履行债务的,或者出质人提前清偿所担保的债权的,质权人应当返还质物。"

三、动产质权的消灭

动产质权的消灭原因除了适用物权一般消灭原因及担保物权一般消灭原因之外,其特别的消灭原因有:

(1)质物占有的丧失。质权的成立及存续以质权人占有质物为条件,一旦质权人丧失对质物的占有,则质权归于消灭。质物占有的丧失有两种情形:一是因质物的所有人占有质物而丧失质物的占有。质权人任意将质物返还给出质人,则不论其返还的原因,质权消灭,因为质权人不能使出质人代其占有质物。① 二是质权人因第三人的原因丧失对质物的占有,而且丧失返还请求权的,质权消灭。②

(2)质物占有的灭失。《担保法》第73条规定:"质权因质物灭失而消灭。因灭失所得的赔偿金,应当作为出质财产。"标的物的灭失,是物权一般消灭原因,也是质权的消灭原因。由于质权是以质物的交换价值为目的,因而质物灭失所得的赔偿金是其价值的替代物,质权人债权的清偿仍然能够获得保障。

第三节 权 利 质 权

一、权利质权的概念及标的

权利质权,是指以所有权以外的可让与的财产权为标的的质权。权利质权是以可让与的财产权为标的物的准质权。③ 权利质权有债权质权、股份质权和知识产权质权之分。对于权利质权的标的,我国法律有明确规定,

---

① 我国台湾地区民法第885条第2款规定:"质权人不得使出质人代自己占有质物。"
② 我国台湾地区民法第898条规定:"质权人丧失其质物之占有,不能请求返还者,其动产质权消灭。"
③ 我国台湾地区民法第901条规定:"权利质权,除本节有规定外,准用关于动产质权之规定。"日本学界对准质权存在异议。

《担保法》第75条规定:"下列权利可以质押:(一)汇票、支票、本票、债券、存款单、仓单、提单;(二)依法可以转让的股份、股票;(三)依法可以转让的商标专用权,专利权、著作权中的财产权;(四)依法可以质押的其他权利。"①

权利质权与动产质权同为质权既有区别又有共同点,其区别在于:一是权利标的不同。动产质权的标的为动产;而权利质权的标的为所有权之外的其他可让与的财产权。权利质权的标的广泛,主要有债权、股权及知识产权。二是公示方式不同。动产质权的公示方式是占有的移转,是外在的、有形的,其结果是权利人直接占有质物;而权利质权的公示方式并不能采取移转物的占有的方式,只能采取移转权利凭证的占有或者办理出质的方式,其公示方式是观念性的、抽象的。三是权利保全方式不同。在动产质权中,质权人通过对质物的实际占有和控制,实现动产质权的保全;在权利质权中,质权人通过对设定质权的权利进行法律处分上的限制,未经其同意,出质人不得抛弃或者缩小其出质权利,以实现权利质权的保全。

质押合同的标的物应为所有权之外的其他可让与的财产权,即债权、股权和知识产权。债权有普通债权与证券债权之分,②前者是指非证券化的债权;而后者则是指通过有价证券方式表现出来的债权,例如,票据、债券、存款单等。

权利质权的标的构成要件:

一是所有权之外的财产权。权利质权是以权利的交换价值来担保债权的清偿,因而用以出质的权利必须是可以用金钱来估价的财产权,例如,物权、债权、知识产权等,从而生命权、健康权、身体权、名誉权、姓名权、隐私权、亲属权、继承权等人身权不得成为权利质权的标的。所有权不得作为权利质权的标的,否则,权利质权与动产质权就不存在差异。

二是可让与的财产权。质权是价值权,标的物应当具有变价的可能。如果权利为财产权但不具有可让与性,则不能作为质权的标的。《德国民法

---

① 《物权法草案》扩大了权利质权的范围。该草案第244条规定:"债务人或者第三人有权处分的下列权利可以出质:(一)汇票、支票、本票;(二)债券、存款单;(三)仓单、提单;(四)可以转让的股票;(五)可以转让的注册商标专用权、专利权、著作权等知识产权中的财产权;(六)公路、电网等收费权;(七)法律、行政法规规定可以出质的其他财产权利。"

② 参见胡开忠:《权利质权制度研究》,中国政法大学出版社2004年版,第151页。

典》第1274条、《日本民法典》第343条及《意大利民法典》第2806条规定了权利质权的标的应当是可让与的权利。不具有可让与性的财产权有：其一，依法不能转让的财产权，例如，人身损害赔偿金的请求权、抚恤金请求权、退休金请求权等。其二，根据当事人的约定不能转让的权利。基于私法自治原则，应尊重当事人的意思，但是不得对抗善意第三人。

三是可以设定质权的财产权。财产权虽然可以让与，但如不适于出质，则不能成为质权的标的。用益物权虽然属于财产权，但其不适于出质，因此，地上权、永佃权、典权等不得成为权利质权的标的。抵押权、质权、留置权，不能与其所担保的债权相分离而成为权利质权的标的。

二、普通债权质权

（一）普通债权质权的设定

普通债权产生的原因可以是合同，也可以是不当得利或者无因管理，只要符合出质条件的债权均可以成为权利质权的标的。附条件债权和附期限债权作为期待权，也可以成为权利质权的标的。[①]普通债权质权应该以书面的方式设定。[②]由于《担保法》并未明确指出债权为权利质权标的，而是包含在第74条的兜底条款，即"依法可以质押的其他权利"之中，因此，法律没有明文规定债权质权的设定方式。但是，《担保法》第78条的股票出质及第79条的知识产权中的财产权出质，均明确规定应采取书面形式，而且第64条规定，质押合同应当订立书面合同。[③]此外，我国台湾地区民法第904条规定："以债权为标的物之质权，其设定应以书面为之。如债权有证书者，并应交付其证书于债权人。"因此，债权质权合同应采取书面形式。有债权证书的，应将其交付于质权人。但是债权证书仅为债权的证据证书，因此，证书的交付，并不能产生留置效力以限制出质人的处分权。

[①] 参见王轶：《期待权研究》，载《法律科学》1996年第4期。

[②] "按债权让与契约不以书面为必要，而设质时却应以书面为之者，盖设质较让与质关系为复杂，非以要式行为为之，势难使法律关系臻于明确。"前揭郑玉波：《民法物权》，第326—327页。

[③] 如果根据我国《担保法》第78条、第79条的规定，可以推导出债权质权合同可以采取其他形式。但是，根据第64条的规定，所有的质押合同均应采取书面形式。可见，虽然第78条、第79条没有直接与第64条发生冲突，但隐含冲突，建议在《担保法》修订时删除第78条、第79条关于订立书面合同的规定。

在债权质权中,在债权上设定质权应及时通知作为第三人的债务人,但该通知是质权的成立要件还是对抗要件,大陆法系国家或地区的立法例对此规定不一。根据《德国民法典》第1290条、《法国民法典》第2075条的规定,通知债务人为债权质权的成立要件;而根据《瑞士民法典》第900条、第906条和我国台湾地区民法第907条的规定,该通知为对抗债务人的要件;根据《日本民法典》第364条的规定,该通知为对抗债务人及其他第三人的要件。我国《担保法》没有关于债权质权设定方法的规定。在一般情形下,债权设定质权时,对债务人的通知应为对抗债务人及其他第三人的要件,如果因债权设定质权给债务人造成损失的,该损失应由出质人承担。出质人通知债务人其债权人的债权设定质权之后,债务人不得向出质的债权人清偿,即剥夺了出质的债权人向其债务人主张清偿的权利。因此,债权证书的交付与对债务人的通知,共同作为债权出质的公示方法。在无债权证书的债权上,出质人设立数个质权及出质人恶意利用债权证书重复设质时,质权的先后顺位可根据对债务人通知的先后次序决定。如果通知为同时,则认为该数个质权同时设定,实现质权时,则按比例受偿。当质权人是债务人本人时,则没有通知的必要。质权人与债务人为同一人有两种情形:一是银行存款客户以其存款单作为担保向该银行贷款;二是保险合同的投保人以其保险单为担保向保险人借款。

(二)普通债权质权的效力

(1)被担保债权及标的物的范围。债权质权所担保的债权的范围与动产质权相同。根据《担保法》第67条规定,质押担保的范围包括主债权及利息、违约金、损害赔偿金、质物保管费用和实现质权的费用。质押合同另有约定的,从约定。

债权质权的效力及于标的债权全部及其利息、担保等从权利以及代位物。一是出质债权的利息。出质债权如有利息,除当事人另有约定外,该利息债权作为主债权的从权利为质权所及,质权人有收取权。质权人对该利息只有质权而非所有权,质权人应以善良管理人的注意,根据质权实现方法加以收取和实现。二是出质债权的担保等从权利。出质债权有质权或抵押权等从权利,该从权利也应随债权入质。担保物随债权入质,当然为质权效力所及。

(2)债权质权对质权人的效力。质权人有质物留置权、孳息收取权、转质权、债权质权遭侵害时的救济权以及保全债权标的物的义务等,这些权利义务与动产质权相同,所不同的是质权人的优先受偿权。在债权质权中,有两个债权及两个债权的清偿期,而两个债权的清偿期通常不一致,主要有两种情形:

一是出质债权的清偿期先于质权所担保债权的清偿期。在这种情况下,质权人的债权仅表现为一种期待权,债务人是否履行债务不得而知。一方面,质权人既不能要求债务人提前履行其债务,又不得直接实现质权;另一方面,出质人的债务人要求履行其债务,如果出质人拒绝受领债务人的履行,则产生受领迟延。然而,如果出质人受领其债务人的履行,则使债权消灭,又有悖于债权质权设立的目的。对此,根据德国、日本及我国台湾地区立法例,有两种解决方式:其一,出质人的债务人向质权人和出质人为共同的清偿,债务人因清偿而免责。其二,提存,出质债权为金钱债权时,提存是为质权人利益的提存,出质人是提存物的所有人。但在提存书中,应记载质权存在的情形,在担保物权的清偿期届满时,质权人有权领取提存物以获得优先受偿。

二是出质债权的清偿期晚于质权所担保债权的清偿期。在这种情形下,被担保债权清偿期先行届满,由于标的债权的清偿期还未届满,质权人不享有直接收取权。标的债权关系为一独立债权关系,不因债权人将其出质而丧失其全部独立性,出质人的债务人仅负有债务届期而偿还的义务,期限利益应受到法律的保护。

三、证券债权质权

(一) 证券债权质权的设定

证券债权是以表彰特定民事权利为内容的证券,是商品经济发展需要的产物,其权利的行使以权利人持有证券为必要条件。证券债权具有汇兑、使用与支付等功能,可流通性是证券债权与普通债权的根本区别所在。由于有价证券与其所表彰的权利的不可分性,在证券上设质就是在其所表彰的特定民事权利上设质。① 《担保法》第76条规定:"以汇票、支票、本票、债

---

① 《物权法草案》第245条规定:"以汇票、支票、本票、债券、存款单、仓单、提单出质的,当事人应当订立书面合同,质权自权利凭证交付质权人时发生效力。"

券、存款单、仓单、提单出质的,应当在合同约定的期限内将权利凭证交付质权人。质押合同自权利凭证交付之日起生效。"证券债权设定质权可以分为三种情形:

(1) 无记名证券质权的设定。无记名证券是指证券上不记载特定权利人姓名的证券,其权利的转移因证券交付而完成。《德国民法典》第1293条规定,对无记名证券适用有关动产质权的规定。质权以无记名证券为标的的,因其交付给质权人而产生设定质权的效力。证券持有人将证券交于他人占有以转让证券权利或者在证券上设定权利的法律行为即为交付。证券持有人将证券权利转让给他人,只需将证券交付于他人即可,无须在证券上进行任何记载。占有证券的人应当被推定为当然合法的权利人。设定质权时,除设定质权的书面合意外,以出质人以设定质权为目的将证券交付给质权人为条件。受让人不得行使质权以外的权利。但是,对于善意第三人而言,作证券持有人为证券合法所有人的推定。

1988年6月8日,上海市人民政府发布的《上海市票据暂行规定》禁止发行无记名汇票与无记名商业本票。《票据法》第22条、第26条将收款人名称规定为汇票与本票的绝对记载事项,说明《票据法》不承认无记名汇票与无记名本票。此外,《票据法》还明文禁止空白背书,该法第30条规定:"汇票以背书转让或者以背书将一定的汇票权利授予他人时,必须记载被背书人的名称。"但是,《票据法》第85条关于支票的绝对记载事项中没有收款人一项,因而我国承认无记名支票。

(2) 记名证券质权的设定。记名证券是指在证券上记明特定的人为权利人,即只能由该特定人行使证券权利的证券。由于票据、提单、仓单为法定的指示证券,法律上有背书转让性,因而记名票据、记名的提单和仓单可以背书转让,也可以背书设定质权。《德国民法典》第1292条规定,为了对票据或者其他可以背书转让的证券设定质权,经债权人和债务人协议并移交背书的证券即可。我国《公司法》第161条规定:记名债券可以背书方式或者其他法定方式转让。以记名债券设定质权的,应有双方当事人书面设定质权的合意,出质人在出质债券上为设定质权的背书并将其交付给质权人,并在公司债券存根簿上进行记载。根据《票据法》第35条第2款、第81条第2款、第94条第2款规定,票据质押时,应当以背书记载"质押"字样,因而设定质权的背书必须表明设定质权的目的。对于提单,根据《海商法》

第 79 条第 1 项规定,记名提单不得转让,因此,记名提单不能设定质权。

(3) 指示证券质权的设定。指示证券是指证券上记载有受款人姓名或者名称及"或其指定人"字样的证券。指示证券以背书的方式转让。以指示证券设定质权的,要求有设定质权的合意以及出质人为设定质权的背书并将背书的证券交付给债权人。根据《票据法》的规定,在票据上设定质权时应以背书记载"质押"字样,可见我国仅承认公开背书设定质权。

(二) 证券债权质权的效力

证券债权质权人的优先受偿权与普通债权不同。出质证券通常是文义证券,对于票据,经设定质权背书而取得票据的持票人,只要背书连续,即可行使票据上一切权利。

(1) 证券清偿期早于被担保债权清偿期。质权人作为证券的正当持有人,有独立及排他的收取权,其所担保的债权即使未届清偿期,质权人仍可收取证券上应受的给付并行使以收取为目的的各项权利。《担保法》第 77 条规定:"以载明兑现或者提货日期的汇票、支票、本票、债券、存款单、仓单、提单出质的,汇票、支票、本票、债券、存款单、仓单、提单兑现或者提货日期先于债务履行期的,质权人可以在债务履行期届满前兑现或者提货,并与出质人协议将兑现的价款或者提取的货物用于提前清偿所担保的债权或者向与出质人约定的第三人提存。"

(2) 证券清偿期晚于质权所担保债权清偿期。质权人可以在证券清偿期届满时,以前述方法实行质权。为避免证券风险,质权人可在证券清偿期届满之前,以动产质权变价权实现方法,并根据证券的性质,对证券加以处分以实现债权。例如,对于汇票,质权人可以贴现换取现款以实现债权。在行使质权时,质权人应通知出质人。

四、股权质权

(一) 股权质权概念及基础

股权质权,是指出质人以其所拥有的股权作为质权标的物而设立的质权。对在股权上设立担保物权,许多国家的法律都有规定。法国《商事公司法》第 46 条、德国《有限责任公司法》第 33 条,均涉及对股份抵押的规定。我国《公司法》对股权质押缺乏规定,但《公司法》之后颁布的《担保法》第

75条、第78条规定了我国的股权质权制度。①

股权质权的标的物是股权。股权是股东因出资而取得的,根据法定或者公司章程规定的规则和程序参与公司事务并在公司中享受财产利益的,具有转让性的权利。传统公司理论通常将股权分为共益权和自益权。自益权为财产性权利,如分红权、新股优先认购权、剩余财产分配权、股份转让权;共益权为公司事务参与权,如表决权、召开临时股东会的请求权、对公司文件的查阅权等。股权质权的目的在于担保债权的实现,以支配标的的交换价值为目的,因而股权质权仅以股权中的财产性权利为质权的标的。

《担保法》第75条规定,"依法可以转让的股份、股票"可以设立出质。可见,可转让性是股权是否可以设定质权的唯一限制。股权的出质限制有两种情形:

(1) 有限责任公司的股权出质,根据《担保法》第78条第3款的规定,"适用公司法股份转让的有关规定"。《公司法》第72条对有限责任公司股东转让股权作了明确规定②,根据该规定,股权出质分以下三种情形:一是股东向作为债权人的本公司的其他股东以股权出质的,不受任何限制;二是股东向本公司股东以外的债权人以股权出质的,必须经其他股东过半数同意,而且该同意必须以书面形式即股东会议决议的形式作出;三是如果其他股东半数以上不同意出质,又不购买该出质的股权,则视为同意出质。

(2) 股份有限公司的股权出质,《担保法司法解释》第103条规定:"以股份有限公司的股份出质的,适用《中华人民共和国公司法》有关股份转让

---

① 《物权法草案》第247条规定:"以股权出质的,当事人应当订立书面合同。以上市公司的股权出质的,质权自证券登记机构办理出质登记时发生效力。以非上市公司的股权出质的,质权自工商行政管理部门办理出质登记时发生效力。上市公司的股权出质后,不得转让,但经出质人与质权人协商同意的除外。出质人转让股权所得的价款,应当向质权人提前清偿债权或者提存。"《担保法》第75条、第78条法条表述有不妥之处,对"股份"和"股票"的表述统一改称"股权"可能较为妥当。

② 《公司法》第72条规定:"有限责任公司的股东之间可以相互转让其全部或者部分股权。股东向股东以外的人转让股权,应当经其他股东过半数同意。股东应就其股权转让事项书面通知其他股东征求同意,其他股东自接到书面通知之日起满三十日未答复的,视为同意转让。其他股东半数以上不同意转让的,不同意的股东应当购买转让的股权;不购买的,视为同意转让。经股东同意转让的股权,在同等条件下,其他股东有优先购买权。两个以上股东主张行使优先购买权的,协商确定各自的购买比例;协商不成的,按照转让时各自的出资比例行使优先购买权。公司章程对股权转让另有规定的,从其规定。"

的规定。以上市公司的股份出质的,质押合同自股份出质向证券登记机构办理出质登记之日起生效。以非上市公司的股份出质的,质押合同自股份出质记载于股东名册之日起生效。"根据《公司法》第142条的规定,[①]有两种情形不得设立质权:一是发起人持有的本公司股份,从公司成立之日起一年内不得设立质权;二是公司董事、监事、高级管理人员所持本公司股份自公司股票上市交易之日起一年内不得设立质权。

关于公司能否接受本公司的股东以其拥有的本公司的股权出质,有些国家的法律规定在满足一定条件时是允许的,例如,《日本商法典》第210条、德国《有限责任公司法》第33条的规定。但是,我国《公司法》第143条明确规定:"公司不得接受本公司的股票作为抵押权的标的。"

股权质权的担保功能源于股权的价值,股权的价值是股权质权担保功能的基础,股权担保功能取决于股权价值的高低。股权价值的内涵包括两项:一是红利;二是分配的公司剩余财产。因此,出质股权价值的高低取决于红利的多少与公司剩余财产的多少。股权的交换价值是股权价值的表现形式,在股权转让时体现为一定数量的货币,即股权的价格。出质股权的交换价值是判断股权质权担保功能的依据。[②]

股权质权与其他质权相比有如下三个方面的特点:一是质权的标的物价值的不稳定性。股权的价值极易受公司状况和市场变化的影响,股票的价值经常处在变化之中,因而使得股权质权的担保功能较难把握,质权人的风险比较大。二是标的物价值是一个预期值。因股权价值的不稳定性,从而在设立股权质权时,是以当事人或者第三人(如资产评估机构)的预期价值为基础的,而该预期值通常与实际价值相背离,使得质权人承担着其债权得不到充足担保的风险。三是出质股权的种类不同,其担保功能也有差异。

---

① 《公司法》第142条规定:"发起人持有的本公司股份,自公司成立之日起一年内不得转让。公司公开发行股份前已发行的股份,自公司股票在证券交易所上市交易之日起一年内不得转让。公司董事、监事、高级管理人员应当向公司申报所持有的本公司的股份及其变动情况,在任职期间每年转让的股份不得超过其所持有本公司股份总数的百分之二十五;所持本公司股份自公司股票上市交易之日起一年内不得转让。上述人员离职后半年内,不得转让其所持有的本公司股份。公司章程可以对公司董事、监事、高级管理人员转让其所持有的本公司股份作出其他限制性规定。"

② 出质股权的交换价值以其价值为基础,但也受其他因素,如市场的供求关系、市场利率、股权质权的期限的影响。

以股票出质的,因股票是有价证券,其流通性、变现性强,因而其担保功能较强。以出资额出质的,其股权的流通性、变现性较差,因而其担保功能相对较弱。

(二) 股权质权的设定

股权质权的设立与其他质权设定方式完全相同,最为常见的方式是以当事人合意并签订质押合同而设立。根据《担保法》第 64 条第 1 款及第 78 条第 1 款的规定,①质权的设立应采取书面方式,而且必须登记。因此,质权的成立,不仅需要当事人订立契约,而且以登记为必备条件。

关于质权成立的公示效力,有两种不同的立法例:一是成立要件主义或有效要件主义。公示方法是质权成立及对抗第三人效力必须具备的条件。《德国民法典》及我国台湾地区民法采用这种立法例。二是对抗要件主义,质权的设立只须当事人之间的合意,但只有公示,才可以发生对抗第三人的效力。《日本民法典》采取这种立法例。股权质权的公示形式因股权的表现方式不同而存在差异,以股份出质的,通常采取股票交付的方式;以出资额出质的,则采取在股东名簿上的登记方式。我国《担保法》对股权成立的公示,采用有效要件主义,即以公示作为质押合同生效的必备要件,并以此对抗第三人。对公示的形式,无论是以股份出质还是以出资额出质,均采取登记的方式,以股票出质的,应向证券登记机构办理出质登记,质押合同自登记之日起生效。

(三) 股权质权的效力

股权质权的效力,是指质权人就质押股权在担保债范围内优先受偿的效力及质权对质押股权上存在的其他权利的限制和影响。股权质权对所担保债权范围的效力、对质物的效力、对质权人的效力等与其他权利质权相同,仅在对出质人的效力方面与其他权利质权存在差异。

出质人以其拥有的股权出质后,该股权作为债权的担保物,在其股权上设定担保物权,出质人的某些权利受到限制,但出质人仍然是股权的拥有者,其股东地位并未发生变化,因而出质人就出质股权仍享以下权利:一是出质股权的表决权。对于出质股权的表决权,究竟由谁行使,国外有不同的

---

① 《担保法》第 78 条第 1 款规定:"以依法可以转让的股票出质的,出质人与质权人应当订立书面合同,并向证券登记机构办理出质登记。质押合同自登记之日起生效。"

立法例:一种以法国为代表,认为出质股权的表决权应由出质人行使。[1]《瑞士民法典》也采取这种立法例。另一种以德国为代表,认为抵押权人不得妨害股东表决权的行使,但应将作为抵押权标的物的股份交付于有信用的第三人。此外,《日本商法典》对于出质股权的表决权由谁行使没有明文规定。我国《担保法》和《公司法》对此均未作出规定,但根据《担保法》,股权质押并不以转移占有为必须,而是以质押登记为生效要件和对抗要件。质押登记只是将股权出质的事实加以记载,其目的是限制出质股权的转让和以此登记对抗第三人,而不是对股东名册加以变更。在股东名册上,股东仍是出质人。据此可以推断,出质股权的表决权,应由出质人直接行使。二是新股优先认购权。新股优先认购权属于股权中的财产性权利,是股东基于其地位而享有的一个优先权,应由股东享有。

五、知识产权质权

知识产权质权,是指出质人以其所拥有的知识产权为标的物而设定的质权。以知识产权为标的物设定质权,是以知识产权中的财产权为标的物设定质权,由于知识产权中的人身权部分与人身的不可分性,因而人身权部分不得设定质权。《担保法》规定了知识产权质权,[2]而且明确规定了可设定质权的知识产权范围,[3]即著作权、专利权、商标权等。[4]

根据《担保法》的规定,著作权中的财产权可以设定质权,出质人与质权

---

[1] 法国《商事公司法》第163条第3款规定:"表决权由作抵押的证券的所有人行使。为此,受质人应其债务人的请求或者按法令确定的条件和期限寄存其抵押股份"。

[2] 《担保法》第75条规定:"下列权利可以质押:……(三)依法可以转让的商标专用权,专利权、著作权中的财产权;……"

[3] 《担保法》第79条规定:"以依法可以转让的商标专用权,专利权、著作权中的财产权出质的,出质人与质权人应当订立书面合同,并向其管理部门办理出质登记。质押合同自登记之日起生效。"

[4] 《物权法草案》第248条规定:"以注册商标专用权、专利权、著作权等知识产权中的财产权出质的,当事人应当订立书面合同,质权自有关主管部门办理出质登记时发生效力。知识产权中的财产权出质后,出质人不得转让或者许可他人使用,但经出质人与质权人协商同意的除外。出质人转让或者许可他人使用出质的知识产权所得的价款,应当向质权人提前清偿债权或者提存。"

人应当订立书面质押合同,并向国家版权局办理出质登记,[①]登记为质押合同生效要件。[②]专利权中的财产权可以设定质权,双方当事人应当订立书面的质押合同,并向国家专利局办理出质登记。[③]但是,根据《专利法》第14条的规定,出质人是国有企业事业单位的,专利权的出质应经上级批准。[④]商标权中的财产权的设定与著作权及专利权相同,但其登记机关为国家工商行政管理总局。

但是,下列知识产权不得设立质权:

一是某些特定的商标权。在通常情形下,商标权具有可让与性,可以成为质权的标的物。但是,由于商标权制度不仅为了保护商标权人的利益,而且还要保护消费者的利益,各国商标法通常规定,凡是类似商品使用同一商标的应将该注册商标在这些商标上的专用权全部转让而不得分别转让,联合商标不得分开转让。在设定质权时,联合商标应当一并设定质权。

二是原产地标志权。在《知识产权协议》中,原产地标志称为"地理标志"。原产地标志不仅标明商品的产地,而且还表示该商品因源自该产地而具有的某种特殊的品质,即商品中的某些特殊品质与来源地的土地、水分、气候、植物等自然条件或者当地传统的制造工艺相联系。因此,不能以原产地标志权为质权的标的物而设定质权。

三是商誉权。商誉权通常不得单独设定质权。商誉权是权利主体在商业活动中所创造的商业信誉,受到法律保护的权利。商誉权包括使用权及维护与禁止权两个方面。使用权是商誉权人对其商誉利益的利用及支配的权利;维护与禁止权则是商誉权人维护其商誉利益、排除他人非法侵害的权

[①] 《著作权质押合同登记办法》第4条规定:"国家版权局是著作权质押合同登记的管理机关。国家版权局指定专门机构进行著作权质押合同登记。"

[②] 《著作权质押合同登记办法》第3条规定:"以著作权中的财产权出质的,出质人与质权人应当订立书面合同,并到登记机关进行登记。著作权质押合同自《著作权质押合同登记证》颁发之日起生效。"

上述规定与《担保法》第79条的规定相冲突,鉴于《著作权质押合同登记证》属于部门规章,因此,应适用《担保法》的规定。

[③] 《专利权质押合同登记管理暂行办法》第3条规定:"以专利权出质的,出质人与质权人应当订立书面合同,并向中国专利局办理出质登记,质押合同自登记之日起生效。"该规定与《担保法》的规定一致。

[④] 《专利权质押合同登记管理暂行办法》第5条第1款规定:"全民所有制单位以专利权出质的,须经上级主管部门批准。"

利。可见,商誉权实际上是一种保护权。世界各国的立法例基本禁止商誉的许可使用,商誉不能单独转让,也无法单独转让,因此,商誉权不能单独设定质权。①

关于商号权是否能够出质,有肯定说与否定说两种不同的观点。②肯定说认为,商号是一种财产权,是可以转让的,因而可以成为质权的标的物;而否定说则认为,商号是与营业不可分离的,因而商号不能单独成为质权的标的物。由于商号权与企业的财产与营业密不可分,商号权的让与应当与整个企业的财产、营业一并让与,因而不能单独在商号权上设定质权。③

---

① 参见前揭胡开忠:《权利质权制度研究》,第184页。
② 参见前揭王利明:《物权法论》(修订本),第684页。
③ 参见前揭郑玉波:《民法物权》第329页;前揭王利明:《物权法论》(修订本),第684页;前揭胡开忠:《权利质权制度研究》,第185页。

第十七章　留　置　权

担保物权分为意定担保物权和法定担保物权,抵押权、质权的设定是基于当事人的意思表示,属于意定担保物权;留置权的设定是基于法律的直接规定,因而属于法定担保物权。但是,大陆法系国家民法典中关于留置权概念并不完全统一,在理论上留置权有债权留置权与物权留置权之分。《德国民法典》和《法国民法典》上的留置权属于债权留置权,而《瑞士民法典》、《日本民法典》及包括我国台湾地区在内的我国民法上的留置权属于物权留置权。

第一节　留置权的概念

留置权,是指债权人基于合同关系占有债务人的动产,在债权未受清偿之前,可以留置债务人的动产并折价或者变卖、拍卖所留置的动产,以其价款优先受偿的法定担保物权。留置权的概念有广义与狭义之分。[①]广义的留置权不限于合同之债,合同之外的其他债权也可以产生留置权。由于我国台湾地区民法采纳了广义的留置权概念,因此,我国台湾地区物权法教科书关于留置权的概念均为广义。[②]我国大陆留置权的立法不同于我国台湾地区留置权的立法,采纳了狭义的留置权概念。《民法通则》第89条规定:"依照法律的规定或者按照当事人的约定,可以采用下列方式担保债务的履行:……(四)按照合同约定一方占有对方的财产,对方不按照合同给付应付款

---

① 参见前揭王利明:《物权法论》(修订本),第692页。
② 参见前揭史尚宽:《物权法论》第483页;前揭谢在全:《民法物权论》(下册),第847页。

项超过约定期限的,占有人有权留置该财产,依照法律的规定以留置财产折价或者以变卖该财产的价款优先得到偿还。"《担保法》第 82 条规定:"本法所称留置,是指依照本法第八十四条的规定,债权人按照合同约定占有债务人的动产,债务人不按照合同约定的期限履行债务的,债权人有权依照本法规定留置该财产,以该财产折价或者以拍卖、变卖该财产的价款优先受偿。"可见,我国采纳了狭义的留置权概念,留置权的产生仅限于因保管合同、运输合同、加工承揽合同及法律规定的其他合同发生的债权,即基于合同关系而产生的债权。

留置权有民事留置权与商事留置权之分。民事留置权起源于罗马法的恶意抗辩,[①]并无物权效力,仅为诉讼法上的一种抗辩权而已。[②]换言之,这种抗辩权仅为一种人的抗辩权,仅对特定人行使。而商事救济则起源于中世纪意大利的习惯法,近代大陆法系立法上具有物权性质的民事留置权,是继受了这种商事留置权制度。大陆法系各国关于留置权的立法例存在较大的差异,有以下两种:

一是物权性留置权。留置权是一种独立的担保物权,以《瑞士民法典》及《日本民法典》为代表,[③]认为对于与债权相关的物,在该债权得到清偿之前,债权人可以留置该物。[④]但是,两个法典有不同之处,《瑞士民法典》规定的留置权的标的物以动产和有价证券为限,[⑤]在一定条件下,留置权有变价权及优先受偿权。[⑥]《日本民法典》规定的留置权不限于动产,不动产也包括在内,留置权仅有变价权而没有优先受偿权。与《日本民法典》相比,《瑞士民法典》留置权的物权性更完整,并且其效力及于第三人的物。

[①] 罗马法上的恶意抗辩,又称为欺诈抗辩。恶意,在罗马法上为一种侵权行为,在公元前 66 年创设了恶意诉讼。恶意诉讼是对恶意所产生的损害,受害人如果不能得到其他的救济,则以恶意诉讼进行救济。

[②] 参见前揭郑玉波:《民法物权》,第 341 页。

[③] 《瑞士民法典》第 895 条—第 898 条、《日本民法典》第 295 条—第 302 条规定了留置权。

[④] 《日本民法典》第 298 条规定:"留置权人应以善良管理人的注意,占有留置物,未经债务人承诺,不得使用、租赁留置物,也不得提供担保。"

[⑤] 《瑞士民法典》第 895 条规定:"债权已到期,按其性质该债权与留置的标的物有关联时,债权人在受清偿前,得留置经债务人同意由债权人占有的财产或有价证券。"

[⑥] 《瑞士民法典》第 898 条规定:"债务人不履行义务时,债权人经事先通知债务人,得变卖留置物,但此规定限于债权人未得到充分担保的情形。"

二是债权性留置权。留置权并非物权，仅为债权的一种特别效力，以《德国民法典》①、《法国民法典》及《意大利民法典》为代表，在一定条件下，债权人在其相对人未履行给付义务之前，可以拒绝对待给付。这种拒绝给付类似于同时履行抗辩，这种抗辩权不仅可以对债权请求权行使，而且对于物上请求权的物的返还请求权也可以行使。②《法国民法典》没有明文规定留置权的性质，仅认为双务合同上的同时履行抗辩权，分散于民法典的第867条、第1612条、第1613条、第1648条、第2028条、第2280条之中。学界认为，法国民法上的"留置权"是债权人未能受领其给付时，对特定的债务人的财产拒绝交付的权利，③既不是追及权，也不是优先权，而是对债务人施加精神压力的方式，即为恢复对其财产的占有，债务人将不得不清偿债务。④留置权并没有形成一种完整的权利，仅为促成债务履行的手段。《意大利民法典》也基本如此。

可见，在罗马法和《法国民法典》中并没有形成明确的留置权概念。《德国民法典》中明确了留置权的概念，但却规定在债的关系法部分之中，实质上为拒绝给付的抗辩权。《日本民法典》中留置权规定在担保物权部分，但与我国《担保法》中因保管、运输与加工承担合同关系而产生的留置权不同，其范围及于动产与不动产，对占有物与留置权的牵连关系规定较宽松，并且仅将占有作为留置权效力的本体。《瑞士民法典》的留置权也属于担保物权，其范围及于动产及有价证券，并且及于第三人的物，留置权人享有变价受偿权。

留置权具有如下三个方面的特征：

（1）留置权的从属性。留置权是为其所担保的债权而设立的，因而留置权从属于其所担保的债权，它们之间形成主从关系：债权为主权利，留置

---

① 《德国民法典》第273条规定："债务人基于与作为其义务发生根据同一的法律关系，对债权人享有到期的请求权，除债务关系另有规定外，可在其应得的给付履行前，拒绝负担的给付。对物负有交付义务的人，在其因对此物支付费用或因此物给其造成的损害而享有到期的请求权时，具有相同的权利，但其因故意实施的侵权行为而取得此物的不在此限。"

② 《德国民法典》第274条规定："（1）因债权人提起诉讼而主张的留置权，只具有判决债务人在受领其应得的给付时给付（同时履行）的效力。（2）根据此种判决，债权人在债务人受领迟延时，可以不履行其负担的给付而依强制执行程序实行其请求权。"

③ 参见尹田：《法国物权法》，法律出版社1998年版，第451页。

④ 同上。

权为从权利。留置权的从属性表现为以下三点:一是留置权成立上的从属性。留置权的成立以主债权的成立为前提条件。留置权是债权人以占有债务人的财产为其债权的担保。因此,只有主债权成立,留置权才能成立。如主债权不成立或者无效,则留置权当然不能成立。二是留置权消灭上的从属性。留置权随主债权的消灭而消灭。当留置债所担保的主债权消灭时,留置权也随之消灭。在主债权人放弃债权、债务人履行了全部债务、主债权的诉讼时效期间届满等情形下,留置权均归于消灭。三是留置权在优先受偿上的从属性。留置权优先受偿的范围取决于债权的范围。只有在主债权的范围内,留置权人才享有优先受偿权:一方面当留置物的价值大于主债权价值时,对于多余部分,留置权人必须返还给债务人,不得用于清偿其他债务;另一方面,当留置物的价值小于主债权价值时,对于不足部分,留置权人不存在优先受偿权,与其他无担保债权处于平等地位。

(2) 留置权的物权性。关于留置权是物权还是债权,存在两种不同的立法例,法国、德国采纳了债权留置权的立法例;日本、瑞士等采纳物权留置权的立法例,认为留置权是一种物权,因而具有物权性。尽管我国《民法通则》将留置权规定在"债权"中,但学界认为留置权具有物权性,是一种担保物权。首先,留置权是一种物权,是以留置物为标的物的权利,其效力直接及于留置物。一旦法定条件具备,留置权人就可以排他地占有、支配留置物,不仅可以对抗债务人的返还请求,而且可以对抗第三人对留置物的权利主张。其次,留置权是一种担保物权,是以担保债权受偿为目的的物权,以取得留置物的交换价值为主要内容的权利。

(3) 留置权的不可分性。不可分性是物权,特别是担保物权的共性。留置权作为一种担保物权,当然具有不可分性。[①]留置权的不可分性,是指留置权的效力就债权的全部及于留置物的全部,实际上包含两个方面的含义:一是留置权所担保的是债权的全部,而非可分割的债权的一部分;二是留置权人可以对留置物的全部而非可分割的留置物的一部分行使权利。因此,债权的分割及部分清偿、留置物的分割等,均不影响留置权的效力。只要债

[①] 《日本民法典》第296条规定:"留置权人于债权受全部清偿前,可以就留置物的全部行使其权利。"

我国台湾地区民法第932条规定:"债权人于其债权未受全部清偿前,得就留置物之全部,行使其留置权。"

权未受全部清偿,留置权人就可以对留置物的全部行使权利,留置权的不可分性决定留置权的效用。《担保法司法解释》第110条规定:"留置权人在债权未受全部清偿前,留置物为不可分物的,留置权人可以就其留置物的全部行使留置权。"

(4) 留置权的法定性。留置权是一种法定权利,基于法律的规定而直接产生,并非基于当事人约定而设立。留置权的法定性是其区别于其他担保方式的一个重要特征,例如,抵押权、质权等均基于当事人的约定而产生。留置权的法定性表现为留置权的设定、内容、适用范围及法律效力等均由法律规定。一是留置权的设立条件由法律规定。只要符合法律规定的条件,留置权就当然成立,不受当事人意志的影响。但不能通过当事人的约定设定留置权。二是留置权的内容由法律规定。留置权的内容同样不能由当事人约定,只能由法律明确规定。三是留置权的适用范围由法律规定。留置权适用合同关系的范围及是否适用合同关系之外的其他债权关系及其范围,均由法律明文规定。四是留置权的效力由法律规定。留置权是否优先于其他担保物权,应当由法律明文规定,当事人不能通过合同约定。

第二节　留置权的发生

留置权的取得可以有两种情形:一是基于法律规定而发生,当事人不能通过协议而产生;二是基于继承事实而取得留置权。由于留置权的产生以法律规定而发生为原则,以继承事实而取得为例外,因此,留置权的产生有积极要件与消极要件之分。

(一) 留置权发生的积极要件

留置权发生的积极要件是留置权发生应具备的事实。根据《担保法》第82条的规定,留置权的发生应具备如下积极要件:

(1) 债权人应基于合同关系而占有债务人的动产。留置权是为担保债权的履行而设定的,其主体应为债权人。留置权的客体应当是债务人的财产。债权人占有债务人的财产,是留置权成立及存续的前提条件。因此,债权人没有占有债务人的财产,则不可能发生留置权;债权人丧失对债务人财产的占有,则使留置权归于消灭。债权人对债务人财产的占有,可以是直接占有,也可以是间接占有;①可以是单独占有,也可以是共同占有。关于占有的原因,根据《民法通则》的规定,仅限于合同关系,因其他关系而产生的占有不会发生留置权。债权人占有债务人的财产应为债务人所有的财产,债权人对第三人财产的占有,不能对债务人成立留置权。

同时,债权人占有的债务人的财产应为动产。关于债权人占有的债务人财产的性质,大陆法系国家的立法例存在不同的规定:《瑞士民法典》规定为动产和有价证券;《日本民法典》规定为动产、不动产和有价证券均可。我国《民法通则》对债务人财产的性质没有明文规定,但《担保法》第82条明文规定仅限于动产,②因此,在我国,不动产和有价证券不得成为留置权的标的。

(2) 债权的发生与留置物有牵连关系。③债权人的债权与债权人所占有的债务人的财产,应具有牵连关系,否则不能成立留置权。④但是,关于牵连关系,各国立法例及学说有不同的主张,有债权与债权牵连说和债权与物牵连说两种。⑤ 债权与债权牵连说认为,留置权人对于相对人的债权,与相对人对于留置权人请求交付标的物的债权,应产生于同一法律关系,为有牵连关系。《德国民法典》第273条采取这种学说。债权与物牵连说认为,留置物为发生债权的原因,为有牵连关系。该说又有直接原因说、间接原因说及社会标准说三种学说。《瑞士民法典》及《日本民法典》采纳了这种学说。

通说认为,牵连关系的构成应符合以下两个条件:⑥一是债权是由该动产本身而产生的。例如,受寄人因寄存物本身的瑕疵所产生损害赔偿请求权,对寄存物产生留置权。二是债权与动产的返还请求权是基于同一合同

---

① 参见前揭郑玉波:《民法物权》,第347页。
② 《担保法》第82条规定:"本法所称留置,是指依照本法第八十四条的规定,债权人按照合同约定占有债务人的动产……"
③ 《物权法草案》第251条规定:"债务人未履行债务时,债权人可以留置已经合法占有的债务人的动产,并有权就该动产优先受偿。债权人留置的动产,应当与债权属于同一法律关系,但企业之间留置的除外。前两款规定的债权人为留置权人,占有的动产为留置财产。"
④ 我国台湾地区民法第928条规定:"债权人占有属于其债务人之动产,而具有左列各款之要件者,于未受清偿前,得留置之:(一) 债权已至清偿期者。(二) 债权之发生,与该动产有牵连之关系者。(三) 其动产非因侵权行为而占有者。"
⑤ 参见前揭郑玉波:《民法物权》,第349页。
⑥ 同上书,第348页。

关系而产生的。例如,汽车所有人将汽车送到修理厂修理,汽车修理厂对汽车的修理费请求权与汽车所有人对汽车的返还请求权,是基于同一合同关系而产生的,修理厂对汽车享有留置权。

(3) 债务人的债务履行期届满。债务人的债务履行期届满,留置权成立。由于留置权是因债务人不履行债务而产生的,因此,只有债务履行期届满才能确定债务人是否履行了债务。如果债务人的债务履行期还未届满,则无法确定债务人是否履行了债务,如果允许成立留置权,就意味着强制债务人提前履行债务,这显然损害了债务人的合法权益。因此,各国立法例无一例外地将债务人的债务履行期届满作为留置权成立的条件。《民法通则》第89条规定,债务人"不按照合同给付应付款项超过约定期限的",留置权才能成立。《担保法司法解释》也明文规定,债务履行期届满为留置权成立的条件。①

但是,在债务人无支付能力时,即使债务人的债务履行期未届满,留置权也可以成立,这种留置权称为紧急留置权。例如,《瑞士民法典》第897条规定:"债务人无支付能力时,债权人即使其债权未到期,也有留置权。"我国的立法对此却没有相应的规定。为了保护债权人利益,我国应确立紧急留置权制度。

以上三个条件是构成留置权必须具备的条件,缺少其中任何一个条件,留置权均不能成立。因此,这些要件属于留置权成立的积极要件。

(二) 留置权发生的消极要件

留置权发生的消极要件是留置权发生应排除的事实,主要有:

一是被留置的动产非基于侵权行为而占有。对动产的占有是留置权发生的前提条件,但对动产的占有应是合法占有,因侵权而为的占有是非法占有。

二是对动产的留置不得违反公序良俗。对动产的留置如果违反公序良俗,则不得为之,例如,留置债务人的身份证。

三是留置财产与债权人所承担的义务或者债务人所为的指示相冲突。留置的动产如果与债权人所承担的义务相冲突,则不得为之,例如,承运人

---

① 《担保法司法解释》第109条规定:"债权人的债权已届清偿期,债权人对动产的占有与其债权的发生有牵连关系,债权人可以留置其所占有的动产。"

不得主张留置权而留置托运人的财产不予托运,基于交易上的诚实信用原则,债权人应履行其义务。债务人在交付财产于债权人之前或者之时,对债权人作出过不得留置财产的指示,债权人如果没有相反表示的,则债权人不能对占有的债务人财产成立留置权。

四是当事人约定排除留置权的适用。根据私法自治原则,留置权是一种财产权,应当允许当事人约定排除其适用。《担保法司法解释》第107条规定:"当事人在合同中约定排除留置权,债务履行期届满,债权人行使留置权的,人民法院不予支持。"①

上述四种情形,以不具备为构成留置权的要件,因而属于留置权成立的消极要件。只要出现以上四种情形中的任何一种,留置权就不能成立。

第三节 留置权的效力

(一)留置权的效力范围

根据《担保法》第83条规定,留置权担保的范围包括主债权及利息、违约金、损害赔偿金、留置物保管费用和实现留置权的费用。

《法国民法典》和《德国民法典》认为,留置权是债权的特别效力,留置权人的权利仅仅是双务合同中的同时履行抗辩权、拒绝给付权。留置权的效力范围包括留置标的物、继续占有、拒绝交付、请求偿还因保管留置物所支出的必要费用。《瑞士民法典》和《日本民法典》认为,留置权为一种独立的担保物权。留置权的效力范围表现为两个方面:一是继续占有与拒绝给付。二是变价权,通过变价实现优先受偿。《日本民法典》第297条第1款规定:"留置权人可以收取留置物产生的孳息,先于其他债权人,以孳息抵充其债权的清偿。"可见,日本民法仅强调债务人履行其债务,留置权仅起促进债务履行的辅助作用,而并非强调对留置物的优先受偿权。留置权人仅对留置物的孳息有优先受偿权而没有对留置物优先受偿的权利,从而使留置权保障债权实现的作用大大降低,减弱了留置的担保作用。但是,我国《担

---

① 《物权法草案》第252条规定:"法律规定不得留置的,依照其规定。当事人约定不得留置的,按照其约定。"

保法》所规定的留置权的效力,既包括继续占有与拒绝给付,又包括变价权,通过变价实现优先受偿,其内容极为完整。对债权人利益采取保护的态度,对于保护交易安全,维护经济秩序极为有利。

关于留置物的范围,有三种立法例:一是对留置物的范围没有明确规定,仅规定留置的标的是物。例如,《日本民法典》第295条规定,留置物为物,在理论上解释为动产、不动产及有价证券。二是对留置物的范围作出明确规定。《瑞士民法典》第895条第1款规定,留置物可以是动产,也可以是有价证券。三是我国《担保法》明确规定留置权的标的只能是动产,并且仅限于保管合同①、运输合同②、加工承揽合同③和行纪合同④涉及的动产。动产为留置权标的,但为了确保留置权的功能,在解释上应扩张及于下列各物:一是从物。留置物为主物,其从物也为标的物的范围,应为留置权效力所及。二是孳息。债权人有权收取留置物所生的孳息,可见,留置物的孳息也为留置权标的物的范围。三是代位物。留置权是担保物权,具有担保物权的共性,因此,留置权具有同样的特性。虽然法律没有明文规定留置权的物上代位性,但解释上均持肯定态度。

关于留置物的权属,各国立法例存在差异。根据《瑞士民法典》的规定,留置物应该属于债务人所有,但债权人对其善意取得的不属于债务人所有的物有留置权。根据《日本民法典》的规定,留置物不必是债务人所有的物,第三人所有的物也可成为留置物。我国《担保法》第82条明确规定,留置物的所有人为债务人。

(二)留置权对质权人的效力

留置权一经成立,债权人就成为留置权人。留置权人的权利是留置权效力的最直接体现,是债权人实现其债权的根本保证。留置权人的权利有:

---

① 《合同法》第380条规定:"寄存人未按照约定支付保管费以及其他费用的,保管人对保管物享有留置权,但当事人另有约定的除外。"

② 《合同法》第315条规定:"托运人或者收货人不支付运费、保管费以及其他运输费用的,承运人对相应的运输货物享有留置权,但当事人另有约定的除外。"

③ 《合同法》第264条规定:"定作人未向承揽人支付报酬或者材料费等价款的,承揽人对完成的工作成果享有留置权,但当事人另有约定的除外。"

④ 《合同法》第422条规定:"行纪人完成或者部分完成委托事务的,委托人应当向其支付相应的报酬。委托人逾期不支付报酬的,行纪人对委托物享有留置权,但当事人另有约定的除外。"

（1）对标的物的留置。留置权以债权人留置债务人的财产为法定成立条件,因此,留置权一经成立,留置权人就当然享有继续占有留置物的权利。对留置物的占有是留置权物权性的具体表现。留置权人可以对抗债务人及第三人对留置物的权利主张,在受到不法侵害时,可以请求法院予以保护。

（2）对留置物孳息的收取。留置权人在占有留置物期间,对留置物所生的自然孳息和法定孳息有权收取。孳息收取是基于留置权的效力而非基于占有的效力。留置权人仅能收取孳息而不能取得孳息的所有权。留置权人收取孳息后,对于孳息成立孳息留置权,与对原物成立的留置权一样,具有担保作用,可以优先抵偿债权。例如,《日本民法典》第297条第1款规定:"留置权人可以收取留置物产生的孳息,先于其他债权人,以孳息抵充其债权的清偿。"我国台湾地区民法第935条规定:"债权人得收取留置物所生之孳息,以抵偿其债权。"①

（3）对留置物的使用。留置权因对留置物享有占有权而承担善良管理人的注意义务,负有妥善保管留置物的义务。②留置权人对留置物只能占有、扣留,而不能使用。但是,在以下两种情形中,留置权人可以使用留置物:③一是留置权人经债务人同意,有权使用留置物。这种使用是经所有人同意的合法使用,根据私法自治原则,留置权人取得留置物的使用权,受法律保护。④二是为保管上的需要,在必要范围内留置权人有权使用留置物。此为保管上的必要使用,但必要使用的标准,则属于事实判断问题,应根据具体情形确定。如适当地运转机器,开动车辆,以防止生锈,即为必要使用。对于留置物保管上的必要使用,无须经债务人同意,不构成对债务人所有权的侵犯。留置权人在上述两种情况下使用留置物,所获得的利益应按留置物所生孳息处理,以该利益抵偿债权。这是因为既然留置权人的使用为合法使用,则使用留置物所获得的利益就不能构成不当得利。同时留置权人又

---

① 《物权法草案》第254条规定:"留置权人有权收取留置财产的孳息。前款孳息应当先充抵收取孳息的费用。"

② 《担保法司法解释》第86条规定:"留置权人负有妥善保管留置物的义务。因保管不善致使留置物灭失或者毁损的,留置权人应当承担民事责任。"

《物权法草案》第253条规定:"留置权人负有妥善保管留置财产的义务;因保管不善致使留置财产毁损、灭失的,应当承担民事责任。"

③ 参见蔡永民:《比较担保法》,北京大学出版社2004年版,第315页。

④ 例如,《日本民法典》第298条第2款规定,留置权人未经债务人同意,不得使用留置物。

不能依法取得该利益的所有权,因而将使用留置物所获得的利益视为留置物所生的孳息,以抵偿留置权人的债权,有利于保障留置权人的债权得以实现,也不损害债务人的合法权益。

(4) 必要费用的偿还。留置权人以善良管理人的注意保管留置物所支出的费用,有权向留置物的所有人要求偿还。因为留置权人是为保管留置物而支出必要费用的,其受益者为留置物的所有人,即债务人。例如,《日本民法典》第299条第1款规定:"留置权人就留置物支出了必要费用时,可使所有人予以偿还。"

(5) 优先受偿。债务人到期不履行义务,经债权人催告,在合理期限内仍不履行义务的,债权人有权依法变卖留置物,以变卖财产的价款优先受偿。除了日本之外,优先受偿权为采取物权留置权制度的国家所普遍承认。

(三) 留置权的实行

留置权的实行,是指留置权人将留置物折价、变卖或者拍卖并将所得价款优先受偿的行为。《民法通则》及《担保法》均规定可"折价或者以拍卖、变卖该财产的价款优先受偿"。

留置权的成立是留置权实行的前提条件,留置权人行使留置权还需具备以下三个条件:

(1) 债权人持续占有留置物。留置物的占有不仅是留置权的成立要件,而且还是其存续的要件。留置权人一旦丧失对留置物的占有,留置权即告消灭。因此,留置权的行使以债权人持续占有留置物为条件。

(2) 债务人履行给付义务的迟延。债务履行期届满,债务人仍然未能履行债务,即债务人履行义务迟延,这是留置权人行使留置权的条件。但是,若债务人履行债务迟延存在法定抗辩事由,如同时履行抗辩权、不安抗辩权、不可抗力的抗辩等情形的,留置权人不得实行其留置权。

(3) 没有妨碍留置权行使的约定情形。留置权虽然是法定担保物权,但属于民法规定的财产权,根据意思自治原则,允许当事人排除适用留置权。如果当事人事先约定排除留置权的行使,或者债权人事先表明放弃留置权的行使,则在债务人履行迟延的情形下,不得行使留置权。《担保法》及其司法解释对此有明文规定。①

留置权人行使留置权必须按照法律规定的程序,否则,可能损害债务人的权益。留置权人行使留置权应经过两个程序:

一是催告债务人履行。留置权人在行使留置权之前,应当履行催告义务。《担保法》第87条第1款规定:"债权人与债务人应当在合同中约定,债权人留置财产后,债务人应当在不少于两个月的期限内履行债务。债权人与债务人在合同中未约定的,债权人留置债务人财产后,应当确定两个月以上的期限,通知债务人在该期限内履行债务。"留置权人如果未能履行催告义务,将承担相应的法律责任。为此,《担保法司法解释》第113条规定:"债权人未按担保法第八十七条规定的期限通知债务人履行义务,直接变价处分留置物的,应当对此造成的损失承担赔偿责任。债权人与债务人按照担保法第八十七条的规定在合同中约定宽限期的,债权人可以不经通知,直接行使留置权。"

二是折价、变卖、拍卖。根据《担保法》第87条第2、3款规定:"债务人逾期仍不履行的,债权人可以与债务人协议以留置物折价,也可以依法拍卖、变卖留置物。留置物折价或者拍卖、变卖后,其价款超过债权数额的部分归债务人所有,不足部分由债务人清偿。"②可见,行使留置权的方式有折价、变卖和拍卖三种,通过这三种方式中的任何一种将留置物变价之后,留置权人可从变价所得中优先受偿。

第四节　留置权的消灭

留置权的消灭,是指留置权人对留置物所具有的支配力终止。留置权是一种担保物权,因而担保物权消灭的原因均能引起留置权的消灭,但是,留置权的消灭有以下三种特别原因:

---

① 《担保法》第84条第3款规定:"当事人可以在合同中约定不得留置的物。"
《担保法司法解释》第107条规定:"当事人在合同中约定排除留置权,债务履行期届满,债权人行使留置权的,人民法院不予支持。"
② 《物权法草案》第256条:"留置财产折价或者拍卖、变卖后,其价款超过债权数额的部分归债务人所有,不足部分由债务人清偿。"

（1）留置物的所有人提供担保。大陆法系国家或地区的物权立法均规定，留置物的所有人提供担保的，留置权消灭。例如，《德国民法典》第273条第3款、《日本民法典》第301条、《瑞士民法典》第898条第1款以及我国台湾地区民法第937条规定，①留置物的所有人，为了使留置权消灭，有向留置权人提供相应担保的权利。我国《担保法》第88条对此也有明文规定："留置权因下列原因消灭：……（二）债务人另行提供担保并被债权人接受的。"因此，债务人为清偿债务，已提供相当担保的，债权人的留置权消灭。如此规定是因为，一方面，留置权人未经所有人同意，不得对留置物进行使用、收益，而留置物的所有人因留置物处于留置权人的控制之下，也不能对物进行使用、收益。此外，还可能出现因较少的债权而留置价值较大的物的现象，既不利于发挥物的使用价值，也不利于保护债务人的利益。另一方面，留置权人留置的目的在于给债务人以心理上的压力，促使债务人履行债务，但在能够保证债权实现的情况下，债权人则没有留置的必要。

（2）留置物占有的丧失。世界各国立法均规定，留置权因占有的丧失而消灭，我国台湾地区民法也有类似规定，②但我国的《担保法》对此却未明文规定。占有不仅是留置权的成立要件，而且也是其存续要件。留置权人的留置物被他人侵夺的，仅能根据有关占有保护的规定请求回复，而不能基于留置权请求权回复占有。占有回复时，其占有视为未消灭。留置权人对留置物占有的丧失，包括占有被第三人侵夺及留置权人自己将留置物返还给所有人两种情形。留置权人基于抛弃留置权的目的而返还留置物的，留置权因抛弃而归于消灭。留置权人基于抛弃留置权之外的其他目的返还留置物的，因占有的丧失，留置权也归于消灭。但是，留置权人返还留置物之后，又重新占有留置物的，由于留置权已经消灭，留置权人不得留置该物。

（3）债权清偿期的延缓。如果留置权人同意延缓其债权的清偿期限，则不能要求债务人即时履行债务。留置权人既然同意债务人延期履行，则不能认为债务人超过履行期限不履行义务，留置权人就不得行使留置权，留

---

① 我国台湾地区民法第937条规定："债务人为债之清偿，已提出相当之担保者，债权人之留置权消灭。"
《物权法草案》第258条规定："留置权人对留置财产丧失占有或者留置权人接受债务人另行提供担保的，留置权消灭。"

② 我国台湾地区民法第938条规定："留置权因占有之丧失而消灭。"

置权自行消灭。

我国《担保法》第88条仅规定了引起留置权消灭的两种情形,可见存在立法漏洞。

第五节 留置权与同时履行抗辩权

同时履行抗辩权,是指没有先后履行顺序的双务合同的当事人,一方在对方没有对待履行之前,有权拒绝自己的履行。《合同法》第66条规定:"当事人互负债务,没有先后履行顺序的,应当同时履行。一方在对方履行之前有权拒绝其履行要求。一方在对方履行债务不符合约定时,有权拒绝其相应的履行要求。"留置权与同时履行抗辩权既有相似之处,又有明显的区别:

(1) 目的不同。留置权以担保合同债务履行为目的。留置权是债权没有受偿之前,债权人留置债务人的财产,目的在于保障债务的履行。债务履行期届满之后,债务人仍不履行其债务的,债权人可根据法律规定,以留置的财产折价或者以变卖该财产的款项优先受偿。同时履行抗辩权的发生和行使,并非为了担保债务的履行,而主要在于促使双方同时履行,以维护当事人之间利益的平衡。

(2) 性质不同。留置权是担保物权,而且是法定担保物权,是法律为担保债务人履行其合同债务而规定的权利,留置权人可以留置的债务人的财产价值而优先受偿。而同时履行抗辩权为对抗权,不具有物权性质而属于债权,只能对抗双务合同中对方当事人的请求权,因此,同时履行抗辩权的行使并不会产生优先受偿的问题。

(3) 根据不同。留置权的发生必须是一方按照合同约定占有对方的财产,对方不按照合同给付应付款项超过约定期限。换言之,在留置权发生时,一方已占有对方的财产。同时履行抗辩权发生的根据是双务合同在债务履行上的牵连性,在对方未履行给付义务时,才可行使抗辩权,因此,在抗辩权发生时一方是不可能占有对方财产的。

第十八章　优先权与让与担保

抵押权、质权及留置权为担保物权,①已为大陆法系各国所一致承认,属于典型担保物权;而优先权、让与担保为担保物权则并未得到学界的一致承认,②优先权属于法定担保物权,让与担保则属于意定担保物权,以上两者均属于非典型担保物权。由于学界存在不同认识,有必要对优先权与让与担保制度进行论述,说明其性质、特点及在交易中的地位和功能。

第一节　优　先　权

一、优先权的概念及特征

优先权,是指特定的债权人基于法律的直接规定,对债务人的财产所享有的优先于一般债权人而受偿的权利。③在《日本民法典》中,优先权称为先取特权。④优先权制度起源于罗马法,最初设立的优先权有妻之嫁资返还优

---

① 大多数著述仅承认抵押权、质权及留置权为担保物权。例如,前揭史尚宽:《物权法论》;前揭郑玉波:《民法物权》;前揭钱明星:《物权法原理》;前揭郭明瑞:《担保法原理与实务》;前揭蔡永民:《比较担保法》;刘宝玉、吕文江主编:《债权担保制度研究》,中国民族法制出版社2000年版。

② 承认优先权为担保物权的著述有郭明瑞、仲相、司艳丽:《优先权制度研究》,北京大学出版社2004年版;前揭王利明:《物权法论》(修订本)。承认让与担保为担保物权的有前揭梁慧星主编:《中国物权法研究》;前揭谢在全:《民法物权论》;前揭王利明:《物权法论》(修订本)。《物权法草案》并未规定优先权,而且删除了第一次审议稿和第二次审议稿中的让与担保制度。

③ 参见前揭王利明:《物权法论》(修订本),第718页;前揭郭明瑞、仲相、司艳丽:《优先权制度研究》,第1页。

④ "在'先取特权'这一称谓中,'先取'是对权利内容,即优先受偿含义的表达;'特权'则体现了权利的特殊性及法定性。两者组合而成的'先取特权'一词,既满足法律概念上指代唯一的要求,防止混淆,又能较好地反映权利的实质内容。因此,仅从立法技术讲,先取特权的称谓最值支持。"前揭郭明瑞、仲相、司艳丽:《优先权制度研究》,第5页。

先权和受监护人优先权,其性质并非担保物权,仅表现为具有优先效力的债权。①

优先权制度自罗马法确立以来,不断发展成为一个包括一般优先权和特别优先权在内的完整的法定担保物权体系。关于优先权的立法例,大陆法系国家或地区存在较大的差异。1804年的《法国民法典》在继受罗马法优先权制度的基础上,以专章规定了优先权,确立了近代优先权制度。《日本民法典》的规定大致与《法国民法典》相同。《瑞士民法典》没有设立统一的优先权制度,而是分散地规定了个别的具体优先权制度,例如,《瑞士民法典》第456条规定被监护人对监护人或者监护主管官厅官员的财产享有损害赔偿请求优先权。我国台湾地区民法没有规定优先权制度,而是在特别法中加以具体规定。②《德国民法典》则从债权的角度,或者作为债权的特殊效力或者作为特殊债权的受偿顺序,规定了优先权制度的内容,而且将其衍化为不同的权利,例如,《德国民法典》第559条第1款、第585条、第704条第1款的规定,③虽然名为质权,但其内容的实质分别应为不动产出租人优先权和旅店主优先权。

我国《民法通则》并未规定优先权制度,仅在其他法律中规定了优先权。《民事诉讼法》和《企业破产法(试行)》中将优先权作为特殊债权的清偿顺序予以规定,但并未确认其为一种独立的权利。此外,《海商法》确立了船舶优先权,《担保法》确立了土地使用权出让金优先权,《民用航空法》确立了民用航空器优先权。

尽管大陆法系各国对优先权制度的继受存在差异,但是不论以何种名义、何种形式,各国都在其法律体系中规定了优先权制度的具体内容,这表现了优先权制度在社会实际生活中的生命力。

---

① 参见前揭郭明瑞、仲相、司艳丽:《优先权制度研究》,第21页。

② 例如,我国台湾地区的海商法第24条规定了船舶优先权;矿场法第15条规定了矿工工资优先权;强制执行法第29条规定了强制执行费用优先权;实施平均地权条例第32条规定了土地增值税优先权;保险法第124条规定了人寿保险之要保人、被保险人、受益人对于保险人为被保险人所提存的责任准备金有优先权等。

③ 《德国民法典》第559条第1款规定:"土地出租人应租赁契约所生的自己的债权,对于承租人置于该土地上的物有质权。"第585条规定:"耕作地的用益出租人得对全部租金行使之,此质权扩及于土地果实。"第704条第1款规定:"店主因其对住宿的债权或其他为满足客人的需要而提供给客人的给付,连同垫款,对客人携入的物品,享有质权。"

优先权是法定担保物权,就债务人的全部财产或者特定财产卖得的价金优先于其他有担保或者没有担保的债权而受偿。优先权旨在破除债权平等原则,赋予特殊债权人以优先于其他债权人的受偿权,借以实现债权人之间的实质性平等。优先权是一种极为特殊的权利,既可为特定人而设立,也可为特定事而设立;既可为债权人的利益而设立,也可为债务人的利益而设立。优先权具有以下几个方面的特征:

(1)优先权是法定担保物权。①优先权的设定是基于法律的直接规定,而不是基于当事人的任意创设,当事人也不得通过约定排除优先权的适用。法律规定优先权的目的在于担保特定债权的实现,因此,不是以担保债权实现为目的的优先性权利,不属于优先权。优先权的法定性表现在优先于法定担保物权的留置权,产生优先权的债权种类、优先权的效力及优先权之间的顺位,均由法律规定。

(2)优先权是无须采取普通公示方式的担保物权。物权公示是物权法的基本原则,而根据物权公示原则的规定,物权的变动应当有适当的公示方式,才能发生物权变动的效力。动产物权以占有为公示方式,不动产物权则以登记为公示方式。但是,这些公示方式仅适用于因法律行为而发生的权利变动,并不适用基于法律规定而发生的权利变动。优先权是基于法律的直接规定而产生的权利,因此,既无须登记,又无须占有。但是,优先权并不是无须公示的物权,而是无须以占有或者登记方式进行公示的担保物权,法律对优先权种类、内容、顺位的规定本身,即为优先权的公示方法。

(3)优先权的顺位基于法律的直接规定。根据《法国民法典》和《日本民法典》的规定,无论一般优先权还是特别优先权,不仅可产生优先权的债权种类是基于法律的明文规定,而且这些优先权之间的行使顺序也基于法律的明文规定。与抵押权的顺位由当事人登记的先后次序而定相比,优先权根本不存在当事人的意志,体现了较强的立法政策性。

优先权的性质是一个争议较大的问题,优先权的定性可能比对优先权的认识更为困难。②优先权的性质,有以下三种观点:

(1)法定担保物权说。以法国和日本为代表的大陆法系国家继受了罗

---

① 参见前揭郭明瑞、仲相、司艳丽:《优先权制度研究》,第2页。
② 参见申卫星:《优先权性质初论》,载《法制与社会发展》1997年第4期。

马法的传统,将优先权定位于法定担保物权。法定担保物权认为,优先权为一种独立的担保物权的理由如下:优先受偿性是物权效力的基本属性,也是物权与债权相区别的重要标志;债权为相对权,没有排他性和优先受偿性。法律赋予某种债权以优先受偿的效力,无论基于何种理由,事实上就肯定了该请求权具有物权性质。鉴于优先权与抵押权在产生背景、设定条件和公示方法等方面存在的不同,应将优先权视为一种独立的担保物权。

（2）特种债权说。以德国和瑞士为代表的大陆法系国家,一方面继受了罗马法关于优先权的立法指导思想,从维护社会正义或者基于推行社会政策的角度考虑,以特别法的形式,赋予工资、税款等某些特种债权以优先受偿效力,但并不接受罗马法对于优先权性质的认定。特种债权说认为,优先权的设立无须一般的公示方式,违背了物权公示原则,与以公示制度为宗旨的担保物权制度的理念是不相容的;法律虽然赋予了某些特种债权以优先受偿性,但这仅仅是推行社会政策和维护公平正义的考虑,并不能改变该特种债的债权性质。

（3）权利的保护方法说。该说认为,不宜将优先权归为债权,因为优先权是特定种类债权享有的优先受偿权,是对该种债权的保护,不能混淆对权利的保护与权利本身之间的区别。优先权是法律对特定种类的债权的特殊保护,通常依附于特定种类的债权存在的,脱离了特定的债权,优先权则没有任何意义,与物权或者债权并非处于相同的位阶。但是,优先权自身又并非完全虚无,其本体是优先受偿权。[①]因此,优先权既有别于物权,又不同于债权,仅仅为一种权利的保护方法而已。

二、优先权的立法基础及类型

优先权制度的产生表明了一个国家创设优先权制定是有其客观基础的,即有优先权以其所体现和保护的社会关系的存在为前提条件,而这些社会关系是优先权的立法基础。可见,优先权的立法基础来源于它赖以存在的社会物质生活条件,必须从社会物质生活条件来理解优先权的立法基础。优先权立法基础主要包括以下几个方面:

（1）基于维护公平、正义的需要。优先权设立的目的是为了保护特殊

[①] 参见前揭〔日〕近江幸治:《担保物权法》,第32页。

债权人的利益。在经济活动中，人们相互之间的利益关系难以保持良性平衡，有时会受到各种不合理因素的干扰。例如，在不动产租赁中，出租人利益因承租人经营不善而受到损害；受雇人工资因雇佣人破产而难以保障等。为了维护这些权利人的利益，就需要法律规定适合的解决办法，而这些权利人的利益，往往又与自身生存、家庭生活紧密相关。

（2）基于维护国家利益和社会公共利益的需要。诉讼费用和税款关系着国家司法活动和行政管理活动的正常运转，如果其清偿顺序与一般债权没有区别，甚至以抵押权、留置权的实现为前提，国家利益和社会公共利益则受到影响。因此，国家利益和社会公共利益与私人利益发生冲突时，法律赋予其某种优先的效力。①诉讼费用优先权、税款优先权的设立无疑起着重要的保障作用。

（3）基于保护债务人的需要。优先权既是为了保护债权人的利益，又是为了保护债务人本身的利益。例如，通过设立优先权，规定债务人的医疗费用和生活费用优先受偿，为债务人提供医疗服务、食品的债权人有权就债务人的财产优先于其他债权人受清偿，这就使得债务人及其家属能够及时得到治疗和获得生活必需品，使其基本的生存条件得以维持。

优先权有一般优先权和特别优先权之分。一般优先权，是指根据法律规定就债务人的全部财产优先受偿的权利。一般优先权又可进一步分为公法上的优先权与私法上的优先权。公法上的优先权，是指为保护国家利益而在公法或者相关法律中规定的优先权，包括各种税收优先权和有关司法费用优先权。私法上的优先权，是指为保护私人利益而规定在民事法律规范中的优先权。从各国的优先权制度立法来看，一般优先权主要由以下债权产生：诉讼费用、医疗费用、丧葬费用、受雇人员的工资和各种补贴、补偿金、税收、各种保险费等。这些费用涉及对社会生活有重大影响的领域，对这些债权受偿的保护体现了社会公共政策。

特别优先权，是指根据法律规定就债务人特定的动产或者不动产优先受偿的权利。根据客体的不同，特别优先权可分为动产特别优先权和不动

---

① 《企业破产法（试行）》第37条规定："清算组提出破产财产分配方案，经债权人会议讨论通过，报请人民法院裁定后执行。破产财产优先拨付破产费用后，按照下列顺序清偿：（一）破产企业所欠职工工资和劳动保险费用；（二）破产企业所欠税款；（三）破产债权。破产财产不足清偿同一顺序的清偿要求的，按照比例分配。"

产特别优先权。动产特别优先权,是指以债务人的特定动产为标的的优先权。动产特别优先权有:不动产出租人对承租人置于其不动产上的动产的优先权;旅馆主人对顾客携带之物品的优先权;运送人对其所运送的动产的优先权;动产保存人对其所保存的动产的优先权;动产出卖人对其所出卖的动产的优先权;因公职人员渎职的被害人对担保基金的优先权;耕地出租人对收获物的优先权;种子、肥料、农药提供人对收获物的优先权;农工业劳役人员就其报酬对收获物的优先权;责任保险赔偿金的优先权等。不动产特别优先权,是指债权人得就债务人的特定不动产的价值优先受偿的权利。不动产特别优先权有:不动产保存人的优先权;不动产修建人的优先权;不动产出卖人的优先权;不动产资金贷与人的优先权;共同继承人就补偿金对其他继承人取得的不动产的优先权;共有物分割人就补偿金对原共有的不动产的优先权等。

三、优先权的效力

被担保的债权的债权人就一定范围内的财产的价值优先受偿是担保物权的基本特征,也是担保物权价值权的根本体现,优先权作为法定担保物权也不例外。优先受偿效力是优先权效力的主要体现,是法律基于特种债权的性质,为平衡当事人之间的权利而直接赋予债权人的权利,无须当事人的约定;而抵押权、质权等担保物权的优先效力则来源于债权人与债务人或者债权人与物上担保人之间的约定,是意思自治原则在物权法中的体现。

优先权的优先受偿效力的实现应具备以下条件:一是有效的优先权的存在。有效的优先权的存在是实现优先受偿权的前提条件,而优先权存在的前提条件是其所担保的债权有效存在。二是债务人履行债务的期限届满。债务履行期未届满,债务人没有履行债务的义务,债权人虽享有优先权却不能行使优先权。三是债务人未能履行债务。债务履行期届满,债务人未能履行债务的,债权人可以行使优先受偿权以实现债权。

优先权所担保的债权范围,即优先权人可从优先权标的物的变价中优先受偿的范围。优先权属于法定担保物权,其所担保债权的范围应当由法律直接规定,而不能由当事人约定。但是,我国法律对优先权所担保的债权范围没有明文规定,从外国的立法例及我国约定担保物权的范围看,优先权所担保的债权应包括:一是产生优先权的债权,即主债权,亦即优先权成立时所担保的债权。二是利息,即优先权所担保的债权所产生的法定利息。三是违约金、补偿金和损害赔偿金。从各国的立法例来看,仅有特定种类的优先权所担保的债权范围包括违约金、补偿金和损害赔偿金。四是行使优先权的费用。实现优先权的费用本身,也构成一种优先权。

第二节 让与担保

一、让与担保的概念及特征

让与担保,是指债务人或者第三人为担保债务人债务的履行,将担保标的物的所有权转移给担保权人,如果债务人按照约定清偿债务,则标的物应返还给债务人或者第三人;如果债务人到期未能履行债务,担保权人可就标的物受偿的非典型担保物权。[①]让与担保制度可以追溯到罗马法上的信托。[②]在德国、日本民法典中,让与担保制度虽没有明文规定,但在理论与实务上均予以承认,而且在社会上非常流行。德国的让与担保制度在实践中的作用已经超过了动产质押权,成为动产担保物权中最为重要的方式。在我国台湾地区,理论与实务也承认这种担保方式。

让与担保制度是大陆法系民法典所未规定的担保方式,其转移标的物所有权的法律外观,给债务人及交易第三人带来新的风险,因而该项制度在其产生之初及发展过程中不断地受到各国学者的批判。但是,让与担保以其自身所具有的巨大社会功能而逐渐被各国判例和学说所接受,并成为担保法领域中的重要担保方式。

担保物权有典型担保与非典型担保之分,典型担保是法律明文规定的,以标的物设定具有担保作用的定限物权为其构造形态,但标的物的所有权并不发生转移,仍存留于债务人或者第三人,并不移转于担保权人。非典型担保是在社会交易中自发产生的,立法并未规定而为判例学说所承认的担

---

① 物权法草案第一次审议稿和第二次审议稿均规定了让与担保制度,但是第三次审议稿删除了让与担保制度。物权法草案第二次审议稿第408条规定:"让与担保是指债务人或第三人为担保债务人的债务,将担保标的物的权利移转于债权人,于债务清偿后,标的物应返还于债务人或第三人,于债务不履行时,担保权人可就该标的物优先受偿的权利。"

② 参见前揭谢在全:《民法物权论》(下册),第898页。

保物权,不以设定物权的方法为其权利构造,但却是以实现担保债务为目的,通过标的物所有权转移给担保权人的方式来实现债务的担保。从世界各国的担保实务来看,让与担保是一种十分重要的非典型担保形式。①

让与担保制度是大陆法系国家一种基本的担保物权形式,与普通担保物权相比,有四个方面的不同特点:一是普通担保性质上属限制物权,其设定不以移转担保物的整体权利为必要,担保物的所有权仍保留在设定人手中;而让与担保则是将标的物的整体权利,特别是所有权移转给担保权人。二是普通担保既为物权,当以公示为必要;而让与担保的设定不以公示为必要,公示与否完全取决于当事人的约定。三是普通担保既为物权,当然具有排他效力和追及效力;而让与担保的性质介于物权与债权之间,让与担保设定后,担保权人对担保物不享有追及权。四是普通担保均为变价权,因而法律禁止当事人在担保合同中约定流质条款;而让与担保则不受流质条款的限制,债权人既可以采用变价的方式,从担保物的变价中优先受偿,也可以直接以担保物的所有权冲抵债权。但是,从各国让与担保制度的发展趋势来看,为了保护担保设定人的利益,通常要求债权人在其债权届期未受清偿时,应采取变价清偿的方式实行其担保权。

让与担保制度的优点在于:一是让与担保能扩大融资的可能性。让与担保既可以实现集合财产的担保化,又可以使一些不能设定典型担保物权的权利实现担保化。②社会上各种新形成或正在形成过程中的财产权,例如,

---

① 让与担保的基本类型有:
(1) 外部移转型和内外部同时移转型。外部移转型让与担保,是指让与担保标的物的所有权仅在当事人的外部关系上转移与担保权人,在其内部关系上仍属于设定人而并不发生转移。内外部同时转移型,是指标的物的所有权不仅在外部关系上而且也在内部关系中一起转移与担保权人。
(2) 处分型和归属型。处分型让与担保,是指担保权人在债务人不履行债务时,可以处分担保标的物并以其价金优先受偿。归属型让与担保,是指担保权人通过取得标的物的所有权来抵偿担保债权的形态。
(3) 流质型和清算型。流质型,是指让与担保权人在实行让与担保时,担保权人取得担保标的物的所有权;债务人的债务也同时消灭,标的物的价额超过被担保债权额的,担保权人也无须将其差额返还给设定人。清算型,是指担保权人在实行让与担保时,就标的物价额与债权之间的差额负有清算义务,即标的物应当以估价或者变卖的方式换价清偿,当标的物的价额超过被担保债权额时,担保权人应将该差额返还与设定人,如果担保物的价额不足以清偿债权时,担保权人仍可以请求债务人偿还。

② 参见前揭谢在全:《民法物权论》(下册),第899页。

电脑软件的权利、拟购买中的不动产、建设中的建筑物、老铺和招牌等特殊权利，在其上设定抵押权或者质权仍有疑问，但通过让与担保可实现上述财产的担保化。二是让与担保能阻却或者减少交易第三人出现的可能性。让与担保可以减少因标的物的所有权为第三人所取得或者出现后位担保权人而阻碍担保权实现的可能性。三是让与担保能节约交易成本。让与担保可以节约抵押权、质权实行的费用，并避免标的物在拍卖程序中换价过低的不利情况。

让与担保制度也存在如下缺陷：一是让与担保交易关系的建立是以担保权人和债务人或者第三人之间的信赖关系为基础的，任何一方当事人的背信行为，均会损害另一方当事人的利益。二是让与担保权人在债务人不履行债务时可以直接实行担保权，意味着可能损害债务人或者第三人利益。

二、让与担保的有效性与法律构造

对于让与担保的有效性问题，在其发展过程中，存在下列争议：

（1）虚伪意思表示。虚伪意思表示理论认为，设定人将标的物的权利移转给债权人，仅仅属于外观形式，在实质上并无移转标的物权利的意思。其真意是为了设定抵押或者质权，因而属于双方通谋而为的虚伪转移所有权的意思表示。由于通谋虚伪的意思表示在当事人之间自始无效，因此，当事人之间设立让与担保的行为是无效的。"信托行为"理论则解决了让与担保有效性问题，认为让与担保在本质上是一种信托行为，是指当事人为了达到一定的目的而采取的超过必要限度的法律行为。与脱法行为以规避法律为目的不同，信托行为是为了达到法律所许可的目的。让与担保设定人是利用转移所有权的法律手段来达到担保债权的经济目的，尽管其法律手段超越了经济目的，但当事人的意思是转移真正的所有权，绝非通谋虚伪的意思表示，因此，应当承认让与担保是有效的。

（2）物权法定主义。物权法定主义是大陆法系国家物权法奉行的基本原则，即物权的种类和内容由法律规定，当事人不得根据自己的意思自由创设物权及物权的内容。一般认为，创设物权的法律仅指制定法，而将习惯法排除在外，因而为习惯法所确认的让与担保将因违反物权法定主义而归于无效。物权法定的规定使得有限的物权种类难以适应复杂、活跃的经济生活的需要。因此，物权法定中的法应包括习惯法。让与担保是经过长期演化而成为固定化和类型化的制度，其内容呈现出高度的确定性，可以使第三人有预测的可能，并在社会上形成一种法的确信，应构成一种习惯法。

（3）流质的禁止。流质禁止是指当事人在设定抵押和质押时，禁止在合同中规定，履行期限届满，债务人不清偿债务时，担保物所有权即归属于债权人。流质的禁止旨在避免处于弱势地位的债务人，为了异常小额的借金把高价物作为质物提供，使得其在不能偿还债务时成为暴利行为的牺牲品。在让与担保中，当债务人到期不能履行债务时，担保权人并不能就此取得担保标的物所有权，担保权人仍负有清算的义务，在标的物的价金超过被担保债权时，就超过部分负返还义务，即使在承受标的物抵偿债务的情况下也是如此。因此，通过对让与担保人清算的义务的规定，不会发生流质禁止的情形。

让与担保是债务人为了担保而把标的物所有权转移给债权人，在外形上债权人作为所有人出现，但是所有权移转目的仅仅是设定担保，对于形式上所有权的转移与实质上的担保权的设定两者之间的关系，则必须通过论述其法律构造来理解。

（1）所有权构成论。所有权构成论有相对的所有权移转和绝对的所有权移转之分，前者是指标的物的所有权在让与担保中仅仅发生相对的所有权转移，即在对第三人的外部关系上，所有权发生转移，而在当事人之间的内部关系上，所有权并不转移，所有权仍归属于债务人；后者是指在对内和对外关系上，所有权都移转于债权人。绝对的所有权转移说是以罗马法上的信托为原型的理论，认为所有权通过信托行为而完全地转移给受托人。但是，该说在让与担保的内容与形式关系上过分强调形式而忽视实质内容。按照该理论，当债权人处分标的物时，第三人无论善意还是恶意都能取得所有权，债务人不能对第三人主张权利。该理论将债务人降为出卖人的地位，对债务人极为不利。

（2）担保权构成论。担保权构成论重视担保的实质，认为让与担保仅仅是担保权的设定，所有权仍然归属于债务人或者第三人。该学说包括以下几种观点：

一是授权说。该说认为，债务人仍然保留标的物的所有权，让与担保的设定仅仅是将担保物的变价权和处分权授予债权人而已。让与担保权人虽在外观上是所有权人，但当事人间并没有真正移转所有权的意思。在让与担保设定之后,由于当事人之间并无转移标的物所有权的真正意思,所有权实际上并未发生转移而仅仅使债权人具有所有权人的外观,设定人只是出于担保债权的目的赋予债权人以担保物权的处分权而已。与所有权构成论相较而言,授权说使让与担保权人的地位过于薄弱,从而导致让与担保缺乏作为担保权的实益。此外,如果采纳授权说,那么对于当事人之间的转移所有权的外观行为,只有以虚伪表示理论来否定其转移所有权的效力,才能将当事人之间的法律关系还原为处分权授权的本质,而这样又使让与担保仍然具有虚伪表示的嫌疑。

二是质权说。该说认为,应以质权作为让与担保的法律构成。尽管立法者最初旨在通过公示原则来阻止质权的隐藏,但是让与担保最终战胜了这一点并通过习惯法奠定了自己的地位;让与担保的法律构成应当顺应让与担保的习惯法,采取赋予债权人以担保权即质权人地位的构成。但是,在债务人被强制执行或者破产的情形下,质权说不承认让与担保权人的第三人异议权或者取回权,从而弱化了让与担保权人的权限。

三是抵押权说。该说认为,让与担保的设定实际上就是抵押的设定,但这种抵押权的设定却没有适当的公示方式,因而让与担保权就是私下设定的抵押权。

(3)折衷说。折衷说作为所有权构成论与担保权构成论之间的一种折衷,认为在让与担保关系存在的过程中,所有权处于不确定状态。折衷说有担保人保留权说和期待权说两种:

一是担保人保留权说。该说认为,在让与担保的设定中发生了观念上的二阶段物权变动:其一,标的物的所有权先由设定人转移给担保权人;其二,担保权人在拥有标的物担保权能的同时,将所有权扣除该担保权能之后所残存的权利即设定人保留权,再转让给设定人。但是,这二阶段的物权让渡仅表现在观念上,因而导致设定人保留权的内容具有不确定性。该说不是从法律构成中赋予当事人各自的权限,而是从结果的妥当性中导出当事人的权限。

二是期待权说。该说认为,担保权人有取得所有权人的地位,担保人也有通过债务的偿还,使所有权复归的地位,即债权人、债务人都享有期待权。

三、让与担保的设定

让与担保的取得,可分为依法律行为与非法律行为两种。让与担保的取得主要是基于法律行为,即让与担保的设定。让与担保是由让与担保设定人与担保权人通过合同的方式设定的,让与担保合同明确规定,设定人将财产权转移给担保权人的目的,是为了担保债权的清偿。让与担保合同的当事人,一方为标的物的提供人,即设定人,通常为债务人,也可以是债务人之外的第三人。该第三人以自己的财产为债务人清偿债务提供担保,与物上保证人的地位相似。让与担保合同的另一方当事人是让与担保合同标的物的权利取得人,通常为债权人,这是由于让与担保的设定是为了担保债权人的债权。但是,标的物的权利取得人也可以是第三人,例如,在债权人、债务人及第三人三方合意下,债务人可以将不动产信托让与第三人,在债务人不履行债务时,第三人自动扣除债务人所欠债权人的债权之后,将余额返还给债务人。①

让与担保的设定以有被担保债权的存在为前提条件。设定让与担保的债权,可以是现存的债权,也可以是将来发生的债权;可以是金钱债权,也可以是非金钱债权,但是以金钱债权和现存的债权为原则。②让与担保设定后,被担保债权不成立或者无效的,让与担保行为也归于无效,即不具有担保意义,仅为一般的权利转让行为。但是,由于德国、我国台湾地区区分物权行为和债权行为,物权行为具有无因性,并不因债权行为无效而当然归于消灭,在这种情况下,让与担保设定人已转移权利的,只能行使不当得利返还请求权。③日本法不承认物权行为独立性与无因性,物权的变动采意思主义,因此,根据日本法的规定设定让与担保,只要当事人就让与担保达成合意,担保即告成立。

---

① 参见前揭史尚宽:《物权法论》,第426页。
② 参见前揭谢在全:《民法物权论》(下册),第909页。
③ 在德国法上,有物权行为与债权行为之分,两者的关系是原因行为与履行行为的关系。让与担保的设定,通常由一个基础的债权行为和一个实现物权行为构成。设定人是通过协议与占有改定的方式来实现这两个行为。债权行为通常由作为转移担保标的物所有权的原因的借贷协议和担保协议构成。占有改定则是让与担保完成标的物的物权行为,以占有改定方式交付让与担保标的物,让与担保设定人仍保持对担保标的物的占有,让与担保权人取得返还请求权。

凡是根据法律规定可以转让的财产权,包括不动产与动产所有权、企业所有权、他物权、债权、知识产权以及正在形成中的权利,均可以成为让与担保的标的物,但是以所有权为让与担保主要的标的。[①]在现代社会中,不能作为质押、抵押典型担保标的的财产,可以借助让与担保实现其担保化。

四、让与担保的效力

让与担保的效力分为对内效力与对外效力。对内效力是让与担保当事人之间所产生的效力;而对外效力则表现为让与担保当事人与第三人之间的效力。

（一）让与担保的对内效力

让与担保的对内效力,是指让与担保设定人与担保权人之间的权利义务。这种内部关系应当受合同自由原则和让与担保经济目的的规范,当事人可以自由约定债权的范围、标的物的范围、标的物的利用关系、让与担保的实行方式和标的物的保管责任等内容。在当事人意思表示不确定或者在当事人之间无特别约定时,则应当受担保目的的制约。

(1) 让与担保所担保的债权范围。当事人有约定的,从其约定。未约定的,则应解释为不仅及于原债权、利息、迟延利息,而且也及于实质上应由设定人负担却由担保权人支出的费用。

(2) 对标的物的占有、使用和收益。让与担保标的物的占有使用权应属于设定人还是担保权人,有两个标准：一是当事人的意思表示;二是让与担保的目的。在少数的占有转移让与担保中,标的物的占有使用权归属于债权人;在通常情况下的非占有转移型让与担保中,标的物仍然由债务人占有。对于债务人对标的物的占有使用权的根据和权利性质,各国的判例有不同的态度。

(3) 让与担保的实行。在债务清偿期届满,债务人不履行债务时,债权人可以实行让与担保,这项不履行的债务通常指原本债务。在设定人占有标的物的情形下,实行让与担保的必要条件是担保权人向设定人请求交付标的物。

当事人对实行的方法有约定的,应遵循当事人的约定。在清算型让与

[①] 参见前揭谢在全：《民法物权论》(下册),第910页。

担保中,让与担保权人就标的物的价额和债权额之间的差额进行清算,如果标的物的价额超过被担保债权,应将差额返还给设定人;如果标的物的价额不足以清偿被担保债权,让与担保权人仍有权请求债务人清偿。在流质型让与担保中,担保权人就标的物价额与担保额之间的差额无须负担清算义务,因而无须返还差额,也无权追偿差额。在处分型让与担保中,债权人必须将担保物进行换价并以价金清偿担保债权,如有余额必须返还债务人。在归属型让与担保中,债权人取得标的物所有权以代物清偿的方式满足其债权。

(4)设定人对标的物的返还请求权。让与担保的经济目的在于担保债务的清偿,确保债权的实现,因此,法律应当允许设定人享有这种请求权,设定人在约定的清偿期限内履行了债务,可以请求担保权人返还标的物;设定人在债务履行期届满之后的一定时间内清偿债务的,也可以请求返还标的物。但该请求权的行使应受到时间的限制,有以下两种情形:一是采取变价受偿的实行方法的,应在担保权人与第三人订立标的物买卖契约之前;二是采取估价的实行方法的,应在担保权人估价清算,确定地取得标的物所有权之前。担保权人取得所有权的时间有以下三种情形:一是以合同约定的方式规定以该标的物抵偿债务的,在订立合同时取得标的物的所有权;二是在估价后担保权人负有返还义务的,在返还该余额时取得标的物的所有权;三是在估价后担保权人无返还义务的,在担保权人向设定人为无余额的通知时取得标的物的所有权。

(二)让与担保的对外效力

让与担保的对外效力表现在当事人与普通第三人之间的关系、与设定人的第三债权人的关系、与担保权人的第三债权人的关系三个方面。

(1)当事人与普通第三人之间的关系。当事人与普通第三人之间的关系表现为以下两种情形:一是设定人对标的物的处分。所有权构成论认为,由于让与担保的设定人在利用担保标的物时,负有保护担保权人利益的义务,因而违反该义务而擅自将担保物让与给第三人的,让与行为无效。但是,如果受让人符合善意取得要件的,则能够取得标的物的所有权。担保权构成说则认为应根据第三人的主观情况而加以区分,在第三人为恶意时,即知晓让与担保权存在事实的,其所取得的权利仅仅是附有让与担保的所有权,让与担保权人可以对标的物行使追及力。在第三人相信设定人所处分的标的物上没有负担且无过失时,则可以根据善意取得制度,取得不附加让与担保权的完全所有权。但是,如果相对人只是依据占有改定的方式取得标的物的间接占有而没有取得标的物之现实交付的,则不能承认其善意取得标的物所有权,只能取得附有让与担保权的标的物的所有权。

二是让与担保权人对标的物的处分。债务履行期届满之前,让与担保人向第三人转让标的物的,所有权构成论认为,不论第三人是善意还是恶意,均取得担保物的所有权。债务履行期届满之后,让与担保人向第三人转让标的物的,通常认为即使受让人是恶意的,设定人也不能主张赎回权。在债权人将标的物以相当的价格出售给第三人时,设定人的赎回权消灭。

让与担保权人设定第二让与担保权的,所有权构成论认为,不论是在债权履行期届满之前还是在届满之后,也不论相对人是恶意的还是善意的,相对人均可有效地取得所有权。担保权构成论则认为,在债务清偿期届满之前,让与担保权人就担保标的物再设定让与担保合同的,属于担保权人不当处分标的物;在债务清偿期届满之后,债务人仍不履行债务,则让与担保权人在取得标的物的处分权后,与第三人订立再让与担保合同的,该让与担保合同有效。

(2)与设定人的第三债权人的关系。与设定人的第三债权人的关系表现为以下三种情形:一是设定人破产的情形。根据传统的让与担保所有权构成,担保权人在法律上是标的物的所有权人,因而在设定人破产时,担保权人可以就标的物向破产管理人行使取回权。①破产程序是债权人为了公平受偿就债务人的总财产所进行的执行程序,让与担保的标的物超过被担保债权额的差额部分必须进入设定人的破产财团,用以满足一般债权人的债权。以担保权构成论为基础的立法例认为,让与担保权在本质上是一种担保权,在设定人破产时,让与担保权人只能行使别除权。

二是设定人公司重整的情形。公司重整是重整公司陷于财务困难但尚存重建之希望,为了保护企业经营的继续,实现债务调整和企业整理,使企业摆脱困境而走向复兴的再建型债务清理制度,并不是像破产程序那样对公司负债进行终局清算,因此,让与担保权人只能行使重整担保权,而不能

---

① 但是,德国、日本的判例及学说均认为担保权人的权利不是取回权而是别除权,原因在于让与担保的实质目的是为了担保债权的实现。

行使取回权。

三是普通债权人强制执行标的物的情形。在这种情形下,对于让与担保权人的权利,有两种不同的认识:第三人异议之诉的权利与优先受偿请求权。德国的学说在对各种利益进行全面衡量之后得出结论,认为特别是在价额不高的动产让与担保中,承认担保权人的第三人异议之诉的权利,不至于损害其他债权人的利益,而且让与担保权的实行可以根据当事人一致同意的方式进行而无须经过公开拍卖程序。只有在设定人没有其他财产且担保物的价值超过被担保债权时,才应当采取优先受偿请求权。

(3) 与担保权人的第三债权人的关系。与担保权人的第三债权人的关系表现为三种情形:一是担保权人破产的情形。德国认为,在担保权人破产的情形下,强调让与担保的担保目的或者担保实质,例外地承认设定人的取回权;日本也认为,设定人的具体的实质利益优于破产债权人的抽象的一般利益,承认设定人的取回权。我国台湾地区在学说上也基本肯定设定人的取回权。根据担保权构成论,设定人的取回权是当然的结论。

二是担保权人公司重整的情形。从公司重整的目的和宗旨考虑,应当限制设定人的取回权。由于让与担保实质上是一种担保物权,让与担保权人只能以被担保债权和在此限度内的让与担保作为其财产权,而超出部分不应当列入重整公司的资产,设定人只有在清偿被担保债权后才可以取回担保物。

三是普通债权人强制执行标的物的情形。相对的所有权构成论认为,虽然担保权人在与第三人的外部关系上被视为所有权人,但在当事人的内部关系上仍以设定人为所有权人,因而承认设定人的第三人异议之诉。绝对的所有权构成论则认为,让与担保权人已取得标的物的所有权,普通债权人在以担保物为让与担保权人的所有物而申请强制执行时,设定人不得提起第三人异议之诉以请求排除该强制执行。

担保权构成论认为,虽然担保权人只有担保权而无所有权,但让与担保的设定是以转移所有权为其形式,所以应保护善意债权人,即在债权人为善意时设定人不得主张让与担保关系进行对抗;如果其为恶意,设定人则能提起第三人异议之诉。

五、让与担保的消灭

让与担保的消灭有以下几种情形:

(1)被担保的债权的消灭。让与担保的目的是为了担保债权的清偿,因此,一旦被担保的债权因清偿、抵消等原因而归于消灭时,让与担保也因失去其存在的依据而归于消灭,让与担保的标的物应返还给设定人。

(2)标的物的灭失。让与担保以所有权转移为其法律构造,即担保权人在法律上是标的物的所有人。在标的物灭失时,所有权归于消灭,让与担保即没有存在的可能。但是,如果因标的物的灭失而获得损害赔偿的,则产生物上代位问题。

(3)让与担保的实行。在实行其让与担保之后,担保权人实现了让与担保的目的,让与担保归于消灭。让与担保的债权,可能完全受偿,也可能部分受偿。

六、让与担保与其他类似制度

(一)让与担保与按揭

按揭(mortgage),是指土地或者动产为了担保特定债务的履行或者其他义务的解除而进行转移或让渡。按揭本意是指财产中的某种利益为担保一定款项的支付或者某种其他债务的履行而进行让与或者其他处分。在这种担保方式中,债务人为担保债务的履行而将一定财产的权利转移给债权人,当债务人不履行义务时,债权人可以取得担保财产的所有权。按揭是英美法特有的担保制度,应满足以下三个条件:一是特定的财产权利的转移;二是在债务人不履行债务时,债权人可以确定地取得所有权;三是债务人享有通过履行债务而赎回担保物的权利,同时债权人负有交还财产的义务。

最初的英美法上的按揭是通过将单纯继承的土地让渡给担保权人的方式来设定的,按揭当事人之间的权利明显失衡,按揭权人享有对于该土地上一切后位他物权人的绝对优先权,保管或者留置地产所有权契据,无须向法院申请即可将该土地转让给第三人,也可向法院申请取消赎回权而立即取得该单纯继承的土地,而按揭权人处于明显的劣势。为平衡双方当事人的权利,衡平法院将按揭权人的利益限制在法律所规定的范围内,并从取消赎回权之诉中解救债务人。即使设定人在履行期届满而未能清偿债务的,也必须允许其赎回单纯继承的土地,设定人拥有一种将来的衡平权益,该权益的数额是土地价额与债务额之间的差额,并且该权益可以对抗恶意第三人。衡平法院还创设衡平赎回权,不论债务履行迟延的原因,也不论经过时间的长短,债务人均有权赎回土地。《1925年财产法》引进了大陆法的登记制度,规定除将权利证书进行提存外,所有按揭的设定均须登记;同时废除债权人的赎回权取消请求权,对按揭采取变价主义和清算主义。经过这种改革,按揭与大陆法系的抵押较为相似,但权利移转仍然被认为是按揭与大陆法系的无权利移转的抵押权相区别的重要标志,而与让与担保制度相比,则具有功能上的相似性。

我国按揭的流行是在 20 世纪 90 年代。随着我国住房改革的不断深化,加上港资房地产企业大举进入内地,按揭特别是楼花按揭开始在我国流行。但由于我国遵循物权法定主义,在《担保法》等法律中没有按揭这种物权形式,其他法律、行政法规、地方规章或有规定的,但仍视之为抵押权。① 在实践中,按揭按照担保内容的不同可以分为楼花按揭与现楼按揭。楼花按揭,是指在房地产开发过程中,由房地产开发商与购房者先行签订商品房预售合同,并首付占购房款一定比例的价金,余款则由购房者向金融部门申请贷款,并将所购房屋设定担保或由房地产开发商担当保证人。在银行实务中常将这类业务称为甲类按揭贷款。现楼按揭,是指在商品房建成以后,购房者与开发商签订买卖房屋的合同,同时支付占购房款一定比例的价金,不足部分则向银行申请贷款,并将所购房产的有关权属证明提交银行作为贷款抵押的购房方式。在实务中,将其称为乙类按揭贷款。现楼按揭的实务较为混乱,有的银行规定办理现楼按揭的,必须将其产权证明移交至银行,并办理抵押物登记;而有的银行则规定只须办理抵押物登记即可。

---

① 例如,建设部在 1997 年 4 月颁布的《城市房地产抵押管理办法》中对预售商品房的抵押作了规定,该办法第 3 条规定:"本办法所称预购商品房贷款抵押,是指购房人在支付首期规定的房价款后,由贷款银行代其支付其余的购房款,将所购商品房抵押给贷款银行作为偿还贷款履行担保的行为。"第 27 条规定:"以预购商品房贷款抵押的,须提交生效的预购房屋合同。"第 34 条规定:"以预售商品房或在建工程抵押的,登记机关应当在抵押合同上作记载,抵押的房地产在抵押期间竣工,当事人应当在抵押人领取房地产权属证书后,重新办理房地产抵押登记。"
《北京市房地产抵押管理办法》第 5 条及《中国工商银行个人住房信贷管理办法》第 19 条,也有类似的规定。

按揭和让与担保,分别源自英美法系和大陆法系,在其发展沿革上存在不同,在具体的法律构造上也有着明显的区别,两者的主要区别如下:

(1)担保标的物在普通法上的所有权绝对地移转归按揭权人所有,按揭人通常继续占有担保标的物,在合同规定的偿款期内按揭人被视为寄托人。而在让与担保中,担保标的物的所有权只是在外观形式上转移给担保权人,担保权人并未真正取得绝对确定的所有权,从本质上其将取得的是一种担保物权。

(2)债务履行期届满并且宽限期届满之后,按揭人仍不履行债务的,受按揭人即取得变卖担保标的物的权利。此外,受按揭人也可以选择另一种救济方式,即向法院提出申请,取消按揭人衡平法上的赎回权,把担保标的物绝对地授予受按揭人。在让与担保中,当事人可以约定实行担保权的方法,在没有约定的情况下,应当就债权额和标的物价额进行计算,将标的物处分给第三人或者归属于债权人。

(3)按揭的设定人所保留的仅为标的物的占有和使用权,而丧失了处分权。与此相反,让与担保具有较大的灵活性,设定人不但保有对让与担保标的物的占有和使用权,而且可依双方当事人的约定处分标的物。

(4)英美法上的按揭合同必须在规定的时间内向特定的机关登记或注册,具有很强的公示性。大陆法系的动产让与担保的设定则无须履行登记手续。

(5)按揭人在其与受按揭人约定的期限内享有赎回权。在让与担保中,债务人清偿债务后,担保物应返还给债务人或第三人。

按揭与让与担保虽然存在上述的不同,但却有一个最重要的相同之处,即通过移转标的物的权利来担保债权的实现,这也是二者共同的特点和制度宗旨。

(二)让与担保与所有权保留

所有权保留,是指买卖契约的当事人约定在买受人清偿全部价金之前,买卖标的物虽已交付并由买受人占有和使用,但出卖人仍保留其所有权,买受人仅享有指向标的物所有权的期待权,只有在买受人清偿全部价金后才取得所有权。买受人如果不依约偿还价额,完成特定条件或者将标的物处分,以致妨害出卖人权益时,出卖人即得取回标的物。所有权保留也是一种非典型担保方式,就买受人如果不履行价金支付义务就会丧失标的物所有

权这一点看,与让与担保具有相似性,但二者又存在以下不同:

(1)适用的条件。所有权保留适用于买卖合同,是为担保出卖人的债权而由当事人所作的特别约定。让与担保也是为了担保债权的实现,但对该债权的性质,法律没有特定的限制,取决于双方当事人的约定。

(2)担保的标的。所有权保留的标的物即是买卖合同的标的物,而在让与担保中,让与标的与被担保债权的标的没有必然的牵连关系。让与标的可以是能依法转让的一切财产权,甚至还包括第三人的权利,范围比所有权保留的标的大。

(3)权利的移转。所有权保留中卖方保留的是法律形式上的所有权,但标的物经济的实质的所有权已经发生变更。而让与担保权人取得的是外观形式上的所有权,标的物经济的实质的所有权仍属于设定人。

(4)设定人破产。所有权保留中的买受人破产时,卖方可以行使取回权,因为所有权仍保留于卖方而并未转移给买方;而在设定人破产的情形下,让与担保权人只能行使别除权。

第五编

占有

第十九章 占 有

关于占有是事实还是权利,理论与实务中存在较大的分歧。大陆法系国家有两种不同的立法例,《德国民法典》认为占有是事实,《日本民法典》则认为是权利。占有是指对物的事实上的控制。①占有与所有的区别主要体现在:占有仅表明对物的控制,即物在某人的控制范围内就是为某人占有,而所有强调的是物的归属问题,尽管所有人对自己的物都具有控制能力,但这是所有权的一种表现,而占有则仅仅表明控制关系,没有其他的表现形式。实际上,占有最早就是作为相对于所有而管领物的一种形式出现的。

第一节 占有的概念

一、占有制度的起源

现代民法中的占有制度起源于罗马法的占有(Possessio)和日耳曼法上的占有(Gewere),是这两种制度相互影响而产生的结果。在罗马法上,"Possessio"是一种事实,而不是一种权利。②罗马法与其他古代法律一样,占有与所有权观念并无明显的区别。③罗马法上占有的成立,不仅要有对物的实际控制,而且还要有据为己有的意思。而日耳曼法中的占有(Gewere)原为穿衣之意,喻为权利的外衣而存在的。④日耳曼法上的占有不仅仅是一种

---

① "占有,谓对于物有事实上管领之力。"前揭史尚宽:《物权法论》,第525页。
② 参见前揭周枏:《罗马法原论》(上册),第407页。
③ 参见前揭郑玉波:《民法物权》,第368页。
④ 参见前揭李宜琛:《日耳曼法概说》,第54页。

事实状态,更是一种权利。①这与当时日耳曼人的社会生活习惯是密不可分的。日耳曼人在成立蛮族王国以前,过的是狩猎游牧的生活。氏族占有的土地每一年相互更换一次,并没有形成所有权的观念。法律和习惯对社会平和的维护也是从占有的外在表象加以确定的,因此,占有本身就意味着权利。日耳曼法上占有的效力有三种:一是防御效力,即权利推定效力;二是攻击效力,即权利的实现效力;三是转移效力,即权利转移的效力。②

罗马法的占有与日耳曼法的占有存在如下差别:一是罗马法上的占有是作为一种事实状态而存在的,占有是一个不可解释的事实,而不是权利;日耳曼法上的占有是与权利相重合的概念,它与权利是不可分割的。二是罗马法上的占有是具有排他性的,仅能成立直接占有;而日耳曼法上的占有强调的是对物的实际利用状态,存在占有的多重性,不仅仅能成立直接占有,还能成立间接占有。三是占有的客体存在差别。罗马法上占有的客体仅限于物,而且为有体物;日耳曼法上的占有的客体范围则非常广泛,既可为物,也可以是权利。

虽然罗马法的占有与日耳曼法的占有存在着较大的差别,但是它们本身却在相互影响,特别是在西罗马帝国灭亡,日耳曼人纷纷建立蛮族国家之后,日耳曼法逐步吸收了罗马法中的占有的观念,并使占有事实化,同时又保留了日耳曼法占有制度中的关于直接占有和间接占有的区分等一系列制度。最终形成了现代民法物权中的占有制度。因此,现代的占有制度是罗马法上的占有和日耳曼法上的占有制度混合的产物。

二、占有的概念及性质

占有,是指对物的事实上的支配和控制。③关于占有的性质,各国无论是

---

① 参见前揭李宜琛:《日耳曼法概说》,第56页。
② 参见前揭郑玉波:《民法物权》,第369—370页。
③ "占有是主体对于物基于占有的意思进行控制的事实状态。"前揭王利明:《物权法论》(修订本),第795页。
"占有,指对于物的事实上的控制和支配。"前揭梁慧星主编:《中国物权法研究》(下册),第1086页。
《物权法草案》第266条规定:"……(七)'占有',指占有人对不动产或者动产的实际控制。"

在立法上还是在理论上都存在较大的争议。

在立法上,大陆法系国家关于占有的性质有两种立法例:一是以德国为代表的事实说。《德国民法典》认为占有是一种事实,①而不是权利。《法国民法典》及《瑞士民法典》也将占有视为一种事实状态。②二是以日本为代表的权利说。《日本民法典》认为占有是一种权利,③而不是事实状态。

在学理上,关于占有的性质的争议主要是占有是事实还是权利问题,即事实说与权利说两种学说:

(1) 事实说。该说认为,占有人占有某物仅表明一种现实的对物予以控制的事实状态。事实说有着深厚的历史基础,强调占有仅仅是通过事实关系来保障的。事实说又可因占有要素构成的不同而分为主观说和客观说。

主观说起源于罗马法,罗马法最先将占有引入民法之中。占有在罗马人那里是指一种使人可以充分处分物的、同物的事实关系,同时要求具备作为主人处分物的实际意图。④占有的含义是指真正的掌握,一种对物的事实的控制。在罗马法中,占有不是一种权利而是事实状态。占有制度的目的是为了维持公共秩序和社会安定。罗马法上的占有可以分为自然的占有与市民法的占有,⑤而市民法的占有的成立包含体素和心素两个要件:⑥体素,即对物的控制;心素,即将物据为己有的意思。只有包含了这两个要素,才构成罗马法上的占有,从而将占有彻底地从日常所称的"占有"中分离出来,并首次赋予其法律上的内涵。但是罗马法上的占有被限于一个狭小的范围,在罗马人看来,"占有所代表的就是所有权的形象和其全部内容"⑦。罗马法的

---

① 《德国民法典》第 845 条规定:"物的占有,因取得对物的事实上的管领力而取得。"
② 《法国民法典》第 2228 条规定:"对自己掌管之物或行使之权利的持有或享有,或者对由他人以我的名义掌管之物或行使之权利的持有或享有,谓之占有。"
《瑞士民法典》第 919 条规定:"凡对物进行实际支配的,为该物的占有人。"
③ 《日本民法典》第 180 条规定:"占有权,因以为自己的意思,事实上支配物而取得。"
④ 参见前揭〔意〕彼德罗·彭梵得:《罗马法教科书》,第 270 页。
⑤ 自然的占有是指"仅为他人保持之意思"。前揭郑玉波:《民法物权》,第 368 页。
⑥ 参见前揭〔意〕彼德罗·彭梵得:《罗马法教科书》,第 271—272 页。
⑦ 同上书,第 272 页。

主观说为德国萨维尼①及《法国民法典》②所继受。

客观说起源于日耳曼法。在日耳曼法中，占有是指对物的事实支配状态，占有人即使没有支配占有物的意思，也不妨碍占有的成立。德国耶林受黑格尔法哲学思想的影响，认为是物所包含的经济利益"先验地"论证了对占有人的保护；占有的保护独立于所有权本身。③关于占有概念，耶林与萨维尼论战时指出："占有是所有权的实现。占有是事实，所有权是权利，占有是事实上行使某种请求，而所有权是在法律上确认、实现的权利。当物为我所有时，我对物的请求是通过表达在法律中的国家意志来表现的；当物为我占有时，我对物的请求是通过我自己的意志实现。所有权是通过法律作出保障的，占有是通过事实关系来保障的。如果可能的话，两种形式都应该处于安全的状态。"④耶林的学说对《德国民法典》的占有制度产生了巨大的影响。⑤

主观说以个人具体意思为占有的要素，但是，意思变化无常，不易从外

---

① 萨维尼的占有学说被称为"所有意思说"。萨维尼认为，占有就是以所有人的意思控制某种物的状态。受康德个人主义法哲学的影响，萨维尼认为，占有的保护是法律对于依其意愿对财产行使权利的私人的尊重的表现，从而在人类的尊严中找到了占有存在的依据和价值。萨维尼认为承租人、保管人和借用人等，只是持有，既然物的持有人并不打算自行直接地对物行使物权，那么他就不是自主占有人。占有诉权也不适用于根据债权而对物的持有。参见前揭尹田：《法国物权法》，第160页。

② 《法国民法典》在"时效与占有"编中规定了占有制度。《法国民法典》第2228条规定："对于物件或权利的持有或享有，称为占有；该项物件或权利由占有人自己保持或行使，或由他人以占有人的名义保持或行使。"第2230条进一步规定："占有人在任何时候均应推定以所有人名义为自己占有。"可见，占有的成立由"体素"和"心素"共同构成，并形成法国民法自主占有与他主占有的学说与立法体系。

③ 参见前揭尹田：《法国物权法》，第160页。

④ 前揭王利明：《物权法论》（修订本），第794页。

⑤ 《德国民法典》的物权法编规定了占有制度，虽然没有明确规定占有的概念，但学界认为，占有是从交易实践中得到承认的主体对物的实际控制。在德国民法体系中，占有具有重要地位，作为一种事实状态，根据《德国民法典》第854条、第870条及第2169条的规定，占有可以转让和继承。此外，《德国民法典》还构建了占有的法律体系，将占有分为直接占有和间接占有，直接占有是指对特定物直接行使事实上支配的占有；间接占有指的是通过他人（直接占有人）为中介而行使对特定物的支配力，即基于一定的法律关系，对于事实上的占有人（直接占有人）有返还请求权，从而间接地对物进行管领和支配。在德国民法上，直接占有人和间接占有人都是占有人。但是，间接占有人的间接占有实质上已经不是一种事实状态而是一种权利，因而学界称之为"双重占有"。

部认识;而没有表现在外部的意思,则难以证明,因而不足以采信。客观说则简化了对占有的认定,即对占有人是否具有占有的意思不加考虑,但是,对没有占有的意思的占有是否值得保护,有进一步商讨的余地。因此,占有的构成必须具备主观与客观的统一,即占有人既要对物有事实上的控制,又要对物有管领的意思。

(2) 权利说。权利说认为,占有本身并不是一种事实状态而是一种权利。占有人对物的占有本身,表明占有人对占有物享有某种权利。权利说认为,占有既是一种利益,又受法律的保护,符合权利的定义。在交易过程中,让与人对物占有的本身即意味着对该物的某些权利,受让人不会怀疑现实占有人权利的存在。占有的权利说可以追溯到日耳曼法上的占有,当时的占有是一种与其他物权交叉在一起的复合体,占有中包含权利因素。

"事实说"和"权利说"是存续至今的两种主流的观点,双方争议不断。"事实说"和"权利说"均有其自身的理论基础,从两种学说的历史渊源看,也有自身的合理性。

三、占有的构成要件及分类

占有的构成要件包括四个方面:主体、客体、主观要件、客观要件。

(1) 占有的主体。占有的主体是指对占有物实施占有并为占有制度所保护的人,包括物的所有人,与所有人具有某种法律关系的人以及其他一切有占有能力的人。能够作为占有主体的占有人的范围,因时代的发展而不断发展。世界各国的立法例大多承认自然人和法人均可作为占有的主体。

(2) 占有的客体。根据大陆法系国家的立法例,占有的客体为物,而且以有体物为限。[①]对不需要占有物本身即可行使权利的财产权,仅可成立准占有。物分为动产和不动产。不动产占有和动产占有成立的认定及其效力,均存在差异:动产占有的认定标准通常高于不动产的认定标准。在确认占有效力时,不动产已由登记制度取代。保护占有方法也不同,不动产被侵夺的,占有人应及时排除加害,取回不动产;动产被侵夺的,占有人应向加害人取回动产。

(3) 占有的主观要件。占有的主观要件即心素,是指占有人的内心意

---

① 参见前揭史尚宽:《物权法论》,第 541 页。

思。在罗马法中,占有是以占有意思为必要的。由于罗马法对占有的涵义缺乏明确的规定,后世法学在占有的主观要件上产生严重的分歧,出现占有主观说和占有客观说理论。占有主观说认为,占有不仅需要事实上的管领,还须有占有意思。占有客观说则经历了一个发展过程,即从占有意思为非独立的要素到占有的意思并无必要。但是,不具有占有意思的主体与客体的偶然结合如果认定为占有,则不符合法律实践,也不能体现占有的权利推定力。因此,构成占有应具备占有意思这一主观要件。

(4) 占有的客观要件。占有的客观要件即体素,是指占有人的占有行为。对于占有的客观要件的认定,学界有不同的标准。事实上的管领力,最初是指人对物有实际上的接触或者物理上的控制。但是,随着社会的进步、科技的发展,事实上的管领已随着社会的需要而日趋抽象化,成为观念的产物。因此,占有不再以占有人与标的物有身体上的接触为限,即物理上的关系,而只要根据一般社会观念足以认定一定的物已具有属于某人实力支配之下的客观关系,即可构成事实上的管领力。从客观环境上,占有人对物存在控制状态;从人对物的控制的时间上,必须强调人对物支配的确定性、稳定性;从空间关系上,人与物应有一定的结合关系,从而认定物为某人所支配。

占有的效力是占有制度的重要内容,而占有效力的确定,是以占有的分类为前提的。占有的分类,是以占有的各种状态为依据,将占有区分为不同的种类。占有的状态不同,其法律效力也存在较大的差异。

(1) 有权占有与无权占有。以占有是否具有法律上的原因为标准,占有可以分为有权占有与无权占有。凡具有合法原因的占有为有权占有,又称为有权源占有或者正权源占有。法律上的原因或者根据,学理上称为权源,也称为本权。例如,所有人、地上权人、留置权人、质权人、典权人、承租人、借用人、保管人、信托人等对标的物的占有,分别基于其享有的所有权、地上权、留置权、质权、典权、租赁权、使用权、保管权等正当权源,因而在法律规定或者约定的期限内,所有人不得向地上权人、留置权人、质权人、典权人、承租人、借用人、保管人、信托人等请求返还所有物。无权占有则是指没有合法的原因而为的占有,例如,窃贼对赃物的占有、拾得人对遗失物的占有等。无权占有也可能是由有权占有转化而来的,例如,租赁期限内承租人的占有为有权占有,而租期届满后如果承租人仍占有租赁物,则由有权占有转化为无权占有。

有权占有与无权占有是占有最为重要的分类,善意占有与恶意占有、有过失占有与无过失占有、有瑕疵占有与无瑕疵占有等均是建立在有权占有与无权占有的分类基础上的。

区分有权占有与无权占有的意义在于:一是受法律保护的程度不同。有权占有因具有占有的权源,因此,只要其权源继续存在,占有即受到法律的保护,他人请求交付占有物的,占有人有权拒绝。无权占有因无权源的存在,如果有权源的人请求其交还占有物的,占有人无权拒绝,并负有返还的义务。二是有些物权的设立应以有权占有为前提,例如,留置权的设立。①

(2) 直接占有与间接占有。以占有人是否直接占有物为标准,占有可以分为直接占有与间接占有。直接占有,是指对物有事实上的管领力,即对物的直接控制;间接占有,是指对物缺乏直接的控制,而是基于一定的法律关系,对直接占有物的占有人享有返还请求权,因而对物有间接管领力。例如,甲将其房屋租给乙,乙作为承租人而直接占有甲的房屋,成为直接占有人;但是,甲可以根据租赁关系请求乙在租赁期限届满之后返还房屋,因此,甲为房屋的间接占有人。可见,留置权人、质权人、承租人对物的占有为直接占有,而留置物的所有人、出质人、出租人对物的占有为间接占有。

直接占有是基于一定的占有意图而对物进行事实上的控制和支配,不论是基于一定的事实状态,如遗失物的拾得人对拾得遗失物的占有,还是基于一定的权利,如承租人基于租赁关系对租赁物的占有,对物的占有均表现为对物控制的客观状态,因此,直接占有均具有一定的外在表现形式,是一种现实的占有。但是,直接占有人对物的占有在观念上不得据为己有,直接占有人对其所占有的物并不享有所有权,因此,在产生占有的法律关系消灭之后,占有人应返还占有物,从而产生了间接占有的依据。②

由于间接占有是基于一定的法律关系而对直接占有人享有对占有物的

---

① 《担保法》第82条规定:"本法所称留置,是指依照本法第八十四条的规定,债权人按照合同约定占有债务人的动产,债务人不按照合同约定的期限履行债务的,债权人有权依照本法规定留置该财产,以该财产折价或者以拍卖、变卖该财产的价款优先受偿。"第84条规定:"因保管合同、运输合同、加工承揽合同发生的债权,债务人不履行债务的,债权人有留置权。法律规定可以留置的其他合同,适用前款规定。当事人可以在合同中约定不得留置的物。"

② 参见前揭王利明:《物权法论》,第803页。

返还请求权,产生间接占有的法律关系通常有运送、信托、承揽、租赁等。根据这些法律关系,直接占有人从间接占有人处取得对物的事实上的控制,但物的所有权仍然归属于间接占有人,因此,直接占有人不得以所有的意思占有物。在产生占有的法律关系消灭之后,间接占有人享有对占有物的返还请求权,而直接占有人负有返还占有物的义务。因此,间接占有人对物有一种间接的控制力,这种控制力表现在对占有物的返还请求权上,而不是表现在对物的直接控制上。间接占有是观念上的占有,而不是现实的占有,因此间接占有导致占有的观念化。

(3) 善意占有与恶意占有。以无权占有人是否知道自己有无占有的权利为标准,无权占有可以分为善意占有与恶意占有。善意占有,是指误信有占有的权利并且没有怀疑而为的占有;恶意占有,是指明知没有占有的权利或者对是否享有占有的权利持怀疑态度而为的占有。善意占有可以转化为恶意占有,即占有人取得占有时误信为有占有的权利而且对此毫不怀疑,但后来知晓其为无权占有。

区分善意占有与恶意占有的意义在于:一是根据物权法的规定,物权的取得通常以善意占有为要件。例如,根据取得时效制度、善意取得制度等取得所有权的,均以占有人对物的善意占有为必要。二是占有人返还占有物时,其返还的范围不同。善意占有人在返还占有物时,仅返还现存利益,无须返还孳息,并可请求偿还对占有物所支付的必要费用;恶意占有人在返还占有物时,不仅返还现存利益,而且还应返还孳息,对于因占有物而支付的必要费用,仅可根据无因管理请求偿还。

(4) 有过失占有与无过失占有。以善意占有人的善意是否有过失为标准,占有可以分为有过失占与无过失占有。有过失占有,是指善意的占有人对善意的占有存在过失;无过失占有,是指善意占有人对善意的占有没有过失。

(5) 有瑕疵占有与无瑕疵占有。以无权占有是否具有瑕疵为标准,占有可以分为有瑕疵占有与无瑕疵占有。有瑕疵占有,是指以强暴、隐秘的方式所为的占有。无瑕疵占有,是指以善意、无过失、和平、公然的方式所为的占有。对物的占有不故意以避免他人发现的方法而为的占有,构成公然占有,否则,即为隐秘占有。

(6) 自主占有与他主占有。以占有是否以所有的意思为标准,占有可以分为自主占有与他主占有。自主占有,是指对于物以所有的意思而为的占有。占有人是否为真正的所有人,并不妨碍自主占有的成立,只需占有人有将占有物视为自己所有的意思即可。例如,盗窃物也可为自主占有。① 自主占有是支配物的一种自然意思,无行为能力人也可为自主占有。② 他主占有,是指对于物不是以所有的意思而为的占有。基于一定法律关系而占有他人的物,均属于他主占有。地上权人、留置权人、质权人、典权人、承租人、借用人、保管人、信托人等对标的物的占有,均属于他主占有。

自主占有与他主占有之间可以相互转化,例如,房屋的承租人因购买而取得出租房屋的所有权时,他主占有转化为自主占有;在动产交付中的占有改定,让与人即由自主占有转化为他主占有。

区分自主占有与他主占有的意义在于:根据物权法的规定,因取得时效而取得所有权的,仅限于自主占有,他主占有不能适用取得时效的规定。

(7) 自己占有与辅助占有。以占有人是否亲自占有为标准,占有可以分为自己占有与辅助占有。自己占有,是指占有人自己对占有物进行事实上的管领;辅助占有,是指基于特定的从属关系,受他人的指示而为的占有。占有辅助关系的成立,是以受他人的指示而对物的控制为要件的,占有人与占有辅助人之间存在命令与服从的从属关系。例如,雇员与雇主之间在雇佣事务上具有命令与服从关系,在占有关系上雇员表现为占有辅助人。③ 占有人与占有辅助人之间通常存在从属关系,占有人有权指示占有辅助人从事某种占有物的行为,而占有辅助人则完全基于占有人的意思而为占有。可见,辅助占有人不具有独立的占有意思。

在辅助占有的情形下,占有人通过占有辅助人对物的控制而占有物。在某些情形下,辅助占有具有代理功能,但是代理仅适用于具有法律意义的行为,而辅助占有作为事实行为,不能简单地等同于代理。④

(8) 单独占有与共同占有。以占有的人数为标准,占有可以分为单独占有与共同占有。单独占有,是指一人对物的占有;共同占有,是指数人对同一物的占有。

---

① 参见前揭史尚宽:《物权法论》,第 534 页。
② 同上。
③ 同上书,第 544 页。
④ 参见前揭王利明:《物权法论》(修订本),第 806 页。

第二节 占有的取得

占有作为一种事实行为,其权利主体无须具有行为能力。占有可因法律行为、事实行为及自然事件而取得,占有的取得有原始取得与继受取得两种方式。

一、占有的原始取得

占有的原始取得,是指并非基于他人现存的占有而取得的占有。占有的原始取得同物权的原始取得相同,对于任何标的物,如果不是基于他人现存的占有,而是以自己对物有事实上的管领力,均构成占有的原始取得。例如,遗失物的拾得、无主物的先占、埋藏物的发现、漂流物的拾得等,均为占有的原始取得。但是,占有的原始取得是一种事实状态,与标的物所有权的取得没有必然的联系,例如,对无主物的占有,应根据先占的规定才能取得标的物的所有权,我国台湾地区民法第802条即规定:"以所有之意思,占有无主之动产者,取得其所有权";拾得遗失物,应根据拾得遗失物的规定,才能取得标的物的所有权,我国台湾地区民法第807条即规定:"遗失物拾得后六个月内所有人未认领者,警署或自治机关应将其物或其拍卖所得之价金,交与拾得人归其所有。"而且占有的原始取得行为并不以合法行为为限,非法行为,如盗窃、抢夺等行为,也可构成占有的原始取得。①由于占有属于一种事实状态,与取得占有之后是否因占有而取得占有物的所有权,是两个不同的问题。换言之,有取得占有之后即取得所有权的,例如,无主物的占有;有取得占有之后并不能取得所有权的,例如,盗窃、抢夺等无权占有行为。

占有的原始取得人如果不能取得占有物的所有权,则成为无权占有,有权占有人可以请求无权占有人返还占有的标的物。

---

① 参见前揭郑玉波:《民法物权》,第379页;前揭谢在全:《民法物权论》(下册),第955页。

二、占有的继受取得

占有的继受取得,是指基于他人现存的占有而取得的占有。占有的继受取得可以分为占有的创设继受取得与占有的移转继受取得两种。前者是指在现存的占有之上再创设占有而取得。例如,所有人在自己的不动产上为他人设定地上权,所有人即为自己创设间接占有。后者是指他人现存的占有,不变更其原状而受让取得的占有。例如,无权占有人将其占有物返还给所有人,所有人因无权占有人的占有移转而取得占有。

(一)继受取得的原因

继受取得的原因有占有的移转与占有的继承两种。

占有的移转,是指占有人以法律行为将其占有物交付他人,他人因交付而取得占有。根据大陆法系国家立法的规定,占有移转应具备两个条件:一是应有移转占有的意思表示。占有虽然是事实,占有的取得不以意思表示的存在为要件,但占有的移转行为则属于法律行为,因而移转占有必须有意思表示的存在。二是应有占有物的交付。占有是对物事实上的管领力,仅有占有移转的意思表示,还不能产生占有移转的法律效力。只有在占有物交付时,才发生占有移转的效力。但是,占有物的交付不限于现实交付,还包括观念交付,即简易交付、占有改定及指示交付也能产生交付的效力。

占有的继承,是指因继承而导致占有由被继承人移转给继承人。因继承而取得占有的,在继承开始之时,继承人取得继承标的物的占有。换言之,继承人既不以知晓继承事实发生为必要,也无须事实上控制继承标的物或者有交付行为,更没有必要进行继承的意思表示。占有的继承,完全是基于法律的拟制,是占有的观念化。①

(二)继受取得的效力

占有的继受取得人因继受取得事由的发生而取得标的物的占有,但是,占有在本质上并非权利而是事实,对于继受取得人所取得的占有与前占有人的占有之间的关联,我国台湾地区民法第947条规定:"占有之继承人或受让人,得就自己之占有,或将自己之占有与其前占有人之占有合并,而为主张。合并前占有人之占有而为主张者,并应承继其瑕疵。"由于占有继受

---

① 参见前揭谢在全:《民法物权论》(下册),第958—959页。

一方面是继受人继续与前占有人为同一性的占有,另一方面又是继受人开始自己新的占有,因此,允许继受人既可与前占有人的占有合并而为主张,也可单独主张自己的新的占有。这是占有继受取得所特有的效力。

(1) 占有的合并。占有的合并,是指占有的继承人或者受让人,就自己的占有与前占有人的占有合并而为主张。占有的合并是由于占有的期间是取得时效的基础,因而因继受而取得占有的,如果不允许其合并前占有人的占有期间,则对继受人不利。例如,根据我国台湾地区民法的规定,动产取得时效期间为 5 年,前占有人已为 3 年占有的,继受人只需占有 2 年,即可取得动产的所有权,对继受人极为有利。但是,如果继受人单独就自己的占有为主张,则其占有期间必须满 5 年,才能取得动产的所有权。占有合并的主张应注意以下三个方面:①其一,主张占有的合并仅限于占有的继承人或者受让人,即占有的继受取得人。由于占有的原始取得人并非基于他人的占有而取得,因此,与他人的占有不发生任何关联,没有合并主张的可能。其二,前占有人的占有,不局限于直接前占有人的占有,可以是任何前占有人的占有。其三,选择占有合并而为主张之后,不得任意变更,例如,原主张合并占有的,尔后不能主张占有的分离。

(2) 占有的分离。占有的分离,是指占有的继受人将自己的占有与前占有人的占有分离,仅就自己的占有而为主张。由于占有的继受人合并前占有人的占有而为主张时,必须继承前占有人的瑕疵,因而对继受人不利。此外,继受人已经取得标的物的占有,对物已经有事实上的管领力,可成立新的占有。因此,法律允许占有的继受人将其占有与前占有人的占有相分离而为主张。

第三节 占有的效力

罗马法上的占有受占有令状的保护,占有令状有占有保持令状与占有回复令状之分。② 占有保持令状以适法占有为前提,以禁令的形式维持占有

---

① 参见前揭谢在全:《民法物权论》(下册),第 960 页。
② 参见前揭郑玉波:《民法物权》,第 368 页。

现状为目的,既可适用于动产,也可适用于不动产。占有回复令状以收回所丧失的占有为目的,又分为暴力占有令状、容假占有令状、隐匿占有令状。[1]暴力占有令状起初仅适用于不动产,后来才适用于动产,包括普通暴力占有令状与武装暴力占有令状两种。罗马法上的占有虽可受令状的保护,但由于占有为纯粹的事实,因此,占有不具公示、公信力,即不具权利的推定效力,不存在善意取得适用的可能,也不具占有的移转效力。然而,日耳曼法上的占有具有权利推定效力、权利移转效力与防御效力。现代民法关于占有效力的规定主要源于日耳曼法。

从大陆法系国家的占有制度来看,占有的效力表现在如下几个方面:

一、占有权利的推定

外表的现象与实质的内容,通常是一致的。占有通常以真实的权利为基础,是权利的外部表现。基于这种权利存在的概然性,我国台湾地区民法第943条规定:"占有人于占有物上,行使之权利,推定其适法有此权利。"即为占有权利的推定,占有人在占有物上行使某种权利,法律推定其合法享有这种权利。

法律规定占有权利的推定的意义在于:一是保护占有所包含的权利。在通常情形下,占有是基于本权的,权利的存在具有概然性,特别是物权法规定的动产物权以占有为公示方式,动产的占有人视为所有人。二是维护交易秩序。占有的权利推定可以避免占有人权利存在的举证困难,从而容易排除权利行使的妨碍,维护正常的交易秩序和社会的安定。三是保护交易安全。占有的权利既然可以推定,而且占有又是动产物权的公示方式,因此,与动产的占有人进行交易时,占有人无须证明自己享有权利,与占有人进行交易的第三人也无须调查其是否享有权利,该第三人因善意信赖占有现象而与占有人进行交易的,应受到法律的保护,以保证交易安全。

关于占有权利的推定适用的标的范围,大陆法系国家或地区的立法例不同。《德国民法典》与《瑞士民法典》以动产为限;[2]《日本民法典》及我国台湾地区民法并未限于动产,学界认为不动产与动产均包括在内。这两种立

---

[1] 参见前揭周枏:《罗马法原论》(上册),第425—427页。
[2] 《德国民法典》第1006条、《瑞士民法典》第930条的规定。

法例规定不同的原因在于,不动产登记制度的完善程度不同。法律规定以登记为成立要件的,则物权变动以登记为要件,未经登记的物权则没有权利推定的效力。因此,由于我国的不动产物权变动以登记为成立要件,对不动产的占有不可能产生权利推定的效力。

占有推定的效力表现在以下三个方面:一是受推定权利的占有人,免除了举证责任。与占有人争夺权利的人,应提出反证,而占有人可以直接援引推定进行抗辩,而无须证明其为权利人。只有在对方提供反证,占有人为推翻反证,才具有举证责任。二是第三人也可援引占有的权利推定。例如,债权人对债务人占有的物进行扣押时,可以援引推定债务人所有的效力。三是权利的推定,既可为占有人的利益而设定,①也可为占有人的不利益而设定。例如,物的占有人推定其为所有人时,则该物上的所有负担均由占有人承担,否则,应举证其并非所有人。

二、善意取得

法律上推定占有人有合法的权利,有时还不能完全保护占有人,从而达到维护社会秩序的目的,因此有必要进一步规定占有人在具备某种条件时,直接取得占有物的权利。这种根据占有而取得权利的制度有两种:一是取得时效制度,即占有人经过一定期间才能取得权利,动产及不动产均可适用,只是期间长短不同而已;二是善意取得制度,即无须期间的经过,一经占有即可取得权利,仅适用于动产,不动产不得适用。取得时效制度和善意取得制度已经分别在第四章和第六章中论述,这里不再赘述。

善意取得制度的目的,是为了保护善意受让动产的占有人,即使让与人没有让与的权利,也能取得动产所有权。善意取得制度旨在维护占有的公信力,以确保交易安全。虽然善意取得制度和表见代理制度均为保护交易安全,但两者适用的前提不同。善意取得制度适用于无权处分行为,而表见代理适用于无权代理行为。

---

① 《德国民法典》第1006条第1款规定:"为有利于动产占有人,推定占有人为物的所有权人……"

三、占有人与回复请求人之间的关系

占有人与回复请求人之间的关系,是指无权占有人对回复请求人返还占有物时,所产生的权利义务关系。占有人应将占有物返还给请求人的情形有以下两种:一是基于某种法律关系或者法律规定而应返还的,例如,基于典权、地上权、质权、留置权等物权关系,或者基于租赁、委任、借贷等债的关系,或者基于无因管理、不当得利、侵权行为、合同解除等法律规定,而应将占有物返还给受领权人。二是不基于任何既存的法律关系而应返还的,即无权占有人遇到有回复请求权人的请求时,应将占有物返还给回复请求权人。这是由于无权占有人未能根据时效取得制度或者善意取得制度的规定取得占有物的所有权,但是,如果根据以上两种制度无权占有人取得占有物的所有权的,无权占有成为有权占有,则不发生返还问题。

在第一种情形中,占有人与受返还人之间的法律关系,可根据其基本法律关系或者法律规定来确定,无须另行规定。在第二种情形中,由于没有基本法律关系作为依据来确定当事人的权利义务,所以法律不能不对此作出规定,以免无权占有人与回复请求人之间的法律关系发生纠纷,无法解决。然而,占有物的返还,通常与无因管理、不当得利、侵权行为及合同解除等问题相伴而生,最终适用何种法律关系,当事人可自由选择。在发生请求权竞合时,权利人可以选择行使对其有利的请求权。

关于占有物的返还,主要涉及三个方面的问题:一是孳息应一并予以返还还是由占有人取得;二是原物灭失或者损毁无法返还时,占有人应如何承担赔偿责任;三是占有人为占有物支出费用时,是否能够请求回复请求人返还。以上三个方面的问题是占有人与回复请求人之间法律关系的中心,其内容因占有人是善意或恶意而存在差异。

(1) 善意占有人与回复请求人之间的关系。善意占有人与回复请求人之间的法律关系的内容无非是权利义务。善意占有人的权利为占有物的用益权与费用求偿权,义务为占有物减损的赔偿责任。

一是占有物的用益权。善意占有人对占有物有用益权。[①]善意占有人用

---

① 我国台湾地区民法第952条规定:"善意占有人,依推定其为适法所有之权利得为占有物之使用及收益。"

益权的适用应注意以下几个问题:①第一,善意占有人对占有物有用益权,恶意占有人对占有物没有用益权。善意占有人变成恶意占有人之后,丧失用益权。第二,推定其为合法所有的权利。善意占有人对占有物的用益,是根据占有的权利推定其为合法所有的权利。关于推定权利的种类,应根据占有人在占有物上行使的权利作出判断。占有人所行使的为所有权,即推定其有合法的所有权;占有人所行使的为租赁权,即推定其为合法的租赁权,于是,善意的占有人根据其被推定的权利,对占有物行使租赁权。但是,被推定的权利,在内容上必须具有用益权能,例如,所有权、典权、永佃权、租赁权等均包含用益权能。如果被推定的权利不具有用益权能,例如,质权、留置权等,则即使是善意占有人,也不得对占有物进行使用、收益。第三,使用及收益。对占有物的使用,是指按照物的性质进行利用;对占有物的收益,是指收取占有物的天然孳息或者法定孳息。善意占有人享有占有物的使用利益及收取孳息的权利,在返还占有物时也无须返还。

二是费用求偿权。善意占有人可以向回复请求权人请求偿还的费用,以必要、合理费用及有益费用为限。②对于支出的必要、合理费用的范围没有限制,只要必要、合理费用即可请求偿还。在通常情形下,必要、合理费用从孳息中支出。③对于有益费用应在其占有物现存的增加价值限度内请求偿还,但如果经改良之后,其增加的价值已经不存在的,则不得请求偿还。这是因为有益费用与必要、合理费用不同,必要、合理费用是不得不支出的费用,而有益费用的支出则完全属于占有人的任意,因此,回复请求人并不当然负有返还义务。但是,由于其支出的费用导致占有物价值的增加,而其现时价值仍然存在的,回复请求人享有占有物增加价值的利益,因此负有在增加范围内偿还费用的义务。④

三是占有物减损的赔偿义务。善意占有人对于占有物的灭失或者损

---

① 参见前揭郑玉波:《民法物权》,第400—401页。
② 《德国民法典》第994条、《瑞士民法典》第939条及《日本民法典》第196条第1款的规定。
③ 我国台湾地区民法第954条规定:"善意占有人,因保存占有物所支出之必要费用,得向回复请求人请求偿还。但已就占有物取得孳息者,不得请求偿还。"
④ 我国台湾地区民法第955条规定:"善意占有人,因改良占有物所支出之有益费用,于其占有物现存之增加价值限度内,得向回复请求人,请求偿还。"

毁,承担有限的赔偿责任。①由于善意占有人对于回复请求人有返还占有物的义务,因此在占有物灭失或者损毁而不能返还的情形下,应承担赔偿责任。因其占有为善意,对其赔偿责任法律予以减轻。但应注意以下三个方面的问题:其一,应为自主占有的善意占有人。占有人不仅为善意的占有人,而且还必须为自主占有人。因此,他主占有,即使是善意占有,也不能主张适用有限责任。其二,占有物的减损因可归责于占有人的事由。占有物的灭失或者损毁,应当可归责于善意占有人自己应负责的事由,通常是指故意或者过失,占有物的减损是由于不可抗力引起的,占有人不承担赔偿责任。其三,善意占有人以因灭失或者损毁所受到的利益为限承担赔偿责任。②善意占有人对占有物因可归责于自己的事由而灭失或者损毁的,当然应承担赔偿责任,但是赔偿责任的范围,在法律上应予以限制,即在其所享受利益的范围内,承担赔偿责任。如果没有享受的利益,即不承担赔偿责任。

(2) 恶意占有人与回复请求人之间的关系。恶意占有人对回复请求人的权利义务,与善意占有人不同:量方面表现为义务多而权利少;质方面则表现为义务重而权利轻。

一是占有物减损的赔偿义务。恶意占有人因可归责于自己的事由而导致占有物灭失或者损毁的,对回复请求人承担损害赔偿责任。③对于恶意占有人的损害赔偿责任应注意以下几个方面的问题:其一,应为恶意占有人或者他主占有人。恶意占有人不限于自始之恶意占有人,即使原为善意占有人,但因其占有性质发生变化,成为恶意占有的,也视为恶意占有人。其二,占有物的灭失或者损毁因可归责于占有人的事由。其三,承担损害赔偿责任。恶意占有人与善意占有人所承担的赔偿责任不同。对回复请求人所遭受的损害,恶意占有人承担较重的责任。

二是费用求偿权。恶意占有人因保存占有物所支出的必要、合理费用,

---

① 《瑞士民法典》第938条、《日本民法典》第191条的规定。
② 我国台湾地区民法第953条规定:"善意占有人,因可归责于自己之事由,致占有物灭失或毁损者,对于回复请求人,仅以因灭失或毁损所受之利益为限,负赔偿之责。"
③ 《德国民法典》第989条、《瑞士民法典》第940条及《日本民法典》第196条的规定。

对于回复请求人可按照无因管理的规定请求偿还。[①]恶意占有人的费用求偿权,较善意占有人的求偿权小。恶意占有人仅能就合理、必要费用请求偿还,对有益费用则不得请求偿还。[②]

第四节 占有的保护

占有保护是占有制度的核心问题。根据大陆法系民法的规定,占有的保护有物权法上的保护与债权法上的保护之分:前者包括占有人自力救济与占有保护请求权;后者包括不当得利与侵权行为损害赔偿请求权。

一、占有人的自力救济

占有人的自力救济权的立法例有两种:《法国民法典》和《日本民法典》对此没有明文规定;《德国民法典》和《瑞士民法典》对此则作出了明文规定。[③]占有人的自力救济,是指由权利人自己或者其辅助人,以强制力保护其权利,从而排除现实权利障碍的行为。在通常情况下,权利的实现或者回复必须根据法律程序,不得诉诸私力。但当权利人的权利受到他人侵害而无法及时寻求司法机关救济时,法律允许权利人以私力救济。

占有制度以保护现有的占有状态为宗旨。在占有被他人妨害或者有被妨害的危险时,虽然占有人可以寻求司法救济,但是对占有人造成一时妨害的情形,通过诉讼程序保护并不经济;在占有有被妨害的急迫危险时,无法及时寻求公力救济。因此,在上述情形中占有人采用自力防御方式较为妥当。此外,占有人一旦失去占有,特别是无权占有人,通常因举证的困难而不能获得公力救济,不利于保护占有人的利益。占有作为一种需要保护的事实,私力救济和公力救济都是必需的,只有这样,保护才是完整的。

占有人的自力救济有占有防御权与占有物取回权两种方式。占有防御

---

① 《德国民法典》第994条第2款、《瑞士民法典》第940条第2款及《日本民法典》第196条的规定。
② 参见前揭郑玉波:《民法物权》,第405页。
③ 《德国民法典》第859条、《瑞士民法典》第926条。

权,是指占有人对于侵夺或者妨害其占有的行为,可以己力防御。① 恶意及其他有瑕疵的占有的占有人,虽然也有占有防御权,但是其占有如果是通过侵夺原占有人的占有而取得的,那么对于原占有人或者他的辅助人的取回权,则不能行使占有防御权,从而保证社会秩序的稳定。占有物取回权,是指占有物被侵夺后,占有人可即时排除加害人予以取回的权利,或者就地或者追踪向加害人取回的权利。②在行使占有物取回权时,一定要注意时间上的限制:对于动产,占有人得就地或追踪向加害人取回;对于不动产,则应在占有物被侵夺时立即排除加害人,而被害人何时知之,有无过失,在所不问。超过了时间限制,占有人被侵犯的占有状态就会趋于稳定而形成新的社会秩序。

二、占有保护请求权

占有保护请求权与物权保护请求权都有保护物权的功能,但两者并不是同一性质的请求权,其主要区别在以下几个方面:一是占有保护请求权旨在保护占有,以占有人为请求权主体;而物权请求权,旨在保护所有权,以所有权人为请求权主体。二是占有物返还请求权以占有物被侵夺为要件,而物权请求权以无权占有为要件。三是占有保护请求权与所有人之物上请求权的目的与效力不同。从举证责任方面看,主张占有保护请求权较为有利;从效力方面看,物权请求权是终局的、确定性的,主张物权请求权比占有保护请求权更为有力。

占有保护请求权有占有物返还请求权、占有妨害除去请求权以及占有妨害防止请求权三种。

(1) 占有物返还请求权。占有物返还请求权,是指占有人在其占有物被侵夺时,可请求返还其占有物。占有物返还请求权的行使,以占有物被侵夺为要件,例如,占有的动产被抢被盗、不动产被侵占等以有外表可见的积极行动为必要。因此,借用人在借用期届满后,不将借用物返还的,非侵夺出借人之占有;风吹衣服飞入邻地,邻人拾取占有,非侵夺占有;物已遗失,

---

① 我国台湾地区民法第960条第1款规定:"占有人对于侵夺或妨害其占有之行为,得以己力防御之。"

② 我国台湾地区民法第960条第2款规定:"占有物被侵夺者,如系不动产,占有人得于侵夺后,实时排除加害人而取回之。如系动产,占有人得就地或追踪向加害人取回之。"

被拾得人占为己有的,也非占有被侵夺。以占有被侵夺为由而请求返还占有物时,占有人可以行使这种请求权。占有人,包括直接占有人、间接占有人、自主占有人、他主占有人,其有无本权,则在所不问。①即使侵夺者对占有物有实体上的权利,例如,所有人或者出租人,占有人仍然可以占有物被侵夺为由,请求返还。占有物返还请求的相对人,为有瑕疵的占有人及其概括承受人,即行为人及抢夺的承受人。

(2)占有妨害除去请求权。占有妨害除去请求权,是指占有被妨害时,占有人可以请求除去占有妨害。占有被妨害,指以侵夺以外的方法妨碍占有人对占有物的管领。②在占有被妨害的情形下,占有人并未丧失占有,妨害人也未取得占有,仅仅妨害了占有人现实的占有状态。例如,占有人所占有的房屋的门前被邻居堆放杂物,就构成对占有的妨害。

(3)占有妨害防止请求权。占有妨害防止请求权,是指占有有被妨害的可能性时,占有人可请求防止其妨害。占有有被妨害的可能性,指占有人的占有物将来有被妨害的危险,但是否会发生这种危险,并非根据占有人的主观意思认定,而应就具体的事实,按照一般社会观念作出客观的判断。

对占有的侵害经过一定的期间后已形成稳定状态,如果占有随时都可获得保护,则不利于维护社会秩序与安定,不符合占有制度的宗旨。私力救济要求即时进行,占有保护请求权则有法律拟制期间的限制。大陆法系国家或地区的法律规定了占有请求权行使的期间,例如,我国台湾地区民法规定,占有请求权行使期间为1年。期间经过后占有保护请求权消灭,而按照本权或者侵权行为制度还可继续行使的相应权利不受影响。

占有人行使占有请求权的期间为除斥期间。"保持占有的诉讼,必须在妨害的存续期间或者妨害停止后一年内提起,这被称为除斥期间,是因为对于以事实上的管领为核心的占有权,像通常的物权那样认可长时期有物上请求权是不妥当的。"③《德国民法典》第864条2项规定:"自受暴力侵害后经过1年而消灭。"我国台湾地区民法第963条规定:"前条请求权,自侵夺或妨害占有,或危险发生后,一年间不行使而消灭。"

---

① 参见前揭陈华彬:《物权法原理》,第818页。
② 参见前揭史尚宽:《物权法论》,第593页。
③ 前揭〔日〕田山明辉:《物权法》,第147页。

第五节　占有的消灭

占有的取得与维持以事实上对占有物的管领力为唯一条件,一旦管领力丧失,则不论占有人的意思如何,其占有均归于消灭。占有消灭的原因有占有标的物的灭失、占有的抛弃、征用征收等。在通常情形下,占有的消灭有基于占有人意思的丧失与非基于占有人意思的丧失之分。基于占有人意思的丧失占有而导致占有消灭的,可因交付或者单方行为而产生。例如,出让人将占有物交付给受让人,因交付而导致出让人丧失对物的占有;所有人或者占有人抛弃所有物或者占有物,因单方行为而导致所有人或者占有人丧失对物的占有。非基于占有人意思的丧失占有而导致占有消灭的,例如,占有物被盗窃、侵占、遗失等。

虽然占有因占有人丧失对占有物事实上的管领力而归于消灭,但是,如果占有人对占有物的管领力仅为一时丧失,根据一般的社会观念并不构成占有丧失的,占有并不消灭。例如,我国台湾地区民法第964条规定:"占有,因占有人丧失其对于物之事实上管领力而消灭。但其管领力仅一时不能实行者,不在此限。"

第六节　准　占　有

准占有,又称为权利的占有,是指以所有权之外的财产权为客体的占有。①"占有和准占有之区别,在于其标的不同。占有为有体物之支配,准占有在于不包含物之支配之财产权之支配,即事实上之行使。因此,德国学者恰当地称前者为物之占有(Sachbesitz),后者为权利占有(Rechtsbesitz),可称适当。"②

---

① 准占有是指对所有权以外的物权的占有。例如,经常通行某地或常向某地汲水,即为行使通行权和汲水权的表现,大法官是按照保护占有的办法保护那些物权。法学家据此又创设了准占有,又称为权利占有。参见前揭周枏:《罗马法原论》(上册),第431页。
② 前揭史尚宽:《物权法论》,第605页。

准占有的构成要件有:一是准占有以财产权为标的。占有的标的是物,而准占有的标的是权利,但仅限于财产权,人身权不包括在内。而财产权中有因物的占有而成立的,如典权、租赁权等,有不因物的占有而成立的,如地役权、抵押权、债权、著作权等,后一种财产权可以成为准占有标的。二是准占有人事实上行使权利。占有是对物的事实上的管领,而准占有则是对权利的事实上的行使。因一次行使而消灭的权利,不能成为准占有的标的。

准占有的效力适用占有的有关规定,例如,权利的推定、孳息的取得、费用偿还请求权等。

主要参考书目

李宜琛:《日耳曼法概说》,中国政法大学出版社 2003 年版。
周枏:《罗马法原论》(上下册),商务印书馆 1994 年版。
钱明星:《物权法原理》,北京大学出版社 1994 年版。
王卫国:《中国土地权利研究》,中国政法大学出版社 1997 年版。
梁慧星主编:《中国物权法研究》(上下册),法律出版社 1998 年版。
陈华彬:《物权法原理》,国家行政学院出版社 1998 年版。
王利明:《物权法论》(修订本),中国政法大学出版社 2003 年版。
孙宪忠:《中国物权法总论》,法律出版社 2003 年版。
余能斌主编:《现代物权法专题》,法律出版社 2003 年版。
尹田:《物权法理论评析与思考》,中国人民大学出版社 2004 年版。
郑玉波:《民法物权》,三民书局 1992 年修订第 15 版。
谢在全:《民法物权论》(上下册),中国政法大学出版社 1999 年版。
史尚宽:《物权法论》,中国政法大学出版社 2000 年版。

民商法论丛已出书目

书号	书名	出版日期	编著者	定价
07548-0/D·0912	优先权制度研究	2004年版	郭明瑞等	26.00
07558-8/D·0916	公信力的法律构造	2005重印	叶金强	30.00
07506-5/D·0899	纯经济上损失赔偿制度研究	2004年版	李昊	23.00
07602-9/D·0922	英国民事司法改革	2004年版	齐树洁主编	56.00
08077-8/D·0991	比较担保法	2004年版	蔡永民	36.00
08383-1/D·1045	中国票据制度研究	2005年版	胡德胜等	30.00
08637-7/D·1090	中国民法典立法研究	2005年版	谢哲胜等	21.00
08680-6/D·1100	收养法比较研究	2005年版	蒋新苗	32.00
08722-5/D·1109	论知识产权法的体系化	2005年版	李琛	20.00
08723-3/D·1110	美国物业产权制度与物业管理	2005年版	周树基	25.00
09138-9/D·1203	知识产权请求权研究	2005年版	杨明	25.00
09347-0/D·1235	非营利组织治理结构研究	2005年版	金锦萍	21.00
09085-4/D·1196	民事法理与判决研究	2005年版	詹森林	46.00
09435-3/D·1253	不动产登记程序的制度建构	2005年版	李昊等	46.00
08885-X/D·1154	侵权归责原则与损害赔偿	2005年版	陈聪富	33.00
09764-6/D·1304	民事立法与公私法的接轨	2005年版	苏永钦	29.00
09838-3/D·1331	海商法的精神	2005年版	郭瑜著	23.00
08886-8/D·1155	因果关系与损害赔偿	2006年版	陈聪富	26.00
10490-1/D·1434	民法物权论	2006年版	郑云瑞著	38.00